讲好中医药故事　传播好中医药声音

杏林佳话

——历代中医名家故事精选

孙连华　崔国军　主编

山东大学出版社
SHANDONG UNIVERSITY PRESS
·济南·

图书在版编目（CIP）数据

杏林佳话：历代中医名家故事精选 / 孙连华，崔国军主编. -- 济南：山东大学出版社，2025. 1. -- ISBN 978-7-5607-8390-1

I. K826.2-53

中国国家版本馆 CIP 数据核字第 2024ML3594 号

责任编辑　祝清亮
封面设计　蓝海文化

杏林佳话：历代中医名家故事精选
XINGLIN JIAHUA: LIDAI ZHONGYI MINGJIA GUSHI JINGXUAN

出版发行　山东大学出版社
社　　址　山东省济南市山大南路 20 号
邮政编码　250100
发行热线　（0531）88363008
经　　销　新华书店
印　　刷　山东成信彩印有限公司
规　　格　720 毫米×1000 毫米　1/16
　　　　　23.5 印张　392 千字
版　　次　2025 年 1 月第 1 版
印　　次　2025 年 1 月第 1 次印刷
定　　价　78.00 元

《杏林佳话——历代中医名家故事精选》
编委会

主　编：孙连华　崔国军
副主编：王振宪　周　昌　丁　亮
梁红卫　石　磊　张润熙
韩　伟　战飞鸿　李蒙蒙

序

党的二十大报告明确提出“促进中医药传承创新发展”“加快构建中国话语和中国叙事体系，讲好中国故事、传播好中国声音，展现可信、可爱、可敬的中国形象”。中医药文化是中华优秀传统文化的重要组成部分和典型代表，在新时代讲好中医药故事，不仅是促进中医药传承创新发展的现实需要，更是讲好中国故事、传播好中国声音的迫切要求。如何在新时代背景下讲好中医药故事，是我们一直在思考和探索的一项重要课题。我们认为，讲好中医药故事需要注重以下三个方面。

一是要进一步坚定历史自信和文化自信。文化自信是更基础、更广泛、更深厚的自信。中华文化独一无二的理念、智慧、气度、神韵，增添了中国人民和中华民族内心深处的自信和自豪。五千多年的中华优秀传统文化是中华民族独特的精神标识，是中华民族生生不息、发展壮大、长久屹立于世界民族之林的丰厚滋养和坚强保障。历史悠久、底蕴深厚、疗效确切的中医药是中华民族的瑰宝，为中华民族的健康繁衍生息和文化传承作出了重要贡献。在与疫病斗争的多次实践中，中医药以其“简、便、验、廉”的特色和优势，一次次守护了中华儿女的健康。尤其是在抗击新冠肺炎疫情中，中医药以其明显确切的疗效，在患者救治和密接者预防中发挥了重要作用。在人类文明发展史上，中医药璀璨夺目、熠熠生辉；在新时代，中医药守正创新、光彩依旧。因此，我们必须进一步坚定中医药的历史自信和文化自信，从而在新时代充满信心和底气地去讲好中医药故事。

二是需要去伪存真、去粗取精，更加全面、科学、客观地看待中医药。中医药无论在理论层面还是在实践当中，都展现出了其独特的优势和魅力。但不可否认，与西医相比，中医药也有其短板和弱项，而且在五千多年的发展过程中，少数封建迷信等糟粕也打着“中医药”的幌子存留至今。因此，我们在讲述中医药故事的过程中，不能对打着“中医药”旗号的人物和故事全盘接收，而是要多加考证，把能够真正代表中医药的故事讲好，切不可为了展示中医药的神奇与伟大，故意将其神秘化、玄虚化；否则，就可能出现对中医药的“低级红”或“高级黑”，非但起不到好的宣传效果，反而削弱了广大人民群众和国际社会对中医药的信任度和认可度。

三是需要不断创新载体、手段和话语体系。当今时代是全媒体时代，碎片化阅读是其明显特征。在这样的时代背景下，用什么样的载体、手段和话语来讲述中医药故事是我们必须面对和亟待解决的课题。如果我们不主动适应全媒体时代受众的需求变化，不与时俱进，不守正创新，还是沿用传统载体、单一手段和僵硬话语去讲述中医药故事，那么肯定讲不好，广大人民群众也不愿意去听。因此，我们要主动适应新时代新要求，通过拍摄中医药题材的优质影视剧、动漫、短视频，出版通俗易懂的中医药类科普读物等，讲好精彩而又有独特魅力的中医药故事。

只有讲好中医药故事，积极推进中医药进机关、进校园、进社区、进乡村（“四进”），推动中医药文化更广泛融入人民群众生产生活，才能赢得广大人民群众的信任和支持，才能更好地让中医药走向世界，从而在全社会营造“信中医、爱中医、用中医”的良好氛围，进而为讲好中国故事、传播好中国声音，更好地促进中医药传承创新发展作出积极贡献。

为了讲好新时代中医药故事，积极推动中医生活化和中医药文化“四进”，促进中医药传承创新发展，增强中华文化自信，我们编写了《杏林佳话——历代中医名家故事精选》一书。本书共摘编中国历代中医名家故事160个，每个故事单独成篇，由编者从众多中医名家故事中精挑细选，并进行适当演绎。通过讲好中医药故事，展现中医药确切的疗效和独特的魅力，进而彰显中华文化自信。

本书编委由长期从事中医药宣传、教育等工作的专家组成，具备深厚的文化底蕴和专业知识，文字功底扎实。编写过程中，我们尽量使用生动朴实的语言讲述中医名家的故事，努力将专业术语日常化、口语化，力求科学性与通俗化相统一。

本书获得山东中医药大学青年科研创新团队项目和山东中医药大学高等教育发展规划研究项目资助，编写过程中参考了《史记》(司马迁著)、《后汉书》(范晔著)、《中国历代名医名术》(刘祖贻、孙光荣主编)、《中国历代名医传》(宋月航著)、《历代名医医术荟萃》(徐荣庆、卞德、周珩主编)等著作，在此一并表示感谢。

中医药博大精深，中医治病注重辨证论治，因人而异。对于本书提到的临床案例和用药组方等，广大读者要正确理解和对待，切勿盲目使用，必要时请咨询医生。

因编者能力所限，书中不当之处在所难免，敬请广大读者批评指正。

《杏林佳话》编委会

2024 年 9 月

目　录

1. 神农尝百草 1
2. 《黄帝内经》的由来 5
3. 长桑君的三个考验 7
4. 扁鹊见蔡桓公 9
5. 巧治太子相思病 11
6. 扁鹊治尸厥 13
7. 博采众长　终成圣手 15
8. 缇萦救父 17
9. 邳彤母病巧得治 20
10. 秘制药丸显奇效 22
11. 郭太医的烦恼 24
12. 华佗学医 26
13. 青苔治蜂毒 29
14. 乌鸡治母病 31
15. 不可小觑紫苏叶 34
16. 葛根熬鸡汤，越喝越健康 36
17. 巧治失心病 38
18. 强身健体五禽戏 41
19. 独家秘制麻沸散 43
20. 开给李成的两包药 45
21. 曹操多疑斩华佗 47
22. 青出于蓝而胜于蓝 51

23. “方书之祖”——《伤寒杂病论》……53
24. 王粲不听劝终成憾……55
25. 隐姓埋名偷学艺……57
26. 医圣一出手，便知有没有……59
27. 首创人工呼吸法……61
28. 秘制祛寒娇耳汤……63
29. 笑一笑，百病绕……65
30. 熟读王叔和，不如临证多……67
31. 浪子回头金不换……70
32. 杏林美誉代代传……73
33. 杏花良药显奇效……76
34. 抱朴子巧防沙蚤病……78
35. 以毒攻毒防狂犬……80
36. 青蒿抗疟建奇功……82
37. 洗药池里有乾坤……84
38. 拔草瞻风显神通……86
39. 断病如神姚僧垣……88
40. 学医初衷为双亲……90
41. 牵线把脉成“药王”……92
42. 甘草药死人，砒霜治好病……94
43. 葱管导尿开先河……96
44. 敬德站班为哪般……98
45. 巧治太宗疑虫病……100
46. 药王也被假药坑……102
47. 虎守杏林与虎撑……104
48. 就地取材显奇效……106
49. 月事不调也治病……108
50. 药王也是美食家……110
51. 病因证候学理论集大成者……112
52. 病根原在坏习惯……114

53. 幼科鼻祖钱乙 116
54. 黄土汤治皇子病 119
55. 六味地黄丸的诞生 121
56. 顽主耳聋成名医 124
57. 立竿见影的一针 127
58. 治愈东坡传佳谊 129
59. 一针救两命 131
60. 巧拒皇恩做草医 133
61. 完素结缘元素 136
62. 性真学博为事亲 139
63. 酒肆露针灸绝活 141
64. 装疯卖傻也治病 143
65. 小小山葱有奇效 146
66. 自律慎独的富家子 147
67. 为母学医，以志医过 149
68. 普济消毒饮 151
69. 补中益气汤 153
70. 赠金收徒为后世 155
71. 大龄学医为尊亲 157
72. 寡妇桥背后的故事 160
73. 蚂蟥巧治对口疮 163
74. 千里求师养真阴 165
75. 巧治花花公子 167
76. 为何要在端午熏药渣 169
77. 踢上一脚也治病 171
78. 腰椎错位巧复位 173
79. 心病转到胳膊治 175
80. 一盆冷水有妙用 178
81. 梧桐叶可不是万能的 180
82. 捡拾豆子复胎位 182

83. 一抱定乾坤 184
84. 出其不意治相思 186
85. 断手明志以求医 188
86. 西瓜也是良药 191
87. 因势利导育名医 193
88. 本想装病真生病 196
89. 误将救命药方当厕纸 198
90. 溺爱不是真爱 200
91. 心病还需心药治 202
92. 医者父母心 204
93. 名医也是神探 207
94. 解铃还须系铃人 209
95. 皇妃的病也好治 211
96. 唾沫也能治病 213
97. 良医济世，功比良相 215
98. 《针灸大成》汇神针 217
99. 张景岳补药治寒毒 219
100. 葡萄架倒了怎么办 221
101. 活用禁忌救幼童 224
102. 山中遇奇书 226
103. 医书首载种人痘 228
104. 沧桑巨变与《医门法律》 231
105. “老兽”的悲哀 233
106. 牛粪治秃疮 236
107. 一杯毒酒促姻缘 239
108. 一块石头治怪病 242
109. 药食两用八珍汤 244
110. 相思病不分老少 246
111. 跑了一趟病好了 248
112. 七天治好眼疾 250

113. 王牌对王牌……252
114. 成名后又背三年药箱……254
115. 暴怒治失明……258
116. 狗撵也治病……260
117. 南瓜蒂也是安胎良药……262
118. 糯米治怪病……264
119. 梧桐叶也能致富……267
120. 小村里的治疫良方……270
121. 小黑屋治病的秘密……272
122. 压箱底的药粉……275
123. 一个不寻常的病人……278
124. 困在圈中的男孩……280
125. 百天治好情志病……282
126. 忠厚诚实立根基……285
127. 耐心治顽疾……287
128. 一丸治天下……289
129. 都是大风惹的祸……291
130. 难产原是试产……294
131. 被庸医治出的神医……296
132. 乾隆三请黄元御……299
133. 疾风骤雨也治病……301
134. 中医迷的奋迅……303
135. 为走方医立传……306
136. 四钱黄连治顽疾……308
137. 热血将军也积血……310
138. 放下包袱病好医……312
139. 竹鸡秒变“尖叫鸡”……315
140. 中医解剖第一人……317
141. 谁能解老案牍的痛……319
142. 学医的初衷……321

143. 一指回春 323
144. 治好西医治不了的病 326
145. 壮小伙过劳致病 328
146. 来复汤能起沉疴 330
147. 老中医得病怎么办 332
148. 山药也能“起死回生” 334
149. 生气也能致残 336
150. “看瓜”致瘀三七治 338
151. 嗑瓜子治寒疾 340
152. 单味中药也治病 342
153. 驱虫药怎么失灵了 344
154. 一头猪救回两条人命 346
155. 不畏权贵有底气 348
156. 大粪水也治病 350
157. 云南白药的由来 352
158. 砒霜用好是良药 355
159. 运去桂枝丧命 357
160. 施惠于民 359

1. 神农尝百草

神农，又称“炎帝”，与燧人、伏羲合称“三皇”。民间传说中的神农“尝遍百草，一日遇七十毒”，是农业和医药的发明者，因此被人们尊为中华民族的始祖之一。

据传，神农的父亲是原始部落的一个首领，为人正直勇敢，很受族人尊重；他的母亲温柔贤惠，从小就教育神农要向父亲学习，长大后能承担起把部落进一步发展壮大的重任。神农也很懂事，从小就聪颖好学。

神农的少年时代基本是在无忧无虑中度过的。除了跟小伙伴们玩耍，神农还经常帮母亲做些家务，偶尔也跟着父亲外出狩猎。那时，山中的野猪、山羊、野兔、野鸡等不少，每次父亲他们外出狩猎都能满载而归。后来，父亲外出狩猎时能打到的野兽就越来越少了，有时出去大半天却空手而归，而出去摘野果的妇女们摘回的果子也越来越少。部落里的食物经常不够吃的，人们开始时不时饿肚子。

一个月明星稀的晚上，大家又没吃多少东西，不得不躺下睡觉了。父亲翻来覆去老是不能入睡，神农也饿得肚子咕咕叫，他悄声问：“父亲，您为什么还不睡啊？”父亲叹了一口气说：“唉，部落里这么多人可怎么办啊！吃的东西越来越少了……”听完父亲的话，小神农也陷入了沉思，他盯着天上的月亮看了半天，突然兴奋地说：“父亲，我们可以试着去尝尝那些草籽啊！我以前就发现很多小鸟就吃草籽，它们能吃，我们应该也能吃吧？”父亲听后，为之一振，也觉得这办法可以试试。

第二天一早，父亲就分了工，男人们继续进山打猎并寻找能吃的草籽，女人们在寻找野果子的同时也注意找找能吃的草籽。神农跟父亲他们进山了，大一点儿的猎物已经找不到踪迹了，鸟倒不少，但不好逮。他们一行几十人进了一片小平地。突然从草里飞出一群鸟，大人们很兴奋，都想方设法抓鸟去了。小神农却对着那些草研究了起来。原来那片草都长着一个长长的穗子，他伸出小手在穗上撸了一把，并捻了捻，发现是些黄黄的草籽。于是，他试着把它们放到嘴里嚼了起来，味道不是很好，但也不算坏。那群鸟早飞得无影无踪了，一无所获的大人们有些失落。这时，父亲发现神农嘴里嚼着东西，忙走上前问道：“你吃的什么？”“草籽，父亲，我们把这些草籽弄回去试试吧！刚才我发现那些鸟就吃的它们。”父亲见大家一无所获，与其空着手回去，不如把这些黄色的草籽带回去试试看，便吩咐大家都赶快采摘。

太阳快要落山时，神农和父亲他们带着许多草穗子回到了部落，而去摘野果子的女人们也依旧收获寥寥，晚饭又成了大问题。没有东西吃，大家只得试着吃摘回来的草籽，但却难以下咽。这时，小神农又盯着熊熊燃烧的火堆发起了呆。他想起一年前，部落里捕到了一头野猪，除了把肉烤着吃，也试着用水煮了吃，味道比生吃好多了。于是，神农对母亲说：“我们煮一下这些草籽，看看好不好吃。”母亲心里也没底，但看大家没吃的，就决定试试看。没想到，这一试竟试出了美食。那些原本生吃难以下咽的草籽，煮熟后居然又香又软，美味可口。从此，部落里就把这种黄色的草籽当成了食物，并逐渐学会了栽种它们。神农发现的草籽就是粟，也就是我们今天常见的小米。小米由此慢慢成为中华民族的主食之一。

成功找到了粟后，神农很受启发，跟父亲外出时，一遇到没见过的草和果实就想方设法尝尝。据说黄豆、高粱、韭菜、蒜、大枣、山楂等粮食、蔬菜和水果都是被他陆续发现的。部落里的人们有东西吃了，父亲皱了很多天的眉头也渐渐舒展开了。

有一年夏天，接连下了好多天雨。族人们陆续出现了打寒战、发高烧的现象。开始时，大家只感觉乏力，没有精神，还没太在意。但雨停后，很多人陆续得了这种病，有人倒下后就再也没能起来。作为部落首领，神农的父亲看在眼里，急在心里，常常自言自语地说：“要是能吃点什么让大家好起来该多好。”“父亲，我们再进山找找吧，兴许山里有治病的草。”已成小伙子的神农提议。于是，第二天，他们带着健康的族人进山采回来好多种形形色色的草，一一试着给生病的人吃。

有的草，病人们吃了后病情没有任何变化；有的草，病人吃后病情反而加重，甚至导致死亡。父亲急得抓耳挠腮，愧疚地跟母亲说：“本来是弄回来治病的，病没治好，却治死了人。以后给病人吃的草，一定得我们先试吃了才行。”

于是，再找回来的各种草，父亲和神农都先自己尝尝，确定没有毒后，才给病人试吃。

神农陪父亲一连十多天进山，找回来八十多种不同的药草，还是没能找到治病的草。连日奔波劳累和心焦，父亲也不幸染上了这种怪病，而且病情发展很迅速，不到两天工夫，就倒下爬不起来了。部落里有一半多的人陆续染病了，死去的人也一天比一天多，生病的父亲接二连三听到不好的消息，更是心急如焚。这天夜里，神农和母亲正陪在父亲身边，突然发现父亲一阵猛烈咳嗽后吐出了一口黑血。神农赶紧扶起父亲，大叫："父亲，父亲，您醒醒！"父亲勉强睁开眼，吃力地拉着神农的手，虚弱地说："孩子，为父要走了，咳……你也长大了，要好好照顾母亲。找不到治这怪病的药草，救不了族人，我死不瞑目啊！"说完，父亲就没了气息。神农号啕大哭起来："父亲！父亲！儿子一定完成您的遗愿！"

神农跟母亲和族人把父亲安葬后，独自进山去寻药了。但一连七天，他依旧没有找到治病的药草。第八天，他来到了一处向阳的山坡地，发现了一种从前未见过的草，长得一米多高，绿绿的，口感有点苦。神农吃了几口感觉没问题后，就薅了一抱回了部落。这次，他也没抱太大希望，就像往常一样分给病了的族人们试吃。没想到效果奇好，当晚吃过这种草的病人大多病情得到了缓解。神农如获至宝，带着健康的族人趁着月光又赶到了那处山坡地，把这种药草全薅了回来。所有生病的族人当晚都吃上了这种草，病情都陆续好转了起来，神农终于找到了治疗怪病的药草。找到药草的当晚，神农跪倒在安葬父亲的地方大哭一场，边哭边怨自己："我要是早几天找到这种草该多好！"神农找到的这种药草，就是帮助我国科学家屠呦呦获得诺贝尔奖的大名鼎鼎的青蒿。

神农因为找到治病的青蒿，帮助部落摆脱了灭顶之灾，因此被族人们一致推选为新的首领。当上首领的神农，继续尝试各种各样的草。能吃的就采回种子，让族人们试着栽种；能当药的，就用象形文字认真地记在树皮上，并教给族人辨认。

神农尝百草并不是一帆风顺的，而是充满了惊险。有好几次，他差点因此丢了性命。有一次，他吃了一种叫穿肠草的毒草差点死去，幸亏随身带了一棵红亮亮的灵芝草，赶紧放到嘴里嚼了起来，才得以解毒。还有一次，神农跟族人们进深山老林采药，不小心被一条毒蛇在小腿上咬了一口。顿时，他感觉天旋地转，倒在了地上，小腿不一会儿就肿得老高。疼痛难忍之际，神农在身边随手抓了一棵头顶带珠的草咬了起来。还真巧，草咽下去后，他感觉疼痛慢慢消失了，蛇毒被成功化解。神农很高兴，给这种救命的草起名为“头顶一棵珠”。后来，人们把这味草药称为“延龄草”。

一晃十年过去了，神农先后尝了成百上千种植物，并在树皮上记下了其中能当药治病的。这些药草为神农所在部落人们的健康保驾护航，部落人口也越来越多。神农的部落逐渐壮大，成为黄河流域最大的一个部落，神农也成为著名的部落首领。据说，后人根据神农的记载，整理而成了著名的《神农本草经》，并流传至今，该书为中华民族的繁衍昌盛作出了重要贡献。

2.《黄帝内经》的由来

黄帝是原始社会末期华夏部落联盟的首领，他是五帝（其他为颛顼、帝喾、尧、舜）之首，非常有作为，被尊为中华“人文初祖”。黄帝非常英明，他不仅教人们播种百谷草木，还发明了很多东西，更难能可贵的是他对百姓健康尤为重视，对医学也颇有研究。

当时，有个叫岐伯的人能医善药，治疗疾病很有一套。他从小就善于思考，喜欢观察日月星辰、寒来暑往等自然事物和现象，在发现许多百姓因病死亡后，便立志学医，救治苍生。他不仅一一验证神农记载下来的各种药草的治疗效果，还对民间流传的各种治疗方法和药草进行收集整理。

黄帝主政时，喜欢到处寻访有道有才之人。当他来到岐伯所在的部落时，听说岐伯在看病方面很厉害，就找他聊天，发现岐伯果然名不虚传，不仅懂医识药，还对治理部落事务很有见地。于是，他把岐伯请回去专管医药。

有一年，黄帝辖内的一个大部落突然发生了传染病，没几天工夫，就病倒了一大半人，好多病人三四天高烧后就去世了。黄帝听到报告后，立即派岐伯前去治疗。岐伯来到部落后，仔细询问病人情况，发现许多病人几天前都吃了羊肉。当时，他们外出狩猎时捕到了一只跑得很慢的羊，回来就剥了皮准备煮了吃。不巧的是，那天晚上突然下起了大雨，炖羊的火被浇灭了，而剩下的柴火也都淋湿了。羊肉还没熟透，他们只好将就着吃了。谁知从第三天起，就陆续有人生病了。

岐伯赶紧找来了几种对症的中药草，让病人试吃。很快，他就发现连翘、柴胡等几种药草对这种病有不错的效果。于是，找来部落首领，吩咐他赶紧准备。但首领听后有些为难地说：“病的人太多了，没法让他们都及时吃上药。”岐伯也很苦恼，但当他看到首领的妻子用瓢盛着水回来时，茅塞顿开。他问首领：“你们喝的水都从哪里取？”“半山腰的一个山泉。”首领有些莫名地回答。“走，我们一起去看看。”岐伯拉着首领就走。到了半山腰，岐伯果然看到了一处清澈的山泉。于是，他吩咐部落里的人们赶紧把所有有效的草药用草绳捆扎后扔到泉中。也真神了，几天后，部落里生病的人慢慢好了起来；又过了几天，病人全部恢复正常了。

黄帝听说了岐伯的治疗过程后，对他夸赞有加。那时，岐伯已经年龄很大了，黄帝高兴之余又有些担忧。这天，他叫岐伯来商量事后，有些落寞地说："你我年纪都不小了，人能耐再大，也有死去的时候。你的医术那么高超，万一哪天我们都不在了，黎民百姓生病了可怎么办？"岐伯沉思了一会儿说："您不用担心，我可以多教几个徒弟，并向神农学习。他用树皮记下了尝过的百草，我们也可以把医术和草药都记下来。""言之有理，就这么办。"黄帝听后很高兴。

于是，黄帝选了几个聪慧且对医药感兴趣的年轻人跟着岐伯学习，并一有时间就把岐伯找来交流看病救人的道理和方法，他还专门让负责记事的官员跟在旁边一一记录下来。一晃两年过去了，他们关于医药的记录也堆了一小屋。相传，人们把这些记录整理成了一本书，并取名为《黄帝内经》，这本书分《灵枢》和《素问》两部分，成为我国传统医学四大经典（其他三部为《伤寒杂病论》《神农本草经》《难经》）之一，这本书也是我国最早的医学经典著作，被称为"医书之祖"。

3. 长桑君的三个考验

司马迁在《史记》中这样写道："扁鹊言医，为方者宗。守数精明，后世修（循）序，弗能易也。"被司马迁高度评价为医宗的扁鹊是什么样的医生呢？扁鹊，又名秦越人，齐国卢邑（今山东长清）人，春秋战国时期名医。

扁鹊从小勤奋好学、不耻下问，兄弟三人，他最小。扁鹊少年时，家里开了一家旅馆，在旅馆里长期住着一位叫长桑君的旅客。长桑君是一位很有本事的人，尤其擅长医术。扁鹊的两个哥哥经常跟他学习求教，长桑君都悉心传授。两个哥哥在长桑君的指导下，医术长进很快，不到三年就能给人看病了，而且效果很好。扁鹊那时年龄虽小，但也很羡慕两个哥哥。有一天，他也跟长桑君提出了学习医术的请求。长桑君看他还是个孩子，担心他只是一时兴起，便决定考验一下他，于是很严肃地跟扁鹊说："学医首先得识药，我先教你认识这常用的几百种药吧。"扁鹊很高兴，勤奋好学的他很快就把长桑君书中的几百种药都记在了脑海里。这时，长桑君又对他说："孩子，学医只认识药的大体样子还不行，你去南边山上采药吧。记得要把书中的几百种药材全部采到再来找我。"

扁鹊很听话，也很认真执着，接到采药任务后，他每天早出晚归进山采药。寒来暑往，很快一年过去了，扁鹊终于把书中的几百种药材都采集到了。他不仅认识了这些药材，而且基本上掌握了它们的生长和采挖规律。全部采集完的那天，扁鹊一回到家便跑到长桑君的房间里兴奋地说："师父，我采集到全部药材了，现在您该教我看病的本领了吧！""不急不急，孩子，识药只是第一步，看病还得会切脉。这样，我再教你切脉的方法。"长桑君微笑着说。于是，长桑君又用了几天时间，手把手教扁鹊认识了各种脉象的主要特征，然后语重心长地对扁鹊说："孩子，去民间给老百姓把脉吧，把完 8000 个病人的脉再回来找我。"

扁鹊二话没说，又开始奔走各地到处寻找病人，一一把脉，并记录下来。那时地广人稀，要找到 8000 个病人可不是一件容易的事，扁鹊足足在外寻找了三年才找够。其间，他为各种各样的病人把脉，并从他们脉象变化中仔细揣摩人体的病症。把完 8000 个病人的脉后，扁鹊风尘仆仆赶了回来。一进家门，他就往长桑君的房间赶去，还没进屋，就听到里边传出阵阵呻吟声。扁鹊推门一看，大吃一惊：三年前离开时还很健康的长桑君如今却躺在床上奄奄一息了。扁鹊跑上前，跪在床前满含热泪问道："师父，您怎么了?""咳咳，我中风偏瘫不能动了……"长桑君叹气说道。

扁鹊不顾长途劳累，立即给长桑君烧水做饭，并熬汤煎药。长桑君躺在床上一边呻吟，一边思考着。当扁鹊烧好热水，蹲下准备给他洗脚时，长桑君故意右脚一蹬，把水盆踢翻了。扁鹊的鞋子和裤子上都弄湿了，但他一点儿也不在意，而是出去重新又换了一盆水认真地给长桑君洗起了脚。洗完脚，扁鹊正准备起身时，只听长桑君一阵咳嗽后突然吐出了一口痰，这口痰不偏不倚正吐到了扁鹊脸上。扁鹊依然恭敬如初，没有生气，而是悄悄把脸上的痰擦掉，继续回来照顾长桑君。

晚上，长桑君突然走到了扁鹊睡觉的房间。扁鹊见长桑君走来，惊讶地问道："师父，您的病好了？""孩子，师父本就没有病，听说你这几天回来，我便故意装病考验你。如今，你已顺利通过了我的三个考验，上山采药是第一次，为 8000 个病人把脉是第二次，今天你对病人的态度是第三次。你认真采药识药、把脉问诊，对病人体贴入微，一个好医生必须具备的三点你如今都具备了。从今天起，我正式收你为徒，传授你治病的本领。"长桑君边说边从怀中掏出了珍藏的医书，小心翼翼地交给了扁鹊。

从此，扁鹊在长桑君的悉心指导下，边读医书，边为各类病人治疗，医术进步很快，逐渐成为家喻户晓的名医。

4. 扁鹊见蔡桓公

扁鹊跟随长桑君学医多年，不仅把长桑君的医术全部学会了，还广泛搜集民间验方并将它们运用到治病救人的实践中。30 多岁时，扁鹊就因医德高尚、医术高明而被人们广泛称赞，享有盛名。因此，他也经常被请到各国宫廷治病。

有一次，扁鹊被请进蔡国宫里为生病的公主诊病。把完脉开好药后，蔡桓公叫他到跟前问："公主的病要紧吗？"扁鹊仔细观察了一下蔡桓公的面容后说道："国君，公主的病不要紧，风寒而已，我开的药吃三天就效果明显，十天后就能康复。只是国君您……"蔡桓公有些莫名地问道："寡人怎么了？别吞吞吐吐的，有话就直说。""我从国君的面相上看，国君的皮肤有病了，您要及时治疗啊，否则病情会进一步加重的。"扁鹊回答道。蔡桓公却很自信地说："寡人很健康，一点儿病也没有。"扁鹊见他不相信自己的话，便叹了口气告辞了。

扁鹊走后，蔡桓公自己照了一下镜子，见镜子里的自己满面红光，而且感觉身体也没有任何不适，便对服侍自己的人说："在医生眼里是不是所有人都有病？他们总爱在没病的人身上治疗，以显示自己的能耐。寡人才不信这一套！都说扁鹊是个神医，我看他也是故弄玄虚，看个小病还凑合，疑难杂症估计也悬。"

十天后，扁鹊再次进宫为公主复诊，那时公主已经痊愈了。扁鹊准备回去时，在走廊里又遇到了蔡桓公，他停下来仔细端详了蔡桓公的脸色后，严肃地说："国君，您的病又加重了。现在已经到了肌肉里，若不及时治疗，后期还会进一步加重的。"蔡桓公本来想跟扁鹊聊几句，谁知一见面，又听到扁鹊说自己有病，于是很生气，理都不理扁鹊，便走开了。

又过了十天，扁鹊主动进宫面见蔡桓公，一番端详后，他有些着急地说道："国君，您的病现在已经发展到肠胃里了。再不及时治疗，恐有性命之忧，现在开始治疗还来得及。"蔡桓公这次非但不相信扁鹊的话，反而对扁鹊说他病情加重的事耿耿于怀，心中愤愤地想：好你个扁鹊，下次再咒寡人有病，寡人砍了你的脑袋！

转眼又过了十天，扁鹊在被邀请进宫为生病的太子诊病时又偶遇了蔡桓公。蔡桓公想：寡人现在依然好好的，看这小子怎么说！没想到，扁鹊仅看了蔡桓公一眼，二话没说，转头就走。蔡桓公心里很不爽，便想搞明白扁鹊为什么不再说他有病的事了，莫非是他医术不精露馅儿，感觉不好意思了？于是，便派侍者去问扁鹊。

扁鹊对侍者痛心地说："开始时国君的病在皮肤，用热汤熨按的方法很容易治；后来，病到了肌肉里，用针灸的方法，也可以治；再后来，病到了肠胃，喝些中药汤也能治。但当病进入了骨髓，我就无能为力了。当我发现国君病入膏肓后，就只能扭头就走，不敢再多说了。"

侍者回去后，把扁鹊说的话原原本本跟蔡桓公复述了一遍。蔡桓公听后，更加不高兴了，他狠狠地说道："这个扁鹊还在诅咒寡人，十天后寡人若还没生病，一定砍掉他的脑袋，不让他再妖言惑众了！"

结果，刚过五天，蔡桓公就得了重病，浑身疼痛不能下床了。这时，他才想起扁鹊的话，自感身体不妙，很是后悔，于是立即派人去请扁鹊。派去的人很快就回来了，有些紧张地回复道："国君，扁鹊四天前就离开我国去秦国了。"此时，蔡桓公追悔莫及，又请来了很多名医诊治，都没有效果。又过了几天，蔡桓公在病痛和懊悔中去世了。扁鹊见蔡桓公的故事，也是成语"讳疾忌医"的由来。

经历了这一场后，扁鹊在庆幸自己逃过一劫之余，进一步明确了自己看病行医的"六不治"原则：一是倚仗权势、骄横跋扈的人不治，二是贪图钱财、不顾性命的人不治，三是暴饮暴食、饮食无常的人不治，四是病深不早求医的人不治，五是身体虚弱不服药的人不治，六是相信巫术不相信医道的人不治。

5. 巧治太子相思病

有一天，扁鹊骑着小毛驴，驮着药箱，路过一个小国。老百姓发现他是一个郎中，便纷纷劝他赶紧赶路，快快离开。走到哪都受到尊敬的扁鹊很是不解，便从毛驴上下来，拉住一个老婆婆问道："老人家，你们为何让我快离开？"被拉住的老人左右看了看，发现没有官府的人，才悄声对扁鹊说："你是看病救人的郎中，我们的国君颁布了命令，让有名气的郎中陆续进宫给太子看病。吃上药三天不见效，开药的郎中人头就要落地了！他们御医都看不好的病，准不好治，你还是赶紧离开我们这吧！万一被官府的人发现抓进宫里，可就大祸临头了！"扁鹊听完，谢过了老人，非但没有逃走，反而骑着毛驴奔向了宫里。

当差的正愁找来的郎中听说治不好就砍头后都不敢去看病，发现扁鹊自己送上门来，高兴得不得了，赶紧层层汇报上去，把扁鹊请进了宫里。

国君和夫人正在太子房间里急得来回踱步，见扁鹊被引进来，便吩咐他赶紧给太子诊治。扁鹊不慌不忙来到太子床边，仔细观察了一会儿，脉也没把，就胸有成竹地说："太子得的是相思病，我能治好！"国君一听，顿时大怒，呵斥道："胡说八道！三岁小儿怎会得相思病？一派胡言，把这个庸医推出去斩了。"

扁鹊却从容不迫，笑着说："国君，杀了我可没人能治太子的病了，他可就真没救了！"

旁边的国君夫人一听，顿时号啕大哭，扑通一声跪在了国君面前哀求道："请国君息怒，就让他试试看吧，真治不好再治他的罪也不迟啊！"

国君一想也有道理，便对扁鹊说："治好了重赏；若治不好，杀头！"

扁鹊见国君这态度，很是不屑地说："我不是为赏赐而来的，我之所以前来是想阻止你滥杀无辜。你答应把抓来的郎中都放回去，并给我三天时间，而且这期间太子身边的人都听我的，我就给太子治！"

国君和夫人救子心切，就答应了下来。

第一天，扁鹊没有给太子把脉，也没有用药，而是跟服侍太子的宫女们聊起了天。国君夫人听说后，很是着急，便忍不住派人去催扁鹊赶紧治疗。扁鹊却不慌不忙地说："莫急，莫急。药很快就好，后天保准药到病除。"

第二天，扁鹊还是没有用药，而是带着几个宫女在莲花池里捞东西。宫里人都以为扁鹊要用莲花的哪个部位给太子当药用。宫女们也悄悄议论，认为扁鹊要么是个骗子，故弄玄虚，要么就是个大傻瓜，自找麻烦，恐怕小命不保了。

第三天，约定的时间到了，国君和夫人来到太子房间。扁鹊信心满满地走了进来，两手空空，不仅没带药，连针灸用的器具也没带。国君一看怒了，大叫一声："来人，把这个庸医拉出去斩了！"扁鹊却从容地说道："且慢，我的药还没用，怎么就确定没效呢？""药？你的药在哪里？"夫人着急地问。"这里！"扁鹊说着，就从怀里掏出一对小铜锤，并在太子耳边敲了起来。"铛铛铛"，三下敲完，扁鹊就把小铜锤藏到了身后。也真神了，太子听到声音，竟然慢慢睁开眼四处打量。

国君和夫人见太子醒来，很是高兴，赶紧跑上前想抱他起来，没想到太子又慢慢闭上了眼睛。这时，扁鹊又拿着小铜锤在太子耳边敲了起来。太子听到声音，再次睁开眼睛。扁鹊把小铜锤敲了藏，藏了敲，反复几次后，太子彻底醒了过来，主动坐了起来，并伸着小手去抓小铜锤。扁鹊把铜锤给了太子，太子自个儿高兴地敲了起来，还笑出了声。

国君、夫人和宫女们见到这神奇的一幕都被惊呆了。

原来，扁鹊一看太子的样子，就确定是得了相思病，估计是弄丢了心爱之物所致。于是，他就跟宫女们聊天确认，当得知不久前，太子在莲花池边玩耍时把一对心爱的小铜锤掉进了池里，捞了半天也没捞上来，从那之后就开始生病后，扁鹊就让人第二天把小铜锤从池里捞了上来，成功找到了医治太子相思病的"良药"。

6. 扁鹊治尸厥

有一年冬天，扁鹊吃过早饭来到了虢国。刚进入国境，他就发现气氛不对，人们都神情悲痛，一打听，原来是虢国的太子死了，正准备进行国葬。

扁鹊找到太子的侍从，仔细询问太子是如何死的。侍从带着哭腔对他说："昨天晚上睡觉前还好好的，之前也没有任何病，谁知年纪轻轻就这么没了。"扁鹊有些好奇，又追问道："谁先发现他死的？""是我，早上敲了半天门，也没应答，我就推门进去，结果发现太子在床前地上趴着不省人事了。""进去时，闻到什么味了吗？""烟味啊，炉中还冒着火星，昨天夜里比较冷，太子让我多放些木柴……"侍从的话还没说完，扁鹊心中就已经有数了，他问侍从："太子现在在哪？快带我去，兴许还有救！"

侍从不敢相信自己听到的话，吃惊地问："你是谁？死了的人也能治？"

"我是秦越人，人们称呼我扁鹊，太子的情况兴许没那么糟，快带我去看看！"扁鹊救人心切。

"啊！您就是大名鼎鼎的扁鹊先生？"侍从边说边带着扁鹊赶紧去见国君。

国君和夫人正在为太子的死而伤心悲痛，听说名医扁鹊来了，立即请了进来。但他们还是对扁鹊能否救回太子存疑，毕竟他们亲眼看见太子已经没了呼吸且身体僵硬了。

扁鹊一进门就问："太子在哪？快让我看看！"他来到太子旁边，把盖在太子头上的布赶紧扯掉，用手指试了一下太子的鼻子，感觉到有轻微的气息，又伸手摸了一下太子的大腿内侧，发现还是暖和的。于是，扁鹊兴奋地说："有救，有救！"并叫人立即把太子抬到了屋外。

征得国君同意后，扁鹊立即用随身携带的石针刺了几下太子的百会穴。没想到，不一会儿工夫，看似已经死去的太子竟然慢慢苏醒了。

看到这神奇的一幕，国君和夫人都惊呆了，他们异口同声地赞叹道："神医！神医啊！"扁鹊却谦虚地说："过奖了，过奖了，好在时间不长，要是再拖些时候就不好说了。太子现在人是醒了，但要完全康复，必须再配合灸疗和汤药调理。”

扁鹊留在宫里又为太子用灸疗和汤药精心调理了十多天，太子就痊愈了。

扁鹊让虢国太子“起死回生”的事很快就传遍了列国。

这天，扁鹊来到了魏国，魏王听说扁鹊到了，赶紧派人将他请进宫里。一见面，魏王就好奇地问：“神医，您是如何让虢国太子起死回生的？”扁鹊微笑着回答道：“大王，我哪能有让人起死回生的本事。虢国太子患的是‘尸厥’，以前我在乡村里遇到过好几次这种病人，他们大多是在通气不好的房间里发病，厉害的会昏死过去，但及时救治也能救过来。”

魏王又好奇地问道：“听闻你们三兄弟都是医生，您的两个哥哥看病怎样？”

“他们比我厉害，我是兄弟三人中看病最差的。”扁鹊毫不犹豫地说。

“此话怎讲？您的两个哥哥比您看病厉害，为何他们的名声远不及您？”魏王诧异地问道。

“我大哥擅长治疗未发作之病，在病发作之前他能及时将病因清除，所以外人都不知晓他的本领，但我们家里人都知道；我二哥擅长治疗病情初起之时，也就是一些小症状，所以外人都认为他只会治疗一些小病，因此他的名声仅在十里八乡传播；而我治疗的都是病情明显或严重的病，扎针、放血、敷药，甚至动手术，大家都能看到，所以都认为我医术高，因此我的名气也就比他们大了。”扁鹊解释道。

7. 博采众长　终成圣手

淳于意，又名仓公，《史记·扁鹊仓公列传》之仓公即为淳于意。西汉初年临淄（今山东淄博东北）人，著名医学家，撰写了我国医学史上第一部中医医案《诊籍》。

淳于意小时家里很贫穷，但从小就喜欢读书，尤其是医学类书籍，每每寻到一本医书，他都读得如痴如醉。十几岁时，淳于意熟读了几十部医书，自觉可以行医看病，于是在家乡开始行医。但让他比较苦恼的是，给病人所开的药方大多无效。

有一次，邻居夫妻同时得了感冒，三天也没见好，男邻居便来找淳于意给开点药试试。淳于意从医书上背下了很多治疗感冒的方子，一番望闻问切后，很自信地就开出了一个治疗风寒的方子。没想到，邻居吃了药后，非但没有见效，症状反而加重了。第三天，再来找他复诊时，淳于意很是不解，又换了另一个治疗风寒感冒的方子，结果还是没有明显效果。男邻居见两次求方都没效，反而加重了病情，再也不敢找他看病了，扛了十来天后感冒自己好了，而一直没有用药的女邻居却比男邻居早好了三天。这事一传十，十传百后，乡邻们对淳于意都不信任了，再也不敢找他看病了。

淳于意苦恼至极，万般无奈只好决定外出拜师学医。他先是拜淄川名医公孙光为师，并在见面后把给邻居看病的事详细说了一番。公孙光听后，哈哈大笑道："看病哪能完全照书上的来，要灵活辨证。邻居的感冒症状很明显是风热感冒，你却用了治疗风寒感冒的方子，哪能治好呢？"淳于意一听，顿时茅塞顿开，便下定决心好好跟着公孙光学习医术。公孙光见他谦虚好学，一点就通，就很器重看好他，便把自己的看家本领都一一传授给了他。

转眼间，两年过去了，公孙光发现淳于意已经完全掌握了他的医术，甚至有些病看得比他都好，便认定淳于意是学医的好苗子。为了不耽误淳于意，公孙光把淳于意推荐给了当时的名医公乘阳庆。那时，阳庆已 70 岁了，但他也是惜才爱才之人，看淳于意一心学医且悟性极高，便竭尽全力将自己的真本领悉心传授。不仅如此，他还把自己珍藏的历代医书全给了淳于意，让他边学边看病实践。

转眼又过了三年，淳于意正式出徒了。他回家边读医书边试着看病，一年后，才正式挂牌行医。此时的淳于意与六年前的毛头小子已判若两人。找他看病的病人，十有九效，他很快就名声大噪。当然，让他名声远播的是他不仅看病有方，而且料病如神。

有一年秋天，西汉济北王刘宽请淳于意进府为夫人诊病之后，突然来了兴趣，想考验一下淳于意的医术，便让府中的丫鬟站成一排，请淳于意看看哪一个有病。淳于意先是判定最左边的那个瘦丫鬟闹肚子，一问果然应验。然后又盯着中间的那个胖丫鬟看了半天，叹了口气说："这丫头有重病，不能让她太劳累，否则会吐血不治而死。"济北王见胖丫鬟脸红扑扑的，身强体壮，一点儿生病的样子也没有，便很疑惑地问她："你身体有不舒服的地方吗？""没有啊。这个郎中乌鸦嘴，呸呸呸，我才不听。"胖丫鬟很是生气。"丫头，你要好自为之，现在感觉不到有病，并非就真没病，今后务必注意，别太劳累。"淳于意还是善意提醒道。但胖丫鬟根本就没往心里听，济北王也觉得淳于意危言耸听。谁知，到了第二年春天的一个晚上，济北王闹肚子去厕所，就把随身佩戴的剑交给胖丫鬟，让她在外等候。约莫二十分钟后，济北王从厕所出来，发现胖丫鬟提着剑倒在了地上，他还以为是等得太久累了睡着了。结果，他拉起胖丫鬟后发现地上一滩血，胖丫鬟早没气了。淳于意的话果然应验了。

还有一次，齐国的一名官员生了病，请淳于意去看。一番问询把脉后，他对这名官员说："你伤得不轻啊，内里有瘀血，我给你开几味中药，但这些药材比较贵，你要舍得花钱去买。""有这么严重吗？我感觉胸口有点疼，不至于吧？"这名官员疑惑地问道。"很严重。你不按我说的去治，很可能会尿血而亡。"淳于意警告道。但这名官员是个财迷且嗜赌如命，他哪里肯去买药。结果没几天，他就突然尿血死了。

8. 缇萦救父

缇萦救父是一个广为流传的孝女故事。那么缇萦的父亲又是谁呢？原来，她的父亲就是西汉时期著名医家淳于意。淳于意为何还需要女儿缇萦来救呢？事情是这样的。

淳于意一心专注医学，为人耿直，有些倨傲。本来，他曾任齐太仓令，但他不想在官场钩心斗角，便毅然辞官，专心行医。一开始，淳于意并不是有求必应，而是看病人是否尊重他。若是高官巨贾敬着他，他就应诊；若用命令或钱财对他呼来唤去，他就比较反感，甚至拒绝应诊。

有一年冬天，淄川王因受风寒生病，派人去请淳于意。淳于意听说淄川王比较仁慈，体恤百姓，便应邀前往。到了王府，淳于意给淄川王把了脉，发现他身体很热。当时淳于意手头有好几个治这种风寒病的方子可用，但他看到屋檐下的冰凌后突发奇想，于是吩咐丫鬟们取来冰棱用毛巾包着敷在淄川王的额头上，然后又用针在淄川王陷谷、丰隆等穴位上刺了几下。还真奇怪了，不一会儿，淄川王的高热就退了，头痛、肢痛等症状也消失了。淳于意用冰给病人降温是第一次，取得如此奇效，王府上下都很惊奇，都在传他医术高超。而淳于意无意间运用的这一物理降温方法，在当时乃至世界医学史上都是了不起的发明。

有一次，齐王病了，派人去请淳于意。差人到了淳于意家大声吆喝道：“哪个是淳于意？我们齐王宣你进宫！”淳于意正在给病人把脉，见他们趾高气扬的样子就很生气，呵斥道：“吵什么吵，没看到我正在看病吗？”“你别不识抬举，我们齐王宣你是看得起你，赶紧跟我们走一趟！”差人命令道。淳于意正准备发火，在里间的小女儿缇萦跑了出来，趴在他耳边悄声劝道：“父亲，您莫生气，齐王是我们的地方官，我们得罪了不好，您还是跟他们去一趟吧。”淳于意虽然很不情愿，但还是忍气跟差人走了。

到了王宫，淳于意发现齐王身材臃肿，瘫坐在椅子上。齐王自述，头疼，看不清东西，也不想活动。淳于意把完脉后说：“大王，您没有什么病，就是吃得太好，活动太少了。”“没病？那我怎么这么难受？”齐王很不高兴地反问道。“没病！只要控制好饮食，少吃，多活动，就会慢慢好起来的。”“不用吃药？也不用扎针？”“都不用！”淳于意肯定地说。齐王听完，很是恼火，赶紧让淳于意走人。

淳于意刚走，齐王就破口大骂：“什么玩意，还名医呢，我看就是个骗子。我都病成这样了，还不给我治，让我少吃多动，想饿死我不成！”齐王非但没听淳于意的话，反而又找来一个庸医来诊疗。那家伙连穴位都认不全，胆子却挺大，为了迎合齐王，他用针在齐王身上乱扎一通，结果当天夜里齐王就死了。齐王的死本是庸医所致，但外边人都不知晓，齐王的近侍也秘而不宣，只说让淳于意看后就这样了。

也赶巧，那段时间，赵王、胶西王、济南王听说淳于意医术高超，都陆续请他去看病并想任命他为宫里的医生。淳于意对受聘一事一概拒绝不说，对前去诊治也不积极，有时一拖好几天才动身。赵王他们对淳于意恨得要命，想治他的罪，又苦于没有由头。齐王的死，让他们看到了机会，于是落井下石，鼓动齐王的人去告状，诬告淳于意在任齐太仓令时受贿。结果，官府收到状子，就把淳于意抓了起来，在赵王等干预下，很快就给他定了罪，并要押到长安城受肉刑。

淳于意没料到竟惹来如此横祸，在得知即将押赴长安的消息后，他很是懊悔自己平时不注意言行，以至于得罪了权贵，导致家庭蒙难。临行前，家人们都去送行，淳于意望着五个女儿，悲伤地说：“为父对不起你们啊！以后可苦了你们，要是你们当中有一个男孩子也好，不仅能在我不在家的时候照顾好家，还能替我去疏通打点一下……”说完，全家人抱成一团，大哭起来。差役拉开他的女儿们，拖着淳于意就上路了。这时，年仅15岁的小女儿缇萦挺身而出，她跑上前，对淳于意说：“父亲，谁说女子不如男？我陪您去长安！”就这样，缇萦一路风尘仆仆跟着父亲去了长安。

路上，缇萦不仅悉心照顾父亲，还用心写了一纸状书。在状书中，她先是称赞汉文帝雄才大略，治国有方，接着诉说了父亲的冤屈，并陈述了肉刑的残酷——割去的鼻子不能再长出来、砍了的脚也不能再接上，被施了肉刑的人痛不欲生，想改过自新都没有机会，然后明确表达了自己愿意替父赎罪让官府收她为奴婢的意愿。要知道，那时当奴婢是很悲惨的。一到长安，缇萦就来到皇宫呈上了状书。汉文帝是个明君，他接到状书认真看完后，被缇萦的言行深深感动，亲自主持审理了案件，不仅免除了淳于意的刑罚，没有让缇萦当奴婢，还下令废除了肉刑。

淳于意被小女缇萦营救返回临淄后，痛改此前的倨傲，一心救治病人。医术精湛、医德享誉四方的淳于意，终成一代名医。

9. 邳彤母病巧得治

邳彤，东汉时期人，能文善武，精通医术，曾是辅佐光武帝刘秀打天下的“云台二十八将”之一。邳彤从小文武双全，而且酷爱医学，帮刘秀打下天下后，他先后担任太常、少府、左曹侍中等职，为官清廉爱民，并经常扮成游医为老百姓治病，颇受老百姓的爱戴。

有一年，南方发生了大瘟疫，死了不少人。邳彤主动向朝廷请缨前往救治百姓。一到南方，他就马不停蹄到处察看疫情，并指导当地官员为患病百姓及时配发药物。二十天左右，他就成功控制住了一个地方的疫情。这时，又有一地疫情蔓延开来，邳彤正准备出发，他的大哥邳祝却带着母亲从老家祁州赶了过来。离开家乡时，母亲还很健康，但这次相见让邳彤很是心痛。原来母亲在他离家没几天就得了一场重病，请了很多医生给看也不见好。母亲眼见自己一天不如一天，又不想耽误邳彤治瘟疫，便跟大儿子邳祝商量，一起去找一下邳彤。一来让邳彤给治治，兴许就好了；二来，即使治不好，也好见邳彤最后一面。

邳彤见到母亲，赶紧为母亲把脉，针药并用，但两天下来没有丝毫效果，而疫情愈发严重，死的人一天比一天多。邳彤夜不能寐，翻了一本前不久刚寻到的医书，终于找到了跟母亲相似的病情描述，但看到医书上的药后，他却更苦恼了。第二天一早，邳彤流着泪对母亲说：“儿子不才，我能治好那么多生病的人，却治不好您！我从医书上找到了能治好这病的药，可这药在人间实在难找啊！”“儿啊，娘年纪也大了，你不用自责，去干正事吧。为娘能在死前见上你一面，也无遗憾了。吃过早饭，我们就回去了。你也赶快去救那些得了瘟疫的老百姓吧。”母亲摸着他的头喃喃地说。

本来希望弟弟能治好母亲的病，没想到还是空欢喜一场，邳祝很是伤心。往回走的那天艳阳高照，到了晌午，母亲早已喝光了瓦罐里带的水，但还是渴得厉害。那时，他们已走到一座山上，前不着村，后不着店，蝉在“知了知了”地叫着。邳祝扶母亲坐在一块石头上，自己跑了半座山也没找到有水的地方，回来只好扶母亲继续赶路。巧的是快到山顶时，在一处石洞里，邳祝发现了一个小水洼，他拿着罐子跑上前正准备舀水，却发现水中有两条小蛇在游来游去。邳祝一度想放弃，但又看母亲渴得实在厉害，便找了根树枝，把两条小蛇赶走了。他匆匆舀了半瓦罐水，什么也没说递给了母亲。浑然不觉的母亲接过去咕咚咕咚就喝光了，喝完还咂咂嘴说："这山泉水真甜!"

母亲喝完水，感觉虚弱的身子有了些力气，于是他们又继续赶路了。太阳快要落山时，他们到了一个山坡，这时母亲又感觉饿得很。邳祝有些后悔没按来时的路返回，而走了这条近道——结果人迹罕至，身上有钱也无处买吃的。正在苦恼之际，他突然看到不远处冒出了袅袅炊烟，原来那里有一个小院落。于是，邳祝赶紧扶着母亲赶了过去。叩了几下柴门，一个憨厚的汉子迎了出来，听说是赶路的想讨口饭吃，那汉子笑着把他们迎了进去。原来，汉子那天刚当爹，而且是双胞胎男孩的爹，自然高兴。屋里一个老婆婆正摸索着往灶里添柴火，一个老头正在洗菜。老婆婆眼睛看不到了，老头的腿也有些拐，他们的儿媳这天上午刚生了一对健康的双胞胎男孩，也难怪开门的汉子满脸堆笑。"俺这好多天没人来了，今天真巧！家有大喜事，你们赶巧路过，饭菜马上就好，快坐下一起吃。"老头高兴地张罗着。

吃饭时，老婆婆摸了一个红鸡蛋递给邳祝母亲说道："吃吧，这是喜蛋，吃了会带来好运的。"邳祝母亲正饿得很，接过去边感谢，边敲开了鸡蛋，咬了一口发现鸡蛋里边居然有两个蛋黄。这时，汉子从里屋端了个碗出来，憨憨地说："娘，俺媳妇说喝不了了，这半碗阿胶汤还热乎，要不就让这老人家喝了？""好好，快让这赶路的老婆婆喝了，好明天有劲走路。"于是，邳祝母亲推让一番后，把产妇喝剩的那半碗阿胶汤也喝了。

留宿一晚，第二天一早起来，邳祝母亲感觉神清气爽，腿脚也有劲了。于是，他们对这户人家一番感谢后，就赶路了。没想到，回到家乡没几天，母亲之前的病症全消失了。这时，邳彤的书信也到了。原来，母亲和哥哥离开后，他一直惦念，担心母亲支撑不了多少时间，又抱着试一试的心态把医书上的药方抄在了书信上，让哥哥留意找找。邳祝打开书信，只见信上的药方为：二龙戏珠天然水，一胎双子双黄蛋，拐公瞎婆做的饭，产妇喝的阿胶汤。看完，邳祝一拍大腿，大叫："这么巧！真是神灵保佑，弟弟的这个药方，我们在路上全遇到了!"

10. 秘制药丸显奇效

邳彤虽是官员，但他更喜欢到处为人看病。怕别人认出自己，他故意把自己打扮成游医，穿着有些破旧的衣服，背个小药箱，走街串巷。

有一年秋天，邳彤所管辖的地方风调雨顺，百姓安居乐业，他看没有多少政事要处理，便交代一番，又扮成游医出去了，一路去了京城洛阳。一进洛阳，他就发现大街小巷都贴满了皇榜。原来，皇帝最宠爱的小公主得了怪病，终日昏昏欲睡，太医束手无策，找了很多医生入宫治疗也不见好转。于是，皇帝下令：谁能治好公主的病，想要金银财宝的，必有重赏；想成为驸马的，可娶公主为妻。

皇榜贴了好几天，看的人不少，但无人敢揭，毕竟这可不是闹着玩儿的，万一治不好或治坏了，揭榜的人恐怕小命难保。邳彤观察了两天，又仔细打听了一番公主的病情后，去揭了皇榜。当时围观的人们有些惋惜："那么多御医都看不好的病也敢去治，真是不要命了！"邳彤听后，不为所动，而是让官差立即带他进宫。

进宫后，邳彤对公主一番望闻问切，跟自己预料的完全吻合。于是，他对官差说道："公主的病的确很特别，我有祖传药丸，请随我回住处拿。"

回到住处，邳彤让官差在院里等候，他却赶紧跑到屋里挠下些头屑，抠了些脚趾缝里的污泥，并从胳肢窝里搓下一些灰，团了几个小丸，用纸包好。出来后，很郑重地交给官差说："这是我家祖传秘方所制的药丸，吃了保管好。吾乃粗鄙之人，不便再去看公主。""也罢，但你不能走，万一这药丸有毒咋办？我先回去让公主吃一颗，你们两个在这看着他。"带头的官差吩咐完就赶紧进宫了。

公主见带回的药丸很不起眼，且味道不好闻，心里不想吃但又苦于其他药都不管用，便一闭眼用水送了下去。不成想，吃下药丸不久，公主就觉肚里一阵恶心难受，忍不住吐了起来。官差一看这架势吓坏了，以为公主中毒了，正准备去找邳彤，却突然听到吐完漱口的公主嚷嚷着：“好饿，好饿，快给我弄吃的来!”吃完气色便好多了。

皇帝见公主病情好转，很是高兴，便立即吩咐官差去请制丸的神医。官差跑到邳彤住处，发现留下的两个官差在呼呼大睡，邳彤早已不知去向。原来，邳彤给两个官差喝的水里下了一点儿药，让他们昏睡后，自己跑了。他为什么跑呢？不想要赏赐也不想当驸马是一个原因，更主要的是他怕皇帝知道药丸的成分。公主日常吃的是山珍海味，积食导致消化不良、胃口闭锁，但御医们还用大补之药人参等治疗，结果越治越坏，邳彤秘制的药丸却显奇效，一吐全好。

11. 郭太医的烦恼

郭玉，东汉时期著名医学家，尤其擅长针灸，从小就跟当时的名医程高学习医术。程高师从隐士涪翁，涪翁精于针灸，曾著《针经》《诊脉法》。程高学成之后也学习涪翁隐居不仕，安心在民间行医。郭玉跟程高学医多年，他聪慧且沉稳，勤学好问，深得程高赏识，于是程高将自己全部医术毫无保留地传授给了他。相传郭玉十几岁时已能独立应诊，经他诊治的病人，十有九效，很快他就盛名在外了。

郭玉看病不问贫富，都尽心尽力。穷苦百姓大多没钱抓药，他就尽量用针灸或艾灸予以治疗，屡获奇效，深受老百姓爱戴。

有一次，汉和帝的母亲走路时不小心扭伤了右脚，疼得厉害，好几天不敢下地走路。御医们给太后用了各种跌打损伤药却效果都不明显。这时，有人向汉和帝推荐了郭玉。郭玉进宫后，给太后左手臂上扎了三针，让她试着下地走走。没想到，太后脚着地时感觉疼痛不明显了，试着走了几步后竟然恢复正常了。汉和帝大喜，当即下令让郭玉进太医院当了太医。

能当太医对医生而言是莫大的荣耀，郭玉当了太医后却很苦恼。以往在民间给老百姓治病时，十有九效，可当了太医后，给皇亲国戚、王公大臣们看病时，效果却大打折扣，有时治十个能有两三个有效的就不错了。当时，有个王爷得了咳喘病，请郭玉前去诊治。郭玉见王爷身材肥胖，胸中有很多痰，便开了以前在乡间看病时效果奇好的一个方子，并嘱咐王府的人让王爷清淡饮食，少吃肉，别喝酒。本以为三剂药下去，病应该好得差不多了。没想到第四天，郭玉去复诊时却发现王爷的病非但没有好，反而加重了。郭玉很是不解，开好新药方后，他悄悄向身边的一个丫鬟问询王爷这几天的饮食起居情况。一问才探明原因：原来王爷嫌郭玉开的药太苦，每天仅勉强喝一次，没有按早晚各一次服用，而且王爷爱吃肉，嗜酒，这几天肉没少吃，酒喝得也不少。郭玉从王府出来后，深深叹了口气。后来，王府的人再去请郭玉复诊，郭玉便以自己医术不精婉拒了。

郭玉没治好王爷的咳喘病这事在王公贵族中间传开了，他们都认为郭玉是个庸医，有的居然上书汉和帝要把郭玉赶出太医院。汉和帝也很纳闷，当初郭玉给太后治脚扭伤自己可是亲眼所见。于是，皇帝便想当众考一下郭玉是否有真才实学。他让郭玉隔着帐子给一个生病的宫女把脉，并让几个大臣在大厅里观看。

郭玉不慌不忙走上前，把了一只手的脉后，对宫女的病已有八九成把握了，又去把另一只手的脉后，却心中一惊：为何这只手的脉没有丝毫病态？片刻慌乱后，郭玉很快就心中有底了，笑着对汉和帝说："臣刚才把了两个人的脉。第一个为阴脉，确实生病了，我能治；第二个为阳脉，此人很健康。臣猜帐中应该坐着一女一男两人。"揭开帐子，果然如此。原来，汉和帝不仅让生病的宫女坐那儿，还故意找了一个手腕跟宫女差不多的侍臣也坐那儿来考验郭玉。见郭玉果有才能，汉和帝很欣慰，惊叹之余又很是不解，便问郭玉："郭太医，同样治病，你为何给老百姓治时治一个好一个，但给王公大臣们治，却大都不灵呢？"

郭玉自从当了太医后，对自己的这个烦恼也进行了深入分析，便徐徐说道："臣琢磨原因有四：一则王公大臣们经常不遵医嘱；二来他们饮食起居没有规律；三则他们身体较普通老百姓偏弱，很多疗法不能用；四则活动锻炼太少，气血瘀滞，经脉不通。"

汉和帝听后，感觉郭玉分析得很有道理，便更加器重他了。

12. 华佗学医

华佗（约 145—208），东汉末年著名医学家，与董奉、张仲景并称“建安三神医”，被后人称为“外科圣手”“外科鼻祖”。我们今天称赞医术精湛的医生，常用“华佗再世”来形容，由此可见华佗的影响力之大。

华佗出生于沛国谯县（今安徽亳州），他的父亲是个书生，以教书为业，母亲养蚕织布。华佗从小就跟父亲识文断字，很是聪颖懂事。本来，他们一家日子过得虽不富裕，但也温馨。但随着东汉末年时局的动荡，到处兵荒马乱，能请起教书先生的人家越来越少，华佗的父亲渐渐没有学生教了。没有学生教，又找不到合适的营生干，父亲很是郁闷，在家闷了一个多月，每天都唉声叹气。母亲看在眼里急在心里，这天她听说城里有比武，便提议让父亲带华佗去见见世面。父亲在家也实在憋屈，便很痛快地带华佗进城了。

一开始，父亲和华佗在城里东看看，西转转，还挺开心。但当他们来到比武场地时，却发生了意外，有个粗壮的世家子弟为了找个好角度观看，到处横冲直撞，把华佗推倒了。父亲很生气，上前理论，却被那家伙打了一拳。文弱的父亲担心华佗受到伤害，爬起来后不敢再去理论，而是在众人的哄笑声中，拉着华佗灰溜溜地走了。连日的郁闷，又加这次受气，父亲回家的当晚就病倒了。那时的乡下，方圆几十里地都找不到个医生，母亲打算第二天一早赶去城里抓药，却不成想快天亮时，父亲就不行了。临死前，他自责地对华佗和妻子说道：“我对不住你们母子俩啊。孩子，我有个姓蔡的朋友在城里当医生，你跟他去学医吧。记得一定学好本事，照顾好你母亲……”

华佗跟母亲安葬好父亲后，就一起去城里找蔡医生。蔡医生是当地的名医，他听说老朋友的遭遇后，很是伤悲，很可怜华佗小小年纪就没了父亲，便爽快地答应收他为徒。华佗恭恭敬敬跪下给蔡医生磕头拜师，就开始正式学医了。他既聪颖又勤快，不管是采药还是各种杂活都主动认真去干，蔡医生打心眼里喜欢这个小徒弟。

华佗跟着蔡医生学习一年后，认识了不少草药，对它们的药性也有了大致的了解，蔡医生又安排他跟着师兄们学抓药。华佗自然很高兴，但师兄们却很妒忌他学东西快，受师父赏识，便想方设法为难他。抓药需要用秤来称，但店里只有一杆小秤，师兄们故意占着秤不让他用。一连三天，华佗很是苦恼。这天夜里，他躺在床上想到师兄们欺负自己，忍不住眼泪直流，一度想放弃学医，但他又想起父亲去世前交代的话和在家里孤苦无依的母亲，于是下定决心再难也要学下去，办法总比困难多。他脑子一转，突然计上心来，终于找到了解决没有秤可用的办法。

两个月后的一天，蔡医生过来看华佗抓药学得怎样了，便让他展示一下。没想到，华佗接过药方，连秤都不用，直接用手抓了起来。蔡医生一看这架势，很是生气，恨铁不成钢地对他说："抓药岂可随意？事关人命，你却当儿戏！"华佗却笑着说："师父，徒儿怎敢不听您的教诲，但药的量绝对错不了，不信您称称看。"师兄们也都巴不得看他的笑话，便赶紧把药一一拿来称重。让他们惊讶的是，每味药的分量丝毫不差。蔡医生虽然也感到奇怪，但以为仅是巧合，又连开三剂药，让华佗用手抓，没想到依旧是准确无误。这下，他才真信了。但他很好奇华佗为什么不用秤，便一再询问原因。华佗看了看师兄们，打马虎眼说："咱店里只有一杆秤，抓药的人又多，我就在晚上没人抓药时，反复称了药再用手试，结果就练出来了。"蔡医生不再多问，师兄们也都自觉惭愧，自此以后也不再处处刁难华佗了。

华佗把原因说得轻巧，实则不然，开始学习抓药的第四天，他就想到了没秤可用的解决办法，每次师兄们称好的药，他趁包扎时逐一用手掂掂，在心里默默记着分量。晚上，别人休息时，他却偷偷将自己掂量过的药再用秤称称，结果自然是功夫不负有心人，仅用了两个月，他就练就了用手抓药的绝活。

后来，蔡医生听说了师兄们欺负华佗的事，对华佗没有揭发他们而是逼着自己练出了绝活很是赞赏，心里认定华佗是个学医的好苗子，便苦心教华佗学习医术。

转眼又过了三年，一个夏天的午后，村民们送来了一个溺水的孩子。孩子的母亲是个寡妇，跟在后边哭天抢地，一进门就给蔡医生跪下，求他救救自己的儿子。蔡医生赶忙走上前扶起了孩子母亲，看了看溺水的孩子，发现那孩子双眼紧闭，肚子也胀鼓得厉害，感觉没希望了，便叹了口气说："孩子不行了。"

寡妇一听这话，本来在那哽咽，一下瘫坐在地昏了过去。蔡医生赶紧去掐她的人中穴。华佗却走向了溺水的孩子，仔细把了一下脉后，来到师父旁边悄声说："师父，孩子并没有死，还有救。"蔡医生自然不信，晕倒的寡妇却突然醒来，跪在华佗身前一个劲求他："小先生，您快想想办法！"华佗边劝她，边让村民牵来一头水牛，吩咐他们把孩子头朝下放到水牛背上，又教了他们控水的方法，村民们按照华佗的吩咐给孩子控水，不一会儿，孩子腹部的水慢慢从口中流了出来，肚子也小了很多，孩子不仅睁开了眼，喘气也慢慢恢复正常了。

村民们对华佗一番感谢后，带着孩子离开了。蔡医生看着他们远去的背影，陷入了沉思。华佗见师父有心事，便轻轻唤了他一声。蔡医生回过神来，羞愧又欣慰地对华佗说："徒儿，你现在已经青出于蓝而胜于蓝了，看病的本领已经超过我了，明天你就出师自己干吧。"华佗想起四年多来跟师学医的点点滴滴，忍不住跪下抱住师父的腿哭了起来，边哭边说："师父，感谢您的教诲，徒儿一定不辜负您的期望，当一名好医生！"

华佗从蔡医生那出徒后，并没有急着自己开业，而是到处寻找名医学习请教，并到乡间收集治病的验方。又过了三年，他才正式开业行医。

13. 青苔治蜂毒

华佗正式行医后，求治的病人，经他治疗，十有八九能好，他的大名很快就传开了。

有一年夏天，华佗正在家里为病人配药，突然有一个年轻女子捂着眼睛闯了进来。原来，那女子干农活时，不小心捅了马蜂窝，被一只马蜂蜇到了右眼，疼痛难忍。华佗让病人拿开手后，发现她的眼睛肿起来一个大包。这让华佗很是为难，以前也有被蜜蜂蜇的病人，但蜇的位置以手为多，让病人把手浸到尿液里能减轻疼痛，但这次病人被蜇的是眼睛，总不能让人把眼泡在尿里，且不说效果怎样，即使治好了，让一个没出嫁的女子这样治多尴尬。华佗急得很，却又没有其他好办法，只好对病人说："你先回去吧。我现在没有好办法给你治，一会儿我查一查医书，找到好办法我去你家给你治。"

病人走后，华佗很是不爽，心想：蜂蜇这样的小毛病，我都治不好，还当什么医生？于是，他立即去翻刚买到不久还没来得及看的医书，可郁闷的是都没有治疗蜂蜇的方法。华佗急得在院子里转来转去。突然，他听到一阵嗡嗡声，循声望去，只见一只马蜂一头撞进了墙角的蜘蛛网里。于是，他赶紧走上前去观察，只见马蜂死命挣扎，却越用力让蛛网缠得越紧。不一会儿，马蜂就没力挣扎了。这时，一只大蜘蛛才从容登场，只见它飞快地爬上前，准备咬马蜂。说时迟那时快，马蜂可能突然预感到自己的危险，又疯狂挣扎起来。混战中，马蜂一下蜇中了蜘蛛的大肚子。蜘蛛被蜇后从网上掉了下来，趴在地上乱蹬腿。华佗心想：人被马蜂蜇了都要疼得死去活来，这小蜘蛛恐怕也没救了！

华佗正准备走开，却发现被蜇的蜘蛛又动了起来，慢慢爬到了背阴处的一块长满了青苔的石头上。只见，蜘蛛把肚子在青苔上来回摩擦，不一会儿竟又恢复了精神，爬上了网，把没了蜂毒的马蜂给咬死，并慢慢享用起来。

华佗顿时眼前一亮，"莫非这青苔能解蜂毒？"于是，他走上前摸了摸青苔，感觉冰凉，但仅仅凉不一定有效，到底有没有效果呢？华佗决定亲自试验一下。巧的是，家里小菜园里恰有一窝马蜂，华佗找了块厚布把自己的头先蒙了起来，然后伸手去捅马蜂窝。好几只马蜂一拥而上，华佗手背上顿时被蜇了好几下。他忍住剧痛，赶紧跑到青苔边，取了青苔放到肿得老高的手背上来回摩擦。幸运的是，用青苔摩擦一会儿后，被蜇的手慢慢不疼了，肿胀也减轻了不少。

华佗终于找到了治疗蜂毒的良药，很是高兴，他当即铲了一些青苔，又添上了白芍等中药熬了起来。不一会儿，青苔膏便熬好了。华佗赶紧给被蜂蜇的年轻女子送去，药敷上后不久，果然应验，疼痛很快得以缓解。

14. 乌鸡治母病

有一年春天，华佗来到徐州一个小山村行医。村子不大，也就几十户人家。华佗刚进村，就听到一户人家哭天抢地，便赶紧上前看看。那户人家破旧的柴门大开，院子正中有个老妇人正抱着一个口吐白沫的小男孩大哭："我的孙儿啊，你快醒醒！"华佗快步走上前说道："老人家莫着急，我是郎中，让我来看看。"老妇人听后止住了哭泣，哀求道："先生，求您救救我可怜的孙儿吧！"华佗给孩子把了把脉，又翻了翻孩子的眼皮后，很有把握地说："有救，有救！"只见他拿出随身带的几根针在孩子身上扎了下去。不一会儿，小男孩就睁开了眼，并自己爬了起来。这时，跑出去找人帮忙的小男孩母亲也跌跌撞撞跑了回来，见小男孩又恢复了正常，把孩子紧紧搂在怀里喜极而泣。

原来，这户人家的老头早已去世，孩子的父亲被征兵役战死在了外边，家中只有老妇人、儿媳和这个小男孩相依为命。村里有几个捣蛋的孩子，老欺负小男孩。这天小男孩在自家院外玩耍，那几个孩子又来欺负他，骂他是没爹的野种。小男孩听了很生气，上前跟他们理论，被其中一个调皮的孩子在脸上打了一拳后倒地，就口吐白沫不省人事了。

华佗了解了孩子的身世和发病情况后，对老妇人说："这孩子得的是抽风病，我给你留点羚羊角粉，每天早晚各一次用热水冲了给他喝，平时注意别让他太劳累或受刺激，就没有大碍了。"老妇人接过药粉，拉着儿媳妇和孙儿就给华佗跪下磕起了头。这时已到了吃午饭的时间了，老太太盯着院子里的几只鸡，吩咐儿媳妇："把那只公乌鸡杀了，让先生吃顿饱饭。"儿媳妇听后，就准备去捉鸡。华佗赶紧阻止道："使不得！使不得！这鸡你们留着过年时再杀，给我的罐子里灌点热水就行了。"一家三口一再挽留华佗留下吃了午饭再走，但华佗见他们家如此贫寒，不忍心他们破费，便坚决要走。老妇人见留不住，追到院门口，拉着华佗衣襟道："请先生告诉我们尊姓大名，以后我们全家为您祈福，以报大恩！"华佗不便再推托，就把自己是哪里人，叫什么名字告诉了她。

转眼到了冬天，华佗在徐州附近已成了家喻户晓的名医。这天，他正在一户人家给卧床多日的男主人针灸治疗，堂兄却扶着母亲来找他。自从独立行医后，华佗赚的钱虽不多，但让母亲丰衣足食却足够了。春天离开时，母亲还很健康，但这次相见，华佗发现母亲面黄肌瘦，气喘吁吁，仅看外表，就感觉母亲得了重病。原来，华佗离开家不到一个月，母亲就病了，而且病情越来越重，她自感时日不多，便拜托侄子带她一路来寻华佗见上最后一面。

华佗边跟母亲聊天，边给母亲把脉，一搭手，他就心里一沉，母亲的脉跳得沉滞无力，恐难再愈了。母亲也观察到了华佗的表情变化，便宽慰道："能见上你最后一面，娘已经没有遗憾了。娘这病自己清楚，恐怕时间不多了，娘今天就赶紧往回赶，要死在老家跟你爹葬在一起。"华佗自从行医后，救人无数，却对养育自己的娘无能为力，他深感自责，哭着对母亲说道："娘，孩儿不孝！常年在外，忙着给别人看病，没能给您尽孝。如今，您病成这样，我不仅不能医治，连陪您回家也不成，这两天我用针灸给几个病卧在床的人治疗，都有奇效了，再接着扎上两天，他们应该都能起来活动了。若不接着扎，他们可能就永远瘫了。您老先回去。我后天给他们扎完针，就赶回去陪您。"母亲含泪点了点头说："孩子，别难过，都是命，我先回去了，你好好给人家治病。"

华佗见病人家里有个小推车，便借来交给堂兄，让他推着母亲先回去，并悄悄跟堂兄说："大哥，俺娘的病恐怕是没治了，估计五六天的事。我给她准备了些人参汤，你路上随时让她喝点儿。这些银子，你带着，路上俺娘想吃啥就给她买啥。"堂兄答应后，就用小推车推着华佗母亲走了。

且说堂兄用小车载着华佗母亲抄近路急着返回，到了傍晚他们来到一个小山村，远眺方圆几十里地再无人家，他便跟华佗母亲商量，进村找户人家借宿一晚。他们一连敲了两户人家的柴门，都没人应答，便来到了第三户门口。这户人家柴门很旧，敲了几下后，就走出一个年轻媳妇。听明白意思后，小媳妇没有让他们进去，而是让他们先等一下，自个儿又进屋了。不一会儿，跟婆婆商量完后，小媳妇出门，把华佗母亲迎到了屋里。进屋后，婆婆见华佗母亲病得厉害，便赶紧让她上了热炕头，并陪她有一搭没一搭地聊着。当婆婆听说华佗母亲这次出门是为了见当郎中儿子最后一面时，忍不住也跟着流下了眼泪。家里都是粗粮，老婆婆见华佗母亲勉强吃了几口，就不再吃了，又忍不住问道：

“大姐，你当郎中的儿子叫什么名啊？”“俺儿叫华佗。”“啊！这么巧！你儿子就是大名鼎鼎的华佗！”婆婆说着下了炕，把儿媳妇叫到一边悄声吩咐了一番。

儿媳妇出去不一会儿，就听到一阵鸡叫声。又过了一会儿，听到外屋刷锅烧火声……华佗母亲迷糊了一会儿醒来后，闻到了一股股香气。疑惑间，儿媳妇端了一大碗热气腾腾的汤推门进来说：“娘，鸡汤炖好了。”“好！好！赶紧让老人家喝了。”华佗母亲见素不相识的贫寒人家居然杀鸡招待自己，很是过意不去，一再推辞。婆婆见她执意不喝，便把华佗医治好小孙儿的事说了出来。原来，这户人家就是春天时华佗救治的抽风小男孩一家，婆婆听说眼前的老人就是恩人的母亲后，便赶紧让儿媳妇把那只当初想杀了给华佗吃的乌鸡杀了炖汤。华佗母亲本就被鸡汤的香味引起了胃口，又听有这层缘由，便接过碗趁热喝了鸡汤。她还在婆婆的一再坚持下，跟那户人家的小男孩一人吃了一根乌鸡腿。

第二天一早，那户人家的儿媳妇又早早起来，把鸡汤热好。华佗母亲又喝了一碗热乎的鸡汤后，就跟侄子赶路了。喝了鸡汤的华佗母亲精神了许多，感觉也有劲了。三天后，他们就回到了老家。躺在老家的热炕上，母亲欣慰地想：终于赶回来了，兴许能等到儿子回来再走。

华佗把需要针灸的几个病人都治疗好后，便立即往家赶。到家时已是第五天，路上他一再担心回来时母亲已经不在了。当他推门发现母亲正坐在热炕上跟邻居有说有笑时，心里的一块石头落地了，但又不解：莫非是自己诊断有误？还是娘吃了有特效的食物了？于是，华佗找堂哥问一路上母亲都吃了些什么。听完堂哥叙述后，华佗深感善有善报。欣慰之余，他对乌鸡产生了兴趣，于是赶紧出去买回来一只乌鸡炖了汤。母亲喝汤后的第三天，竟能下炕自己走路了，病也慢慢好了。

华佗把乌鸡汤命名为“九户鸡鸣汤”，并用此汤治好了许多跟母亲得了一样病的人。后来，人们根据乌鸡汤治好华佗母亲病的故事，反复试验加工，制成了今天大名鼎鼎的“乌鸡白凤丸”。

15. 不可小觑紫苏叶

我们现在出去吃海鲜时，稍微讲究些的海鲜店在为顾客提供各种蘸料之外，还会在碟子里放上几片紫色的叶子。这种叶子可不是用来装饰的，而是用来吃的，入口的时候会有一种特殊的清香。它就是不可小觑的紫苏叶。那么海鲜店里为什么让客人吃紫苏叶呢？因为，紫苏叶可以防治海鲜过敏。据说，这跟名医华佗有关。

有一年夏天，华佗带着徒弟在外行医，路过一条小河，便停下来坐在树荫下的一块大石头上休息。几只大鹅正在河里游来游去，很是逍遥自在。华佗盯着它们看了一会儿，突然发现一只大鹅从水中逮到了一条大鱼，另一只鹅发现后过去争抢。不一会儿，两只鹅就把那条大鱼撕成两半下肚了。看到它们吃大餐，华佗忍不住笑了。不料，吃了鱼的两只大鹅却似乎并不开心，看上去还很难受，不停地在河里挣扎，而其他的鹅却没事。

华佗心想，莫非它们吃到了有毒的鱼？正想着该怎么救那两只大鹅，却见它们挣扎着上了岸，在一片紫叶处停下，狂吞了好几片叶子下去。奇怪的是，吃下不久，那两只大鹅就不痛苦了，跟没事似的，又回到河里游了起来，还嘎嘎叫着。华佗看得有些入迷了，他赶紧来到那片长着紫叶的地方观察，原来两只鹅吃的是一种常见的紫色叶。“莫非它也能入药？以前，做菜时有放它们进去调味的，这有点儿意思！”华佗心里琢磨道。

这天晚上，华佗跟徒弟来到镇上一家饭馆加旅店吃饭并打算晚上在那留宿。恰巧有一名商人给儿子庆祝生日。那男孩也就十一二岁的样子，却胖得肚子鼓鼓的，家人为他点了一桌子好菜，大盘蒸螃蟹、炸河虾、红烧鳜鱼等。小男孩对别的菜不大感冒，对那盘蒸螃蟹却情有独钟。华佗进来时，小男孩跟前已经堆了一大堆螃蟹壳了，他一边吃一边叫着：“真鲜！”商人见儿子喜欢吃，便高兴地说：“喜欢吃就多吃点儿，一会儿再给你点一盘！”华佗听了，忍不住上前劝道：“螃蟹虽鲜美，但这东西凉性太大，不宜多吃！”“糟老头子，要你管？我偏要吃，你是不是想吃没钱买才故意这么说的？”男孩很没礼貌地顶撞道。华佗苦笑一下，摇了摇头，没再说什么，而是带着徒弟去临窗边的一张桌子坐了下来，点了几个小菜和一壶酒喝了起来。

华佗正喝得高兴，突然听到一阵吵闹，原来是刚才那个男孩大声嚷着肚子疼，商人在质问店家是否用的食材不新鲜。店家很是委屈，老板娘也赶了出来吩咐店小二赶紧去找郎中。华佗快步走上前说："不用找了，我就是！这孩子是吃螃蟹太多，中毒了！"商人一听这话，见儿子疼得头上直冒汗，便很不好意思地央求道："老先生，您救救我家孩子吧，刚才犬子多有冒犯，还请您大人不记小人过。"华佗哪会跟小毛孩子计较，便吩咐徒弟赶紧去取药。徒弟听后一脸不解地问："师父，治这病用啥药啊？以前，咱可没治过啊，医书上好像也没有记载怎么治啊！""别废话，赶紧去下午咱歇脚的河边，采些鹅吃过的那种紫色的叶子回来！"华佗没有多解释，而是直接命令道。

徒弟一路小跑着出去，不一会儿就带着一大把紫色叶子回来了。华佗又吩咐店小二用紫色叶子煮水给男孩喝。也真灵，男孩喝了紫色叶子水不一会儿肚子就不疼了。商人一家和店家对华佗很是感激，商人把华佗吃的那桌费用给一起结了，店家也给华佗安排了一间舒适的客房。

到了房间，徒弟鼓起勇气问道："师父，您是怎么知道那紫色叶子能治螃蟹毒的？""跟下午那两只大鹅学的！""什么？跟大鹅学的？""对啊，下午的两只大鹅应该是吃了一种有毒的鱼，它们吃后很痛苦，但狂吞了几片紫色叶子后却好了。那时，我就琢磨这紫色叶子可能会解鱼蟹之毒。没想到晚上一试，果然应验！"华佗解释道。

后来，华佗把这种紫色的叶子取名"紫舒"，意思是吃了后让肚子舒服。结果人们传来传去，便叫成了"紫苏"，而此前这并不起眼的小紫叶，从此在中药王国里开始发挥重要作用，并成了预防治疗海鲜过敏的良药。

16. 葛根熬鸡汤，越喝越健康

华佗邻居家有个童养媳，邻居一家对这个童养媳很不好，动不动就打骂，尤以婆婆为甚。这个婆婆脾气很大，常对人发火，一言不合就开骂，对自己的儿媳妇更是看不顺眼。童养媳自从来到这家后，经常因为婆婆的刁难而偷偷哭泣。后来，童养媳长大生了孩子后，对婆婆的刁难有时敢反抗了，偶尔会顶几句嘴。婆婆到处说她没规矩，不懂礼数。童养媳也经常跟人抱怨婆婆脾气坏，而且懒惰不做家务。于是，婆媳关系很是紧张。

这天，婆媳因一件小事又吵了起来。童养媳越想越委屈，哭哭啼啼来找华佗。华佗问她为何而来，她却欲言又止。华佗试探着问道："是不是想讨点儿药治治你婆婆的坏脾气？""不，俺不要这种药，求您给我点儿能让人吃了慢慢死去，却又让别人查不出死因的药。"童养媳低声却又决绝地说。华佗一听吓了一跳，心想：这还了得，婆婆虽然脾气坏了些，但也不能置之死地啊！再说医生是治病救人的，哪有用药去杀人的？于是，他灵机一动对童养媳说："这种药我这还真有，但用起来很麻烦……""俺不怕麻烦，求您帮帮俺，这些年俺过得太苦了。"童养媳哀求道。"好吧，你用这种药熬鸡汤，让你恨的人每日早晚喝一碗，连喝 90 天就能让他一命呜呼了。"华佗边说边从药架上拿出一块树根，递给了童养媳，然后又很严肃地交代道，"此药要发挥好效果，不能中途间断，而且需要你和颜悦色亲自服侍，否则效果就发挥不出来。"

童养媳拿着药，如获至宝，抹干了眼角的泪水就跑回了家。她一心让婆婆早点死去，好让自己脱离苦海，便牢记华佗的话，每天都悉心砍下一小块华佗给的树根熬鸡汤，熬好后笑眯眯地端到婆婆跟前。头几天，婆婆见儿媳妇非但不顶嘴了，反而献起殷勤，还直犯嘀咕，处处提防着。后来，婆婆见儿媳妇每天都和颜悦色给自己熬鸡汤，心情也慢慢好了起来，对儿媳妇也越看越顺眼，渐渐也就不再刁难她了。在外人那也开始夸儿媳妇好了，有时见儿媳妇忙里忙外很过意不去，也主动搭把手干些家务。童养媳一想到自己的好日子马上就来了，对熬鸡汤也更上心了。

转眼两个月过去了，婆媳居然和平相处了 60 多天。这天童养媳又端来鸡汤，婆婆有点儿不好意思地说：“孩子，以前是娘不好，老处处为难你。这段时间，娘看到你是真心对我好。以后我待你要像亲闺女一样。来，鸡汤你也喝一些，喝了喂孩子奶水好……”童养媳听完有点恍惚，当看到婆婆把半碗鸡汤递到眼前时，眼中闪过一丝不安，随即找了个“去给孩子喂奶”的借口跑了出去。这天夜里，童养媳想着婆婆白天说的那番话，又想起自己不可告人的秘密，翻来覆去一夜未眠。

第二天天刚亮，童养媳就来到华佗家求解药。华佗笑着又拿了一块跟此前差不多大的树根给童养媳，笑着说：“还是用它熬鸡汤，用法跟上次一样。”“这不是上次您给的毒药吗？”童养媳不解地问。“是啊，它跟上次的一模一样，但不是毒药，它叫葛根，用它熬鸡汤，很香不说，人越喝越健康，脾气不好的也会慢慢变好。”华佗说完哈哈大笑。童养媳这时才恍然大悟，对华佗一番感谢后欢快地跑回了家。

从此，邻居家和和睦睦，婆媳好得亲如母女，而华佗开出的这剂葛根熬鸡汤，非但没有毒，反而让人越喝越健康。

17. 巧治失心病

有一天，前村一位老婆婆领着疯疯癫癫的儿子来找华佗治病。病人 30 多岁，华佗以前见过几次，是个书生。此前，听说他只顾埋头读书，一心想博取功名，对其他事一概不问，虽不善交往，但神志正常。华佗把完脉，便问老婆婆："孩子是如何发病的？有没有什么事刺激到他了？"

"坏事倒没有，这几天我们家是多喜临门。唉！不承想，他却成了疯子！"老婆婆抹着眼泪回答道。

"家里都发生了哪些喜事？"

"我们家一直穷得很，儿子埋头读书，又不会其他营生，都三十好几了，连个媳妇都没有。年前，我娘家一个在外经商的弟弟回来看我，看我家穷，人家发达了，就送给我们一些银两，还对俺儿说若今年能考取功名，他再给做个媒，聘礼他也给出。俺儿自此更用功了，今年又去应考，前几天发榜，他终于考取了，没承想跟同乡看榜时，看到自己名字后就突然发疯了。这可如何是好？我老婆子命苦啊！……"

听完，华佗心中有数了，他让徒弟帮忙按住疯癫的病人，很快在他身上扎起了针。几针下去，病人疯癫明显减轻了，但还是拉着华佗的手喃喃地说："我考中了！我要娶媳妇了！"

华佗冲他微笑着说："恭喜公子多喜临门啊！你考中是真，娶媳妇也能实现，但得身体健康，这一切才能消受啊！"

"我身体好着呢！你看！"病人说完，原地打了个转。

"非也，非也！你得了一种怪病，头里进去一条小虫。你是不是经常夜里躺下很久都难以入眠？"

"嗯，不好入睡这倒有。"

"是不是早上起来也经常头疼？"

“嗯，也对。”

“这都是头中那条小虫所致，十天内不把它弄出来，你就有性命之忧。”华佗突然严肃地说道。

“那您帮我把虫子取出来啊！”病人有些焦急地说。

“我还没想到取虫的方法，你先回家吧，过几天再来找我，兴许那时我能找到取虫的方法。”华佗无奈地摇头说道。

见名医华佗都摇头，母子只好满脸忧愁地回去了。老婆婆边走边哭着说：“原以为仅是病了，没想到还得了这种难治的病，以后我老婆子咋活啊！”病人也不是来时的疯癫状，而是满腹心事的样子。他们回家后，老婆婆几乎天天以泪洗面，病人却不再疯疯癫癫，而是天天躺在床上唉声叹气。

几天后，老婆婆一大早又带儿子来找华佗了，只见他们娘俩都憔悴了很多。华佗一见他们，就笑着从兜里拿出一粒药丸对他们说：“莫愁，莫愁！我找到把虫子取出来的办法了。这是研制的诱虫丸，你吃上他就能把虫子从头里引到肚子里，然后再拉屎拉出来。但这药得在我这吃，有突发情况我好及时处置。”

病人一听自己有救了，便赶紧把药服了下去，但服下不久，他就两眼一沉昏睡了过去。老婆婆一看这架势，吓坏了，求华佗快出手相救。华佗却不慌不忙安慰道：“老人家，不用着急，他睡一觉就会醒来，最近他疯癫是不是好了？”

“哎，对呀，没再犯过，可这头里的虫子如何是好？”

“我是故意说他头里有虫吓他的，他得的是失心病，惊喜过度所致，此病只能通过让他陷入焦虑才能治好。但又不能让他本人知道头里没有虫的事，否则他可能又会生别的病了。”

“那如何让他相信头里有虫，还真给取出来了？”老婆婆疑惑地问。

“这个简单，一会儿看我的。”华佗神秘地说道。

又过了半个时辰，病人醒来了，但他一醒来就说内急，要去大便。华佗随手给了他一个瓦罐，让他去墙角自己解决，并从里边找找有没有虫子。病人拿着罐子便跑了出去，不一会儿，他就兴奋地又跑了进来，大叫着：“真有虫子！我头里的虫子真给打出来了！”老婆婆和徒弟听病人这么说，都很吃惊，华佗却笑笑打发他们娘俩回家了。

看他们娘俩高高兴兴走远了，华佗才告知了徒弟真相：原来他给病人服的药丸既有快速入睡的功效，又有下泄的作用，虫子也不是病人自己大便中的，而是华佗提前捉来虫子弄个半死藏到罐子里的。这些也只有华佗和徒弟知道，病人和老婆婆浑然不知。他们逢人便夸华佗是神医，不仅能治失心病，连头里的虫子都能给打出来。

18. 强身健体五禽戏

名医华佗在多年的行医治病过程中，治好了许多疑难杂症，但对有些疾病却没有办法，比如气喘病就让他很是苦恼。这病急性发作时，华佗能用三到五剂药让病情缓解，但却不能根治，病情很容易反复。

华佗仔细观察，发现这些得气喘病的病人体质大多偏差，却又不敢活动，担心劳累后气喘病复发。于是，他就琢磨有没有一种办法可以让病人的体质得到明显增强。吃补药是一种选择，但补药大多名贵，不是普通老百姓能吃得起的，而且有些病人的体质也不适合吃补药。一闲下来，华佗就琢磨如何增强病人体质这事。

这一天，华佗带着徒弟进山采药，他发现一群猴子在树林间上蹿下跳，很是灵巧轻便，便忍不住想：要是人也能像动物们这样经常活动，体质会不会明显改善呢？回去后，华佗就模仿了猴子们脚尖纵跳的动作，练了几天，感觉腿上比以前有劲了。后来，华佗又陆续模仿了虎的扑动前肢、熊的伏倒站起、鹿的伸转头颈、鹤的展翅飞翔，自己编了一套锻炼戏法，边学边练。坚持半年后，华佗感觉自己的身体明显强壮了。于是，他动员得气喘病的人跟他学习这套戏法。得气喘病的人大多是老人，他们见这套戏法模仿动物们的动作，很搞笑，大多嫌丢人不肯练习。一开始，只有华佗本村的两位老人试着跟他坚持练了大半年。神奇的是，这年冬天，两位老人的气喘病发作次数明显减少了，发作时病情也轻了许多。尝到甜头的他们，更加认真练习。到了第二年冬天，每年冬天都犯的气喘病居然没再找他们。这事传开后，跟华佗学练戏法的病人慢慢多了起来，许多健康的人也加入了学习的队伍。

华佗的弟子吴普见师父天天练习这套戏法，便也坚持跟着练习。练了两年后，吴普也感觉自己身轻如燕，便对华佗说："师父，您编的这套戏法真是好！我们是不是给它起个名字啊，这样也更方便传授。"华佗心想：也对，不起个名字不便于流传。于是，他沉思片刻，说道："这个戏法，主要模仿了虎、鹿、猿、熊、鹤五种禽兽的姿态和动作，不如就叫'五禽戏'吧！"

后来，吴普坚持练习五禽戏，据说活到 90 多岁还耳聪目明，牙齿完整。

可以强身健体的五禽戏由华佗创制，并流传至今。我们今天常见的太极拳、八段锦、易筋经等传统健身方式，都与五禽戏有很深的渊源。它们共同为中华民族的繁衍昌盛作出了积极贡献。

19. 独家秘制麻沸散

名医华佗所处的时代是战乱频繁的东汉末期，由于经常打仗，受外伤的人格外多。被后人称为“外科圣手”“外科鼻祖”的华佗，尤其擅长外科，而且精通各类手术。

一开始，华佗做手术时很苦恼。那时没有麻醉类药物，都是在病人清醒的状态下实施手术。小点儿的手术，病人大多还能忍受；大一些的如截肢、开腹等手术，病人们都痛不欲生，有的手术还没做完，病人就昏死过去，有的病人因疼痛而剧烈挣扎，导致手术难以进行或质量降低。

有一天，村里一个服兵役的男子胳膊受了箭伤，回到家乡请华佗诊治。华佗解开病人胳膊上的布条，发现伤口已经化脓了，需要尽快手术治疗。于是，他让徒弟和病人家属帮忙将病人牢牢捆在床上，并找了根树枝让病人咬在嘴里——以防疼痛难忍咬断了舌头。一切就绪后，华佗拿出手术刀具快速实施起了手术。只见他先是剪去了病人胳膊上的衣服，在受伤的部位迅速划开一道口子，把脓血放干净，再用尖刀把腐烂的肉切了下来，然后缝合伤口，敷上药膏并包扎好。手术做得行云流水，也就十分钟左右，一点儿也没耽搁，但病人却疼得满头大汗，腐肉还没切完就昏死过去。手术很成功，病人的胳膊保住了，但病人对手术期间的痛苦却刻骨铭心。

又过了两年，胳膊受过箭伤的这名男子又被抓去再次服了兵役。不幸的是，他又受了重伤，这次被箭射中了大腿。被抬回老家后，病人家属赶紧请华佗诊治。华佗赶去一看，情况很糟，需要手术截肢，否则不但腿保不住，还可能有性命之忧。跟病人家属商量妥手术事宜后，病人却很不配合，他拿出随身携带的一把匕首，以死相威胁，死活不同意手术。原来，他对两年前那次手术的痛苦记忆犹新。病人不同意，华佗很无奈，只好留下一些治外伤的药膏，叹着气回去了。第三天，病人就因伤口感染不幸去世了。这事对华佗刺激很大，明明可以保住性命的人，却因手术过程太痛苦而拒绝手术丢了性命，这让华佗很自责，他很想赶紧研制出一种能让病人在手术中感受不到痛苦的药。于是，华佗在日常时刻留意着寻找这种药。

有一年冬天，村里有个酒鬼外出喝得酩酊大醉，回村时摔到了沟里，头破血流且伤口处沾了不少污物。抬到华佗家时，酒鬼还没醒酒，虽满身是血却依旧呼呼大睡。华佗赶紧给酒鬼实施了一个清创小手术，让他感到惊奇的是，酒鬼自始至终连哼都没哼一声。第二天酒鬼醒来，发现自己额头被包扎，还很意外，原来他对昨晚手术的事毫无察觉。华佗得知后，很是不解，心想：莫非是喝酒所致？于是，他故意自己喝酒，并让徒弟用针扎穴位。反复试验后，华佗终于发现酒具有麻醉的作用，人完全醉倒后就几乎没有意识了。有了这个发现，以后再做手术前，华佗都让病人先喝酒把自己喝醉，然后才开始手术。病人喝醉后在手术期间的痛苦由此得以减轻。但用酒精麻醉也有问题，病人体质不同，有的效果奇好，有的却不明显，还有的病人因喝酒太多而出意外。

又过了两年，华佗依旧在为寻找有效的麻醉药而苦恼着。这天，他到乡下看病时，遇到一个口吐白沫、牙关紧闭的病人。奇怪的是把脉后却发现病人一切正常，没有生病。于是，华佗便问病人以前是否得过病。家属却说："健壮得很，以前从没有病。就是上午干农活休息时吃了几朵麻子花，就这样了。""麻子花？快找来我看看！"华佗吩咐道。家属很快就从外边找来一棵连花带果的臭麻子花。华佗接过后，先是闻了闻，然后又摘了一朵放到嘴里尝了尝。没想到，刚嚼几下，华佗就感到嘴里一阵发麻，还头晕目眩，差一点儿摔倒。华佗不敢再试，赶紧收了起来，心里暗想：这家伙毒性真大。

弄清病人因何而病后，华佗快速扎了病人的几个穴位就把病人救醒了。临走时，他让病人家属带他去山上又弄了一大捆臭麻子花带着。

回到家，华佗就对这捆臭麻子花开展了反复试验，最终，他发现臭麻子花有很好的麻醉效果。于是，他就以臭麻子花为主，又跟热酒等一起熬制，最终成功研制出麻醉效果奇好的药，并取名"麻沸散"。

"有了麻沸散，治病如神仙"。自从用上麻沸散，华佗动手术更加得心应手，病人在手术过程中的痛苦得以大大减轻。华佗独家秘制麻沸散并实施全身麻醉外科手术，比西方早了 1600 多年。遗憾的是，因战争等原因，华佗秘制的麻沸散配方在他死后就失传了。

20. 开给李成的两包药

在日常生活中，讳疾忌医或不听医生嘱咐的大有人在，许多病人也因此付出了沉重的代价，轻则小病拖成了重病，重则丢了性命。在名医华佗行医过程中，也遇到过许多不听他嘱咐最终不治而亡的病人。军吏李成就是一个典型代表。

李成多年行军在外，得了咳喘病，经常口吐脓血，连觉也睡不着，不得不回老家求医治疗。华佗见他瘦得皮包骨头，气喘吁吁，但把完脉后却发现还有救，便从随身携带的药袋中配了两包药交给李成，对他说："咳嗽时吐脓血，这是肺痈，病根在肺里。我给你这两包药，你先吃一包，吃后会吐出不少脓血，但之后就不吐了。另外，我教你一套五禽戏，你能下床后天天练习，估计一个月左右就会感觉身体比较舒服了，半年后将恢复健康……"

"两包药，我只吃一包就好？剩下的那包还吃吗？"李成忍不住打断华佗的话，不解地问道。

"剩下的那包你务必保存好了，你这病在十五六年后可能会复发，那时你把剩下的那包药吃了就会好，以后也不会再犯了。但不吃这包药，就会有性命之忧！务必保存好，切记！切记！"华佗一再叮嘱道。

李成吃了药，第二天便吐出了一大摊脓血。能下床后，他坚持每天认真练习华佗所教的五禽戏，半年后，身体果然恢复如初了。后来，他又坚持练习了五六年五禽戏，身体越来越健壮。

身体好起来的李成慢慢对自己放松起来，不仅不再练习五禽戏，而且时不时喝点儿小酒。转眼过去了六年，李成的一个亲戚也得了跟他一样的病，便带着好酒来求李成："听说华佗给了你两包药，你只吃了一包就治好了病，剩下的一包给我吃了吧。我现在感觉要不行了。"

"这，这，华佗说我可能还会再犯，这药可能还用得上。"李成有点儿为难地说。

“你看你现在多健壮，能吃能喝，一点儿病也没有啊！哪有没病家里还藏着药等病的啊？求你先借我救救急，哪天我们遇到华佗再跟他讨一次药呗。”亲戚劝道。

“也罢，就先借给你吧。”李成看到亲戚带来的好酒，最终让出了药。

患病的亲戚服药后，很快也好了。李成的身体也没有变化，他高兴之余，对自己让出了预备药也多少有点儿忧心。巧的是，让出药后不久，他到谯县办事时，又巧遇了华佗。那时，华佗因得罪了曹操，正被官兵押着在街上走。李成想走上前去讨药，又怕给自己惹了麻烦，便准备离开。华佗却发现了他，大叫："李成，务必记好了我的话，否则有性命之忧！”李成一听华佗叫他，哪敢应答，吓得赶紧跑开了，药自然也没讨成。

十年后，李成再次发病，病情跟第一次相似，这时他追悔莫及。那时华佗早已被曹操杀害，没了药的李成不到十天就死了。

21. 曹操多疑斩华佗

曹操（155—220），字孟德，我国古代著名的政治家、军事家、文学家。他一生成就颇多，但在常年的政治、军事斗争中，也形成了多疑的性格。正是他的多疑，导致一代名医华佗被害身亡，留下众多遗憾。

公元200年，曹操率领大军在官渡与袁绍大战。决战前，曹操因连日休息不好，头疼的旧病复发，痛不欲生。荀彧请来名医华佗诊治。华佗在曹操头上仅扎了一针，曹操的头疼病便好了。这让曹操大感意外，对华佗的医术很是赞许，便想留他在军中治病。华佗早就听说曹操为人，不想与他有太多纠缠，便想着给曹操把病根除了，好早日回去。于是，他对曹操说道："您的头疼病根在头里，刚才我用针扎只能治表不能治本，若不去根，以后还会复发。"

"那怎样才能去根呢？"曹操疑惑地问道。

"开刀，把您头中的瘤子切掉，就能去根！"华佗自信地说。

"把头切开？我再考虑考虑，大战在即，过一段时间再说。"曹操很是警惕，随便找了个借口。

见曹操怀疑自己，华佗不想多事，便告辞回到营帐休息了。但回去后，华佗久久难以入睡，他想到曹操多疑的性格，心想：当年曹操刺杀董卓失败，逃到好友吕伯奢家。吕伯奢一家人好酒好菜招待他，他却因吕伯奢外出办事，听到吕伯奢家人的磨刀声（准备杀猪款待曹操）就认为要杀自己而狠心杀人全家，留下了"宁我负人，毋人负我"的恶名。如此多疑之人，料想也不会同意在头上动手术。也罢，还是早回去为好……

话分两头，且说曹操也是一夜未眠，他既赏识华佗的医术，又担心华佗害自己，还担心华佗为对手所用，考虑了一夜，第二天就向华佗发出了委任状。华佗不得不暂时留在军中任职，但他一直在寻找离开的借口。

因深陷曹营而苦恼的华佗，三天后接到了媳妇病重的来信，于是赶紧求见曹操请假回家。曹操同意了，但让他速去速回。华佗如释重负，赶紧离开军营往家赶。路上，他感叹媳妇的来信恰是时候。

华佗回家后，见媳妇躺在床上很是虚弱，但经他一番针药结合治疗，不到十天就好了。媳妇恢复了健康，华佗却迟迟不肯回到曹营，而是忙着给老百姓治病。

曹操带领大军战胜袁绍后，心情大好，与众将士喝酒庆祝到凌晨。第二天，他的头疼病又犯了，这时又想起了华佗，便叫人赶紧让华佗前来诊疗。派出去的士兵一会儿就跑回来了，回复说："回禀丞相，华佗请假回去至今还未归营……"曹操一听大怒，命令士兵速去华佗老家让他归营，并特别交代，若华佗不答应归营，就把他抓了押回来。

派去叫华佗归营的几个士兵嫌麻烦，到了华佗老家二话不说直接把华佗绑了起来，押着赶回了军营。平日里受人尊敬的华佗哪受过这种委屈，一见到曹操，高傲得连看都不看一眼，更别说给他治疗了。曹操也很恼火，便命人把他关了起来。

曹操的四子曹冲很早就听说华佗医术高明，对他很是崇拜，听说父亲把华佗抓进了大牢，便带着好酒好菜悄悄前去探望。到了牢房，曹冲先是替父亲赔了不是，然后劝华佗道："您不想被困在军营失去自由，可以先把我父亲的头疼顽疾治好，然后我再趁机给您说说情，让父亲放您走。"华佗见曹冲一番诚意而来，便敞开心扉与他边吃边聊。酒过三巡，华佗突然对曹冲说道："公子，请把手伸过来，我给你把把脉。"曹冲有些莫名其妙，但还是把手伸了过去。华佗认真把了脉后，有些严肃地说："公子，你有隐疾，不及时治疗恐有性命之忧。我给你开个方，你先存着，若发病，第一时间按方抓药吃上就没事了。""先生且慢，药方暂且不开，改天我让您当着家父的面给我开。"曹冲听后不仅没有害怕，反而有些神秘地说道。

曹冲跟华佗畅聊完，便去了父亲的营帐。此时曹操正躺在床上被头疼折磨得厉害。曹冲借机劝道："父亲，您的头疼病只有华佗能治，孩儿最近时不时心口疼，找了几个军医看都看不出名堂来，也许只有华佗能治。我们需要他治病，不能强求，要以礼相待才好。"曹操听了觉得有道理，便立即派人把华佗从牢里放了出来，请进营帐，并当着华佗面把此前派去催华佗的几个士兵鞭笞了一顿。华佗跟曹冲聊后，也想明白了不能跟曹操硬来，又见曹操对他以礼相待，便同意给曹操治疗。这次，他给曹操扎了两针，曹操才不疼了。扎完，他劝道："丞相，您还是接受头部开刀手术吧。这样能根治，否则您头疼病复发会越来越频繁，而且治起来越来越麻烦。”头已经不疼了的曹操本来挺高兴，听华佗又要给他头上开刀，心里直犯嘀咕，于是转移话题道：“感谢先生救治，请先生也给他看看吧！”华佗又给曹冲把了脉，并很快写好了药方，叮嘱道：“下次再感到心疼时，立即按此方抓药服下，连服三日就没事了。”

曹操的次子曹丕一直视几个兄弟为隐患，担心他们与自己争位，便处心积虑想害他们。当他听说曹冲有隐疾，名医华佗给开了药方后，便很是不爽，一直想找机会报复华佗。

这天，曹操突然收到诏书，速让华佗入宫为伏后治病。一直拿不定主意到底接不接受手术的他，更有些心慌意乱了，便找曹丕来商量。曹丕见挑拨离间的机会来了，便说道：“父亲，华佗医术厉害，我们不能放他走，一旦他进宫治好了伏后的病，我们就不好用他了。而且您的头疼病也只有他能治，我们得把他留在身边。当然，您头疼病犯了时，可以让他用针治疗，至于开刀嘛，孩儿觉得太冒险，人的脑袋打开了还能活？孩儿可没听说过。万一他是奸细或对您抓他归营有怨恨，在手术时加害您……”“留他在军营，他若不肯怎么办？”曹操问道。“若不肯为我们所用，坚决不能为别人所用，他能耐太大，万一去了敌营，对我们很不利！”曹丕阴险地说。

曹操跟曹丕聊完，便派人叫华佗来。一见面，曹操便让左右全退下，拿出诏书给华佗看。华佗接过诏书一看，心中大喜，心想：正好借机离开曹营，便说道：“丞相，我这就回去收拾一下，准备启程。”曹操见他急着离开，心中很是不悦，但不动声色地说：“先生且慢！我还是希望你留在军营里，荣华富贵我一样都不会缺你的。只要你肯留下，进宫的事我想办法给你回绝了。”华佗听完，先是一愣，接着叹了口气说道：“丞相，我到处游医惯了，还是想到乡间给老百姓看病，求您放我回去吧！”“你再考虑一天，明晚是留是走，给我个准话！”曹操收起诏书，便让华佗回了营帐。

华佗回去后，权衡再三还是决定回乡下。第二天，当曹操得知华佗去意已决后，便命令军士将华佗收入大牢，并给他编织了违旨不肯进宫看病的罪名，拿狱拷问。

华佗料到可能会遭报复，但没想到曹操如此狠毒，要将他置于死地。一到牢中，他担心自己一生所学不能留给后人，便赶紧将自己的医术和验方一一写了下来。曹冲听说华佗要被斩首的消息，很是吃惊，赶紧去求父亲刀下留人。

曹操却说："你懂什么！你的病，他已给开好了药方，不用担心，他不为我们所用，必须得死！"

华佗被关进死牢后，别人都不能与他接触了，只有一个狱卒每天定点给他送饭。狱卒见华佗一把年纪，即将被砍头了，还在不停地写东西，很是同情他，每次放好饭都提醒道："先生，歇一歇，趁热吃吧！"可华佗哪里肯听，他不停地写啊写，终于把自己想到的医术和验方都写了出来，并命名为《青囊书》。狱卒送晚饭时，华佗拿着厚厚的一沓写满字的纸，兴奋地对他说："都在这上边了！求你把这些替我保管好，找机会转给我家老婆子。你让识字的人也抄一份留着，能有大用处。"狱卒有些迟疑，但最终还是揣到了怀里。

三日期限已到，可怜一代名医华佗含冤死去。斩首那天，许多老百姓都赶来哭着为他送行。遗憾的是，华佗写好的《青囊经》也没能流传下来，那晚狱卒把书稿藏在怀中，担心出大门时被搜查出来而受牵连，就在半路丢进了火堆烧成了灰烬。

曹丕见华佗已死，便去找曹冲，要华佗开的药方，看看里边有没有问题。拿到药方后，他却来到炉边故意松手让药方落到了燃烧的炉火中。曹冲吃惊地看着这一切，却一句话也没说。不久，曹冲隐疾突发，曹操前来看望，问道："是否已服华佗所开之药？"曹冲虚弱地回答："父亲，孩儿不小心把药方掉进了火堆烧成了灰，我们不该杀华佗啊！"此时，曹操开始有些后悔了。又过了几天，曹冲不治而亡。曹操很是自责。后来，曹操头疼病复发越来越频繁，而且每次病情都更严重。几年后，曹操因头疼病再次发作而死。临死前，他万分后悔当初杀了华佗。

22. 青出于蓝而胜于蓝

张仲景，名机，字仲景，东汉名医，我国古代著名医学家，所著《伤寒杂病论》被后人奉为“方书之祖”，张仲景也被誉为“医圣”“经方大师”。

张仲景从小就喜欢读书，对医学书尤其感兴趣。后来，他感觉要学医只读医书不行，于是便拜当地名医张伯祖为师。张伯祖见他天赋聪颖，勤奋好学，便把自己毕生所学和多年行医积累的宝贵经验都悉心传授给他。张仲景在张伯祖的悉心指导下，进步很快，他白天跟着师父上山采药、外出诊疗，晚上回来认真记录白天所学，并坚持利用一切能用的时间广泛阅读，还时常把从医书中看到的药方在临床实践中一一运用验证。

跟随张伯祖学医三年后的一个夏天，张仲景正在煎药，这时一位老人被家人用小车推来求医。张伯祖把完脉后，拿着毛笔却迟迟没有开方。张仲景便好奇地问道：“师父，您怎么不开方抓紧给老人治疗啊？”“我为难啊！病人的病情很明了，热盛伤津，大便干枯，只能用泻药才管用。但病人身子很虚，又这么大年纪了，我担心用上泻药把他治坏了。”张伯祖无奈地回答道。张仲景手头的药恰好煎好，便试着问：“我可否去看看？”师父无奈，只好让他试试。张仲景给老人切了脉，又问询了老人家人，得知老人已十多天没有大便了，病情跟师父描述得差不多。“该怎么治疗呢？泻药肯定不能用，那该用什么来治？”张仲景脑子飞速地转着，突然他想到医书上关于蜂蜜润便的记载，于是便想试一下。

张仲景先是找来蜂蜜，取了一大勺放到碗里用热水冲开，让老人慢慢喝下。老人喝下蜂蜜不久，便有了便意，但使了好几次劲都排不出来，累得气喘吁吁。张仲景见从口中服进还是不通，便又灵机一动，想反其道试试。他又取了一勺放在碗里煎熬，直至蜂蜜熬成很稠的块状才停下来。他取出块状蜂蜜捏成条状，小心翼翼将其塞入病人的肛门内。效果如何？张仲景也在心中直犯嘀咕。约莫等了两刻钟，老人的肚子里发出了响声。张仲景听到响声，高兴地说：“有效果了！”果然，不一会儿，老人便顺利排出了一大堆粪便。排出好多天积粪的老人，顿时感觉轻松了许多。张仲景又给老人开了点药，让他回去熬了喝。几天后，老人便恢复了健康。

张仲景用蜂蜜治好老人便秘的事很快传播开来，张伯祖见自己的弟子活学活用，还替自己解了围，很是高兴，逢人便夸张仲景“青出于蓝而胜于蓝”。

后来，张仲景将自己用蜂蜜治便秘的方法收入著作《伤寒杂病论》中，并取名“蜜煎导方”，而这种方法，也成为世界医学史上最早记载的药物灌肠法。

23. “方书之祖”——《伤寒杂病论》

张仲景跟张伯祖学医几年后，就开始独自行医了。由于医术精湛，对病人态度又好，张仲景很快便成了当地的名医。

张仲景生活在东汉末年，随着战乱频繁，瘟疫也开始大流行。少数人病了，还好治；当瘟疫流行时，张仲景就越来越力不从心了。他的家族在当地算是望族，但瘟疫一来，族人陆续染病，很多来不及救治就去世了。尤其是叔叔家弟弟的去世，让张仲景很是伤心。他跟这个弟弟从小就是玩伴，长大后也很投缘。弟弟一家六口，三个女孩一个男孩，不幸的是瘟疫一来，全家都染上了。张仲景虽全力救治，但效果很不好，不到一个月时间，弟媳和三个侄女就陆续去世了，仅剩下弟弟和侄子。又过了半个月，弟弟也不行了，临死前，他拉着张仲景的手悲伤地说：“我也要走了，求你务必治好我那唯一的儿子，别让我们家断了后！”张仲景含泪答应了下来。弟弟去世后，他把侄子领回家悉心照顾，总算从鬼门关把侄子拉了回来。但每当看到侄子，他就一阵自责，恨自己没能治好弟弟一家，让侄子成了孤儿。

弟弟一家差点被瘟疫灭门，深深刺激了张仲景，他发誓要控制住瘟疫的流行，于是更加努力地“勤求古训，博采众方”，刻苦钻研历代医书，从中寻找良方，并到民间广泛搜集验方。终于，他从一本古书中找到了当初岐伯投药山泉治族人传染病的记载，很受启发。他先把治好侄子用的药给其他感染了瘟疫的人服用，发现效果也很好后，就跟族长商量，熬制了大量中药汤并倒进了供全村人喝水的那口井中。很快，疫情在村中得到了有效遏制，并慢慢消失了。张仲景又如法炮制，让周围村子也用此法成功控制住了瘟疫。

瘟疫慢慢平息后，张仲景却没有停下脚步，而是对瘟疫开始了广泛而深入的研究。他发现瘟疫流行时，大多数病人死于伤寒病，而伤寒又是一切外感热病的总称。于是，他对前人“辨证论治”的治疗原则进行了深入研究，提出了“六经论伤寒”的新见解，并着手写书。公元 205 年前后，书最终成稿，张仲景将其命名为《伤寒杂病论》。此书融“理、法、方、药”于一体，成为划时代的医学名著，被后世奉为“方书之祖”。《伤寒杂病论》不但在国内有较大影响力，而且在国外也广受推崇，尤其是日本。现在中药厂生产的中成药，很多出自该书。

24. 王粲不听劝终成憾

王粲（177—217），字仲宣，东汉末年文学家，“建安七子”之一，他少年时就才华出众。21 岁时，王粲与“医圣”张仲景相识。那时，他正值青春年华，客居荆州，在刘表手下做事，虽有满腹才华，却不得重用，整日郁郁寡欢。

张仲景见到王粲仔细端详一番后遗憾地说：“你有隐疾，不提前治的话，40 岁左右眉毛会脱落，半年左右将不治而亡。”郁郁不得志的王粲，听到如此丧气的话，很是不爽，便反问道：“先生可有预防的良方？”“有，如果你从现在起按疗程服用我开的玉石汤，就能预防。”张仲景自信地说。

“那就请先生给我开一下方吧！”王粲嘴上虽这么说，心中却很不以为然，心想：我自己的身体自己清楚，好得很，只不过最近心情不太好而已。你们当医生的总想显摆自己的能耐，我才不信呢！因此，接过药方后，他就放在一边置之不理了。

过了一段时间后，王粲又与张仲景相遇。张仲景仔细看了他一番后，有些痛心地问道：“你是不是没有服用我开的药？”“喝了，这几天一直喝着呢。”王粲应付道。“不像，喝了一段时间，不应该是现在这种面相。自己的身体要自己负责，切记按我说的服用，现在还不晚，再拖上一段时间就真来不及了！”“好，我记着了。”

王粲虽然嘴上答应了，但还是不想服药，便去找当地一个比较有名气的算命先生给自己算算。算命先生是个大忽悠，之所以名气大，跟他很会察言观色、见风使舵有很大关系。他见王粲内心不相信张仲景的话，又想到自张仲景来到荆州后抢了他很多“生意”，便趁机说道：“先生是有大富贵之人，现今虽不太得志，将来必会发达。你的身体也好得很，是长寿之人。”“可张仲景说我有隐疾，20 年后将发作。”“20 年后的事，他一个郎中能料到？他们当郎中的都好吓唬人，让本就没病的人吃药，以显示自己的能耐，莫听他的。”

让算命先生看过后，王粲更不相信张仲景的话了，非但不服药，还把张仲景开的药方烧掉了。又过了几年，王粲投靠曹操，受到了重用，很是春风得意，更把张仲景的话抛到九霄云外了。

公元 216 年，王粲随曹操南征。一天早上起来，他突然发现自己的眉毛全掉了，那时他 41 岁，离与张仲景相见恰好 20 年。这时，王粲有些慌了，开始后悔没听张仲景的劝告了。但他还是心存侥幸，心想：只是巧合而已，我现在身体一点儿不舒服的感觉也没有。谁知，眉毛脱落半年后的一天，王粲突然倒地不治而亡。自古讳疾忌医的人都会自食恶果，可惜“建安七子”之一的王粲也没有听“医圣”张仲景的劝告，空留下太多遗憾。

25. 隐姓埋名偷学艺

张仲景的弟弟去襄阳做生意，长了搭背疮，在当地找了许多郎中都没给看好，后来找到同济药堂的名医王神仙，结果很快就治好了。弟弟给张仲景的信中提到此事，张仲景感觉王神仙应该有些能耐，便决定去当面求教。

那时，张仲景已开始独立行医多年，看好了不少疑难杂症，名声在外，他想直接去求教王神仙，又担心王神仙会有顾虑。于是，他把自己打扮成一个像学徒的年轻后生来到了襄阳。到了襄阳，张仲景来到同济药堂门前，发现前来看病抓药的人不少，便跟门前几个正在晒太阳的老人聊了起来，问他们襄阳城里哪个郎中看病最厉害，老人们异口同声地说："当然是王神仙！"有位老人补充道："你看，这些来同济药堂的病人大多都是奔他来的。"这时，有位老婆婆抓了药出来，张仲景又赶上前问道："老人家，您来这里找谁开的药？""来同济药堂当然找王神仙了，我这病找了许多郎中都不管用，前几天来找他看，吃了三剂药就感觉好了许多，这不又来找他再开几剂……"老婆婆高兴地说。

张仲景感觉自己来对了地方，便来到药堂里，向管事的说："我想来咱店里当个伙计，不知咱这需不需要？"管事的打量了他一番，见他比较机灵，便带他去见王神仙。王神仙恰巧刚看完一个病人，听说有个年轻后生要来当伙计，便抬头端详了一番张仲景，然后问道："你是哪里人？在药堂里当伙计可是很辛苦！""先生您好，我从南阳来，本想投靠亲戚，可惜到时亲戚已去世了，生活也没着落，便想来药堂里当个伙计，也学门营生。"张仲景走上前施了一礼，恭敬地答道。王神仙手头正缺个机灵的徒弟，见张仲景不仅机灵，还落落大方，便同意他留下了。

张仲景本来就是辨药看病的行家里手，不仅对各种中草药的性能了如指掌，而且抓药制药各种活也做得干净利落。不到一个月，王神仙就发现张仲景是个学医的好苗子，便让他当了司药，并跟着自己坐诊。张仲景怕自己露馅，跟诊时从不多言，只是默默观察。不管此病以前是否遇到过，他都认真听，还边听边记。

转眼间过了两年，张仲景从王神仙那也学到了不少治病的验方和妙招。有一天，来了个妇人说自家儿子肚子疼得厉害，请王神仙前去诊治。王神仙去了不一会儿，妇人就拿药方来取药了。张仲景一看方内有藤黄，便猜病人肚里有虫，但看了藤黄的剂量后，便问妇人："孩子多大？""十四了，平日壮得很!"妇人答道。张仲景暗自琢磨：王神仙开的量太小，很可能杀不死虫子。但他又不便多说，按药方上的剂量抓了药。

过了半个时辰，王神仙看完另一个病人后回来了。张仲景忙上前说道："先生，肚里有虫的孩子他娘估计还会来找您。"

"嗯？找我干什么？孩子吃了药，虫子就被打下来了，病也就好了。"王神仙肯定地说。

"我看了您开的药，藤黄的量不太足，恐怕虫子毒不死。没毒死的虫子缓过劲来再用药效果就不好了。"

王神仙听了正疑惑，这时此前的妇人又气喘吁吁地跑来了，大叫道："快救救俺儿，孩子服了药疼得更厉害了，在地上直打滚。"

一向从容的王神仙听妇人说完，顿时慌了神，犹豫着不敢前往，担心治坏了惹上官司。这时，张仲景替他解围道："先生一连看了好几个病人，先休息一下吧，学生替您去跑一趟。"说完，他就随着妇人去了。

到了妇人家，张仲景一看病人的样子，便胸有成竹地吩咐家人把病人衣服脱了，然后不慌不忙地拿出银针，看准穴位，瞅准时机扎了下去。三针扎下，病人"哎呦"一声就晕了过去。妇人一家顿时慌作一团，哭天抢地，张仲景却劝慰道："莫急，只是晕了而已，一会儿孩子醒来按此方吃下药就会好。"果然，不一会儿孩子就醒来了，吃了药不久，就解了大便，排出来一条大虫子。排出虫子的病人，肚子也不疼了，重新恢复了健康。

王神仙见张仲景居然用针灸的方法治好了病人，自叹弗如，又惊又喜，对张仲景的身份不免产生了怀疑，便问道："你到底是何人？"张仲景见已瞒不住了，便如实相告。得知跟自己学徒的居然是声名远在自己之上的张仲景，王神仙惭愧地说："以后我可不敢当你的师父了!"自此，张仲景与王神仙成了忘年交，经常交流看病用药方面的事，两人的医术也都得到了很大提升。

26. 医圣一出手，便知有没有

某郡郡守，九代单传，到了他娶妻后，一连生了三个女儿。夫人很为自己没能给丈夫生个儿子而自责，就张罗着给他讨了个妾。这个小妾年轻貌美，也很知书达理，就是有一个比较明显的缺点——喜欢喝酒，而且酒量很大，一般男人都喝不过她。郡守平日里也好酒，两人在一块倒也情投意合。两年后，小妾怀孕了，但怀孕后依旧管不住自己的嘴，时不时要喝上几口。临近生产时，小妾听说生产时会很疼，还听说喝酒能止疼，便自作主张，大喝了一次，直喝得酩酊大醉。喝醉后第三天，小妾就生下一名男婴。九代单传的郡守，终于有了儿子，全府上下本该大庆。但孩子生下后，全府上下却笼罩在一片愁云之中，原来男婴一出生就病了，虽喘息，却不会哭，也睁不开眼，奄奄一息，命悬一线。城里城外的名医陆续被请进府里，却都不知该如何处理。无奈之下，救子心切的郡守只得贴出告示：若有人能医，定当重谢！

巧的是，告示刚贴出不久，张仲景就恰好游医来到了此地。看了告示，他没有急着去揭，而是向当地人打听了一些郡守及家眷们的情况。当听说郡守的小妾平日好酒后，张仲景眼前一亮：莫非古书上记载的奇闻异事在现实中也有？我得亲自去看看。于是，他便上前揭了告示，随公差进了府。

府里一帮当地名医正看着床上的婴儿束手无策，郡守见手下带进来一个年轻人，不仅长得眉清目秀，而且沉稳自如，很是自信，便想：不妨让他试试。但当地最有名望的一个老郎中见了张仲景很不看好他，便很不友好地问道："小伙子你是哪里人？揭榜若治不好，小心治你的罪！"张仲景笑着说："我乃南阳郡涅阳县张仲景，能不能治好让我试试便知。"说完，张仲景便走上前仔细端详了一番病婴，还俯下身闻了一闻。当闻到一股淡淡的酒香后，他心里更有底了，便吩咐丫鬟们在地上铺上一领芦席，并让她们打来清凉的井水泼在席上。然后，张仲景抱起婴儿放到席上，从自己头上拔下一根头发，放进婴儿鼻孔里轻轻捻动。婴儿接连打了几个喷嚏后，"哇哇"大哭起来，手脚也跟着乱动。又过了一会儿，婴儿的眼睛也睁开了，此前奄奄一息的病态全没有了。

众人见此，惊诧不已，当地名医面面相觑。张仲景见大家好奇地盯着自己，便徐徐说道：“婴儿酒醉而已，应该是夫人饮酒过度所致。”

郡守见张仲景救活了自己的宝贝儿子，很是高兴，便想留他住上几日好好感谢一番。张仲景却推辞道：“我在外游医一年多了，留妻儿在家很是想念，早点回去为好。”郡守见不便强留，便让丫鬟拿出一包金银让张仲景带着。张仲景不肯收，推辞说：“我治病救人，不图钱财，也不图功名，切莫再强求。”郡守无奈，只好收回金银，不知所措地说：“先生大恩，总得让我表达一下谢意。”“大人借我一匹快马吧，我好快点回家，明年我再给您骑回来。”张仲景连日奔波，有些累了，便说出了这样一个请求。郡守自然很痛快地答应了。

第二天一早，张仲景吃过早饭，便向郡守告辞，并一再交代郡守让夫人喂奶期间务必不能再饮酒，否则小公子还会醉倒。郡守听了很不好意思地答应了下来，并吩咐下人赶紧把马牵来。张仲景接过马一看，大感意外，原来郡守没有送他一匹快马，反而给了他一匹又老又瘦的瘸腿马。但他还是不动声色地骑上马慢悠悠地走了。路上，张仲景暗自琢磨：郡守看上去挺仗义的人，却连匹快马都舍不得借我，早知如此，不如收他些银两自己买匹快马赶路。唉，也罢，慢就慢点吧，总比两条腿赶路要快。

送走张仲景，郡守便去看儿子。当小妾听丫鬟议论送了张仲景一匹瘸腿老马后，便不高兴地质问道：“老爷，您咋这么对待咱儿子的救命恩人？家里那么多好马您不给，偏偏给人家最差的马！”“夫人，这你就不懂了，且听我跟你慢慢说……”郡守很得意地说。小妾听完，恍然大悟，大赞道：“还是老爷高明！”

本来骑快马，张仲景几天就能回家。但骑瘸腿老马，却只能走走歇歇。张仲景倒也不急了，沿途时不时停下来给老百姓治病。一个多月后，张仲景骑着老马终于回到家乡，却发现自己的家完全变了样子，原先的小破草房变成了宽敞的木石房，临街还建了一个药铺，门楣上悬挂了一块上书“医圣张仲景”的匾。这时，张仲景才恍然大悟：难怪郡守要送自己一匹老马，原来是故意让自己晚到家几天，他则派管家骑快马先行赶到，用了十几天工夫，就建好了住房和药铺，给自己一个大大的惊喜。

27. 首创人工呼吸法

人工呼吸适用于窒息、煤气中毒、药物中毒、溺水、触电等患者的急救，是现今临床上常用的急救方法，很多场合若能及时正确运用，会为休克患者赢得宝贵的抢救时间。那么人工呼吸法是谁发明并最先运用的呢？据记载，这是“医圣”张仲景的杰作。

张仲景邻乡有个叫李老三的汉子，为人忠厚老实，家里很穷，父亲早逝，母亲又卧病在床多年。李老三和婆娘仅靠种家里的三亩薄地，一家人勉强生存，根本没有钱去给母亲买药治病。眼见老娘身体一天不如一天，孝顺的李老三心中很是自责。为了多挣点钱让老娘吃上药，憨厚的他也想学着去做些小本生意，于是便从村里收了鸡到城里去卖。头几天倒也顺利，李老三每天都能赚点钱，虽不多，但他很知足。

这天，李老三用笼子装了十多只鸡又进了城，但直到傍晚才回来。婆娘见他失魂落魄归来，便不安地走上前问：“孩子他爹，你怎么了？鸡笼子呢？”“没了，都没了！那帮王八蛋，买鸡不给钱，还打我！”李老三憋了一路，被婆娘一问终于忍不住哭了出来。原来，这天几个士兵在集市上看上了李老三的鸡，上前拿了笼子就走，李老三上前理论，被他们打了一顿。婆娘虽然也很心疼那些鸡，但还是劝慰道：“他爹，人没事就好！你想开些。”

晚上，李老三饭都没吃就上床了。夜里，他翻来覆去一夜未眠。早上起来，李老三拿出家中仅剩的一点儿钱，对婆娘吩咐道：“孩儿他娘，我为人一辈子老实本分，咱的鸡虽然被抢了，但收鸡的钱不能不给人家。你到张婆婆家，把这些钱送去，人家也等着钱急用。”婆娘一向听他的话，接过钱便走了。给张婆婆送完钱，她一路小跑着回了家，刚进家门就呆住了。原来李老三打发婆娘出去后，自己找了根绳在房梁上上吊了。婆娘上前抱住他的腿号啕大哭。邻居们听到哭声，都赶了过来，把李老三从梁上放下来，但他已不能动弹了。

张仲景这天一早恰好被这村的一户人家请来看病，听说李老三上吊自杀了，便赶紧赶了过去。他听说上吊时间还不长，摸了一下脉，便吩咐众人把李老三放在床板上平躺。然后，张仲景又吩咐两个粗壮的汉子给他当助手，让他们一边一个抓起李老三的双臂一起一落活动着，他自己则用手掌抵住李老三的胸部按压。两个汉子和张仲景紧张地忙活着，不一会儿就大汗淋漓了。但张仲景一边做着动作一边打气道：“不能停，再坚持一会儿!”约莫一刻钟后，李老三竟然有了微弱的呼吸。张仲景一看大喜，让两个汉子又继续做下去。众人看到了希望，也都在一边加油打气。又过了一会儿，李老三终于醒了过来。被张仲景从鬼门关救回的他跟婆娘哭着抱成一团。

问明了李老三上吊的原因，张仲景也很难过，他对李老三夫妇说：“我是个郎中，没有钱帮你们，但老人的病我可以免费治。”后来，张仲景不仅治好了李老三老娘多年的旧病，还让李老三农闲时帮他上山采药，并付他工钱以贴补家用。李老三一家对张仲景感恩戴德，逢人便夸。

张仲景救治李老三的这种方法，就是史书上有记载的最早的人工呼吸法。后来，张仲景用此法又成功救治了不少窒息的病人，并把此法写到了他的名著《伤寒杂病论》中。

28. 秘制祛寒娇耳汤

东汉建安年间，张仲景被认命为长沙太守。东汉时期的长沙，经常流行瘟疫，老百姓苦不堪言。听说“医圣”来当太守，老百姓很是高兴。当了太守的张仲景却很不自在，因为当时有个很奇怪的规定，那就是官员不得随便接近百姓。不接近百姓，如何能为百姓看病？这让张仲景一度很苦恼。

上任伊始，张仲景先是从如何防范控制瘟疫着手，不仅为染了瘟疫的老百姓送药治疗，而且还在瘟疫流行时控制人员流动，并由官府出资购置预防药物发给健康的老百姓。瘟疫控制住后，张仲景又想出了一个方便为普通老百姓看病的好办法——让老百姓在固定时间到衙门里。他想：不能出去看，但可以让老百姓进来看啊！于是，张仲景下令每月初一和十五这两天，衙门暂且不处理政事，而是面向老百姓开放，让有病的老百姓进来，他则端坐在大堂上，一一为前来求诊的百姓诊治。这一创新性举措不仅没有违反当时的规定，而且提高了看病效率。张仲景医术高超，前来求诊的老百姓大多得到了有效救治，一传十，十传百，之后一到初一和十五，衙门前就聚满了前来求诊的老百姓，有些外地的病人甚至带着行李赶来求诊。

张仲景担任长沙太守期间，发挥自身特长，为长沙百姓健康保驾护航。治病救人、消除瘟疫是他最大的政绩，而他也在服务百姓的过程中，赢得了民心和口碑。

几年后，张仲景辞官还乡，长沙百姓听说后很是不舍，纷纷冒着严寒前来送别。那年冬天特别寒冷，老百姓因为贫穷，很多买不起冬衣御寒，前来送行的人群中，很多人手上长了冻疮。张仲景见了，感动之余，心里却很不是滋味。

返乡途中，有一天，张仲景路过白河岸边。那天寒风刺骨，雪花飘飘，但很多百姓不得不为了生计穿着单薄的衣服在岸边奔忙。许多人不仅手上长了冻疮，耳朵也冻烂了。张仲景看在眼里，急在心里。

一到老家，张仲景便开始研制治冻疮的药膏。很快药膏研制成功，他让弟弟和徒弟们把药膏免费送给有需要的老百姓。药膏治疗冻疮的效果很好，但需要药膏的老百姓实在太多,研制的药膏根本满足不了需求。发放药膏的第二天,弟弟回来后很着急地说:“哥,药膏全送完了,但很多长冻疮的老百姓都没领到,人实在太多了,我们这样对他们而言只是杯水车薪啊!”张仲景一回家,就被登门求医的官僚、豪绅和商人围着,都没顾得上出去看看情况。听弟弟说完,他陷入了深思。考虑了大半夜,第二天一早,张仲景就叫来弟弟吩咐道:“今天起不发药了,改为送汤,你去买一只羊,把羊肉加上肉桂、生姜等一起在大锅里熬汤。羊肉炖烂后捞出来切碎,用面皮包成耳朵样再下锅煮熟。让冻伤的人每人喝上一大碗热汤,再吃上几个这样的面食。”弟弟一听这办法似乎不错,便很高兴地去张罗了。

弟弟领着几个徒弟准备好羊肉、肉桂、面皮等,便在南阳东关的一块空地上搭起了一个棚子,支起了一口大锅开始熬汤。那一天恰是冬至,听说“医圣”张仲景免费送治冻疮的热汤,长了冻疮的人们便纷纷赶了过来。快到中午时,一大锅飘着浓香的汤熬好了,包成耳朵样的面食也煮熟了。前来乞药的人排队领取后,迫不及待地趁热把汤喝了,又美美地把分到的面食吃了。有位老人两只耳朵都冻烂了,他一口气喝完汤,吃着碗中的美味面食忍不住老泪纵横,跟旁边人夸道:“汤真好喝,这像耳朵的东西更好吃。‘医圣’真是个大善人啊!”当天,喝了汤吃了面食的人,都感觉浑身发暖,耳朵也一阵阵起热。当晚,弟弟很兴奋地跟张仲景汇报了白天送汤的情况,并商量道:“哥,咱这汤叫啥好?效果是真好!”“就叫‘祛寒娇耳汤’吧!”张仲景随口说道。

张仲景让弟弟和徒弟们第二天继续熬汤,头天喝了汤感受到效果的人奔走相告,前来讨汤的人更多了。一锅汤送完,排队的人还不少,弟弟不得不又安排熬了一锅。就这样,他们每天至少要熬上两锅汤才够。送汤一直持续到年除夕,前来讨汤的人才少了起来。

喝了祛寒娇耳汤的人们,耳朵慢慢好了,手上的冻疮也没了,大家都很高兴。大年初一那天,人们为了庆祝春节,也纷纷学着“娇耳”的样子做起了面食,并把这种面食称为“饺耳”。时间一久,“饺耳”慢慢被人们叫成了“饺子”。

张仲景去世后,人们为了纪念他,每年冬至那天包饺子吃,并以吃饺子的方式来预防冻耳朵。相传这就是我们今天冬至吃饺子习俗的由来。

29. 笑一笑，百病绕

沈槐是东汉时期南阳的一位名医，他比张仲景大不少，但两人是同乡，又都在乡间从医，很谈得来，一来二去，就成了忘年交。

沈槐医术很高，但性格有些古怪，喜欢无拘无束的生活。年轻时，他不想娶媳妇，一直是个单身汉，转眼到了 70 多岁，成了老光棍。可他思想又比较保守，不肯把自己的好医术传给别人。即使是跟好朋友张仲景交流时，沈槐也对自己的秘方和独门技巧秘而不宣。

沈槐自感身体越来越差，担心自己积攒多年的经验和医术传不下去，于是整日苦恼不已。结果时间一久，他就病倒了。平日里，虽然沈槐为人古怪些，但同行们对他的医术都很佩服。听说他病倒后，当地的郎中们便主动前去诊治，结果都不见效。

张仲景多日没见沈槐，听说他生病后，便急忙赶了过去。一番诊断后，张仲景正儿八经地拿出纸笔开了药方递给沈槐，还郑重其事地说："按此方服用，您保管好起来！"

沈槐自己也给自己开过几次药方调理，但均无效果，见张仲景如此自信，便很好奇地接过方子。打开一看，他却笑了。原来，药方上写着：粳米、小豆、麦、大豆、黄黍各一斤，煮熟后搓成团，外用朱砂涂上，一顿吃完。一阵大笑后，沈槐严肃地说："仲景啊，你我都是医生，咱们啥时候开过这样的药方来治病？"张仲景却一本正经地说："没开过未必就没有用！不试试怎么确定有没有效果？"

张仲景前脚刚走，沈槐就挣扎着爬了起来，请邻居按张仲景的方子做成了大丸子，挂在自己窗前。沈槐边看边笑，心里想：居然给我开如此方子，且不说有没有一点儿效果，即使有，让我一次吃下去这么多，不撑死才怪！我可不听他的。自此，沈槐一想起张仲景的药方就忍不住笑，每当有客人来访，他也忍不住指着窗上的大丸子介绍道："看，这就是张仲景给我开的方子！"

张仲景听说沈槐没有按他的方子服用反而到处讥讽他后却没有生气，每当有人问他是否真开过此方时，他还大方地承认是自己所开，并有些无辜地说：“他又没吃了试试，谁说我开的方子无效？”

转眼几个月过去了，这期间沈槐每天都忍不住要大笑上几次。张仲景觉得时间差不多了，便再次去探望沈槐。沈槐一见他，又忍不住笑了起来：“你小子，开的这药方，哈哈哈……”看着满面红光、活动自如的沈槐，张仲景很是高兴，打趣道：“老先生感觉我这药方真的没有效果？”沈槐一愣，反问道：“有啥效果？我一口没吃！”“您是没吃，但是不是因这药方而每日大笑？烦心事也都抛诸脑后了？”“喔，原来如此！高，实在是高！”“我们当医生治病救人，行的都是善事。老先生您虽然没有子女，但我们这些晚辈都把您当父亲一样对待。您也可以视我们为子女啊。”“言之有理，言之有理。前些日子多有冒犯，还请见谅。”

自从张仲景开出这剂忘忧方治好了他的心病后，沈槐一下子想通了，不仅恢复了健康，还把自己的验方和独门诀窍主动与张仲景等医生分享交流，再也不去想后继无人之事了。

30. 熟读王叔和，不如临证多

“熟读王叔和，不如临证多”是我们经常听到的一句谚语，意思是医生要多实践才行，熟读名医著作不如多多临床实践。那么王叔和又是何许人也？他是魏晋之际著名的医学家，师承著名医学家张仲景。

王叔和出生在高平王寺村，他家世代经营医药铺子。但药铺传到王叔和父亲的时候，已经很不成样子，不得不关闭了。王叔和的幼年在缺衣少食和别人的嘲讽中度过。家族的没落和世俗的嘲讽非但没有让王叔和自卑，反而激发了他的斗志。他不管别人如何评价，一心一意专心读书，尤其是医学类书籍。由于勤奋好学，悟性又高，王叔和渐渐学会了看病的一些方法，并对脉学很有研究，脉把得很准。相传他曾拜张仲景为师，学了不少看病本领。可惜拜师没几年，张仲景就去世了。王叔和便只好到处游医看病。

后来，王叔和回到王寺村把家里的药铺收拾一番后，重新开张营业。一开始，人们见他衣衫破旧，很是瞧不起他，但治好了几个患有疑难杂症的病人后，找他看病的人陆续多了起来，许多王公贵族甚至千里迢迢赶来求诊。王叔和不问贫寒富贵，一心一意认真诊治，又加上他不贪钱财，名声越来越大，甚至都传到了洛阳城里。

可惜好景不长，到了魏末晋初，战乱频发，瘟疫横行，老百姓大多吃不饱，更别提拿钱去看病了。许多贫苦百姓生了病一直不肯就医，而是拖着，结果小病拖成了重病，甚至病入膏肓，实在受不了了，才来找王叔和诊治。王叔和虽像以往那样去尽力救治，但效果很不好，经常出现治不了几天人就死了的情况。一连死了几个病人后，人们开始怀疑王叔和的医术了，得了小病也不敢找他看了。王叔和很是郁闷。

这天，王叔和去高平城购买药材，正在街上走着，忽然一个汉子跑到跟前，叫了一声“王先生！”后就倒地不起，捂着肚子大喊：“好疼！好疼！”王叔和一看躺在地上的是杂货铺的伙计赵三，便赶紧上前把了一下脉，叹了口气：“唉！没救了！”这时店里另一个伙计讥笑道：“王先生，你到底会不会看病？赵三根本就没病，我们两个刚才在打赌准备考考你，他是故意装病，连这你都看不出？”

“师……师兄，我不是装，是真病，哎呦，疼死我了！”赵三说完，就一蹬腿死了。

伙计上前一摸赵三鼻孔后吓得大叫道：“见鬼了！见鬼了！刚才还好好的，真是大白天碰上勾命鬼！王先生你怎么把我们活蹦乱跳的师弟给治死了？”

店主和附近的人闻声都跑了过来，向王叔和讨个说法。王叔和平白无故遇此丧气事也很无奈，便问那个伙计：“你们刚才打的什么赌？”“赌你会不会看病，我说你不行，他还很生气，说你治好了他娘的病，非要跟我赌！”伙计哭丧着脸回答。“那他中午吃的什么饭？”王叔和又追问道。“小米干饭啊！见到你之前，他跟我怄气在那狂吃，见你来了，很兴奋，直接把碗一扔，就跑出去了。我还以为他故意装病让你显显能耐，没想到你把完脉他就死了。”伙计一五一十地说。

王叔和听完，赶忙解释道：“对上头了，赵三是因吃得过饱，又用力过猛，导致胃肠崩裂出血而死。我把个脉哪能致人死呢？”但众人哪里肯信，而赵三又死了，死无对证。王叔和是有口难辩，只得灰溜溜地走了。这事很快在高平传播开来，人们把王叔和当成了瘟神，店主为了推卸责任，甚至鼓动赵三的老娘去官府告王叔和。好在赵三的老娘是个老实人，又曾被王叔和救治过，便没有追究。经此一事，非但没有病人来找王叔和求诊了，就连街坊邻居们也处处避着他。在老家没法立足的王叔和，不得不关了药铺，又去外地游医了。

王叔和一路来到太行山下，应聘成了当地济生堂的坐堂医生。他的医术本没有退步，很快就在药堂立住了脚。随着看好的病人越来越多，王叔和的名气也越来越大。

这天，有一家出殡恰好经过济生堂。王叔和那时恰好比较清闲，便走出来观看。突然，他发现棺材往外滴血，便走上前悄悄问一个妇人：“怎么死的?”“生孩子大出血，唉，真可怜，才二十几岁。”妇人边哭边叹气道。王叔和听后立即跑到出殡队伍前边挡住，大叫道：“停下，停下！”出殡的人见有人拦在前面，很是生气，前边抬棺材的两个汉子气呼呼地说：“捣什么乱？早入土为安。”王叔和却不理他们，高声说道：“棺材里的人还没死，现在开棺还有救！”此话一出，街上一片哗然，大家都说他疯了，居然敢说棺材里装着活人。

出殡队伍里有位老者见多识广，且认识挡路的是济生堂坐堂医生，便跟一个中年汉子商量是不是开棺。中年汉子正因好好的媳妇突然死亡而伤心不已，听说可能还活着，也顾不得什么“血光之灾”了，便爽快地同意了。见死者丈夫同意，抬棺材的四个小伙子便拥上前三下五除二打开了棺盖。王叔和走上前对着棺材中妇人的人中、关元等穴位掐了一通，手刚拿开，那妇人居然呻吟起来，并睁开了眼，果真没死。原来，她因产中血崩休克，当地有风俗女人死于流血属“血光之灾”，要赶紧安葬。结果昏过去的妇人就被家人稀里糊涂装进了棺材，幸亏遇到王叔和及时相救，否则安葬后必死无疑。

王叔和让妇人“起死回生”一事，一下传遍了当地，人们把他越传越神奇，甚至说他是“再世华佗”。王叔和再次开启了行医的高光时刻，没过几年就被任命为太医令（掌管国家医药的最高官职）。当了太医令的王叔和看病救人之余，把全部精力用在了阅读和写作上，他不仅收集整理了张仲景的《伤寒杂病论》，而且完成了我国第一部完整而系统的脉学专著《脉经》，王叔和也被公认为 “中华脉祖”，终成一代名医。

31. 浪子回头金不换

皇甫谧（215—282）出生于名门世族，其曾祖父皇甫嵩官拜车骑将军，曾任太尉。皇甫谧出生时，已家道中落。他被过继给了叔叔。叔叔和婶子对皇甫谧很好，视如己出。但在战乱和动荡中度过童年和少年的皇甫谧很不争气，贪玩不求上进，几乎天天逃课跑出去跟村里的孩子疯玩。家里虽然很穷，皇甫谧却一副纨绔子弟样，虽长得人高马大，却不通文墨，也不肯干农活，天天东游西逛，净干些偷鸡摸狗的二流子勾当。亲戚和邻里有的认为皇甫谧脑子有问题，有的认为他品质太坏，总之都瞧不起他。很多时候，他前脚刚走，人们就开始议论他辱没了自己的祖宗。

虽然婶子对皇甫谧疼爱有加，也经常教育他学好，但他答应得挺好，就是不当回事。皇甫谧 20 岁时夏天的一个午后，他不睡午觉，又跑出去闲逛了。当逛到村头一处菜园时，他发现有户人家种了一小片甜瓜，已结了不少瓜。他瞅瞅四下无人，便偷偷摘了一个吃了起来。甜瓜又脆又甜，皇甫谧一连吃了两个。准备回家时，他却突然想到疼爱自己的婶子老说自己不懂事，不如摘两个甜瓜回去孝敬一下她，也让她对自己刮目相看。于是，他挑了两个个头最大的甜瓜摘了，一路小跑着回了家。

婶子正在家里辛苦地织布，见皇甫谧回来眼也没抬，叹了口气，继续埋头织布。皇甫谧却兴奋地跑上前，把两个甜瓜往婶子跟前一送，大叫道：“婶子，您看这是我孝敬您的！”婶子有些怀疑地抬起头看了他一会儿，心想：以前这孩子可从来没有为别人考虑过，今天怎么太阳从西边出来了？便没好气地问：“哪里弄的？”“我……我去野外正好看到一棵甜瓜，尝尝不错，就给您摘回来了。”皇甫谧有些不自然地说。婶子见他吞吞吐吐，哪里肯信，认定是他偷来的，很是生气，把瓜接过来重重地摔在了地上，恨铁不成钢地痛心说道：“你这不争气的东西，你娘死得早，我和你叔辛辛苦苦把你养大，你却整天干些偷鸡摸狗的勾当！《孝经》上说，每天早晚都能给长辈送上牛肉、羊肉、猪肉也算不上孝。你今年都 20 岁了，大字不识一个，做人的道理也不懂，真是气死我了。你以为送给我偷来的甜瓜我就高兴了？你这样做，更让我伤心难过！”皇甫谧满心欢喜，还想着婶子会夸他懂事了，被婶子奚落一顿后站在那不知所措地一个劲搓手。婶子见他不说话，抹了把眼泪又接着说：“孟子的母亲为了让他学好，搬了三次家；曾子为了教育孩子，把家里的猪真杀了。我虽然比不上他们，但我对你也倾尽了心血，你怎么到头来一句话也听不进去？各人有各人的命，我已把你养大，今后你好自为之吧！”说完，婶子看也不看皇甫谧，又一边流泪一边织布了。

皇甫谧听完婶子的一番话，犹如受了当头一棒，心中突然有了愧疚，这在从前可从来没有过。晚上，皇甫谧躺在床上翻来覆去睡不着，婶子下午的那番话，让他思考了很多，并对自己此前的所作所为深感羞愧。第二天一早，皇甫谧就早早起来破天荒地去了厨房帮婶子烧火做饭，并很认真地说：“婶子，我知道错了。以后，我好好学习，好好做人，不会再让您伤心了。”“浪子回头金不换。你现在开始改也不晚。话说得好听，真正付诸行动才好。”婶子语重心长地说。吃过早饭，皇甫谧便去了当地有名的学者席坦家，很诚恳地提出拜师请求。席坦跟皇甫谧一家是世交，当他发现浪子皇甫谧有回头之意后，便满心欢喜地收他为徒了。

拜席坦为师后，皇甫谧痛改前非，不仅勤奋读书，努力学习，而且经常帮着叔叔干农活，帮着婶子做家务。皇甫谧像完全换了个人，学问很快大有长进，众人对他也刮目相看了。皇甫谧开始著书立说，撰写了《帝王世纪》《高士传》《列女传》等，并逐渐成为大学问家。但不幸的事发生了，由于日夜勤奋读书，过度劳累，皇甫谧 40 多岁时得了风痹病，行动受限，但他依旧坚持读书著作。本来皇甫谧的风痹病一开始并不严重，可惜给他治疗的郎中水平不高，结果一番治疗后，非但没有效果，病情反而加重了。被病痛折磨的皇甫谧一度很消沉，甚至想要自杀。

这天，刚结好绳子套准备上吊的皇甫谧，被前来送饭的婶子发现了。婶子痛心地说道：“亏你读了那么多书！孟子不是说过‘故天将降大任于斯人也，必先苦其心志，劳其筋骨，饿其体肤，空乏其身，行拂乱其所为’吗？你自我了断了，以前的付出不都白费了吗？你的病难道不能通过自己看书治好吗？”听了婶子的话后，皇甫谧终于想通，并重新振作起来，决定自己治自己的病。他找来医书，一本一本地仔细阅读研究，终于找到了针灸可以治疗风痹病的记载，便又仔细研读了《针经》等医书，并在自己身上反复扎针验证。最终，有心人天不负，皇甫谧不仅成功治好了自己的风痹病，还写成了著名的医学著作《针灸甲乙经》，该书是我国历史上第一部完整的针灸专著。

皇甫谧浪子回头，依靠勤奋，终成著名医学家和文学家，并被后人誉为“针灸鼻祖”。

32. 杏林美誉代代传

我们今天用“杏林”代指与中医相关的事物，比如中医著作被称为“杏林医案”，医技高超的中医医生被称为“杏林圣手”，医德高尚的中医医生则被称赞“誉满杏林”。那么，“杏林”从何而来呢？据说与董奉有关。董奉，汉末三国时人，从少年时便刻苦钻研医学，并到处拜师求学，最终学得一身本领，与华佗、张仲景并称“建安三神医”。

交趾太守士燮得了怪病，派人不远千里去请董奉。董奉听完来人描述病情后，准备了一些药丸和器具，便往交趾赶去。谁知赶到时，却听满府上下哭声一片，原来士燮已“不治而亡”了。

董奉是个较真的人，不亲眼所见就不相信，便问太守夫人：“这种状况有多少时辰了？”夫人哭着说：“早上跟我交代了一些后事就不行了，现在差不多两个时辰了。”董奉便说：“让我看看吧，兴许还有救。我听别人描述大人的病情像是中毒的样子，果真中毒的话，我有解毒的良药。”夫人一听这话自然应允。

董奉上前瞧了一眼已被放进棺材中的士燮，搭手把了一下脉，又摸了一下他的胸口后，高兴地说：“有救，有救！大人的脉还在微弱地跳动，胸口也还热乎着呢！”于是，他赶紧拿出一粒药丸塞进士燮嘴中，并用温水把药丸喂了下去，抱着士燮的头轻轻摇动了一会儿。神奇的是，没多长时间，士燮脸上慢慢恢复了血色，手脚也开始动了起来。董奉又用三天时间精心调理，最终把中毒昏死的士燮从鬼门关救了回来。

士燮被救后，对董奉非常感激，把他留在府中，奉为上宾。董奉见府里方便炼制丹药，便留了下来。有一天晚上，董奉无意中偶遇了前来诱降士燮的魏国密使，并听到了他们密谋反叛吴国的事。董奉回到房间后，感觉不宜久留。而士燮也发觉董奉看到了魏国密使，很是担心密事被告发，想着如何让董奉闭口。魏国密使狠毒地说：“只有死人才会真正闭口，我们商量的事事关很多人的身家性命，必须让董奉死！”士燮很犹豫，毕竟董奉是他的救命恩人，他也不想背负忘恩负义的恶名。

董奉想了大半夜，第二天一早，奄奄一息地对前来送饭的丫鬟说：“求你去请一下大人，我怕要不行了。”丫鬟见状，放下饭，便小跑着去跟士燮汇报。士燮闻讯赶来，很是纳闷，有些狐疑地问道：“先生昨天还好好的，怎么突然这样了？”“唉，别提了，这几天我在研制一种丹药，不小心把一种有剧毒的药放了进去，昨天晚上试吃了一颗，吃后就爬不起来了。咳咳，这毒药我还没找到解药，现在感觉憋得厉害，怕是凶多吉少了！请大人为我准备一具棺材，我死后派人将我送回老家安葬。”董奉恳求道。士燮见董奉奄奄一息，心中不免暗喜，便赶紧派人去准备棺材。棺材刚到，董奉便两腿一蹬，没了呼吸。士燮便让人把董奉装进棺材，赶紧送回了老家。董奉被装进棺材送走后，士燮心中的一块石头终于落地了，暗自庆幸道：这董奉死得真是时候，省得我背负恶名了！

过了几天，士燮突然心中不安，感觉董奉死得有些蹊跷，便又派人去了董奉老家，却发现董奉一家人都搬走了。找到当初埋葬董奉的地方，打开棺材一看，里边居然空空如也。原来，董奉当初是用气功装死，才成功骗过了士燮。被用棺材送回家不久，他就自个儿从棺材中爬了出来，跟家人说明情况后，带着家人连夜跑了。士燮听说董奉并没有死，追悔莫及，却又不知董奉下落，只得作罢。

董奉带领家人来到庐山脚下，隐姓埋名，继续行医。他医术精湛，治好了许多疑难杂症。前来求医的人越来越多，董奉却很少收病人尤其是贫苦百姓的钱。朴实的老百姓见董奉治好了病，却不收钱，便很过意不去，有的去找他看病时就带些鸡蛋、蔬菜或瓜果。董奉哪里肯收，经常因为推让这些东西而苦恼不已。

有一天，来了一位老人带孙子找董奉看好了病后，很不安地说：“先生您给俺孙子看好了病，俺们家穷，没有啥好东西送您，可俺心里总过意不去，您总得让我们表示一下吧？”那时是春天，院子里的那棵杏树正好开花，董奉灵机一动说道：“也罢，老人家要真想表达心意，就在明年春天在我家院子里栽上一棵杏树吧，我喜欢杏花，也喜欢吃杏。”老人一听，觉得这主意不错，便满口答应下来，高高兴兴地领着孙子回去了。

第二年春天，老人果然带着一棵杏苗来到了董奉家，很认真地把杏苗栽到了院子里。这事一传十，十传百，病人们听说董奉喜欢杏树后，纷纷要求给他送杏树。董奉一想：杏苗不值钱，还能让朴实的老百姓表达心意，便同意病人送杏树的请求。再后来，他又定了一个标准，病重的治好了种五棵杏树，病轻的种一棵，多了决不接受。没想到，随着被救治病人的增多，20 年后，董奉屋前房后，甚至后山坡上都被种满了杏树。这么多杏树结的杏子实在太多，董奉又想了个主意，派人用杏子换来粮食，然后再用粮食接济吃不上饭的老百姓。

董奉用自己高尚的医德和精湛的医术赢得了老百姓的口碑，他的居所也被人们亲切地称为“杏林草堂”，而“杏林”也从此慢慢成了代指与中医相关事物的一个专用词。

33. 杏花良药显奇效

庐山附近曾流行过“大肚病”，也就是我们今天所称的血吸虫病。得了这种病的人会有发热、咳嗽、胸痛、血痰等症状，病人的肚子会鼓得很大，大多不治而亡。等董奉到那行医后，这种病早已不见了，但关于这种病的种种传说却不少，人们谈起这种病都吓得要命。

庐山脚下有个马家村，村里有一位叫马壮的书生，他虽取名壮字，人却长得很瘦弱，一副弱不禁风的样子。马壮读书很用功，每天都读至深夜才肯睡觉。七月中旬的一天晚上，马壮的老娘做了一锅粽子，马壮晚饭时吃了不少，半夜读完书又有点儿饿，便又吃了两个。临睡前，他感到口渴，便舀了一瓢凉水痛痛快快喝了一顿。结果，第二天一早马壮就觉得肚子不爽，胃口也开始不好起来，还发起了烧。马壮想到关于“大肚病”的传说，越想越感觉自己的症状很像，便很害怕。结果，越害怕，病情似乎就越厉害。没过十天，马壮就躺在床上爬不起来了。眼见儿子吃得越来越少，最后居然都站不起来了，老娘很是着急，便找来马壮的两个堂兄帮忙用门板抬着奄奄一息的马壮去董奉那里求救。

董奉见马壮被抬了进来，便忙上前把了脉，并向哭哭啼啼的马壮老娘详细询问了病情。得知马壮吃了粽子后发病，还怀疑自己得了“大肚病”后，董奉看了一眼院子里晒着的杏干和杏花，计上心来，便包了一包杏干和庐山雨雾茶递给马壮的老娘，又随手抓了一把杏花另包了一小包，边递边俯在她耳边悄声说道：“这个大包的药你回去熬成汤让孩子尽快喝下，小包里的杏花悄悄放进你家用的便桶里，等他大便后，你便说这些杏花是用药后打下的虫子。切记不能让你儿子知道这一切，听我的保管好。”

嘱咐完马壮的老娘，董奉又对马壮说道：“你得的这病还真是大肚病，但你不用害怕，我有良方治这病，以前治好过好多例了。你回去把我开的药喝了，很快就会把虫子打下来，病自然也就好了。”

“那太好了！谢谢董先生！我该怎么报答您啊？”马壮感激之余有些茫然地问道。

“你回去喝完汤药，就以我开的杏茶为题写一首诗送我吧。”董奉说道。

马壮被抬回家后，马上喝上了董奉开的杏茶汤。汤下肚不久，将近十天没大便的马壮感觉有一股强烈的排便欲望，便挣扎着坐到了便桶上。马壮老娘也牢记董奉的嘱咐，一回家就把那把杏花撒进了便桶。马壮坐到便桶上“一泻千里”，甚是痛快。起身后，他想到董奉的打虫一说，便赶紧往桶里看，只见稀薄的大便里有些虫状的东西在浮动。马壮顿时大喜，大叫道：“娘，我说是大肚病，你们还不信！还是董先生厉害，帮我打了虫，也治好了我的病。”

肚中积食排出之后，马壮心情大好，喝了一碗小米粥后，便提笔写诗一首：“儿患顽疾母心慌，董仙妙手赐神方。杏干云雾显奇效，疫虫尽去身自康。”当天下午，马壮便把写好的诗送给了董奉。董奉接过诗一看，哈哈大笑，称赞道：“好诗，好诗！我给你改四个字更妙。”只见，董奉大笔一挥，把“疫虫尽去”改为“此诗作罢”。马壮看了，也直说“妙！妙！改得好！”

其实，马壮得的根本就不是“大肚病”，而是食积气滞、忧郁愁闷所致。但董奉却并不说破，而是顺着他的想法，不仅开了杏茶泄便，而且用杏花冒充虫子以去除他的疑心，并用写诗的方式让他聚神。这一切，马壮都蒙在鼓里，对董奉崇拜得五体投地，逢人便夸：“董先生真是活神仙！治好了我的大肚病，真厉害！”

34. 抱朴子巧防沙虱病

葛洪，号抱朴子，东晋时期著名炼丹家、医药学家。

葛洪出身江南士族，祖父葛云曾做过东吴大官。葛洪 13 岁时，担任过太守的父亲去世，家道开始衰落，很快就从富裕生活坠入了贫穷困境。葛洪自幼聪敏好学，父亲去世后，他为了继续上学，不得不上山砍柴换取学费。亲身经历了家境大起大落的葛洪很是珍惜学习机会，一有时间便用来阅读。为了能读到书并便于常翻阅，他经常把借来的好书边读边抄，阅读抄书到凌晨于他是常态。

广泛的阅读让葛洪对医学产生了浓厚的兴趣。阅读了大量医书后，他对炼丹治病充满了好奇和向往。当得知自己的伯祖父葛仙公（葛玄）是炼丹大家，把一生所学传授给弟子郑隐后，葛洪便千里迢迢找到郑隐拜师学艺。郑隐对他很是赏识，悉心传授，将自己的炼丹之术全部教给了葛洪，还推荐葛洪去拜南海太守鲍靓为师。

葛洪长得一表人才，俊朗儒雅。精于医药和炼丹的鲍靓一见到他就很是喜欢，对他不远千里来拜师学艺的精神也很赞赏，便欣然收下了他当徒弟。葛洪很珍惜来之不易的学习机会，虚心求教，刻苦钻研。鲍靓越看越喜欢年轻有为的葛洪，不仅将自己的医术全部传授，还在葛洪学成之际，将自己精于针灸的宝贝女儿嫁给了他。从此，葛洪与妻子开启了神仙眷侣式的生活，他们每天一起上山采药，一起炼丹，一起为老百姓治各种疾病。后来，晋元帝、晋成帝等听说葛洪医术精湛，便赐他高官显爵。但葛洪不想做官，只想安安静静地钻研炼丹术，为老百姓看病。于是，他就来到了罗浮山隐居。

来到罗浮山后，葛洪与妻子发现当地有一种皮肤病很普遍。病人往往先是脚或腿红肿，然后发黑，并慢慢溃烂。得了这种怪病的人又痒又疼，苦不堪言，病情严重的会因此死亡。葛洪接诊过十几例这种病人，通过中药液熏洗、针灸、喝中药等治疗后，取得了一些疗效，但都没有为病人除根。葛洪为此很是苦恼。这天，又来了一个两脚溃烂的壮汉子，葛洪一番问诊后，得知汉子前段时间上山砍柴时走了一段很泥泞的小路，腿脚上沾了不少泥，便在山中的小水沟里清洗了一番，回来后两三天腿脚便发红发痒，最终两脚溃烂得一塌糊涂了。葛洪用中药液仔细地为病人的双脚清洗着，突然他发现有个溃烂处有东西在动，便仔细观察了一番后，用小刀把溃烂处切开，从中取出了一条活虫。他又试着切开了病人脚上其他溃烂的地方，发现每处都有这种虫子，便一一取了出来，足足取出了几十条。取完虫子，葛洪把病人脚上的溃烂处又进行了切除清理，然后敷上药包了起来。不久，病人就康复了。

成功治好砍柴汉子后，葛洪又用此法治好了多例同样的病人。但患这种病的老百姓还有不少，时不时就有人来求治。葛洪问诊后发现，病人大多有上山在小水沟洗脚或洗澡的经历，便决定亲自上山看看。被砍柴汉子领到小水沟后，葛洪蹲下仔细观察沟里的水，发现水中似乎有很微小的东西在动，但又看不清楚。为了验证自己的判断，葛洪便用随身携带的葫芦装了一葫芦水回家。一到家，他便把水倒进了一只大碗中，但还是看不清里边有无虫子。于是，他又找来一块鲜猪肉放在碗中，泡了一晚上，第二天才取出放到一个小木盒子中盖好。每天观察三五次，到第四天时，葛洪终于发现了秘密，猪肉里长出了很多虫子，这些虫子跟从砍柴汉子脚上取出的虫子一模一样。发现这些虫子后，葛洪又试着用各种中药对付它们。终于，他找到了有效的杀虫中药。

找到有效药的当天，葛洪便来到山中的小水沟，把药包好后放在水沟的源头和尽头水洼处，并沿水沟撒了一些生石灰。做完这一切后，葛洪又跟附近的村民们普及起了预防这种皮肤病的方法，并免费为得病的老百姓精心治疗。在葛洪的努力下，三个月后，这种皮肤怪病终于被完全控制住了。

后来，葛洪把这种病命名为沙虱病，并在自己的著作《肘后备急方》中进行了记载。葛洪记载的这种病，如今被称为沙蚤病，是一种由母沙蚤侵入人体四肢及皮肤寄生而导致的急性传染病，在非洲乌干达等地流行肆虐。

35. 以毒攻毒防狂犬

葛洪隐居罗浮山下后，医治好了许多疑难杂症，慕名前来求诊的病人络绎不绝。

这天，有位老婆婆被儿子扶来求诊。老婆婆眼神很惊恐，别人跟她说话，她都吓得哆嗦。病人的儿子很苦恼地对葛洪说：“俺娘很怕声音，一有点儿声她就抽风，甚至连听到倒水的声都抽……”“多长时间了？以前有过这种情况吗？”葛洪问道。“以前没有，自从被俺家那只黑狗咬过，三天后就这样了，是不是被吓得？”“不是吓得，是得了恐水病，咬她的那只狗得了疯病，你回去务必把它弄死，否则再咬到别人就麻烦了。你娘的情况不太好啊。这种病会越来越厉害，先是自己抽，后来可能发展到咬别人，一旦有这种倾向，你们务必控制住她，必要时要限制她活动。唉，她一发起病来会很痛苦，但我也没有根治的办法，只能给她开点缓解痛苦的药试试。”刚说完，院子里下完蛋的母鸡“咯咯咯”叫了起来，老婆婆闻声吓得抱着头大叫起来。葛洪给了他们一些药，看着他们无助的背影远去后，很是愧疚。当晚，他就钻研起了古医书，以求从中寻找治疗或预防恐水病的良方。

老婆婆跟儿子走在回家的路上，村边池塘里的几只鸭子突然“嘎嘎嘎”地叫了起来。老婆婆又被吓得浑身抽搐，儿子忙上前安抚，不料，她却像完全变了个人似的，抱住儿子胳膊就咬了上去。儿子一下子懵了，幸亏是冬天穿着厚棉袄，他的胳膊才没被咬伤。他用尽全力抱住了老婆婆。过了好一会儿，躁狂的老婆婆才慢慢恢复了常态。回到家后，老婆婆对自己的行为很是自责，流着泪跟儿子、儿媳商量道：“你们把我用绳子捆在床上吧，以防万一我再犯病咬到你们。”家人无奈，只得把她捆在了床上。捆好老婆婆，家里人立即去打狗，但那只黑狗凶猛异常，东冲西突，跑出重围，一溜烟跑到了东边的大山里了。

葛洪这天夜里看了许多古医书，在凌晨时，当他看到“以毒攻毒”的记载后，突然灵机一动——是不是可以用生病了的狗来试试？第二天一早，他便赶去了老婆婆家。

还没进院，葛洪就听到院里传出人的痛苦声。原来，那只黑狗一早又跑了回来，老婆婆家人见狗回来，关上门用锄头、棒子等一顿乱砸，眼看狗被打倒在地，老婆婆的儿子走上前看时，它却又猛地抬头照手咬了上去。其他人见状，又上前一顿乱棒才把疯狗打死。老婆婆的儿子看着流血的手，忍不住嗷嗷大哭起来。葛洪进去问明情况，便吩咐道："快把狗的脑子取出来，敷在被咬伤的地方！"家人立即按照吩咐做了，但被咬的汉子却满脸悲伤地问道："这有用吗？我是不是也要死了？""管用！管用！古书上有以毒攻毒的记载，你刚被咬，应该还来得及。"葛洪安慰道。其实，葛洪心里也没有底，只能试试看。他安抚了汉子后，又叫人把狗脑子喂给老婆婆——老婆婆被咬多日，伤口已经结疤了，葛洪感觉敷在上面可能没效果了。

葛洪并没有多少把握，但他以毒攻毒用疯狗脑浆涂伤口的方法却取得了很好的效果。被咬的汉子没有发病，但吃了疯狗脑浆的老婆婆却最终不治而亡。后来，葛洪又反复试验，终于发现：被疯狗咬伤的人一般会在七天之内发病；若超过 21 天都没发病，暂时就没有危险；若 100 天后还不发病，那么基本上就没事了。用疯狗脑浆以毒攻毒的方法，只有在被咬伤不久立即敷到伤口上才有很好的预防效果，口服等均无效。于是，再遇到被疯狗咬伤的病人，葛洪便让人们把咬人的狗杀死，取出脑浆后尽快敷到病人伤口处。这种用疯狗脑浆敷伤口的方法，预防恐水病效果很明显，十有九验，很少有发作的。

葛洪把这种以毒攻毒预防恐水病的方法记载到了《肘后备急方》中，他首创的用疯狗脑浆敷伤口法，实际上是狂犬疫苗的雏形，而所谓的恐水病，也就是我们今天所说的狂犬病。

36. 青蒿抗疟建奇功

葛洪所处的时代，我国南方因气候潮湿、战争等，经常流行多种传染病，尤以疟疾为甚。

疟疾是由蚊虫叮咬等导致的一种传染病，病人会反复出现寒颤、高烧等症状，严重者可以致命。葛洪对疟疾进行了深入研究，并提出了许多有效的治疗方法。

有一年，葛洪隐居的罗浮山附近有一个村子暴发了疟疾，村里感染者十之七八。葛洪听说后，便想方设法予以救治。他尝试运用了古医书上记载的多种药方，效果均不明显。眼见村里死亡的人一天天增多，葛洪心急如焚，每天都看古医书到很晚，以期从中找到救治方法。终于，这天晚上，葛洪在一本古医书上看到了神农用一种蒿草治好了部落烈性传染病的记载，很是兴奋。第二天一早，葛洪便找来各种蒿草一一试验。最终，他找到了一种青色的蒿草，跟传说中的蒿草很像，便给村里的病人用上了。葛洪是用传统的方式熬成汤然后让病人服用，但没有效果。他很是不解，为此很苦恼。

这天，葛洪对着自己采来的那堆青蒿正愣神，来了一个得了疟疾的汉子。汉子是个急性子，一进门就嚷嚷："葛先生，这病太难受了，您到底找没找到治这病的好药啊？"葛洪有些无奈地说："古书上说这种青蒿有效果，可我让他们熬成汤喝了却没有效。"汉子看到院子里那堆鲜嫩的蒿草，便走上前抓了一把，问道："您说的是它们？我尝尝。"说着，汉子就把青蒿放到嘴里嚼了起来。葛洪刚想阻止他生吃，但随即又想：不妨让他试试看。没想到，这一试，居然试出了个中奥秘。汉子吃后当天就觉自身症状缓解不少，第二天又跑来讨了一些青蒿，连吃三天后居然好了。这让葛洪大感神奇，于是，他又进行了反复试验。终于发现，原来此药不能加热，一加热就失去了效果。于是，他发明了水渍提取法，让村里的病人直接喝青蒿的渍汁，结果效果很好，村民们的病情都得到了有效缓解。后来，葛洪又学着前人的方式，将青蒿浸在村里的井水中，没出一个月就成功控制住了村里的疟疾。

葛洪不仅将此法记到了其著作《肘后备急方》里，而且还在书中对疟疾、老疟、温疟、瘴疟、劳疟、疟兼痢六种疟进行了详细分析，并提出了相应的治疗方法。

我国科学家屠呦呦因发现青蒿素获得诺贝尔生理学或医学奖后曾表示，她就是从葛洪的《肘后备急方》中那句“青蒿一握，以水二升渍，绞取汁，尽服之”受到启发，最终用乙醚成功提取了青蒿素。如今，青蒿素成为一线抗疟药物，在全世界挽救了千百万人的生命。

37. 洗药池里有乾坤

葛洪隐居罗浮山下后，为了炼丹和给老百姓看病，经常去山上采药。山中有条小水沟，葛洪来之前，此沟曾导致沙蚤病流行。葛洪发现个中奥秘后，往水沟里投放中药，并在沟沿撒上生石灰，成功控制住了沙蚤病的传播。沙蚤病得以控制，跟葛洪灭杀了水沟中的寄生虫有很大关系。后来，葛洪上山采药后，喜欢到小水沟边一个水池里把药洗一洗，洗掉根上的泥土、叶上的灰尘后，再把药带回家晾晒。一晃十几年过去，由于葛洪经常在水池里洗药，不仅沟里寄生虫少了很多，水质也得到明显改善，水中还隐隐约约有股淡淡的药香味。

葛洪治好了沙蚤病、疟疾等疑难杂症，有效预防了恐水病后，当地百姓都对他崇拜有加，很多人把他当成了活神仙，亲切地称他为“葛仙”。一遇到其他郎中看不好的疑难杂症，老百姓都会劝生病的人：“去找‘葛仙’啊!”

离罗浮山三百多里远，有个丁家村。村里有个叫丁寿的小伙子与母亲相依为命，他们日子虽然清贫了些，但也相对安稳快活。有一天，母亲突然感觉自己的眼睛很疼。一开始，她还没大在意，想睡上一觉休息一下可能就好了。结果第二天一早，老人睁开眼却发现眼前一片漆黑，什么也看不见了。丁寿是个孝顺孩子，发现母亲眼睛看不见了，很是着急，急忙领着母亲去找郎中诊治。可一连找了几位郎中，都说治不了。丁寿见郎中看不了，便又带着母亲四处求神拜佛，祈求母亲的眼能好起来。当然这更不现实了。

这天，丁寿带着母亲来到离罗浮山大约二百里的一个寺庙烧香祈福，遇到一个上山砍柴的汉子正在歇息，便攀谈了起来。砍柴汉子听说丁寿是为了母亲的眼而来烧香拜佛，对他的孝顺很佩服，便劝道：“得了病得找郎中治啊！烧香拜佛哪能好啊？”“郎中找了几个，都说治不好。”丁寿无奈地回答道。“找‘葛仙’看了吗？他可是远近闻名的好郎中，专治疑难杂症，还没听说有他看不好的病。”“‘葛仙’是谁？在哪住？”“就住在罗浮山下，你沿路打听，附近的人都知道他，不过你得尽快去，我听说他年纪很大了，最近身体不太好，好长时间没上山采药了……”

丁寿谢过砍柴汉子，便带着母亲赶路了。二百多里路，丁寿在平坦的路上拉着母亲的手走，遇到不好走的路就背着母亲走，走了四天四夜终于来到了罗浮山。满怀希望的他们到了葛洪所隐居的山村却听到了噩耗——葛洪几天前已经去世了。丁寿听到消息，如遭五雷轰顶，抱住母亲大哭起来。

葛洪已经去世，丁寿哭过之后，只得失魂落魄领着母亲往家赶。返回时，村民们给丁寿指了一条翻山而过的近道。丁寿背着母亲走到山中一处池水旁，累得上气不接下气，便把母亲放到旁边的石头上休息一下。放下母亲的丁寿忍不住一阵难受，又悄悄抹起了眼泪。

母亲虽然眼睛看不见，但对声音很敏感，她听到哭声便劝道："寿儿，你别哭了，这都是娘的命。你有这个孝心，娘就知足了。我们赶了大半天的路，我也口渴得要命，附近是不是有水？你给我弄点儿水喝吧。"丁寿便赶紧擦了擦眼，拿出随身携带的碗来到水池边。他看到池水碧绿洁净，便舀了一碗递给母亲。母亲接过碗喝了大半碗后，又觉眼睛发干发涩，便用剩下的水擦洗了一下眼睛。擦洗完后，母亲感觉眼睛不干了，便试着睁了一下眼睛，却惊奇地发现能看见东西了，于是高兴地大叫道："娘的眼睛好了！我不是在做梦吧？"丁寿盯着母亲的眼看了又看，高兴地说："娘，这是真的！谢天谢地，苍天有眼啊！这池里的水治好了您的眼。"

这时，恰好有位老人路过水池边，看到了刚才惊奇的一幕，他对丁寿说："小伙子，你知道这水池叫什么名吗？我们这里的人都叫它'洗药池'。'葛仙'在的时候，每次采完药下山前都在这里洗药。你老娘的眼病，是这池里的药水治好的，这可全是'葛仙'的功劳啊。"丁寿听完，恍然大悟，便跟母亲跪下对着药池和罗浮山磕了三个头，以感谢葛洪救治之恩。

洗药池治好了丁寿母亲眼病的事很快传播开来，一传十，十传百，附近的人们纷纷来到洗药池取池水治病。神奇的是，应验的不少，尤其是各类皮肤病。洗药池的水能治病的消息传到当地恶霸黑老虎那儿，他想据为己有，便派手下强行霸占了药池，不准别人前来取水，要取水必须支付费用。由于此前前来取水的老百姓很多，到黑老虎霸占时，水池中的水已不多，快要见底了。黑老虎一心想发财，便命手下从别处取来很多水倒了进去以充药池水。结果这一倒不要紧，自此洗药池的水再也没了治疗效果。人们背下里传："是'葛仙'看不惯黑老虎，故意把仙气带走了！"

38. 拔草瞻风显神通

陶弘景（456—536），南朝时著名博物学家、医学家、道学家、炼丹家。他出身医学世家，自幼聪颖好学，善于观察。

有一天，陶弘景所在村里一户没有孩子的人家从亲戚那抱回一个刚出生的男孩当儿子养。大人们私下里都叫那个小男孩“螟蛉子”。陶弘景不明白为什么把抱养的孩子这么叫，便去问父亲。父亲告诉他：“据说有一种叫‘蜾蠃’的蜂，自己不能繁衍后代，便捉螟蛉来当孩子养，因此人们便把抱养的孩子叫‘螟蛉子’。”陶弘景听了不大相信，便去翻阅古书，结果发现书上也有类似的记载，但他还是很怀疑，便想亲自去验证一下。

蜾蠃常用泥土在墙上或树枝上做窝，巧的是陶弘景家的菜园里恰好也有一窝，于是，他便天天跑去观察。第一天，他果然发现蜾蠃把几只螟蛉虫捉到了窝里。第二天，依旧如此。第三天，他趁蜾蠃飞走后，悄悄把窝弄开了个口，发现之前捉进去的螟蛉虫都还在，并没有被吃掉，便在心中嘀咕：“莫非它真把螟蛉虫当自己的孩子养？”但他依旧不肯相信这是事实，便把窝恢复了原样，继续天天观察。几天后，陶弘景终于发现了事实真相。原来蜾蠃也有雌雄，也能繁育自己的后代，被捉进去的螟蛉虫非但没有被当孩子养，反而成了蜾蠃幼虫的美餐。从此，陶弘景遇事更注重多观察了，对“尽信书不如无书”也有了更切身的体会。

后来，陶弘景对本草学产生了浓厚兴趣，并着手整理《神农本草经》。为了对书中记载的各类中草药的性状、功效等能有更真切的体验，他经常自己上山采药回来观察验证。有一天，陶弘景上山采药累了，在一块大石头旁停下休息。恰好一个老羊倌赶了一群羊往山上走，也走累了停下歇息，两人便聊了起来。陶弘景发现老羊倌赶的羊群有 30 多只羊，但里边的成年公羊却只有一只，便好奇地问：“老人家，您这群羊只有一只公羊能行吗？”“行！它厉害着呢。”老羊倌笑着回答。“看它个头也不算大啊。”“个头是不大，但它自从吃了那种怪草后本事大长。”

陶弘景一听“怪草”来了精神，便请老人务必带他去看看。老羊倌见他如此感兴趣，又正好顺路，便赶着羊群去了那片灌木丛。“你看，就是那种像杏叶的草，我家那只公羊吃了后，与母羊交配的次数明显多了。”老羊倌指着那片高达一二尺的草说道。陶弘景暗自思忖：羊吃了管用，兴许对人的肾也大有好处。于是，他走上前弄了一些茎和叶带了回去。

回到家，陶弘景便对这种“怪草”进行了反复验证，终于证实了这是一种还未被发现和记载的补肾良药，并把它命名为“淫羊藿”，记载到了自己编写的药典之中。

陶弘景就是靠这种拔草瞻风的精神，对《神农本草经》进行了系统总结和完善，写成了《本草经集注》，记载药物 730 种左右，并首创了沿用至今的药物分类法。

39. 断病如神姚僧垣

建德五年（576 年），北周武帝宇文邕率兵七路讨伐北齐。北周大军一路势如破竹。宇文邕坐镇中军，运筹帷幄，一连几日都没睡个好觉，但他很亢奋，一想到灭了北齐就能统一北方，就像打了鸡血一样。这天大军行至河阳，连日来一直处于亢奋状态的宇文邕接到了前方战报，想立即安排部署行军路线，却发现自己发不出声了。他心急如焚，军情紧急，战机稍纵即逝，把握不好就会前功尽弃。说话发不出声后，宇文邕只得用笔把自己的命令写下来。本来他以为是自己说话太多，上火导致嗓子暂时发不出声，一开始也没太在意，想着休息一下就会好起来。没想到到了晚上，嗓子非但没好，他的眼睛也睁不开了。不能说话，眼睛也看不见，这还了得？随军御医姚僧垣当夜被宣进了营帐中。姚僧垣是何许人也？

姚僧垣（约 498—583），南北朝至隋初著名医家，一生经历齐、梁、北周和隋四个朝代，先后担任数位皇帝的御医，著有医学名著《集验方》。

有一次，金州刺史伊娄穆专程请姚僧垣看病，自述从腰到肚脐好像被三道绳子捆着一般，很是难受，两只脚也不听使唤，老是发抖。姚僧垣把脉后，只给他开了三剂药。结果，一剂药去了一道束缚，三剂药后，伊娄穆感觉三道束缚全没了，只是脚依旧不舒服。姚僧垣又给开了几剂中药，告诉他："服药后，脚能稍微活动了，但不能完全好；等到霜降后，会全好。"到那年九月，伊娄穆的脚果然好了。

后来，大将军窦集和永世县公叱列伏椿都得了重病。窦集得的是风疾，出现了精神错乱，以致不能上朝。前去诊治的医生都说没救了，但姚僧垣诊断后却说能治。叱列伏椿患的是痢疾，有很长时间了，但一直能坚持上朝。大臣于瑾一次下朝后，悄悄问姚僧垣："是不是窦集的病重，叱列伏椿的要轻一些？"姚僧垣却说："非也，他们得的病都很不好治，但看似重的最后能治愈，看上去轻的很可能致命。""永世公还能上朝，不至于吧？"于瑾问道。"很可能挺不过四个月。"姚僧垣叹了口气说道。于瑾还是不太相信姚僧垣的话，认为他有点危言耸听了。不久之后，窦集在姚僧垣的精心治疗下果真痊愈了，而没到四个月，叱列伏椿却去世了。这事传开后，世人都认为姚僧垣断病如神。

姚僧垣进了军帐，给宇文邕仔细把了脉，又问了一下周围人发病前后的情况。原来，出征不久，宇文邕就感觉右脚走路不得劲，但他没在意，而是满门心思全在处理军务上了。姚僧垣从脉上发现宇文邕五脏都生了病，但又不能同时治疗。思忖一会儿后，他先开出了一个治失语的方子，心想：大战当前，得先让皇帝能说话。宇文邕两剂药没吃完，就能开口说话了，但他的眼睛依然看不清东西。这时，姚僧垣说道："皇上，臣先让您能说话，好安排军务，接下来给您治眼睛，最后治脚，您莫着急。"宇文邕又吃了三剂药后，眼睛终于能看清了。姚僧垣又用针灸的方法把他的脚痛也治好了。恢复健康的宇文邕很高兴地说道："姚爱卿，果然妙手回春!"

宇文邕在姚僧垣的精心治疗下，不仅治好了病，而且没有耽误指挥打仗，最终带领大军战胜了北齐，统一了北方。

40. 学医初衷为双亲

孙思邈（约 581—682），唐代著名医学家。他一生致力于医学实践和研究，对内外妇儿等科都很精通，著有《千金要方》《千金翼方》两部医学名著，是我国乃至世界享有盛名的伟大医学家、药物学家，被人们誉为“药王”“医神”。

孙思邈为什么在读书人都热衷于功名的年代却立志学医呢？原来，他的父母都得了当时难以治愈的怪病：父亲得了雀目病，也就是我们今天所说的夜盲症，一到晚上或光线暗的地方就看不见了；母亲得了粗脖子病，也就是今天所称的地方性甲状腺肿，脖子粗大不说，身体还容易出汗乏力，苦不堪言。看到父母被怪病折磨，小小年纪的孙思邈就立下宏志：做一名有本事的医生，一定把父母的怪病治好！

父亲是一名木匠，也曾打算让孙思邈子承父业。但孙思邈却有自己的主意。这天，他随父亲去附近的药农陈伯家做药柜。父亲见他拉锯一板一眼，很带劲，便趁机问他：“长大后跟着我干木工吧，你看你拉锯拉得多好，是干木工的好苗子。”

没想到，孙思邈却很坚决地回答道：“孩儿不学木工，我要当医生！”

“为什么不学木工？你是嫌累吗？”

“不是嫌累，我要亲自治好您的雀目病和母亲的粗脖子病！”

陈伯听了他们父子的对话，便和蔼地对孙思邈说：“要学医，得先认药，我这里有很多药，你喜欢的话可以先来跟我认认药。”

孙思邈听陈伯如此说，便随陈伯进了屋，屋里果然有很多药材，于是他便央求陈伯来当学徒。陈伯见他一心想学，便应允了。自此以后，孙思邈便天天来陈伯家，帮着陈伯上山采药，回家晒药，也跟着炮制药，并随时问很多药学问题。

一晃三年过去了，孙思邈在陈伯那里学了不少药材方面的知识，他问的很多问题，陈伯也渐渐回答不了了。这天，陈伯送给他一本很旧的《黄帝内经》，并语重心长地说道：“我对药还懂一些，但对看病却不在行。如今，你药认得也差不多了，去跟我舅舅学如何看病吧。这本书就是他老人家送我的，但我不认字，留在这也没用，你拿回去好好读吧。”

于是，孙思邈结束了三年药工学徒生涯，开始正式学医之路。他一边苦读《黄帝内经》等医书，一边跟着名医学习。孙思邈先是跟着陈伯的舅舅学，后来又到全国各地拜访名医求教。最终，他拜太白山上的陈元为师，学到了很多有效秘方和治疗手段，看病水平有了极大提升。

陈元有治粗脖子病的秘方，里边以海盐为主，病人用后均有良效。孙思邈给母亲用了秘方，也治好了多年的粗脖子病。但对于孙父的雀目病，陈元却并无良策。

这天，孙思邈有些不解地问师父陈元：“得雀目病的为什么大多是穷人呢？富人们却很少有得的，这是什么原因导致的呢？”

“你问得有道理。是不是与富人们经常有肉吃，而穷苦人家一年到头也吃不上肉有关啊？”陈元推测道。

“师父分析得对！我给父亲吃肉试试。”孙思邈便立即在父亲身上开始了试验。他让父亲每天都吃上二三两肉。但一个月下来，还是没有效果。孙思邈没有气馁，而是更加广泛地阅读古医书，最终在一本医书上找到了“肝开窍于目”的记载。于是，他把肉改为了肝，每天让父亲吃一些猪肝和羊肝等。没想到很快就见效了。经过一段时间，父亲的雀目病就被治愈了。

凭借自己学来的本事治愈了父母的怪病，让孙思邈信心大增，也让他的医名开始传播，很快他就成为当地家喻户晓的名医。

41. 牵线把脉成“药王”

孙思邈被后世尊称“药王”，那么这个称号因何而来呢？据说，跟他牵线把脉看好了公主的隐疾有关。

有一次，一位公主得了病，连日来茶不思，饭不想，脸色蜡黄，浑身乏力。御医们一一被叫去诊治，但均无效果。公主是皇上最喜欢的一个女儿，有人向他举荐孙思邈，说他医术高超，皇上便命人快快去请。

孙思邈接到进宫的圣旨后，不敢迟疑，便立即动身。跟着宫女一路兜兜转转，终于来到了公主的寝宫。孙思邈抬脚要进门时，却被宫女拦住了，只听宫女说道：“慢着，公主的寝宫不得随便出入，所有医生只能在外牵线把脉，你也不能例外。”

听完宫女的话，孙思邈略一迟疑，微笑着说道：“请把红线系到公主的手腕上。”

不一会儿，一根红线就从公主的寝宫里拉了出来。只见孙思邈左手挽线，右手三根手指往上一搭，随即要来笔墨纸砚，不动声色地写下了四句话：线系枯木，脉自不通，误了公主，尔等小心。

宫女看后，大吃一惊，赶紧进殿向公主禀报：“孙思邈果然厉害，居然把出了线没系在您手上！”

“有这么神？那就系我手腕上再让他试试……”公主有气无力地说道。

红线再次拉了出来，孙思邈上手一把，心里一惊。于是，再次凝神静气又把了一下，最终验证了心中所想。宫女们看他沉重的表情，纷纷围上来询问病情。孙思邈却只字不提公主的病，而是坚决说道：“我要觐见皇上！”

宫女们以为公主得了不治之症，哪敢怠慢，立即禀报。很快，孙思邈就被宣了进去。

一见面，皇上就着急地问：“公主所得何病？”

“皇上，能否容小民近前回话？”

“准！其他人退后！”

“皇上，公主的病不重，是身孕所致，但胎儿已死。”孙思邈走近前小声说道。

“胡说八道！好你个庸医，公主还未出嫁，何来此病？来人……”皇上很生气。

“皇上息怒，性命攸关之事，小民怎敢乱说？小民随身带着灵药，还是请公主尽快服下，把死胎打出来要紧！若打不出死胎，皇上再治小民的罪也不迟啊！”

皇上冷静下来，细细思量连日来公主的表现和症状，的确有怀孕的迹象，便同意孙思邈试试。

公主服下孙思邈的药丸不久，果然生下来一个肉疙瘩。皇家颜面要保全，孙思邈便对宦官和宫女们说道：“这是我用药帮公主打下的一个肚中毒瘤，你们赶紧处理掉！”

皇上听孙思邈如此说，顿时龙颜大悦，把他叫到一边，悄声问道：“爱卿，那么多御医都看不出病因，你是如何做到的？”

“回皇上，其实他们都看出来了，只是不敢说出来，怕丢了官禄。而小民乃山野村夫，不顾虑这些，所以才敢说出实话。”

皇上听后，很是赞许，当即便封孙思邈为“药王”。

42. 甘草药死人，砒霜治好病

据说妙手回春、药到病除的药王孙思邈在行医过程中也不是百治百效，也曾闹过笑话，甚至出过医疗事故。甘草本是一味药性平和的药，砒霜则是味毒药，但据说这两味药让孙思邈很是意外。

孙思邈所在的村里有个二流子游手好闲不说，还不孝顺父母，动不动就打骂他们。村里人都很气愤，但又不敢招惹他。这天，二流子又跟年迈的父母要钱出去买酒，父亲不肯给，结果被二流子一脚踹倒在地，母亲上前扶父亲，也被他一把拽倒了。见父母都倒在地上，二流子不管不顾，自己跑去河边钓鱼了。被打的两个老人抱成一团大哭一场。后来，老婆婆抹干眼泪来到了孙思邈家。一见孙思邈，老婆婆就悄声哀求道："给我点儿毒药吧！""老人家，您要毒药干什么？有什么事想不开吗？"孙思邈关切地问道。"我要毒药不是自己吃，我要毒死那个孽障……"老婆婆把事情的经过跟孙思邈哭诉了一遍。孙思邈听后，也很同情老婆婆，但他是治病救人的医生，怎能去用毒药杀人呢？可看到老婆婆可怜巴巴的眼神，他又不忍心让老人太伤心，便随手抓了一把甘草，告诉老婆婆："这是一种毒草，你试试看吧！。"

老婆婆回到家，便杀了一只母鸡，把甘草跟鸡一起放到锅里，熬起了鸡汤，准备用鸡汤把二流子儿子毒死。中午时，鸡汤熬好了，二流子也提着一条大鲤鱼回来了。一进门，他就闻到了鸡肉的香味，撕下一条鸡腿就啃，边啃边吩咐道："用鸡汤把这条鱼炖了，记得放点儿盐！别像煮鸡这样一点儿盐也不放，不好吃。"老婆婆忍气吞声又用鸡汤把鲤鱼炖了。这下二流子高兴了，也不管父母吃没吃饭，自己一个人狂吃了起来。结果吃后没多久，他就倒地七窍流血而亡。

二流子吃了甘草炖鲤鱼而亡后，村里人都说他是遭了报应，罪有应得，也没有再去追究。但孙思邈得知这事后，很是吃惊，心想：药性平和的甘草怎会置人于死地呢？后来，他在古医书上查到了甘草和鲤鱼犯忌的记载后，才恍然大悟。

又过了一段时间，孙思邈家里闹起了老鼠，为了对付老鼠，他在家中角落里放了些砒霜，书架上也放了一小包。巧的是，书架上他还放了几包治大肚子病的药。

这天孙思邈把那包砒霜放到书架上，还没来得及跟家人打招呼，就被叫出去应急诊了。等他回来一看书架时，居然发现那包药不见了，便问妻子去哪了。“给小石头他爹用了，他得了大肚子病。你刚走，小石头他娘就来讨药，我就把你备好的药给了她。”妻子回答道。孙思邈听完，暗叫“大事不好!”上次甘草都闹出了人命，这砒霜是剧毒之药，如何是好？于是，他赶紧跑到小石头家，想阻止悲剧的发生。到了小石头家，小石头娘笑着迎了上来：“孙先生，您真厉害，一剂药下去，俺石头爹的大肚子病就好了。”孙思邈见病人没出事反而好了，心里悬着的那块石头总算落了地。但他对砒霜治好了病却大感意外。回到家，他反复推敲试验，最终发现原来这是以毒攻毒所致，砒霜剂量运用恰当，不但没事，反而对大肚子病有奇效。

后来，人们把孙思邈行医的这两件事当成笑话来传，说他背时，甘草药死人；走运时，砒霜治好病。

43. 葱管导尿开先河

导尿术是一种将导尿管经尿道插入膀胱将尿液导出的方法，适用于各种下尿路梗阻所导致的尿潴留、危重病人施救等。那么导尿术是谁发明的呢？据记载，“药王”孙思邈是医学史上第一个使用导尿术的人。

孙思邈村里有个以砍柴为生的后生，这天他砍完柴准备下山时，突然尿急，便在一棵大树底下当即解决了。尿完，他才发现尿到了一个蚂蚁窝，便也没在意。但回到家后，后生就觉得下身不大舒服，老想撒尿，但去尿时又尿不出多少来。

第二天，后生的不适感更重了，尿尿时直接一滴尿也尿不出来了。他以为是自己喝水太少所致，便使劲喝水。结果越喝越难受，肚子也越来越大，眼看肚子鼓得像要临盆的孕妇了。后生实在受不了了，才不得不一步步挪到了孙思邈家求诊。

看到后生高高隆起的小肚子，还一个劲呻吟着，孙思邈也很着急。一番望闻问切后，他判定后生出现此症状可能跟尿到了蚂蚁窝有关，心想：这病治起来倒不难，喝几剂中药保准好。但如何尽快把他肚子里的尿给排出来呢？时间久了，会憋坏的……

“若是有根又细又软的管子就好了！把它往尿道里一插，就可以像水管一样把尿给引出来了。可去哪找这种管子呢？”后生的呻吟声，让孙思邈陷入了沉思和苦恼中。

忽然，一阵哨声传来，原来是领居家的小男孩折了支柳梢在吹。孙思邈听到哨声，顿时茅塞顿开：有了！哨子！孩子们也经常吹着葱管玩，葱管有粗有细，而且柔软，应该可以试试！想到这，他赶紧来到院子里，在葱地里掐了一段又细又软的葱管，仔细处理一下后，让后生脱下裤子，把葱管小心翼翼地插进了尿道。葱管顺利插了进去，但尿却没有马上流出来。孙思邈又上前用嘴对准葱管，先是一吹，又猛吸一口，奇迹出现了，大量的尿液顺着葱管流了出来。不一会儿，后生隆起的小肚子就变平了，他的呻吟声也停止了。

见葱管里不再出尿液后，孙思邈从后生的尿道里把葱管又慢慢拔了出来。这时，后生不再难受了，腰也能挺直了，他一个劲地向孙思邈表示感谢。

“尿排出来后就好办了，我再给你开三剂药，你回去喝了很快就会好的。”孙思邈一边说着，一边开好了药方。

后生按孙思邈的药方回去喝了三剂药，果真好了。

孙思邈将这一病案记载到了所著的《千金要方》中。葱管导尿也开创了历史先河，比法国医生拿力敦 1860 年发明橡皮管导尿早了 1200 多年。

44. 敬德站班为哪般

尉迟敬德，唐朝开国名将，位列“凌烟阁二十四功臣”，为唐朝建立做出了重要贡献，后世常将他与秦琼一起奉为“门神”。而在敬奉孙思邈的药王庙里，人们塑像时，也常常将敬德的站像塑在孙思邈像旁边。大名鼎鼎的将军为何给孙思邈站班呢？这里边是有缘由的。

且说孙思邈治好了大唐公主的隐疾，皇上很是欣喜，要重赏他，他却坚辞不受；要留他在宫里看病，他却一心要回乡下。皇上便封了他“药王”，并赠了冲天冠和大黄袍。这事很快便在长安城里传了开来。

尉迟敬德听说后，很是生气，一巴掌把桌子都拍碎了，还不解恨，愤愤地对下人们说道：“他孙思邈何德何能？居然受此等恩宠？我为大唐江山立下汗马功劳，打过多少次大仗，左臂受了箭伤，至今还不能抬举起来，也才被封了个国公。他孙思邈居然被封了王不说，还得了冲天冠和大黄袍！气死我也！”

“大人您息怒，小的今天在街上也看到孙思邈头戴冲天冠、身穿大黄袍招摇过市，好不神气。我们也都为大人鸣不平啊！”有个小厮趁机拱火道。

“有这事？太猖狂了！我要教训这乡野村夫一下，让他长长记性！”尉迟敬德恨恨地说道。

问明孙思邈出城方向后，尉迟敬德便带着随从策马扬鞭追赶而去。

孙思邈和徒弟正在一棵大柳树下休息，却见尘土飞扬，尉迟敬德一行人疾驰而来。只见为首的尉迟敬德手持钢鞭，怒发冲冠。孙思邈见到后却微微一笑。

尉迟敬德勒住马绳，仔细打量了一下孙思邈后很是惊讶——他怎么戴的是顺天冠，穿的是大红袍？沿路他们都说他戴着冲天冠，穿着大黄袍，怎么我追上后成这样了？

“将军这是有何公干？为何如此匆匆？”孙思邈微笑着问道。

“没有公干，专门来追你的。他们都说你医术不凡，我这左臂自从受了箭伤，一直都抬不起来，很多郎中看了也不管用，特请先生给治治！”尉迟敬德很快给自己找了个台阶。

“好说好说，我保准给您看好！”

“口气真大！我前后请了上百名郎中都不管用，他却这么自信。正好让他出出丑……”尉迟敬德心想，便下了马让孙思邈治疗。

孙思邈拉了一下尉迟敬德的左臂，随即拿出一根银针，在一个穴位上扎了下去，轻捻几下后，便拔了出来。尉迟敬德还没怎么有感觉，治疗便结束了。他试探性地抬了一下左臂，惊奇地发现活动自如了，心中不禁感叹道：“真是神医，名不虚传！”

一番感谢后，尉迟敬德便告辞准备返回了。这时，孙思邈又掏出几粒丹药相送，说道：“将军劳苦功高，如今战乱还未平息，这些丹药既能强筋壮骨，又能预防疾病，而且人和动物都管用，将军备着择机使用吧。”

尉迟敬德接过丹药，心中惭愧之余对孙思邈敬佩有加。后来，他再次出征前，把丹药与自己的战马分享吃了，果然在以后的征战中，人强马壮，屡立战功。

孙思邈其实在朝堂上就感觉到了大臣们嫉妒的目光，因此一出长安城，便把帽翅扳低，金线拆了，还把黄袍反过来穿，让黄色在内，红色朝外，就是担心有人刁难。这才有了尉迟敬德追上时看到的一幕。

尉迟敬德经此一番亲身体验，深感孙思邈“药王”之封当之无愧。后来，他又从孙思邈所赠丹药中获益良多，对孙思邈更是敬佩。后来，孙思邈在五台山（今陕西铜川药王山）太玄洞去世后，尉迟敬德专门前去站班以报答治病赠药之恩。

45. 巧治太宗疑虫病

有一次，唐太宗李世民率兵出征，战胜归来，回到长安后，却开始闷闷不乐。他常常对着一桌子山珍海味却没有胃口。偶尔吃得多了，他也不开心，反而更焦虑。

这天退朝后，李世民把尉迟敬德留了下来，问道："爱卿出征归来，身体可有不适？"

"皇上，臣吃得香，睡得也香，没有不舒服的地方。"尉迟敬德有些不解地回复道。

"我们去的路上曾在一个山谷的大水坑里喝过水，当时你也喝了吧？"

"喝了两大碗，那真叫一个痛快！"

"喝后肚子有没有不舒服？"

"没有啊，除了有点儿撑，没别的感觉。"

"水坑里有不少虫子，第二天一早你可曾见过？"

"见过，怕啥？即使喝到肚子里也早被消化掉了！"尉迟敬德大大咧咧地回答道。

李世民却陷入了沉思，打发走尉迟敬德后，便宣太医进殿诊治，说自己肚子里有虫子，闹得饭也吃不香，觉也睡不好。太医们一个个来，仔细把脉后，却都说没事，还说皇上身体倍棒。气得李世民大骂："一群庸医！"

又过了几天，李世民的"病"更严重了，前来看望的尉迟敬德推荐了孙思邈。李世民想到当年治愈公主的事，便当即允准。

孙思邈进宫前，先跟尉迟敬德见了个面，问了皇帝的相关情况。当他得知皇帝是因喝了污水坑里的水，发现里边有虫子后才得的病，心中便有了主意，匆匆做了几个小蜡丸就进宫了。

一见面，孙思邈便给李世民仔细把了脉，并一本正经地说："正如皇上所料，果真是虫子在作怪，不打出来，可不得了！"

李世民听后大喜：“爱卿果然厉害，朕就感觉肚子里有虫子，他们那群庸医却说没有。你快快想办法把它们打出来。”

“臣随身带的药丸中就有打虫子的，这几颗药丸陛下每天吃一颗。臣恳请陛下把粪便留一下，好让臣检验一下有无虫子。”

李世民很是高兴，严格按照孙思邈的吩咐，每天晚饭后服用一颗。几天后，孙思邈再次进宫，他要来皇帝此前的粪便，用水小心冲洗，找出来那几个完好的小蜡丸，悄悄将蜡丸切开，把里边的死虫拿了出来，呈现在李世民眼前。“恭喜皇上！虫子已被臣用药毒死，顺利排了出来！”

李世民见果真打出来虫子，欣喜异常，兴奋地说道：“就是它们，把朕害得好惨！它们一出来，朕浑身轻松啊！爱卿医术果真了得，不愧药王之封！”

自此，李世民再也不怀疑肚子里有虫子了，吃得香，睡得也香。而孙思邈在进宫前准备药丸时，提前将几只死虫封在了蜡丸里，蜡在体内不容易被消化，所以能随着粪便顺利排出来。

46. 药王也被假药坑

药王孙思邈出诊基本上是药到病除，十拿九稳。可有一次，他被征召入宫为唐太宗李世民治病却遭遇了尴尬。

这次李世民生病看上去并不严重，但太医们用药后却均无效果。孙思邈被宣进宫诊治。一番望闻问切后，孙思邈判定李世民得了痢疾，便很自信地开出了以金银花为主药的方子。没想到，李世民服用一剂后没有丝毫效果，再服第二剂依旧不见效。孙思邈百思不得其解，很是郁闷，却一时想不出更好的办法。李世民自感状态还可以，也没怪罪于他，而是让他先回家。

孙思邈这次从皇宫出来，有些灰头土脸，心中很是不爽。他一边走一边想：金银花治疗痢疾有很明显的效果，以前每次使用都是立竿见影，屡试不爽，这次在皇上身上为什么就一点儿效果也没有呢？问题究竟出在哪里？

走着走着，孙思邈不觉来到了一座山脚下。这时，他已走了大半天，口渴腿酸，看山脚下有户人家，便走上前去讨水喝。这户人家只有姐妹俩相依为命，她们平日靠采摘药材为生。孙思邈说明来意后，她们很是热情，赶紧烧了开水。姐姐用一种黄色的花冲了一碗金花茶，妹妹用白色的花冲了一碗银花茶。两碗热气腾腾的香茶同时摆到了孙思邈面前。孙思邈端起碗，每样茶都小喝了一口，顿觉味甘清淡，很是解渴。于是，他对姐妹俩说：“这两种花应该都可以入药，可做止渴清热之用。”

姐妹俩听罢，发出了银铃般的笑声。姐姐先止住笑说道：“先生说的没错，但这两种花是同一种药。这种药刚开花时是白色花，后来就变黄了。经常同一株上既有白花也有黄花，它叫金银花。”

“这就是金银花？”孙思邈在诊疗过程中，多次用到金银花，但对其生长习性等却并不了解，所以才有些吃惊。

“是啊，它就是金银花。莫说先生不认得，就是药王孙思邈也不认识。这次他进宫给皇帝治病没治好，就是因为用了假金银花。”妹妹有些得意地说。

“假金银花？此话怎讲？”

“我们靠卖药为生，那些宦官们太可恶，老欺负我们，每次遇到我们卖药，都把药给全部拿走，却只给一点点钱，有时甚至还不给钱，所以我们很生气。这次听说皇上病了，他们又要出来买药，我们便用别的花冒充金银花卖给了他们。没想到，不止他们不认得，就连药王孙思邈也没认出来，以至于在皇帝那儿丢了面子……”姐姐绘声绘色地说道。

“原来如此！怪不得皇上连服两剂都没效果呢！在下就是孙思邈，还请两位姑娘不吝赐教！”孙思邈听后非但没有生气，反而谦逊地要拜师。

姐妹俩顿时收敛了笑容，有些局促不安，明显担心孙思邈去报官。孙思邈也看出了她们的心思，便解释道：“你们常年采药制药，对各种药很熟悉。我虽然看病在行，药也大部分认识，但在你们面前却是班门弄斧。所以，我诚心想拜你们为师。”

姐妹俩见孙思邈如此有诚意和谦逊，便同意了。

孙思邈赶紧要了些新鲜的金银花进宫为李世民治病，并告知了个中缘由，恳请李世民对宦官们严加管束。李世民一剂药下肚，痢疾果真好了，当即下旨：宦官出去买东西必须公平买卖，按市场行情，否则严惩不贷！

治好李世民病后，孙思邈又回到俩姐妹家，虚心当起了学徒，跟她们一起上山采药，一起在家制药，把以前不甚了解的药也一一认了个遍，并掌握了它们的药性。

药王孙思邈虽然被假药坑过，差点砸了牌子，但他不计前嫌，虚心求教，也被后世传为佳话。

47. 虎守杏林与虎撑

药王孙思邈的画像中，经常出现他骑着老虎出行的形象。孙思邈与老虎又有何故事呢?

据传，一日，孙思邈与弟子出诊归来，行至一处山林时，突然窜出一只猛虎。孙思邈见到猛虎，心里一沉，心想：在这荒郊野外，人迹罕至之处，此命休矣!

老虎却没有扑向他们，而是冲着他们伸头大吼。孙思邈和徒弟面面相觑，想跑却又不敢迈腿，只得站住不动。

僵持了好一会儿，老虎也没有向前扑，而是时不时张开大口吼几声，声音听上去很嘶哑，它的表情看上去也很痛苦。孙思邈冷静下来，仔细一看，原来老虎的喉咙中扎上了一根长长的骨头。看老虎并无攻击的架势，孙思邈想上前帮老虎取出骨头，又担心自己的手臂伸进老虎嘴后被咬住。犹豫为难之际，他看到徒弟挑的扁担上恰好有个大铜环，顿时有了主意。孙思邈让徒弟取下铜环，放到了老虎张开的大嘴中，然后小心翼翼地把手从铜环里伸进去，成功取出了卡在老虎喉咙里的骨头，并在老虎伤口处撒上了一些止血药，然后才取出铜环。

得到救治的老虎表情不再痛苦，而是兴奋地摇了摇头，一溜烟跑了。吓出一身冷汗的孙思邈和徒弟看着老虎远去的方向，久久才缓过神来。

回到家当晚，孙思邈便听到院子里有异响，奇怪的是一直在叫的狗突然也不叫了。因为当天比较冷，孙思邈也就懒得出去查看。第二天一早起来，他就发现院子了多了一只山羊，羊脖子处有被咬过的痕迹。后来，隔三差五，院子里都会出现些野味。孙思邈很是惊奇，一开始他以为是被自己诊治好的病人中有猎户，专门在晚上悄悄来送野味。这天晚上，他听到响声后，忍不住推门向外看，只见月光下一只老虎口中含着一只野兔，扔下后就跑了。

之后，孙思邈出诊回来晚了，走在那条必经的山道时，那只老虎总会不远不近地陪伴着，直到孙思邈进村，它才跑开。

孙思邈去世后，那只老虎在他家附近哀号了三天三夜，后来便不知去向了。

由此，留下了虎守杏林的传说。而孙思邈当初为老虎取骨头所用的铜环，也开始慢慢被人们改造成了手摇铃，并被称为虎撑。郎中们上山采药时都会带一只虎撑，以显示自己是药王的弟子。游医们也把虎撑作为必带物品随身携带，而且如何摇动据说也有一定规矩：一般的郎中，要放在胸前摇动；医术好点儿的，可以与肩膀齐平摇动；医术非常高明的，才可以举过头顶来摇。人们通过郎中摇虎撑的位置，就可以判断出其医术之高低了。另外，游医们经过药店门口时是不能摇动虎撑的，因为药店里都会供有孙思邈的牌位，倘若摇动虎撑，便有蔑祖之嫌，药店的伙计就有权力去没收游医的虎撑和药具，游医也不得不向孙思邈的牌位进香赔礼。

48. 就地取材显奇效

名医治病有时出其不意，没有定法，却往往效果明显。药王孙思邈在其一生行医过程中，经常受条件所限，不得不就地取材，看似天马行空，实则有根有据。前文已讲过他用葱管成功导尿的故事，现在讲讲他用锯末、麸糠、蚂蟥等治病的成功案例。

锯末本算不上一味中药，但在孙思邈那儿却被用成了灵丹妙药。且说孙思邈刚开始行医不久，一天下午，邻居夫妇抱着一个小男孩匆匆赶来请他诊治。小男孩从早上开始就呕吐不止，还一个劲说肚子疼。孙思邈仔细把脉，并按了按小男孩肚子后，判定并无大碍，只是受了风寒而已。但开什么药呢？普通汤药太苦，孩子那么小，未必能喝得下。这时，他看到作为木匠的父亲刚刚锯完一块檀香木，地下有一堆锯末。想到檀香木能理气止痛，他便有了主意，上前抓了一把檀香木锯末交给男孩父亲，让他回家加上几片生姜，熬药给孩子喝。

邻居夫妇见没给孩子开什么草药，而是随手从地上给抓了把锯末，很是怀疑孙思邈的医术，但孩子闹得厉害，他们也只好抱着试试看的心态，按孙思邈吩咐熬了锯末汤给孩子喝。神奇的是，孩子喝后不久便停止了呕吐，到了天黑时肚子也不疼了，第二天又活蹦乱跳了。邻居夫妇对孙思邈佩服得五体投地，逢人便夸孙思邈医术高超。这事很快便在十里八村传了开来。有几个庸医听闻孙思邈用锯末治好了病，也照葫芦画瓢，遇到此类症状的病人时也开出了锯末的方，结果却一点儿效果也没有。原来他们未加深究，以为只要是锯末就能治病，压根就没考虑是檀香木发挥的作用。

麸糠现在是用来喂养牲口的，在古代也曾是许多底层老百姓用来裹腹的食物，毕竟在那个粮食还不充足的年代，人们吃饱肚子都难，不得不靠它来充饥。贫穷百姓当食物的东西，富人肯定不屑一顾。唐朝时的富人们一度以吃精食为时尚，恨不得里边没有一丁点儿麸糠。结果时间一长，就有出问题的。这不，长安城里几个数得上的大富翁都得了一种怪病，腿脚水肿不说，身上也麻木酸痛，精神还萎靡不振，众郎中都束手无策。孙思邈给他们仔细把了脉，并深入厨房等地查看。最终，他发现这些人吃的主食很是讲究，经过精碾细磨、精细加工。于是，孙思邈建议他们不仅要把每日的主食改为粗粮，还要将麸糠熬水按时服用。结果不到二十天，这些人的病就被治好了。孙思邈用的此种治疗方法便是食疗，他在《千金要方》《千金翼方》中也专门做了记载。

蚂蟥又称水蛭，是一种很厉害的体外寄生虫，以吸血或食腐肉为生。它们有一个强大的吸盘，一旦咬上人或动物就会牢牢吸住。蚂蟥晒干后可入药，具有破血通经、逐瘀消症的功效。但用活蚂蟥来治病的却很少，孙思邈就是其中之一。有一天，村里一个小伙的眼睛肿得老高，一边叫着一边来请孙思邈诊治。据小伙讲述，他上山时不小心撞到了树上，就成这样了。孙思邈见小伙眼睛肿得像个桃子，里边充满了瘀血，便想到必须立即把瘀血排出来。但如何排瘀血却让他有点儿为难——用硬东西捅破，怕伤到眼睛。忽然，他想到院外水塘里的蚂蟥，便跑出去抓了一只用树叶包着拿了回来。让小伙在床上躺下后，孙思邈小心翼翼地将蚂蟥放到了小伙的患处。只见，蚂蟥几下便叮破了肿块，卖力吸了起来。不久，蚂蟥由小变大，酒足饭饱，小伙眼上的肿块也慢慢消失了。孙思邈见状，赶紧拿走了蚂蟥，清洗了患处后，又涂上了一些药膏。就这样，没出三天，小伙的眼睛便好了。

孙思邈就地取材，把日常生活里常见的很多东西运用到了临床治疗中，每获奇效，也留下了许多杏林佳话。

49. 月事不调也治病

张仲景开出了大丸子方（粳米、小豆、麦、大豆、黄黍各一斤煮熟搓成团），成功治愈了同时代名医沈槐的心病。药王孙思邈在治疗名相魏徵的病时也采用了类似方法，有异曲同工之妙。

且说魏徵一生为大唐江山兢兢业业，呕心沥血，一片赤胆忠心。可即便如此，有时也不受唐太宗李世民的待见。李世民晚年见国泰民安，进取心便减弱了不少，慢慢开始耽于享乐。性格耿直的魏徵看不下去了，这天上朝，他直言相谏："皇上，打江山不易，守江山更难啊！如今刚刚国泰民安，但隐患还不少，切不可大意啊！"

李世民本来心情不错，正准备赶紧退朝回后宫享受去，听他这么一说，脸色马上变了。这时，一个善于察言观色的大臣站出来反驳道："魏大人此言差已！如今已是大唐盛世，哪来那么多隐患？"

魏徵刚要争辩，李世民却阻止道："魏爱卿，你忧国忧民为大唐江山立下汗马功劳，如今年岁大了，也该回家享享福了。朝廷上的事就交给他们年轻人吧！"就这样，魏徵便被打发回家了。

回到家，魏徵越想越委屈，越想越生气，没几天就病倒了。好朋友孙思邈听说他病了，便前来探望。没想到，仅十多天没见，魏徵已经精神恍惚，寝食难安，躺在床上无法下床了。孙思邈早就听闻朝堂之上发生的事，对病因也猜出了个大概，但还是上前仔细给魏徵把了脉，然后一本正经地说道："您的病并无大碍，只是月事不调而已，好治！"

"什么？月事不调？！我虽不懂医，但这是女人病，亏你还是药王，居然说我一个大男人月事不调！"魏徵是又气又感到好笑。

孙思邈却板着脸认真解释道："谁说月事不调只有女人会得？您看自己如今的症状不是很吻合吗？我给您开一个药方，您按方治疗保管好。"

俩人又闲聊一会儿后，孙思邈便告辞了。魏徵待孙思邈一走，便迫不及待地打开药方，想看看到底给他开的啥药，只见药方上一味药也没有，只有四句打油诗：

劝君按时服此药，十剂百剂也不多。

宰相肚里可撑船，天塌下来有人托。

魏徵读完，便陷入了沉思。当晚，躺在床上的魏徵终于想明白了：大唐江山是李家的，他们自己都不珍惜，我再努力又有何用？再说，我年岁的确也大了，该让出位置锻炼一下年轻人了。假若我哪天死去，朝廷之事没有合适人接手，岂不是更坏？想通了，病自然就好了大半。再时不时想到药王居然判定他是“月事不调”，就忍不住想笑。

十多天后，孙思邈再次来访。这时魏徵已经能下床了，气色也恢复了许多。一见面，孙思邈便笑着问：“我开的治月事不调秘方可有效？”

“有效，有效！实在是高！不愧是药王出手，果然与众不同！”魏徵至此方大悟其中奥妙，连连称赞。

50. 药王也是美食家

葫芦头泡馍是陕西西安的传统风味小吃，以味醇汤浓、馍筋柔嫩、肥而不腻驰名国内外。据传，如此美食是药王孙思邈发明的。

孙思邈有一段时间在长安城里行医，那时他已年逾古稀，每天出门都拄着一根拐杖，拐杖头上拴了一个药葫芦。长安城居民一看到拐杖头上拴了葫芦，便知道是药王来了。哪家有病人，只要他一去，病人就有了希望。很多贫苦人家吃饭都难，看病更是没钱，孙思邈却从不计较，很多时候连诊金都不收。每到一家把完脉，孙思邈略一沉思，便从随身带的葫芦里倒出几味药，交代好服用方法后，赶紧再去下一家。他从葫芦里倒出的药看似平常，但效果却很明显，因此，他的药葫芦也被长安居民称为“宝葫芦”。

孙思邈住的地方，有一家专卖猪下货的小店，店主姓胡。小店里主要卖猪肠子、猪肚等，也捎带卖些素食。孙思邈平日里不喜欢吃荤腥，但对面条却情有独钟，他经常去这家小店吃一碗热面。这天，他点了一碗面刚吃几口，就听店外一阵喧闹，有人大叫：“不好了！这孩子抽了！”店主赶紧跑了出去，原来是他三岁的小儿在店门口玩耍时突然倒地并口吐白沫。孙思邈也跟着出去，对姓胡的店主说道：“莫慌，让我来看看。”

只见孙思邈上前对着孩子的人中穴掐了一下，并拿出随身携带的银针在孩子手臂的一个穴位上扎了下去。不一会儿，孩子便醒了过来。围观的人们连声叫好，纷纷赞道：“药王果然厉害！”店主夫妇也一起跪下向他致谢。孙思邈赶紧扶起他们，从葫芦里倒出一小块羚羊角，说道：“孩子还小，好治！你们用这羚羊角给他煮水，喝上半个月巩固一下就没事了。”

店主夫妇按照孙思邈吩咐，给孩子喝了半个月的羚羊角水，孩子果真没再犯病。从此，孙思邈再去店里吃饭，他们夫妇说什么也不肯收钱了，以至于孙思邈都不好意思去吃了，不到万不得已，他很少再去那家小店。

这天，孙思邈出诊归来比较晚了，又饥又渴，附近的店都打烊了，只有胡家那个小店还开着门，亮着灯，孙思邈只好去了他家。本来想喝碗热面条，不巧的是，那天的面食卖得只剩一个硬馍了。店主见恩人进来，很是高兴，便对他说："先生，面条虽然没有了，但猪下货还有不少，我给您煮碗猪杂碎汤，您泡着馍吃吧。"孙思邈本是很随和的人，便同意了。不一会儿，一碗热气腾腾的猪杂碎汤便上桌了。孙思邈把硬馍掰碎泡到汤里，勉强吃了两口，便不想吃了。汤虽热，但又腥又腻，实在是难以下咽。

于是，孙思邈从葫芦里倒出来几味中药，放到汤碗里，并对店家不好意思地说道："帮我再回一下锅可好？多煮一会儿吧。"汤再次进锅，突然一股奇香便溢了出来。店家也纳闷，没想到这猪杂碎也能变得如此香。

再次加工后的猪杂碎汤上桌，孙思邈边吃边跟店家闲聊："你店里生意怎样？"

"唉，不景气啊！别家都打烊了，我却还开着门，就是因为那些猪下货没卖完啊。明天再卖不完，就会坏了。"店家愁眉苦脸地回答道。

"你卖的猪下货又腥又腻，客人肯定不想买。"

"是啊，可想了好多办法，也没能去腥和腻。"

"这样，我教你处理猪下货的方法……"

孙思邈向店家详细讲了处理猪下货的十道工序，并从葫芦里倒出几味药，一一教给店家辨认。

第二天，店家按照孙思邈教的工序处理了猪下货，并去药店买来了那些用来调味的药材，开始煮猪下货。没想到，汤烧开不久，阵阵浓香便扑鼻而来。路过的人们闻到浓香，纷纷忍不住进店去品尝。给客人上桌前，店家先弄了一小碗给妻子和小儿尝尝，他们都说很香后，才端给客人。客人们吃过后，都很满意，一传十，十传百，胡家小店的猪杂碎汤便出了名，店里的生意也越来越好，一座难求不说，经常天还不黑就卖断货了。

店家感念孙思邈的大恩，便在门口挂了一个大葫芦，并把猪杂碎汤命名为"葫芦头泡馍"。从此，它便成为西安名吃。

51. 病因证候学理论集大成者

巢元方，隋代著名医学家，曾任太医博士、太医令等。他医术高超、医德高尚，有着丰富的临床实践经验和高深的中医理论造诣，负责主持编纂我国第一部系统总结疾病病因、病理、证候的中医病因证候学专著《诸病源候论》，使中医病因学、证候学理论得以系统建立，对后世医学发展尤其是隋唐两代医学发展影响深远。

相传颇受隋炀帝喜爱和信任的开河总管麻叔谋，在宁陵督工过程中突发风逆病，全身关节疼痛不说，一坐起来就头晕目眩恶心，呕吐不止，难受得要命，请了多名医生诊治均无明显效果。隋炀帝听说后，立即派在太医院任职的巢元方前去诊治。

“麻大人，您贵体染恙，患的是风逆病。”一番望闻问切后，巢元方基本明确了其病因病机，“风邪从您的腠理进入身体内部，目前病已在胸臆间，所以容易引起头晕恶心。”

“对对对！就是这样！头晕恶心得厉害，难受得要死。巢太医，您快救救我！”病榻上的麻叔谋，紧紧握着巢元方的手，拜托他赶快治好自己的病。

“莫急！这病好治。”巢元方胸有成竹，“我这边给您开一些去风邪的药，研磨成粉，您这边准备些肥嫩的羔羊肉，蒸熟后掺药服下，很快就可以治愈！”

病榻上原本气息奄奄的麻大总管，一听巢元方这么有信心，疾病顿时好了一半。

按照巢元方的药食合用的方法，麻叔谋一只嫩羊羔没吃完，逆风病就痊愈了。临返京前，巢元方又给麻叔谋开了个巩固方，用杏酪五味同蒸羔羊肉，每天吃一点儿，可使此疾病根除而不再复发。按照巢元方的巩固方，麻叔谋的风逆病果然没再复发。

隋炀帝得知巢元方治好了麻叔谋的风逆病，很是高兴，升任巢元方为太医令，让他负责主持编撰《诸病源候论》。

有了隋炀帝的支持，巢元方迎来了天时地利人和的大好时机。他仔细筹划，认真组织，耗费十多年时间，全面总结隋朝以前的中国医学成就，并进行系统梳理，按照自己的理解，提出了全新的内容编排方法，最终编撰完成流传至今的 50 卷巨著《诸病源候论》（又称《巢氏病源》）。

该书是中医学上第一部系统总结疾病病因、病理、证候的专著，也是第一部由朝廷组织集体编撰的医学理论著作，还是世界医学史上最早的一部病理专著，是继《黄帝内经》《难经》之后的又一集大成著作，对后世影响深远，为历代医家所推崇。书中对于病因的分析有许多独到之处。比如近年来在世界范围内大流行的新冠肺炎等此类传染病，在古代就被认为是疫疠。巢元方认为，自然界中存在一种能够致人生病的“乖戾之气”，人一旦染上就会生病，而且会相互传染，发病后的症状也都是相似的。由于病因、病机、证候相似，可以通过提前服药的方法，预防这种“疫疠”之病，从而避免疫情大规模扩散。在当时的条件下，能够对烈性传染病有如此通透的认识和分析，并且提出了“预防医学”的概念，实在是难能可贵，对于我们今后做好疫情防控以及烈性传染病防治，具有很大的启发意义。

52. 病根原在坏习惯

宇妥·元丹贡布，唐代著名藏医学家，藏医药学完整理论体系的创始人。曾任吐蕃赞普御医。他根据藏医学特点，总结了藏族劳动人民丰富的临床实践经验，同时吸收了《医学大全》《月王药诊》等书的内容，主持编著《四部医典》，对藏医学的发展起到较大作用。著订《脉学师承记》《原药十八种》等书，为汉藏两族医学交流做出了重要贡献。

元丹贡布出生于一个藏医世家，他的曾祖父曾是松赞干布的御医。他从小便受到父亲的悉心教导，用心学习医理，日日跟诊学习，加上聪颖过人，小小年纪便能独立诊治，在吐蕃传为美谈。因为医术高明，医德高尚，医名极佳，青年时期的元丹贡布便已成为当时的吐蕃王子、后来的赞普赤松德赞的御医。

元丹贡布看病不但善于诊疗用药，更擅长察言观色，观察病人的习惯，揣摩病人的心理，因此，但凡他来诊疗，大都是药到病除，甚至不需用药。

有一次，赤松德赞得了一种奇怪的眼疾，眼睛红肿赤痛。刚开始他不以为意，但随着眼睛又疼又痒，赤松德赞忍不住用手又搓又揉，但越是搓揉，红肿得越厉害，以至于最后睁不开眼睛。于是，他连忙派人把元丹贡布请来诊疗。

看到元丹贡布来了，赤松德赞的心情好了很多，安安静静躺在卧榻上让他检查，“我的病怎么样？严不严重？”元丹贡布认真检查完后，表情严肃地对赤松德赞说：“您的眼疾确实很严重。但您的病根不在眼睛上，而在屁股上。按照我说的做，保证您药到病除。”

赤松德赞听后，心里轻松了不少，但很是疑惑：“为什么眼疾的病根在屁股上？那该怎么办才好？”

元丹贡布笑着说：“好办！我先给您开几剂药，再给您找找屁股上的病根穴位，您没事的时候，每天揉一下屁股上的这几个穴位，等屁股上的病根去除了，您的眼疾保准能好！”

带着半信半疑的心态，赤松德赞吃完药后，每天都在认认真真、心无旁骛地揉屁股。说来也怪，一段时间后，红肿痒痛彻底消失，他的病完全好了！

赤松德赞大喜，立刻找来元丹贡布想问个究竟：“为什么我的眼睛有疾病，却要从屁股治疗？”元丹贡布笑着说：“您的眼疾是因为操劳国事，眼睛累了之后习惯性用手揉搓造成的。我说您的病根在屁股，并让您不断用手揉搓屁股，就是想让您改掉用手揉眼睛的习惯。这些天，您很注意休息，用眼疲劳得到了缓解，加上改掉了用手揉搓眼睛的习惯，时间长了，眼疾自然就好了。”

眼疾好了没多久，赤松德赞的牙齿又开始松动，还疼痛难忍，于是又找来元丹贡布诊治。元丹贡布诊治一番后，表情严肃地说：“您牙齿松动、牙疼的病因在上颚，那里长了一个小硬块，如果不加治疗，时间长了硬块会越来越大，不但让牙齿变得更加松动，还容易堵住口腔，最后您可能会说不出话来。”

赤松德赞一听这话，很是着急，心想：“牙齿掉了也就罢了，这要是说不出话，以后怎么向群臣发号命令，管理国家？”于是急问元丹贡布该怎么办。

元丹贡布不慌不忙地说：“除了按时服用我给您配的药，您每天闲暇时候用舌头不断顶上颚上的小硬块，过段时间后保证没事。”有了上次治疗眼疾的经历，赤松德赞对元丹贡布的医嘱深信不疑，每天都很专注地用自己的舌头连续顶上颚。

过了没多长时间，赤松德赞的牙齿便不再疼痛，甚至连松动的迹象都有所好转。赞普很是高兴，传令奖赏元丹贡布。

对此，元丹贡布的徒弟很是不解，问他：“赞普的问题明明在牙齿，为什么用舌头抵住上颚，牙疼反倒好了呢？”元丹贡布笑着说：“赞普的病确实是在牙齿，原本就是稍稍不适，他觉得不舒坦后，便每天用舌头顶牙齿，长此以往，牙齿越顶越松，牙疼也越来越厉害。我让赞普用舌头抵住上颚，也只不过是想让他改掉这个坏习惯罢了。坏习惯改掉了，牙齿问题就很快自愈了。”

53. 幼科鼻祖钱乙

钱乙（约1032—1113），著名儿科医生，祖籍浙江钱塘（今浙江杭州），名门钱氏之后，后随祖父北迁，定居东平郓州（今山东郓城）。

钱乙出身医学世家，但身世较为坎坷。其父精于医道，尤其擅长针灸，生性旷达，喜爱饮酒与广交天下朋友，喜欢外出云游，顺道为穷苦百姓诊疗，治病从来不计报酬。遇到富贵之家，给其丰富诊金，他收着；贫困百姓来求诊治，他也决不推辞，一杯清水、一碗米酒也是最好的酬劳。在钱乙幼时，其父外出云游，却一去不复返，从此杳无音信。不久之后，钱母去世，年幼的钱乙孤苦伶仃，从此跟随姑姑一家生活。

钱乙的姑父姓吕，也是位民间医生。他有一定的医学造诣，更关键的是心地善良、医德高尚，看幼小的钱乙孤苦伶仃，便把小钱乙收留，悉心调教、用心培养，教给钱乙生存处世之道。给病人诊病时，他常常把钱乙带在身边，给病人切脉问诊、用药开方；没有病人时，就手把手教钱乙练字读书，或者把钱乙抱在腿上，逐字逐句教他学习背诵各类医学经典，或者牵着他的小手去野外采药、晒药，辨识各类中药材等。

钱乙的家乡位于黄河中下游，经常面临洪涝灾害及黄河改道的威胁，当地民生凋敝，百姓生活困苦。百姓得了病，小病就在家忍一忍，实在忍受不了的大病、重病，才去请郎中，因此，来找钱乙的姑父看病的多是附近的穷苦乡邻。每当穷苦的乡邻看完病后面露难色，不等病人及家属开口，钱乙的姑父就主动减免诊费，甚至免费送医送药到病人家。病人痊愈之后，有的会送一些鸡蛋、青菜或者粮食来表示感谢。所以，钱乙的姑父虽医术精湛、行医多年，一家生活还是较为清苦，但他从不计较这些。他常常对钱乙说："都是乡里乡亲，治病救人胜造七级浮屠，可不能唯利是图。病人能找我看病，就是对我的莫大信任，看好了病就是为医者的最大成就。"

在姑姑、姑父的细心照料与悉心调教下，钱乙不但身体茁壮成长，心理上也得到了极大慰藉，虽过早失去了父母的庇护，但从姑姑、姑父那里享受了人伦之爱与家庭温暖，受到了良好的医学启蒙教育。更关键的是，钱乙内心中潜生出治病救人、成为良医的人生梦想。

到十四五岁时，天资过人、秉性善良又勤奋刻苦的钱乙，已经成为姑父的得力助手。由于没有儿子，姑父更是将其视若己出，悉心培养调教，将自己的毕生行医所学及经验传授给钱乙。在完成自身学业，帮着姑姑处理家务之余，勤奋刻苦的钱乙还主动帮助姑父抄方，给病人抓药、煎药、针刺按摩，甚至单独处理一些小病小疾等。

有一次，一对相依为命的父子前来找钱乙的姑父看病。刚进门，患者的父亲便跪了下去，一边磕头一边紧紧攥着钱乙姑父的胳膊，哀求道："吕相公，快救救我苦命的孩儿吧！这个世界上，只有他和我相依为命……"钱乙的姑父见状，马上扶起患者的父亲，并通过望闻问切迅速诊断病情：原来，孩子出生时母亲难产去世，患儿自身也体弱多病，虽经历磨难侥幸保住了一条性命，但等三四岁时，家人发现其智力低下，甚至连生活起居也不能自理，都要靠父亲照料。患者因疾病折磨痛苦万分，但却不能流畅表达、清晰描述自身的病情。患者的父亲虽正当壮年，但繁重的体力劳动加上长期照顾患者的辛劳，让他过早衰老——头顶一头花白的头发，满脸皱纹，一双粗糙皲裂的大手……

因患者病程日久，迁延难愈，且不能流畅表达，姑父和钱乙二人只能根据大致情况判断病情，针灸急救，外加开药治疗，疗效可想而知。

等送走患者父子后，神情略显颓唐的钱乙对姑父说："姑父，通过这几年的侍诊学习，我发现有许多患者的疾病都是在儿时得病留下的后遗症，由于没有得到及时的治疗，因此种下了病根，导致一辈子的痛苦和整个家庭的不幸，真是太不应该了！"

"你说得很对。这个问题我也想了很久了，孩子是每个家族的希望、父母的精神支撑，但因为历代大医缺乏对幼儿病患的专门研究，所以很多幼儿疾病我们只能根据大人的情况依葫芦画瓢，诊疗效果很有限。"望着患者父子相互扶携离去的背影，姑父用力拍了拍钱乙，"今天你能说出这些话，我很欣慰，说明你仔细观察且经过深入思考了。可惜姑父医术水平有限，对幼科的道行更是浅薄，我看日后你可以在这方面多下功夫，专心钻研，假以时日，必定能让天下患儿受益！"

在姑父的鼓励支持下，钱乙将主要精力用于研究历代儿科疾病，立志让幼儿少受疾病折磨，让家庭少受丧子之痛。他通过阅读《黄帝内经》《伤寒杂病论》《神农本草经》等各类中医经典，收集儿科相关书籍资料，几年中跑遍家乡附近多地，一边行医治病，一边收集各类民间治疗小儿疾病的土方、验方，并在临床中不断验证、改进完善。

经过多年不懈努力，钱乙在治疗各类儿科疾病方面的名气越来越大，被召入朝廷，做过一段时间的翰林太医，因先后治好了宋神宗的姐姐长公主女儿的急症以及宋神宗皇子的重症，深得皇家权贵信任，被神宗皇帝封为太医丞。但钱乙不为名利所动，不忘初心梦想，医德医风高尚，且不矜持己名，不诋毁他医。来看病之人不论贫富贵贱、长幼妍媸，他都一视同仁，认真诊疗，疗效显著，深受其他医生及病人爱戴，很快便誉满汴京。

在 40 余年的儿科诊疗实践中，钱乙积累了丰富的临证经验。在学习张仲景辨证施治的基础上，钱乙总结出一套适合幼儿临床诊疗的“五脏辨证施治法”。在繁忙的医务工作之余，他通过不断思考研究、总结提升，写成了《小儿药证直诀》一书。该书是我国现存最早、最系统、最完备的儿科巨著，也是世界上第一部儿科专著，成为后世儿科医家必研书目，在中医史及世界医学史上都具有十分重要的地位。他还创立了儿科病例，使儿科发展成为一门独立的分科，后人也把钱乙尊称为“儿科之祖”“幼科之鼻祖”。《四库全书总目提要》评价其“幼科冠绝一代”！

54. 黄土汤治皇子病

钱乙一生专注于儿科研究及临证诊治，在他之前，存世的有关专门治疗小儿疾病的资料匮乏，专著更是无从谈起。据《史记·扁鹊仓公列传》记载，扁鹊曾为小儿治病，东汉名医卫汛曾著有《小儿颅囟方》，但都已失传；后世巢元方的《诸病源候论》、孙思邈的《千金要方》等，也存有与儿科诊治相关的记载，但大都是零星存在，难成体系，且有讹误及自相矛盾之处。

旨在使“幼者无横夭之苦，老者无哭子之悲”的钱乙，除用心研读《黄帝内经》《伤寒杂病论》《金匮要略》《神农本草经》等经典外，还收集历代与儿科有关的资料，悉心研究，结合临床，不断验证，修补讹误，总结完善。经过40余年临床实践，在学习张仲景辨证施治的基础上，钱乙探索出一套适用于小儿的“五脏辨证施治法”，并研究出了几十种专门用于治疗小儿各种疾病的药方和方剂，如治疗小儿肝肾阴虚、囟门不合，用于幼科补益的六味地黄丸，用于痘疹初起的升麻葛根汤，治疗小儿心热的导赤散，治小儿肺热气喘的泻白散，治疗小儿消化不良、脾胃虚寒的异功散，治疗小儿肺寒咳嗽的百部丸，治疗幼儿寄生虫病的安虫散等，至今仍在临床发挥重要作用，对后世中医辨证理论、诊断学、方剂学等，都有较大影响。

元丰年间，已在民间负有盛名的钱乙行医到汴京，恰逢宋神宗的姐姐长公主的千金得了急症，虽经多位太医诊治，皆不奏效。

眼看小千金昏迷不醒、气息微弱，长公主一家急得团团转。长公主更是茶饭不思，面色憔悴。

恰在此时，家中仆人提到了钱乙的名字，说是治好了自家孩子的顽疾，在民间大有名气，被誉为小儿诸病神医。六神无主的长公主抱着试一试的心态，忙吩咐仆人去请钱乙。

此时的钱乙，经历了一天的奔波劳累和诊治病情后，身体困乏至极，刚在饭桌前坐定，喝下几杯烫热的米酒解解乏、打个盹儿的工夫，就被长公主派来的人拽走了。

糊里糊涂间，钱乙便被带进了长公主府，此时的他还带着酒气。看到雕梁画栋的亭台楼阁、戒备森严的门庭廊道，醉意立时被吓走了一半。环顾四周，看到雍容华贵的长公主和威武肃穆的驸马时，他的酒彻底醒了，方才打起精神，认真给气息微弱、人命危浅的患儿诊治。经过一番望闻问切，钱乙心中有了答案。

“小女如何？”驸马急切地问道。“没问题！今夜出来疹子，我再给开下几剂药，千金很快便能痊愈。”钱乙自信地回答道。

钱乙不张嘴还好，一张嘴回答，近在咫尺的驸马爷便闻到了他口中喷出的浓重酒气，顿时气涌上头，一顿臭骂后，便把钱乙当作江湖骗子轰了出去。

钱乙走后，长公主伏在女儿病榻前暗自流泪，驸马依旧在骂骂咧咧，来回踱步，却又无计可施，不断叹息：“天命！天命！”吩咐仆人准备后事。

谁曾想，第二天一早，乳娘跌跌撞撞地来报：“小千金醒了，出了一身疹子，精神头好了些！”长公主抱着醒过来的小宝贝喜极而泣，转身责备驸马昨夜的粗鲁，误会了钱乙。一看这情形，驸马连忙派人去请钱乙，当面感谢并道歉。经过钱乙的悉心调理，患儿很快康复，长公主和驸马为了表示感谢，四处宣传钱乙的美名，并推荐钱乙去太医院任职。

入职太医院后年许，宋神宗的一位皇子生了重病，经过太医院及京城名医的多方诊治，都不见效，且病情日重，神宗为此忧心忡忡却又无能为力。

恰在此时，长公主向神宗推荐钱乙，钱乙便被召入宫为病重的皇子诊治。神宗皇帝见钱乙身材瘦小、其貌不扬，且满口乡鄙方音，便在心里暗暗起了疑问，但还是耐心让钱乙诊治和写完了药方。

等看到钱乙所写药方“黄土汤”只有一味药“灶心土”后，神宗龙颜大怒，怒斥钱乙放肆，“皇子贵为龙子，岂能用黄土入药治疗？”

钱乙从容不迫地回答了自己对皇子病因病机的认识及诊疗原则，神宗听后半信半疑。恰在此时，皇子病情进一步恶化，无计可施的神宗只得命人照方抓药。皇子服用黄土汤后，立竿见影，一剂病症便止，二剂痊愈。这时，神宗才真正信服长公主的话，敕封钱乙为太医丞。

55. 六味地黄丸的诞生

今天，提到“六味地黄丸”，相信大家都不会陌生，它具有滋补肝肾的良好功效，疗效确切，功效稳定，是中医临床和民间保健的常用中成药。这味药就是由宋代名医、中医儿科鼻祖钱乙创制，始录于其所著《小儿药证直诀》一书。

“六味地黄丸”来源于医圣张仲景在《金匮要略》中所载“崔氏八味丸”，原方由干地黄、山茱萸、薯蓣、泽泻、牡丹皮、茯苓、桂枝、附子八味药配伍而成，又称“八味肾气丸”，多用于成人滋补肝肾。

钱乙在长期的儿科临证实践中，认识到“幼儿多纯阳之体，阴常不足”。为帮助治疗小儿诸种虚证，他不泥于古，不盲从经典，善于灵活化裁，辨证加减，将“八味肾气丸”中的桂枝、附子去除，作“六味地黄丸”，当作儿科补益剂使用，效果良好。

话说钱乙在宋神宗元丰年间去当时的北宋都城汴京行医，因治愈了神宗姐姐长公主女儿的急症而得到皇家认可，被任命为太医院医官。次年，又用普普通通的一剂黄土汤治愈了皇子的重病，被宋神宗大加赏赐，钦点重用为太医丞。这使他名满京城，迎来了人生的高光时刻。

“枪打出头鸟”这句话在彼时的钱乙身上同样适用。因为神宗时期的太医一般都是名医之后，虽为医生，但久在皇家贵胄周围侍奉，官家习气浸淫日久，医道日渐荒废，官威与日俱增，许多人成了靠门第祖荫吃饭，凭“家学渊源”幌子信口雌黄的庸医。

此时的钱乙刚过不惑之年，正处医术精进的黄金期，便进入皇家太医序列，其精湛医术、高尚医德虽令很多同时期的医官佩服，但更多的是让那些官僚习气浓重的庸医不爽。更关键的是，钱乙还是一名来自乡村的名不见经传的“土郎中”，没有深厚的家学渊源，更没有显赫的门第背景，这更加让那些不学无术又心怀不满的庸医嫉妒。他们经常故意找茬，处处刁难钱乙，且有恃无恐。

“乡巴佬钱乙懂得什么是医道？不过是打卦卖药、欺男霸女的铃医后代罢了！”

“土郎中就是土，只会用黄土愚弄当今皇上，草菅人命！”

“他钱乙就是个孤儿，哪里懂得三纲五常？能治好皇子的病，那都是我们前面打好的基础，他不过是运气好而已！”

…………

面对各种流言蜚语甚至当面挖苦，钱乙都不为所动，但他的弟子们听说后都气愤不已，争着要去找那些庸医理论、讨个说法，都被钱乙拦下了，他开导学生道：“我们处世行医最重视什么？最重救人性命！会在乎那些虚名浮利、流言蜚语吗？这就好比那日行千里的良马，当它跨越南北、驰骋东西时，眼里看到的、心理装着的都是壮阔的山川、奔腾的江河，还会在意马蹄上的那一点儿尘土吗？”学生们听后，心领神会，更加专注于自身医德修养、医道提升。

有一天，钱乙正和弟子为患者诊疗治病，一位太医带着精心搜集的一张钱乙所开药方和一本官方刊刻《金匮要略》前来进行“学术探讨”“医道交流”。不等钱乙招呼，他便翻出“八味肾气丸”的组方，抖着钱乙先前所开方子，急不可耐地在钱乙的学生及病患面前嚷嚷道：“钱太医，你好大的胆子！给小儿治病还要缺斤短两！你看医圣张仲景在《金匮要略》中有关八味肾气丸的记述，有干地黄、山茱萸、薯蓣、泽泻、牡丹皮、茯苓、桂枝、附子，正好是八味药！你再看你这方子，桂枝、附子都少开了！”

“一样不少！”当着议论纷纷的病患和目瞪口呆的学生，钱乙慢条斯理地笑着说，“医圣在书中记载的这个八味肾气丸是给腰虚劳损、肝肾亏虚、肾阳不足的大人用的，孩子阳气充盈又脏腑娇嫩，应当减去大热的桂、附之类，免得过燥伤阴，出现鼻衄等迫血妄行情况。这跟厨师做饭，根据菜品材质决定是用细弱的麦秆小火轻燎，还是用粗壮的木柴大火烹煮一个道理。你看面前的这个小孩就是被过于益火的热药所伤。”

钱乙的这番医理解释和临证验证，让前来进行“学术探讨”的太医听后，瞬间安静了下来。再看看面前因服用益火补药而鼻血不止的小孩，这位太医恨不能找个地缝钻进去，只得连连拱手道：“久闻钱太医用药灵活，不拘一格，辨证化裁，今日所见，果真如是，在下实在佩服。刚才狂言，多有得罪！”说完，一溜烟便不见了踪影，连带来的官方刊刻《金匮要略》都未及带走。

钱乙的弟子阎孝忠目睹了此番“踢馆”的整个过程，事后赶紧把师父的理论阐释、用药心得记录下来，后收入《小儿药证直诀》一书。如是，钱乙所创制的“六味地黄丸”便被当作幼科补益剂流传开来，其因具有滋补肝肾的良好功效，成为滋阴方药之祖。后世医家对该方推崇备至，如位列“金元四大家”的李东垣之益阴肾气丸、朱丹溪之大补阴丸，都有此方的影子。

56. 顽主耳聋成名医

庞安时（约 1042—1099），北宋时期著名医学家，有“北宋医王”之称。

庞安时出身医学世家，其父庞之庆为当地名医。庞父医术精湛，医德高尚。但在中国古代很长一段时间内，为医之人地位低下，甚至巫医同列。庞安时自幼聪颖过人，读书能过目不忘。庞父极为欣慰，便想好好培养儿子，让他将来考个举人、进士，升堂入室、入朝为官，也好光耀门楣。

庞安时虽然聪明过人，在记忆理解能力上天赋过人，但生性顽皮，性情豪放，天性追求自由，常不拘小节，骑马、打猎、击球、博弈无不喜欢，斗鸡、走狗、掏鸟、逐兔无所不为，即使用今天的标准来审视，青少年时期的庞安时也是标准的“顽主”，更别提在日趋保守的宋代，思想上天马行空，行动上追求自由、不拘小节的“问题少年”庞安时常常惹得邻居侧目而视，全家也跟着不得安宁。作为知书达理、识文断字又精通医理的名医，庞之庆看到自己生养出这么一个儿子，怎么能不生气？

因此，青少年时期的庞安时没少挨父亲的训斥与戒尺，但“生就的骨头长就的肉”，哪会轻易改变！庞父十分清楚，依照儿子如此的性格和禀赋，通过读书博取功名、光宗耀祖这条路，看来是走不通了。一想到自己儿子的聪明伶俐和未来的前途迷茫，庞父就十分苦恼，出诊回来的他，常常仰望天空，莫名感慨。

常言道“不为良相，便为良医”，庞之庆心想：科举之路行不通，那就让他好好学医术，将来能够以己之长，“上以疗君亲之疾，下以救贫贱之厄，中以保身长全，以养其生”，也还不错！

眼看着庞安时渐渐长大，却依旧在走马斗鸡的“不归路”上狂奔，庞父心急不已。为了让儿子安心读书，庞之庆用尽了各种办法，但聪明的庞安时总是“见招拆招”，令庞父头疼不已。有一次，庞之庆要外出行医，为了让儿子在家专心读《脉诀》，便把他锁在屋子里，自己带上钥匙出诊了。谁知等他回家一看，调皮的庞安时早就破窗翻墙出去玩了，把庞父气得浑身颤抖。

等到吃晚饭时，庞安时终于带着一身泥土和汗水回来了，等待他的自然是庞父的一顿胖揍。

“不成器的东西！我让你读的《脉诀》都读懂了吗？”庞之庆气呼呼地问道。

“那些东西太浅显了！我早已自学了黄帝、扁鹊的脉书了。”庞安时忍着屁股上火烧火燎的板子痛，咬着牙杠着头喊道。

“狂妄！不学也就罢了，还敢撒谎吹牛，罪加一等！”等待庞安时的是一顿更加密集的板子。等到庞父打累了，气也消了，可庞安时还是不肯低头认错，于是庞父便让他讲讲岐黄脉书，没想到小小年纪的庞安时不仅讲得流畅，还加进了自己的一些思考和见解，这让庞父既惊又喜，连忙把庞安时搂在怀里好生安慰。

从此以后，庞之庆改变了对儿子的认识，也彻底调整了教子方向，除国法家规、伦理纲常上严格管教外，特别注意尊重庞安时的兴趣爱好，注意因势利导，以充分挖掘儿子的潜质。庞安时爱郊游，他便准备好饭食饮水等，陪着儿子游历大好河山；儿子爱斗鸡走狗，他便引着儿子一起四处寻访，父子俩一起仔细研究、分享“不入流”的玩闹经验；儿子爱画画作诗，他便带着儿子拜访当地诗画名家，观摩作画，畅聊诗作……

如此这般内心尊重与充分陪伴，几年下来，父子俩的隔阂日消，感情日益深厚。庞安时对父亲的崇拜也与日俱增，对医学的兴趣也越发浓厚。在父亲的悉心调教下，庞安时学业大有长进，他自己也励志研习岐黄之术，梦想日后拯救更多贫苦百姓。

正当庞安时朝着人生目标奋进时，老天爷跟庞氏父子开了个不大不小的玩笑——庞安时耳聋了！可以想见，这样的骤变对一个曾经那么热爱大自然，那么富有生命活力的青年来说，会是多大的打击！

看着那个曾经聪明伶俐、青春年少甚至有些桀骜不驯的“顽主”儿子，一下子沉默寡言起来，甚至将自己关在屋子里整天不出门不见人，庞父心急不已，恨不能疾病长在自己身上。从此，庞父形影不离，日夜陪伴因病沉寂的庞安时，以自己毕生的人生经验努力抚慰儿子受伤的心灵，试图用历代身残志坚的先贤故事、杰出人物事迹鼓舞儿子的斗志。

上天在关闭一扇门的同时，也会打开一扇窗。这话用在庞安时身上，恰如其分。在庞父的悉心引导下，走出人生低谷的庞安时性情大变，彻底磨掉了顽劣与桀骜，增添了不可思议的勤奋与专注，以及浓厚的悲天悯人、推己及人的医者情怀。他改掉了以前所有斗鸡走狗、击球博弈之类的生活习性，专心闭门学医，白天黑夜、寒来暑往，对《黄帝内经》《伤寒杂病论》《神农本草经》《针灸甲乙经》等经典著作手不释卷，还四处借阅、购买各种医籍孤本、善本，不停抄录背诵，撰写经验心得，一有空闲便跟着父亲侍诊学习。

天赋加上后天的不断努力与持续专注，使痴迷于阅读经典、专注于临床实践的庞安时，在 20 多岁的青年时期便成为当地名医。

庞安时不但医术精湛，而且医德高尚。先有庞父良好的医德家风传承，加上自身患有耳疾，使他更能够设身处地地为病人着想。庞安时看病从不分贵贱贫富，均能做到一视同仁；不论有钱没钱，以救人性命为第一标准；不论时间早晚、天气如何，随叫随到。他还开创了中国古代住院治疗的先河：为了让远道而来的病人专心治疗，在家中设置病床，亲自为病人把脉开方、煎煮汤药、针灸调理，内服外治、综合运用，并将病人每日病程变化详细记录，待病人痊愈后再送其回家。他的这些举动受到了江淮一带民众的一致好评。

庞安时一生勤于读书，精于临床，不断反思总结，尤其对《伤寒杂病论》研究深入。他结合自己毕生临证经验，历时 30 多年，遍寻诸家、反复修正，写就《伤寒总病论》一书，为后人研究中医留下了宝贵的财富。

由于医术精湛、医德高尚、救人无数，江淮一带民众将庞安时奉为神医，甚至有的病人本来病情危重，一听说请来了庞安时，病情立刻好了大半。甚至连宋代大文豪苏轼都用“术学精妙而有贤行”来评价庞安时。

57. 立竿见影的一针

庞安时医德高尚、医术高超，行医多年，多有起死回生的美谈传世，一针治好产妇的难产就是其一。

话说，在北宋舒州桐城这个地方有个待产的孕妇，临盆几天了，孩子还是没能生出来。病急乱投医之下，家属将当地能请到的各路名医、草医都请来了，甚至连巫蛊之术都用了个遍，但孩子还是没能顺利接生出来。

看着产妇被折腾得奄奄一息，孩子也是命悬一线，家属悲伤不已，在路口磕头痛哭，祈求路过的行人举荐名医，救下产妇一身二命。路过的行人看到这样的场景，无不酸鼻流涕，还真有人举荐了远方的名医庞安时，家属磕头作揖道谢后，马不停蹄连夜赶赴庞安时家。

待到庞安时赶到时，被难产折腾多日的产妇已是气息奄奄，只剩下细微的气息，此时家属也已经不抱太大希望，已经在忙着准备后事。

经过一番望闻问切后，庞安时道："有救！"这一声音量虽然不大，但在场的人全都停止了手上的活计，听从庞安时的安排。

庞安时先让产妇家属准备好热水和毛巾，待他将毛巾湿润后热敷在产妇隆起的腰腹部，这时随着产妇的肚子"咕噜"一声，肚皮微微颤动，产妇感到舒服了很多，连呼吸都匀称有力了不少。随后，庞安时用手在产妇紧绷的肚皮上轻轻抚摸了一圈，取出随身携带的银针，朝着一处紧绷的地方轻轻扎了一下，然后说了一声："好了！"

说来也怪，只是这轻轻一针，只见产妇的肚皮开始迅速有力地收缩，助产的老婆婆连忙上前一阵忙活。不一会儿，一个白白胖胖的婴儿便顺利降生。随着婴儿一声响亮的啼哭，周围来帮忙或围观的乡亲们无不竖起大拇指，连连称赞"神医"，产妇家人更是激动不已，齐刷刷跪在地上磕头，对庞安时致谢。

等安顿好产妇母子，庞安时也洗净手，开始喝茶休息，产妇的丈夫不解地问庞安时："先生，您真是神医！怎么能做到一针救下母子二人的？"

庞安时喝了一口茶后，面带微笑，不紧不慢地说道："我仔细检查了产妇的身体状况，尤其是隆起的腰腹部，基本确定胎儿的头腹已经出胞宫了。只是胎儿的一只手抓住了母亲的脐带，久久不撒手，致使不能顺利产出到母体外。我找准胎儿的虎口处，轻轻扎了一针，胎儿觉得疼痛就松开了手，自然就顺利生产了。"

家属们听后，连忙拿起婴儿白白嫩嫩的小手看了看，婴儿虎口位置果然有个淡淡的针眼，再次齐呼"神医再世"。

58. 治愈东坡传佳谊

位列“唐宋八大家”的苏轼，不仅是北宋著名文学家、书法家、词人，更是兴趣广泛，精于黄老之道，爱好医学。因“乌台诗案”牵连，苏轼被贬为黄州（今湖北黄冈）团练副使，在元丰三年（1080 年）到达黄州，最初寓居定慧院，后迁临皋亭。

因政治动荡，仕途贬谪，胸中郁闷之气停蓄，加上风俗饮食异宜，贬居黄州的苏轼左臂浮肿，疼痛难忍，虽经多方治疗，但效果不佳，病情日重。经朋友推荐，他抱着试试看的心态找庞安时医治。

第一次慕名而去，苏轼发现庞安时虽然耳聋，但聪颖异常，领悟能力绝人。苏轼用笔描述病情，寥寥数字，庞安时已尽得其意，明确病因病机的他施针治疗，一针下去，苏轼便觉左臂轻快，痛感顿消。为了彻底治愈，庞安时留苏轼住在家里，悉心调理，不出几日，困扰苏轼许久的顽疾便被治愈，苏轼戏说：“余以手为口，君以眼为耳，皆一时异人也。”

治疗期间，二人还一起游览了雨中清泉寺，流连美景，饮酒作诗，话叙友情，尽兴而归，留下了一首《浣溪沙》，成为二人深厚友谊见证。

游蕲水清泉寺，寺临兰溪，溪水西流。
山下兰芽短浸溪，松间沙路净无泥，萧萧暮雨子规啼。
谁道人生无再少？门前流水尚能西！休将白发唱黄鸡。

苏轼被贬黄州，原本心情抑郁，但眼前沐浴着暮春三月兰溪优雅澄明的春光美景，内有顽疾被治愈后的浑身轻松，外加与庞安时一见如故、相见恨晚的知己之谊，一时心情大好，情不自禁用一首清新明快、恬静淡雅的小词表达其虽身处困境，但仍葆有老当益壮、自强不息的昂扬奋进姿态。

从此以后，二人成为莫逆之交，或书信往来，或登门拜访，或饮酒烹茶，或吟诗作画，或谈论医药，或分享养生，无不尽兴！有了庞安时，苏轼的黄州贬谪岁月也变得有滋有味。

因为二人都有着深厚的诗词文化功底，又对中医药颇有研究，所以留下了很多有意思的故事。

话说春末夏初的一天，苏轼正在书房翻阅医学典籍，仆人来报，说好友庞安时登门来访。苏轼连忙放下手里的医籍说："快快有请!"说话间，庞安时便来到了院内，一抬头便看见屋檐下的两只大灯笼，随口吟道："灯笼笼灯，纸（枳）壳原来只防风。"

苏轼正好迎出屋门，听到这个一语双关又富有医药气息的精巧上联，目光往衙门口的伸冤鼓一掠，略一沉思，便写出下联："架鼓鼓架，陈皮不能敲半下（夏）。"

老友相见，二人哈哈大笑。说话间，苏轼便引着庞安时来到了衙门后院花园。看着墙角边长得郁郁葱葱的脆嫩绿竹，庞安时文思泉涌道："中暑最宜淡竹叶。"苏轼摇了摇手中的鹅毛扇，在纸上写道："伤寒尤妙小柴胡。"

说话间，二人来到花园凉亭下坐定，品茶聊天，从天文到地理，从诗词到书法，从医学到养生，棋逢对手，真可谓不亦乐乎！

忽然，一阵凉风吹过，送来阵阵玫瑰花香，庞安时抬头一看，原来是一片开得正艳的玫瑰，随口出了上联："玫瑰花开，香闻七八九里。""梧桐子大，日服五六十丸。"看着墙外高大的梧桐树，苏轼脱口而出。

这一段亦庄亦谐、亦真亦假的对联故事，记录了一代文豪苏轼与一代名医庞安时的真挚友情，也让中医药与古典诗词相得益彰。此外，庞安时还与当时的著名文人张耒、黄庭坚、叶梦得等交往密切。在苏轼的《东坡杂记》《仇池笔记》，张耒的《明道杂志》，叶梦得的《避暑录话》中，都有庞安时的名字出现，也有关于其治病救人奇闻异事的相关记载，可见庞安时在当时影响之大。

庞安时 58 岁时，突发疾病，他的学生要给他医治，庞安时却表情轻松地说："我的胃气已绝，时日不多，该走了，再服药也是枉然。"因此，他拒绝医治。在家人与亲朋好友轻松的聊天陪伴中，庞安时没有经受什么大的折磨，神情安然，坐语而卒。大文豪张耒为他题写了墓志铭。

当地百姓为了纪念庞安时，在其住处修建"药王庙"，塑有庞苏二人对话金身，二位先贤目光炯炯，神态安详，似乎还在讨论着济世良方。

59. 一针救两命

刘完素（约 1110—1200），字守真，河间（今河北河间）人，金代著名医学家。由于其倡“火热说”，善用清凉解毒之剂，后世尊其为“寒凉学派”创始人，位列“金元四大家”之首。

刘完素所处的年代，战事频繁，天灾不断，瘟疫流行，百姓流离失所，苦不堪言。他出身儒生家庭，父亲靠教书养家糊口，生活清贫，勉强温饱。小时候，父亲常常给他讲“扁鹊学医”和“讳疾忌医”等故事，让他逐渐明白了持之以恒、坚持不懈、发奋学习的重要性。扁鹊数次望诊蔡桓公的故事，不但让刘完素渐渐明白了世间万物都是发展变化的这一朴素真理，更在他心底悄然种下了学医的种子。

十几岁时，刘完素便能诗善文，文辞兼通，名誉乡里。但很不幸，一场疫病来袭，他的父亲染病，虽遍请当地医生，但却因水平有限，越治越重，最后病逝。

父亲去世后，家庭收入几近中断，刘完素不得不挑起家庭重担，一面照顾家人生计，一面刻苦自律读书。

屋漏偏逢连夜雨，船迟又遇打头风。刘完素 20 多岁时，母亲又得了病，需要经常服药，家里已经一贫如洗，还常常欠着诊金和药费，求学已然不可能。更糟糕的是，当母亲病危时，刘完素多次去延请医生，却因家庭贫困付不起诊费而未能请来，最后他只得眼睁睁地看着母亲去世。父亲和母亲的悲惨离世，让刘完素彻底认清了冷酷的社会现实，激发了内心中“悲天悯人，体恤苍生，厚德载物”的仁医特质，更唤醒了心底沉睡多年的“医宗扁鹊梦”——他决定弃儒从医，精研岐黄方药，以救天下苍生黎民之苦。

认定新的目标后，刘完素心无旁骛、夜以继日地专心学习医理，手不释卷、挑灯夜读医学经典书籍，专注虔诚地跟师侍诊学习，没几年便尽得师传，成为当地小有名气的良医。

一日，刘完素行医回来的路上，看到有户穷苦人家正在出殡，蹊跷的是，有鲜血不断从薄薄的草席上滴落，这引起了刘完素的注意。一问方知这户人家的女主人难产刚刚去世。男主人虽然悲痛，但依旧听从巫婆建议，决定尽快埋葬难产死去的产妇，以免停灵不利、厉鬼缠身。

“快停下！草席里的产妇还有气息！”说话间，刘完素拉住了主家的胳膊，吓得出殡人慌忙放下裹尸草席，远远地躲开。

“胡说八道！俺村里负责接生的婆婆说已经死了，仵作也来看了，不可能活了！”产妇的丈夫虽然悲痛，但他断定面前的青年在胡言乱语。

“我是河间人刘完素，师从大医陈希夷。刚刚看到草席中血流不断，且血色鲜亮，断定草席中包裹之人五脏六腑气息未断，尚有生机！如若这般草草埋葬，便真的是草菅人命，你也会落得个家破人亡，不如让我一探究竟，试一试。”产妇的丈夫听闻是名医陈希夷的高徒，又看面前的青年器宇轩昂、仪表堂堂，眉目间满是仁爱，再想想和妻子过往的美好时光，便把巫婆“尽快下葬”的嘱咐抛弃，三下五除二便把草席打开，希望出现奇迹。

刘完素也不含糊，伸手给草席中的“尸体”脉诊。一番细密诊断下，果然探得一丝生机。他拿出随身携带的银针抬手便扎，一针过后，产妇的喉咙竟然动了，歪了歪头，脉搏也渐渐恢复，但依旧气若游丝、若有若无，惊得现场送葬之人目瞪口呆。刘完素现场开方并火速抓药亲自煎药。喝下药后，产妇竟然慢慢苏醒了过来，并且顺利产下一名健康的男孩。产妇家人连忙下跪感谢刘完素，并四处宣扬刘完素“一针救两命”的美德。

自此，苦读数年医典、悉心揣摩医案的刘完素，成为享誉当地的名医。

60. 巧拒皇恩做草医

在长期的医疗实践中，刘完素意识到，有时候遵循常法和依靠所谓“经典”方药来治病，并不能取得很好的疗效，反倒是一些反其道而行之的“天马行空、离经叛道”之法常常取得意外之喜。他深挖《黄帝内经》中“运气”学说，结合自己的行医经验，深入分析自然界气候环境变化与疾病发展内在的关系与规律，提出“火热致病”的观点。他认为，风、湿、燥、寒等皆能化火致病，提出“六气皆从火化”的观点，首倡“火热说”。

刘完素的观点一问世，就对当时医学界的主流观点提出了严峻挑战，受到很多医学界权威的质疑和非议。他们批评刘完素标新立异、离经叛道、不循常法、自出异端，但刘完素并没有被这些流言蜚语打倒，反倒愈加清醒，更加用心在临床实践中验证完善其理论观点。他说：“从小，家父就通过圣贤故事告诉我，世间万物都是不断发展变化的，时移世易，诊疗治病也是如此，五运六气有所更，世态居民有所变，不能泥古不化、墨守成规，总是用老方治疗新病。”

刘完素用药多先选清热泻火的寒凉之剂，对症下药、量体裁衣，大都药到病除，活人无数，一改有宋以来滥用温燥药物的弊端，自成一家。他在长期的临床实践中不断反思、完善总结，写就《素问玄机原病式》《宣明论方》《素问病机气宜保命集》《三消论》等，广泛流传，影响深远，师从者众，引领金元时期医学发展的新潮流。因此，刘完素及其传人被称作“寒凉学派”，由于其籍贯河间，又称“河间学派”，其本人也获得“长沙复生”的美誉。

话说有一年金章宗完颜璟的女儿病了，久治不愈，宫中的御医也都束手无策。看着心爱的小公主病恹恹的模样，爱女心切的金章宗心里那叫一个难过，恨不能替女罹病，于是便向天下各地征集名医。

由于刘完素医术高明，在河间被百姓奉为神医，河间知府便想推荐其入宫为小公主治病。一开始，淡薄名利的刘完素拒绝了。

“完素感念大人美意！但完素一介草民，生于鄙野，生性顽劣，地位卑微，医术浅薄，怕是治不好公主的顽疾，还丢了我河间府的令名，实在不能堪此大任，还望大人恕罪！大人请回吧！”面对河间知府的邀请和推荐，刘完素原本不想入宫，免得让人觉得自己是贪图名利之徒，便如此回绝。

河间知府虽在官场浸淫日久，但到底也是久读诗书之人，读书人的那些心思他摸得很清，尤其是辨人识人、因势利导的本事更是炉火纯青。听完刘完素的话，他没有着急，而是端起茶慢悠悠地喝了两口，夸赞：“好茶！好茶！”然后一字一顿地说道：“守真先生医术高明，在我河间无人不知、无人不晓！医德更是高尚，为我河间百姓诊疗治病、救死扶伤、不慕荣利、令名美扬，实在是我河间一府黎民苍生的福分！”

说完这些，看到刘完素态度缓和了一些，知府便接着说：“然今天下不定，妖孽横行，我朝公主罹患疾病，迁延难治，成为当今圣上心病。听说学医之人贵在救死扶伤的仁心仁术，守真先生更是当今饱读诗书、名震天下的儒医，我河间府百姓之疾当救，难道公主性命就可以因为先生珍惜名声而舍弃？因先生惜名而见死不救，这样传出去，恐怕才是对先生令名的最大污损吧？”

“这……不不……完素实在是……”听了河间知府一席话，刘完素一时语塞。

“虽然守真先生在我河间被奉为神明，但据不才所知，先生的医学观点在当今医界还存在较大分歧。别的不论，太医院的很多太医都认为先生实在无真才实学，不过是草野出身、标新立异、谋求出名罢了！此次进京诊治，正是守真先生在全天下面前验证自身、宣扬学说、重振岐黄的大好时机，也是为我河间扬名的好机会，万望先生三思！”话说到此，知府起身一揖。

听完这样一番分析透彻、深入骨髓的劝谏之言，于公于私，都不容刘完素再拒绝。于是，刘完素心悦诚服地点头答应，决心为了毕生学术声誉、为了河间口碑入京而战。

进京面圣后的刘完素，按照自己的医学理论认识，三剂药便治好了公主的顽疾。金章宗大喜，重金赏赐并欲封其为太医，想将这样的医学人才留在宫中使用，但刘完素坚辞不受。后来，为了能顺利回乡，刘完素骗金章宗说有重要的医学秘籍要回家去取，金章宗这才放行。谁知刘完素一去不复返。后来，金章宗又多次想征刘完素进太医院，都被他婉拒。

“完素一介草民，术业浅薄，不敢在京城造次，有损圣誉。且圣人有警言：‘民为邦本，本固邦宁。’完素在河间一地坐诊行医、著书立说，为黎民百姓治病，就是替圣上分忧尽责、巩固邦基。完素一片忠君报国之心，还望圣上明察！”面对来使，刘完素如是回复。

使臣回京面陈，金章宗听后深受感动，更觉得刘完素是深明大义、不慕名利的仁医大医，赐号“高尚先生”，奖示天下，准其在家乡行医著述。

刘完素医术精湛、医德高尚，尤其是其不慕荣华富贵，不惧皇权官威，甘当民间草医，深受百姓爱戴，相传一直活到 90 岁高龄才去世。

刘完素去世后，他的出生地肃宁县洋边村、年轻时生活过的河间十八里营、长期行医的保州等地民众，都立庙奉祀。洋边村改名为师素村，十八里营改名为刘守村。明正德二年（1507 年），刘完素被皇家册封为“刘守真君”。

八百多年后的今天，当地百姓依旧供奉不绝。心里装着百姓疾苦的刘完素，肉身虽已腐，但百姓早已把他刻在心中，其学术思想不断绵延赓续，拯救世人。

61. 完素结缘元素

话说在刘完素成名的时候，河间地区还有另一位小有名气的医生，叫张元素，医术也非常高明，医德同样高尚。

刘完素、张元素二人虽然姓氏不同，但名字非常相近，因此常常让人误认为是同一个人，也有许多人认为他俩是师徒关系，有人说师父水平高，也有人说徒弟医术更精湛，争得不可开交。有时候，有人想去找刘完素看病，结果却去了张元素家；有人慕张元素之名，却找到了刘完素。这种情况常常令病人和两位名医都感到尴尬，二人关系也不算融洽。

张元素，字洁古，金代易州（今河北易县）人，聪颖过人，勤奋刻苦，与刘完素虽处同一时代，但年龄比刘完素小一二十岁。他原本是儒生进士，因犯先皇庙讳被下第，才弃儒学医，这时他已年近三十，但他天资聪颖，加之勤奋异常、善于反思，医术进步飞快，但名气与当时的刘完素相差甚远。

张元素不泥古方，善于化裁、创新药物，提出“药物归经理论”，著有《医学启源》《珍珠囊》《脏腑标本寒热虚实用药式》等。由于其遣方用药偏重温补，因此后世将其学术流派称为“易水学派”，开启补土派、温补派先河。

刘张二人虽然都是当时名医，大都能因人化裁、药到病除，但学术指导思想、遣方用药却大相径庭：刘完素好用寒凉之剂，以“降心火、滋肾水”；张元素偏重温补，善创新方。同行相轻，二人谁也不服谁，虽然居住地相隔不远，但几乎没有往来。

终于有一天，完素元素二“素”相遇、一决胜负的机会来了。

这一天，刘完素自觉患了伤寒病，卧床不起，虽然经过自己诊治，但八日不愈，一直反复头疼、发热，呕吐不止，精神状态很差，正应了那句“医不自治”的谶语，这让他的家人和门徒都很担心。为了尽快让师父好起来，他的门人瞒着刘完素去请了张元素。

要知道，此时的刘完素已是大名鼎鼎，名震天下，而张元素虽然也是名医，却小一二十岁，属于名副其实的后学晚辈。看到常常和自己学术思想相左的小字辈张元素来给自己诊病，刘完素一开始对他很抵触，或者说不屑一顾——面壁朝里躺着，后背朝向张元素，对张元素的问诊也是爱搭不理。

“守真先生，您的门人请我来给您看病，您却对我摆出这样一副姿态，恐怕不是待客之道，传出去也有伤令名。”面对刘完素的轻视，张元素不卑不亢地说。

“劳你大驾，承受不起！我的病我有数，你请回吧！”病榻上的刘完素心中还憋着一股劲儿。

“我一直仰慕您的仁德医术，经常通宵达旦阅读您的著作，并且在诊疗中不断反思总结，大受益处，可以说我治好的病人有您的一半功劳！同时，我也有一点儿不成熟的见解，想等您病愈后跟您探讨学习。这次，既然来了，不妨让我诊断一下，也许能稍稍有点儿益处。”毕竟自己是后学，张元素还是以退为进。

“外界都传张元素很狂傲，不把我放在眼里，今天初次见面，这后生挺上道啊，并不像外界传的那样。既然他有这份心意，不妨让他一试，我也好验一验这后生到底有几斤几两！”听闻张元素的一番得体恭维，刘完素心里很受用，最终转过身来，让张元素把脉。

张元素在认真望闻问切后，让门人找来刘完素服用的所有药方仔细看了起来。不一会儿，他便皱起了眉头，对刘完素说：“守真先生，您患伤寒不假，但为自己诊病的思路不对。您虽然是使用寒凉药的顶级高手，但您自己的身体不适用，药不对症，所以才会迁延难愈。根据您的身体状况及前期用药反馈，我这里给您写一小方，您不妨一试。”

听完张元素对自身疾病谦虚又自信的诊断陈述后，刘完素眼前一亮。张元素走后，刘完素仔细研究了所开处方，边看边频频点头，觉得很有道理，就让门人按方抓药、煎汤服用。

按照张元素使用温热药的处方，久病不愈的刘完素服药不久，就出了一身大汗，随即觉得身体轻快，头脑清醒不少。继续服药两三天后，精神大振，已能下床走动。

“张元素这小子还真是有两下子，不是浪得虚名！之前一直轻信传言，导致对他有偏见，也是耽误了自己学术上取长补短、相互学习的机会，实在是不应该！江山代有才人出，这小子还真是可塑之才！”正在刘完素内心反思自身之际，门人来报，张元素来访。他一边吩咐门人“快快有请”，一边在门人搀扶下到卧室门口迎接。

“元素老弟，这次还亏了有你在，不然我这条命都有可能让自己的医术给交代了。哈哈哈！这次，我可要跟你好好学习。”再次见面，刘完素作揖感谢，并以不耻下问的宽广胸襟，对上次张元素来面诊时自己的不恭态度做了真诚检讨。

“守真先生，您实在是折煞后学！坊间传言咱们二人不和、关系紧张，其实根本没有个人利益瓜葛，都是在学术上的一些不同认识造成的误解罢了。归根结底，我们都是为了病人着想，路径可以从不同侧重点出发，但最终都是治病救人，殊途同归嘛！说起来，我还是您不在册的私塾学生呢！”看到当世名医刘完素态度如此谦虚，张元素把自己的姿态摆得更低。

听完张元素的一番肺腑之言，刘完素不住点头，两双手紧紧地握在了一起，从此二人为拯救黎民百姓、推动医学发展相互偕行。

62. 性真学博为事亲

张从正（1156—1228），字子和，睢州考城（今河南兰考）人，医术高明、医德高尚，著述丰富，为金代著名医学家，其"攻下"理论对我国古代医学理论的发展具有重要推动作用，为"金元四大家"之一。

张从正的父亲是当地名医，家庭经济状况虽不说大富大贵，但也是衣食无忧，张父尤其重视子女教育。和天下千千万万的父母一样，看到聪慧喜人的儿子，张父原本想悉心培养儿子好好研习儒家经典，通过科举考试的方式，有朝一日能金榜题名，光宗耀祖。

小时候的张从正也不负众望，特别喜欢读书，经史子集，涉猎广泛，无所不通，且性情豪爽，不拘小节，酷爱写诗，多有真性情流露，具有深厚的儒学功底和正直高尚的道德风范，在当地小有名气。

但长期的耳濡目染之下，张从正对行医治病越来越感兴趣，正规儒学学习之余，喜欢跟随父亲侍诊，默默观察父亲如何为病人把脉问诊，如何遣方用药，长期观察下来，小小年纪的他竟然也学得有模有样。

张父一看儿子如此痴迷医道，加之当时社会动荡不安，政治黑暗，官场起伏，觉得与其让孩子蹚政治浑水，不如好好学习医术，在社会动荡时期，既能安身立命、独善其身，又能治病救人、积累功德。这样想来，他便放弃了科举考试这条路，悉心引导儿子刻苦实践、穷极医理。

张从正也非常满意父亲的安排，不待扬鞭自奋蹄，每天博览医书，深究医理。他十分重视生命价值，治学极其严谨，求学态度诚恳，姿态谦逊，不宣己长、不护己短，葆有实事求是的治学态度和求知若渴、不知疲倦的可贵精神，有时候为了弄通一个理论问题、研究清楚一味药、了解一剂方子，常常通宵达旦。

自身天性聪颖，加上后天勤奋努力，又有了父亲的悉心指导加持，20 多岁时，张从正就已经是名声不在其父之下的当地名医。

张从正性情豪放，钟情自然山水，喜欢游览名山大川、结交天下朋友。他生活的年代，虽政治动荡、战事频繁、人命微贱，但张从正具有深厚的道德修养和强烈的悲天悯人的情怀，面对病人出诊请求，不管山高路险，也不论白天黑夜，从来都是有求必应。中年时期的张从正行医多奔波于徐州、开封等地，救死扶伤、医疾救亡，因此声誉极佳，深得百姓敬仰，成为一方名医。

金代兴定年间（1217—1222），由于其医名远播，张从正被征召进入金朝皇室太医院工作。但当时的医疗界，温通峻补占据主流，尤其是为皇室贵胄诊病的太医院，风气更甚。遇到疾病，就认为王公贵戚忧思过多，耗伤元气，多是一通大补，医疗费用昂贵不说，疗效却常常不佳。

张从正看到这种现象，结合自己在民间广泛行医问诊的临证实践经验，认为一味地温通峻补只能使人体的痰热实邪更加壅滞，引发更多疾病，因此不可取。他十分重视辨证论治，在治疗过程中非常重视病人自身的具体情况，选择适当的治疗方法，遣方用药尊重病人与病人之间的个体差异，灵活采用温补还是攻下，是汤药、丸剂还是针灸，因此疗效确切，医德名声颇佳。

张从正人如其名，性格豪放，虽不拘小节，但本性“从正”，对当时医疗圈一味温通峻补的风气十分不满，在别的大夫治病时，常常提出不同意见，时常发出“刺耳的”忠言劝告，搞得别人很难堪。这在相当于半个官场的太医院怎么能够混下去？于是，太医院的同仁便一起排挤张从正这个“异类”。不久，张从正也“顺应民意”，辞职回到老家一带行医。

回到民间的张从正如鱼得水，不再有官场的尔虞我诈，也不再有同行的阴暗排挤，他一边为百姓治病，一边游览名山大川，足迹广泛。据考证，他的行医范围东到鲁西南，西到洛阳，南到长江，北越黄河，直达燕赵大地。

张从正长期云游四方、诊治病人，加上手不释卷，不但医术出神入化，精神世界也丰盈充实。

张从正耗时数十年，潜心总结自己的为人处世、行医用药、治病救人的经验心得，写就 15 卷的《儒门事亲》一书。乍看书名，人们还以为这是一本儒家理学著作，实际上这是一本地地道道的在儒家文化思想指导下的医书。书名的用意是“唯儒者能明其理，而事亲者当知医”，这也反映了张从正的精神追求——人生在世，需要经历世事、明辨事理；为臣为子，以忠孝为要，掌握更多的医学知识，就可以更好地做到忠孝两全，和“上以疗君亲之疾，下以救贫贱之厄，中以保身长全，以养其生”的医者追求有异曲同工之妙。

63. 酒肆露针灸绝活

这日，张从正与好友魏寿之到一家酒馆吃饭。他们点了一盘冷切牛肉、一碟油炸花生米、两样热炒时令青菜，外加一壶小酒，边吃边聊。不到半个时辰，那壶小酒便喝完了。张从正又点了一壶，店小二一边上酒一边嘟哝："那人太可怜了！"

"伙计，你说哪位可怜？"张从正睁着微醺的双眼问道。

"那桌坐着的客人，天天来喝闷酒，眼睛都快看不见东西了……"店小二用手指着旁边独坐的人回答道。

张从正顺店小二所指方向望去，只见一个男子在那喝闷酒，他眼睛上长了一个很大的瘤子。仔细观察一会儿后，张从正对魏寿之说："这个瘤子看着大，实则很容易处理，我能用很短的时间给去掉，你信不信？"

魏寿之还没来得及回话，那汉子却大声回道："谁这么大口气？俺这瘤子找了十几个郎中，看了都不敢下手，怕伤到眼睛。"

"我有十足的把握，才敢这么说，要不你试试？"

"试试！试试！"其他酒客都想看热闹，便一个劲怂恿汉子。

汉子心想：试试又何妨？反正已经快看不见了，还不如赌一把看看。于是，便同意让张从正治疗。

众人都以为张从正会用刀把瘤子给切掉，店小二也匆匆跑到后厨拿来一把尖尖的快刀。张从正却说："去瘤子不一定要用刀，我有更好的办法！"他让汉子侧躺在长条凳上，掏出随身携带的一根银针，对着汉子的乳中穴便扎了下去。针一进去，瘤子上马上出了很多血。张从正又用针连刺几下后，脓血汩汩而出。他用手揉了揉汉子的病眼，揉出了许多豆腐渣样的脏东西。脏东西很臭，围观的众人被这突如其来的臭气一熏，都差点吐了出来。

汉子明显感觉到自己轻松了许多，当听到张从正说"好了！"后，他一骨碌爬了起来，试探着睁了睁眼，发现看东西又清楚了。众人也都围上前看，发现他眼上的瘤子果真没了，只留下一个小小的红针眼。于是，酒肆里传出一阵喝彩声。

魏寿之此前也多次见识过张从正的医术，但见张从正用针灸治病还是第一次，便在重新落座后忍不住问道：“你这本事什么时候学的？此前，我怎么没听说过？”

张从正却神秘一笑：“哪个名医不得有点儿看家本领？我这些都是小儿科，不值一提。”

张从正说得很轻巧，实则不然。原来，张从正初学医时并不使用针灸。有一回，他眼睛看东西模糊不说，还老出眼屎，很是痛苦。折腾了两三个月，也不见好，自己也试着开了好多药吃，都没明显效果。于是，便请眼科医生姜仲安来治。没想到，姜仲安没用任何药，只用一根银针，给他扎了三次，便治好了他的眼疾。自此，张从正对针灸产生了浓厚兴趣，对中医的各种治法也都刻苦钻研，练就了一身本领。

64. 装疯卖傻也治病

有户姓项的人家，快 40 岁了才有了个独生子。这年夏天，他们家的独生子跟村里小伙伴去河边玩耍，不慎溺水而亡。噩耗传来，项家媳妇当即昏厥。醒来后，接连七天以泪洗面，哭啼不止。孩子安葬后，她完全变了个人。此前温柔贤淑，说话轻声细语，但自从没了孩子，她脾气越来越古怪，要么冲人大吵大闹，要么满脸愁容一言不发。不到一个月，已成疯癫之状。项家刚失独子，又遭此难，苦不堪言。亲戚邻居们既被其深深打扰，又在内心深处报以同情。

项家男人虽然心中凄苦，但日子总得过下去，便强打起精神来，开始到处为妻子求医问药。但前后请了十几个郎中，媳妇的病却并无见好之兆。

这天，项家男人听说有个老郎中很是厉害，便到他家中求诊。老郎中问了一下病因，留下地址后，便让项家男人先回去了，说他准备一下药材后稍后赶到。

项家男人回去的路上遇到熟人约他到家喝酒，心情正郁闷的他便把给媳妇看病的事先抛到一边了。

且说老郎中收拾好药材，便按地址打听着来到了项家。一进门，他见项家女主人正坐在院子里发呆，便小跑着上前，故意摔了一跤。女主人本在发愣，看他摔了个狗吃屎，忍不住笑了一声。老郎中爬了起来，对女主人说道："老朽是你男人请来给你看病的。我给你找点儿药，你吃了保管好！"说着，他便开始翻衣兜，先是从兜里掏出来一块萝卜，咬了一口便放到了另一个兜里。接着又摸出来一个胭脂盒，还不小心弄翻了，赶紧手忙脚乱一阵收拾，结果把自个弄了满身胭脂。项家女主人见他这副狼狈样，忍不住哈哈大笑。

老郎中却很尴尬地说道："实在不好意思，老了脑子不好使了，出来时居然忘了带药了。明天我再给你送来吧！"

第二天，老郎中又来了。他先是在院外仔细观察了一会儿项家女主人，见她依旧坐在院子里，但表情比头天要好一些，便咳嗽一声进了院门。女主人笑着抬起头，说了一句好久都没说过的正常话："今天带药了吧？"

“带了，带了，这次可是真带了！”老郎中边说边掏开了衣兜。但他连掏几个衣兜，都没有掏出来药，便很着急，干脆把外衣脱了下来。没想到，他的内衣却是花花绿绿的女人装。女主人一看，直接惊得张大了嘴巴。老郎中掏了半天，自个儿打量了一下自己后，恨不得找条地缝钻进去。他赶紧把外衣穿上，匆忙中扣子都系错了。女主人见他比昨天还狼狈，忍不住咯咯笑了起来。老郎中脸上一阵红一阵白，解释道：“家里黑咕隆咚，我老了眼神也不好，结果内衣穿了老婆子的，外衣也穿了儿子的，药又没带来。你别着急，明天我肯定带来！”

老郎中走后，项家女主人又畅快地大笑了一场，并问丈夫：“你请的郎中靠不靠谱？两次来都忘了带药！”

“怎么不靠谱？都传他医术精湛。是不是如今年岁大了，记性不大好了？”丈夫推测道。

第三天，老郎中又来到项家。这次他走得很慢，用手托着肚子，举步维艰的样子。看他满脸愁容，项家女主人很是失落，迎上前扶着他在椅子上坐了下来，并主动问道：“老人家，您是不是又忘了带药？您自个儿不会也生病了吧？”

“我没病，只是要临盆了而已！”

“临盆？您一个大男人怎么会临盆？”

“不骗你，真的要生了！你看我这大肚子！”说着老郎中便指了指自己隆起的肚子。

“啊！居然有这种奇事？这不会是大肚子病吧？”

“不是！就是要生了，算日子估计这两天的事，我也休息得差不多了，得赶回去准备生孩子了。你的药等我生完孩子再来送吧！”说完，老郎中便托着肚子一步步挪走了。刚到院外，他便把肚子里的小枕头抽了出来，腿脚轻便地赶回了家。

项家女主人却越想越乐，晚上对丈夫说道：“我还是头一次听说男人也要生孩子，你请的这个郎中真搞笑，肯定是个大忽悠！我的病也别看了，就这么着吧。”

丈夫听完来龙去脉，也很是不解，忍不住也跟着笑了起来，但内心却对老郎中的医术充满了怀疑。

从此以后，项家女主人到哪，笑声就带到哪，逢人便说自己遇到了骗子，并绘声绘色地描述老郎中三次来诊的事。

一晃三个多月过去了，项家女主人不再疯癫，跟正常人一样了。这时，丈夫才有点儿明白过来，赶紧跑到老郎中家去请教。一见面，老郎中便笑着问：“我送的三剂‘笑药’，效果可好？”丈夫听了，方才大悟，连声称赞：“张老先生华佗再世，妙手回春！”

老郎中便是张从正，他不仅用自己独特的方式治好了项家女主人的疯癫病，还给他们夫妇调理了身体。一年后，项家又生了个胖小子。

65. 小小山葱有奇效

张从正用三剂“笑药”治愈了项家女主人的疯癫病，一时被人们传为佳话。但他对疯癫病的治疗可不是百发百中，这不，邻居王氏就给他砸了牌子。

有一天，王氏与丈夫大吵后，气急攻心，突然倒地，醒来后便疯了。他们一家人请张从正去治疗，都寄予了厚望，毕竟张从正一味药都没用就把项家女主人给治好了。张从正一番望闻问切后，心里却没有底。他先用针灸来治，效果有些，但不明显。后来，他又改用汤药，效果依旧不好。眼见王氏吃了三十多天的汤药，病情非但没有减轻，反而加重了，一家人灰心了，连一代名医张从正都治不好的病，估计是没救了，便放弃了治疗。

这天，王氏的儿子跟小伙伴们进山玩耍，拔回来一些山葱（中药藜芦的别名）拿着玩。张从正在门口见了，叮嘱道：“孩子，这东西有剧毒，千万别吃啊！”孩子们听说有毒，回家后便扔到了院子里。当晚，一家人吃晚饭时，王氏却来到了院子里，发现山葱后，便吃了起来。因为天太黑，家里人也没在意到她吃了山葱。

夜里，王氏突然醒来，都没来得及下床，便大吐起来，吐了一床的黑黄白痰。吐完又沉沉睡着了。第二天，王氏醒来看到床上的脏东西，抱着被子就到院子里清洗起来，原来她已不再疯癫，完全恢复正常了。家里人看到院子里被吃的山葱，也是一阵后怕，但王氏的病好了比什么都强。

王氏误吃山葱反而治好了疯癫病的消息让张从正很是惊奇。他暗自忖度，山葱味苦，性寒，有毒，《神农本草经》都把它列为下品，为何能治愈疯癫病呢？突然，他想起了《本草图经》上的记载：“山葱大吐上膈风涎。”忽然大悟：山葱本是祛痰、催吐、杀虫的妙药，王氏是痰迷心窍，急火攻心才导致的疯癫，用山葱恰好对症！从此，张从正对山葱格外关注，经常用其治疗风痰怪病，并屡获奇效。

66. 自律慎独的富家子

李东垣（1180—1251），名杲，字明之，晚号东垣老人，真定（今河北正定）人。金代著名医学家，师从名医张元素，位列“金元四大家”，也是中医“脾胃学说”创始人。按照中医五行学说，脾胃在中央，属土，李东垣十分重视脾胃在人体生命健康中的作用，注重培土固本，将“脾胃学说”发扬光大，对后世医界影响深远。因此，李东垣及其门人又被称作“补土派”。

李东垣家世显赫，其祖上为宋朝边关大将，有功勋爵，家族人口众多，为当时真定世家盛族，到李东垣时期，因为受金朝统治，虽不再提军功勋爵，但富甲一方，冠绝真定、河间两府，所以李东垣是妥妥的含着金汤匙出生的富家子弟。

在我们常人的印象中，富家子弟常常等同于纨绔子弟，吃喝嫖赌、斗鸡走狗、不学无术，大抵 “富不过三代”。

但李东垣从小就与一般的孩子不一样。据史料记载，他“忠信笃敬，慎交游，与人相接，无戏言”，是一个言谈举止端庄稳重、做人做事忠诚信用、待人接物礼貌有加、洁身自好自律慎独的阳光好少年，完全符合儒家所追求的正统“完人”“儒士”标准。

跟人接触往来中，李东垣从来不开轻佻玩笑戏耍别人；对于大家习以为常的酒肆戏院等娱乐场所，他从来不会踏入半步；交朋友也十分注重对方品行道德，如果发现有不端行为，会立刻拂袖而去，以至于朋友们都觉得他要么脑子有问题，要么是假装仁义道德。对此，《东垣老人传》记载说：“天性然。”

时间一长，周围人对他的态度也是“爱恨交加”：虽有几分敬佩，但更多的是嫉妒心理。其他富家子弟在斗鸡走狗、打闹嬉戏时，一看李东垣来了，都会停下来。

“装什么正经，我就不信世上有青年小伙子对玩乐不感兴趣！”

“有了，我有个好办法治治他的毛病，等着瞧吧！”

很快，李东垣身边那些真正的纨绔子弟就想到了戏谑这个“异类”“呆子”“假正经”的法子。

他们准备了一桌丰盛的酒菜，邀请李东垣来“谈谈人生、聊聊学问”。李东垣来了以后，一看面前的一桌酒菜，便想离席而去，但又怕这样离开有失礼貌、驳了朋友面子，便忍着不适坐了下来。

谁知，这些伙伴饮酒放纵不说，还叫来了歌伎，在宴席上饮酒作乐、搔首弄姿。更有甚者，一个纨绔子弟竟然指使歌伎跟他调情。歌伎便上来拉着李东垣的衣袖，说道：“今日良辰美景，就让小女子陪公子喝一杯，如何？”

对于端正沉稳、自律过人、洁身自好的李东垣来说，这还了得？光天化日之下，歌伎竟然来拉扯自己的衣袖，简直岂有此理！

于是，他爆发了——以迅雷不及掩耳之势，迅速站起来掀翻了桌子，对着这些轻浮浪荡的纨绔子弟和歌伎破口大骂，之后拂袖而去。走了没多远，他停了下来，脱下身上的衣服，让仆人当着众人的面烧了，穿着一身内衣裤，神情坦荡地回家了，留下众人面面相觑。从此，这些人再也不敢戏谑李东垣了。

很快，李东垣的事迹传遍了真定府。有一年，南宋使臣来访，真定官吏乡绅负责接待，真定知府听说李东垣青春年少、素有操守，便想在南宋使臣面前露露脸，展示一下自己治下的仁义道德成果，同时，也想检验检验李家公子到底是“真圣人”还是“假正经”。

接待宴席上，大家觥筹交错，唯独李东垣像木头一样坐在那里，表情凝重，不举杯也不说话。

“这李家公子真是被惯坏了，大家都在碰杯，唯独他是宴席上的另类，也太不识抬举了！我倒要看看你要装到什么时候！”真定知府心里翻江倒海之际，便暗示酒桌上的歌伎强行劝李东垣喝酒。迫于歌伎的花言巧语和礼节，李东垣实在没法推辞，便稍稍抿了一小口。

“我就说嘛，没有不偷腥的猫儿！你到底还是喝了！”正当知府大人洋洋自得、众人暗自窃喜之际，还没坐下的李东垣一口喷在了偌大的宴会桌上，一桌山珍海味“雨露均沾”，而后他转身而去，只留下一桌官吏乡绅面面相觑。

以上两则故事记录在元初名士砚坚的《医史·东垣老人传》中，向我们展示了名医李东垣的天性和禀赋。具有如此忠诚守信、自律自爱、严谨端正、不惧权贵、矢志不渝之品性的李东垣，才有可能在后续经历连年战乱、饥馑交迫、天灾不断、瘟疫横行的大考中，矢志于大道医学，只为救治黎民苍生。

67. 为母学医，以志医过

李东垣的家族为真定、易州一带首富，他从小衣食无忧，但却品貌端正、洁身自好、素有操守，名闻真定。李父觉得这实在是上苍赐予李家的福分，想着悉心培养李东垣，将来参加科举考试，一定能博取功名、光宗耀祖。

于是，小小年纪的李东垣便在父亲的安排下，跟随当世名儒、翰林学士王从之学习《论语》《孟子》等，跟随冯叔献学习《春秋》等。天资聪颖的李东垣在名儒硕师的悉心指导下，进步飞快，打下了良好的理学功底，经史子集熟稔于心，诗词文章样样精通。

有一次，母亲王氏得了重病，卧床不起。李家虽然有钱，延请各路名医前来诊治。但医生们的诊断说法不一，有的诊断是热病，有的说是寒病，各种各样的草药吃了不少，但到底也没搞明白李母患了什么病。虽然李东垣心忧如焚，每天为母亲精心熬制汤药，一边祈祷，但最终母亲还是在不明病因中去世了。

“眼睁睁看着至亲被病魔折磨夺去生命却无能为力，连自己的母亲都保护不了，学再多的仁义道德又有何用？”对此，李东垣痛苦万分，自责不已，“如果遇到良医，我一定要拜其为师，发奋学习医学，以弥补我的遗憾。”

青年人血气方刚，求医心切的李东垣说干就干！听说四百里外的易水有一位名医叫张元素。他治好了当时名医刘完素的病，那医术自然是非常高明！再者，听说张元素八岁应“童子举”，二十多岁就中了进士，也是品行端正、操守持正、饱读诗书的儒生，找他做老师再合适不过了！于是，李东垣收拾好行李，携带千金学费，欲拜张元素为师。

久阅人世的张元素一看，面前的青年品貌端正，再问学医动机，甚为感动，再考儒学功底，赞赏不已。

“没说的！没说的！实乃老天助我易水学派后继有人！”于是，张元素便开心地收下了李东垣。

经过几年的刻苦学习和张元素的悉心调教，李东垣“尽得其法”，熟读中医经典，也基本掌握了老师的学术思想和诊疗技术，更深受张元素高尚医德医风熏陶洗礼，遂辞别恩师返回真定故里，开始免费为周边亲朋好友治病。尽管很多人患的是疑难杂症，但经过初出茅庐的李东垣的诊治，多获奇效，这也给予小试牛刀的李东垣极大的信心。

从小就生活在衣食无忧的富贵之家，博取功名、加官进爵对李东垣没有多大吸引力。于是，他决定弃儒从医，专心当一名好医生。

“你真的要当一名医生？”看着原本被寄予科举厚望的李东垣要放弃科举，去当地位卑微的医生，李父虽然意难平，但还是决定努力心平气和地和儿子谈谈。

“是的，父亲大人。母亲的去世让我心痛不已，至今仍然耿耿于怀。我想用我的所学救治更多像母亲一样为庸医所误的病人。”年轻的李东垣满怀信心。

“嗯，很好。”李父听儿子这么说，自己也是欣慰不已，“范文正公有言，‘不为良相，愿为良医’，能成为一位医德高尚、医术高明、救死扶伤的医生也非常好！你长大了，儿子。”

“谢谢父亲大人理解。”原本以为父亲会为自己弃儒从医的决定而大发雷霆，听闻父亲这样体贴理解自己，李东垣感动不已。

“你的为人处世和医学理论知识我不担心，但要成为一名好医生，光有救死扶伤的情怀和理论知识可远远不够，还得有丰富的临床实践经验。你忘了你的母亲是怎么去世的吗？”李父话锋一转，盯着自己的儿子问道。

“这……孩儿永世不会忘记！”问到痛处，李东垣低下了头，情不能已。

最终，李东垣听从父亲建议，按照金朝当时的制度，先由李父通过“捐款”的方式，谋得了济源县税务官的职位。

这期间，李东垣在宅中空地修建了书房，专门接待品行端正的读书人和医生。如果遇到生活吃穿用度困难之人，他也会不吝周济。金章宗泰和年间（1201—1208），天下大旱，饥荒来临，贫苦百姓流离失所，外出逃荒保命。李东垣看在心里，忧心忡忡，回家便把自己的所有钱财拿出来，买米买面赈济灾民，依靠他的善心义举，“全活者甚众”。

兢兢业业工作之余，李东垣还醉心于阅读各类医学典籍，不时为周围信得过自己的人免费看病，积累行医经验，避免庸医害人、草菅人命。同时，他也在走出富家子生活、独立迈向社会的过程中，慢慢体察社会疾苦、人情冷暖，熟悉各地风土人情，为日后成为一名悲天悯人、兼济天下的仁医做准备。

68. 普济消毒饮

就在李东垣刚到济源县做一名税务官的时候，一场瘟疫席卷了黄河中下游地区。一种叫作“大头先行”的疾病悄然流行，患者初始头面红肿、咽喉不利，身上发冷，浑身无力，和普通感冒有些相似。但很快，病态发展就与普通感冒不同了，患者头面部会出现肿大，气管发炎，呼吸阻塞，继而很快恶化，严重者脏器功能衰竭，危及生命，而且这种病传染性极强。

最初，人们没有意识到这是一种可怕的瘟疫，亲朋好友病了，还去探望。但探望的结果是病人很快死去，去探望的人也很快出现类似症状。这时，大家才意识到这是瘟疫降临了！于是各家房门紧闭，不再轻易与人接触，试图切断传染源，但为时已晚，瘟疫的传播速度实在是太快了，已经到了不可控制的地步。

当时的医生查遍古书，也找不到对此病的记述，只能按照自己的猜想，胡乱用泻下、清凉解表之剂治疗“头面红肿”“咽喉不利”，但效果不佳。病人服药后，在一次次的腹泻中痛苦死去。尽管如此，医生并不觉得是自己的过错，家属也觉得医生尽力了，还得奉上诊金。

看到一批又一批的老百姓在痛苦中死去，看到因失去父母无家可归的孩子、因送别青壮年子女而悲痛欲绝的老人，李东垣心急如焚。他隐隐约约意识到，医生当下的治疗方法肯定不对，但又不知道哪里不对，找不到更好的方法。

“怎么办？怎么办？这到底是什么怪病？为什么常用的方子不好用了？”李东垣使劲咬着自己长满了燎泡的嘴唇，在心里问自己。他把自己关在屋子里，不吃不喝，瞪着血红的双眼看着屋顶上的蜘蛛在结网、壁虎在爬行，苦苦思索两天，却没有答案。他没有想明白病因，自然也开不出合适的方剂。这期间，他的家人和仆役也开始陆续感染死去，他又一次体会到了母亲当年为庸医所误而逝去的无奈与痛苦。夜里，虽然疲乏至极，但他无法入睡，思绪乱到极点，精神几近崩溃。

突然，一阵凉风吹过，李东垣的眼前出现了老师张元素伟岸的身影。

“明之，人是天地万物的一部分。欲探求人身之理，必先明白自然之理。我教给你的最重要的医理，你忘了吗？”老师张元素的面孔清晰又模糊。

“学生不敢忘记！人的身体和天地万物一样，都是大自然的一部分，人的上半身，与大自然的天气相通，下半身与地气相连……”李东垣一下子惊醒过来，“原来如此！”

他迅速从床上爬了起来，总结这些天所诊断的病人症状，反思利弊得失。没等天亮，他就跑到奄奄一息的病患家里敲门，重新切脉问诊。

“现在大头瘟的病邪已进入心肺，邪气上攻，导致头面肿大，而单纯的解表并不能清里，泻下也只能泻去胃肠之火，并不能吹走处于上半身的病邪啊！”思路一通，天地宽阔，沉浸在自然万物演变规律思索中的李东垣提笔写就新的药方。

“好了，按照这个新方去抓药吧！”病人家属看到沉浸在自我世界中的李东垣，无人敢打扰，都在静静等待，直到这一声天籁之音，病人家属飞奔而去。李东垣颓然倒下——他太累了，就好像古希腊那位从马拉松跑回雅典的士兵，不停奔跑只为将消息传递，一朝使命达成，便轰然倒塌。他需要好好休息了。

不知道睡了多长时间，李东垣被外面的嘈杂声吵醒了，他揉了揉惺忪的双眼，伸了伸胳膊，走出了房间，发现院子里挤满了前来求药方的乡亲。原来，按照李东垣所开具的药方，患者服用一剂后，就有了明显好转，几近起死回生。

为了让更多的贫苦百姓能够驱除瘟疫、保住生命，李东垣将药方刻在木板上，挂在大路口，供老百姓抄录使用。

采用此方的病人，无不见效，瘟疫慢慢消除。后来，人们把这个方子刻在了石头上，想让它永远流传下去，如果后世再遇到这种瘟疫，便可以用此方驱除。

这个方子便是普济消毒饮，一直流传并使用至今。今天，面对一些热性传染病，中医大夫在此方基础上，根据病人病情、身体状况灵活加减化裁，仍然能够取得不错的疗效。

69. 补中益气汤

李东垣生活的年代，正处于蒙金交锋过渡时期，战乱频发，百姓流离失所、生灵涂炭。李东垣看到底层百姓生活如此困苦，自己作为税务官还要向老百姓搜刮财富，实在是不忍心！在分裂与挣扎中，他夜夜辗转反侧，终于在蒙古铁骑再一次兵临城下时，挂印弃官而去，选择举家迁居汴梁（今河南开封）。

在汴梁期间，李东垣一边继续读书，享受难得的片刻安宁，一边继续研究医理，诊治疾病，凭借精湛的医术，名震汴梁。这样的安稳日子过了没多久，蒙古军队又攻到了汴梁城下，李东垣不得不赶紧收拾家当，连夜北渡黄河，逃亡到今天山东泰安、聊城一带。流亡期间，他专心为穷苦百姓治病，直到几年后才回到家乡真定。

以行医为业的李东垣，此时才真正声名鹊起。他尤其擅长治疗中焦脾胃系统疾病。他的老师，易水学派的宗师张元素就很重视脾胃，李东垣充分继承发展了老师的这一学术观点。李东垣平时结交的朋友和往来的社会关系非富即贵，他们长期养尊处优，多食膏粱厚味，加上多骄奢淫逸，中焦脾土多伤。再者，当时蒙古铁骑时不时南下掳掠，战乱频发，老百姓居无定所，长期在惊慌、饥饿、惆怅中度过，性命都难以保障，饮食起居更是没有规律，常常处于饱一顿饥一顿的境况，更易伤脾胃。

李东垣在大量阅读古代医书，传承老师学术认知和思想的同时，充分认识到了当时战乱频繁、民不聊生、饥寒交迫的社会现实，在临证过程中，特别重视根据病人的现实情况来诊治疾病、遣方用药，效果奇佳。

之前蒙古军队围攻当时的金都汴梁期间，一种发病范围广泛的疾病开始在汴梁城内迅速传播，灾民大量死去。

当时的情况有多严重呢？李东垣在书中自述：“都人之不受病者，万无一二！”他的好友、著名的大文豪元好问也清晰记载：“五六十日之间，为饮食劳倦所伤而殁者，将百万人。”可见当时形势之严峻！汴梁城外，蒙古铁骑大军压境，对汴梁城内的上百万民众形成强大的心理攻势和巨大压力；汴梁城内，人们的粮食渐渐断绝，各种物资匮乏，大量百姓患上不知名的疾病，浑身无力、正气渐衰，最后竟大批死去！

这个时候的李东垣，看到大批病人莫名死去，急得发疯，因为悲天悯人的强烈担当情怀已经在他心中发芽了。

“我绝对不能容忍这么多困苦的百姓在莫名其妙中死去！我一定要治好他们！”看到一批批病人慕名而来，李东垣潜心把脉问诊，精心遣方用药，但还是有病人相继死去，他在痛苦中探寻，“到底是瘟疫一类的外感病，还是脾胃内伤病导致？是用攻邪方法，还是温补脾土之方？”

在那个动荡的历史时期，人命如草芥，却也为李东垣探索发展、总结完善自己的脾胃论学术思想提供了大量临床样本。李东垣在治疗中失败，又在失败中反思总结，再将经验教训用于下一次治疗中。李东垣的可贵之处，在于熟读经典，但又不泥于古方，善于联系实际，进行发散思维。就这样在反复试错过程中，李东垣明确了致病机理，将内科系统的疾病分为外感病和内伤病两大类。

对于内伤病，李东垣认为以脾胃内伤最为常见，其原因有三：饮食不节，劳逸过度，精神刺激。脾土居中央，与其他脏腑器官关系密切，不论哪个脏腑器官受邪或劳损内伤，都会伤及脾胃；同时，针对各种脏腑疾病，也都可以通过调理脾胃来濡养脏腑、培养正气、扶正祛邪。但李东垣治病不主张使用温热峻补的药物，而提倡按照四时规律，辨证论治，虚者补之、实者泻之。据此，他创制出了千古名方补中益气汤，配伍严谨、疗效确切、活人无数，至今仍为中医临床经典方剂。

临证之余，李东垣广泛著书立说，潜心带徒，进一步发展完善了自己的学术思想，创立了以“脾胃学说”为主体的病因病机理论体系，为后来写就《脾胃论》《内外伤辨惑论》《兰室秘藏》等奠定了坚实的理论和临床基础。

70. 赠金收徒为后世

李东垣医术高明、医德高尚，声名远播，当时想拜他为师、想找他学医的人很多，其中就包括一名叫罗天益的青年。罗天益是临近真定的赵州人，虽然年龄偏大，但有一定的医学基础，且此人不怕吃苦，学习十分刻苦，更关键的是，他人品端正、真诚善良、洁身自好，同时又十分体贴理解病人。

罗天益身上的这些禀赋都十分对李东垣的胃口，因此李东垣也特别赏识他。

话说罗天益来拜师，李东垣问他："你来找我学医是想学好医术发家致富，还是想传承医道，救治天下百姓？"罗天益想了想后，诚恳地回答："为了个人生存、养家糊口，更为了天下黎民苍生。"这个回答，让李东垣十分满意，高兴地接收了这个徒弟。后来，罗天益果然不负众望，成为李东垣最优秀的学术继承人之一。

罗天益拜师李东垣时，已经成家立业，让他抛家舍业，难度可想而知！李东垣看到这个徒弟是可造之才，在了解到罗天益的实际情况后，不但不收取学费，还"赠金二十两"，供应其家眷生活，以保障罗天益不受家庭羁绊，专心攻读医理。

很快，潜心学习的三年时光过去了，罗天益出师了。临行前，李东垣拿出一个沉甸甸的包裹，赠给自己的爱徒。

"老师倾心相授，我受益匪浅。老师厚恩，我无以报答，决心此后好生学医悟道，像老师您一样救治天下病人！怎能再收老师的礼物？"厚道的罗天益说什么也不肯接受。

"这包裹里的几件礼物，是我精心挑选的，不同一般，是作为医生必备的。"李东垣笑着说。

"我现在出师了，有了收入，可以自己买。"

"自己买的话，意义就大不一样喽！这几件礼物是老师替天下苍生许下的愿望，你就不要推辞啦。回到家后打开看看就明白了。"

话已至此，罗天益虽然猜不透老师的意思，但也只好接过包裹，给老师行了大礼后大踏步回了赵州。

等回到赵州老家，罗天益才打开包裹，除一笔金银外，还有三张写着三首诗谜的红纸，罗天益逐一打开阅读：

其一

淡竹枳壳制防风，一枝红药藏当中。
熟地或须用半夏，坐地车前仗此公。

其二

在外肥又胖，在家瘦模样。
忙时汗淋淋，闲时靠着墙。

其三

少时青青老来黄，千锤百结打成双。
送君千里终须别，弃旧迎新抛路旁。

罗天益读完诗谜，略一思考，便有了谜底答案，分别是“灯笼”“雨伞”“草鞋”。想到三年里老师风里来雨里去的出诊经历和无怨无悔、不计报酬、有求必到、不辞辛劳的高贵人格，这才明白老师的一番良苦用心。

从此以后，罗天益牢记恩师教诲，不论白天黑夜，不管山高路远，不计报酬多少，只要病人需要他，就不辞劳苦地出诊。这样坚持下来，罗天益没有辜负老师李东垣的厚望，医术越来越高明，终于成为当时的名医、仁医。

在临证行医、著书立说的过程中，罗天益比较全面地继承了李东垣的脾胃学说，在纲目分类及临床用药经验上，进一步丰富发展了李东垣的学说，对后世医家尤其是温补学派影响巨大。

1251 年，71 岁的李东垣去世。临终前，他把自己毕生的心血整理校勘，分类排列，陈列在床榻前，嘱咐身前的罗天益说：“这是我一辈子的心血总结，今天把它交给你了，不是为了我、为了你，而是为了天下后人，希望你们好好学习传承发展下去，让它继续治病救人，千万不要埋没了。”说完，便安详地闭上了双眼。

71. 大龄学医为尊亲

朱丹溪（1281—1358），名震亨，字彦修，号丹溪先生，婺州义乌（今浙江义乌）人，元代著名医学家，与刘完素、张从正、李东垣并称为“金元四大家”。

朱丹溪十几岁时，父亲得了病，四处求医问药，花光了家里的钱财，厨房后面的药渣堆得跟小山一样高，但病却越来越严重，来诊断的医生这个说是伤寒，那个说是内伤，众说纷纭，可怜朱父临死都没能明白自己到底得了什么病。父亲的离世对青少年时期的朱丹溪刺激很大，让他更加觉得需要发奋用功学习，将来要弄通其中的道理。

朱丹溪有一位明大德、识大体的伟大母亲戚氏。丈夫去世后，在族人们的帮衬下，戚氏一个人带着十几岁的朱丹溪和两个年幼的弟弟凄苦生活，日子艰辛悲悴、苦不堪言。虽然如此，戚氏穷且益坚，更加严格教育引导自己的孩子，对儿子的教育有恩且严。

有一次，朱丹溪年幼调皮的弟弟看到不知道谁家的母鸡在草垛里下了一个鸡蛋，他觉得自己太走运了，于是一蹦一跳地拿回了家，想跟母亲一块分享。谁知道戚氏在了解了鸡蛋来历后很是生气，拿着小竹竿狠狠地打了小儿子的手心几下，然后搂着委屈得哇哇大哭的幼子一起痛哭。哭完了，戚氏教育孩子道：“鸡是别人家的，没经过主人的允许，你就把鸡蛋拿回来了，虽然一个鸡蛋值不了多少钱，但这也相当于偷啊！这样的鸡蛋吃进肚子里，那也是一辈子的污点，我们虽然穷困，但宁肯挨饿也不能拿！”

年幼的孩子听到母亲的教诲，慢慢停止了哭泣，似懂非懂间记住了母亲“人穷志不短”的金玉良言，于是抹了抹眼泪，又一路小跑着将鸡蛋送了回去。

朱丹溪的青少年时期，就是在这样生活清贫但家教严格的氛围中度过的。他对母亲的感情也是更加深厚，希望通过自己的勤奋读书，早日考取功名，帮着抚养教育弟弟们成材成器，让母亲不再受累，好好安度晚年，以告慰亡父在天之灵。

作为长子的朱丹溪，经受住了生活的磨炼，又得到了深明大义的母亲的教育熏陶，日积月累中，培养了刚正不阿的浩然正气。青年时期的朱丹溪特别崇尚侠义之气，虽然身体羸瘦，但饱读诗书、才思敏捷，口才好、文笔好，常常替受到欺侮的乡亲民众打抱不平。

“天将降大任于斯人也，必先苦其心志，劳其筋骨，饿其体肤。”朱丹溪孝亲养老的梦想也不是一帆风顺。戚氏由于长期操劳，得了严重的慢性脾胃疾病，不思饮食，日渐消瘦，健康状况每况愈下。这让孝顺的朱丹溪寝食难安、心情焦躁，请了很多医生，但“众工束手”，都没有将戚氏的病治好。

这极大地刺激了朱丹溪，已到而立之年的他深深地体会到“医者，儒家格物致知一事，养亲不可缺”（《丹溪心法》）。既然这些庸医治不好母亲的病，那就自己研读医书、弄通医理，自己将母亲的病治好，绝对不能让父亲莫名去世的悲惨境况再次发生！

于是，朱丹溪立志学医，日夜研读《黄帝内经》等医学经典，广泛搜罗各家医书，并按照自己的理解融会贯通，按照病人的状况灵活化裁。在“一定要治好母亲的病”这一目标的强烈驱使下，经过几年的日夜苦读和临床反思实践，朱丹溪不但治好了困扰母亲多年的慢性脾胃病，还打下了坚实的医学理论基础。

朱丹溪参加过几次科举考试，都没有考中。考场上失败，让大元帝国少了一位将来有可能指点江山的青年才俊，但却让浙东地区的民众多了一位医德厚重的医学奇才，中国古代医学发展史上也由此诞生了一颗“明星”。

朱丹溪曾师从许谦。有一次，恩师许谦得了重疾，卧床日久，多方求医，疗效不佳。朱丹溪在探望他的时候，师徒二人对读书治学、时事政治、家国未来进行了深入探讨。一想到黑暗腐朽的政治，再看看眼前如此优秀的徒弟都会几度名落孙山，病榻上的许谦更加惆怅。

闭目沉思良久，许谦终于积攒够了力气，费力睁开双眼，缓慢而坚定地对朱丹溪说：“道不行，乘桴浮于海！虽然世人都觉得我有学问，但我不懂医术，连自己都不能救治，何谈救治天下？你聪明过人，又肯下苦功夫，如果学习岐黄之术，一定能够出类拔萃。你还是去学医吧！”

听闻老师此言，朱丹溪泪如雨下，决意从此断绝仕途杂念，专心攻读医学，立志学好医术，救治天下病人。

这个时候的朱丹溪，已年届不惑，虽然年龄偏大，但他学医目标坚定，动力强劲，学习异常刻苦，加上具有良好的儒学、理学功底，经史子集无不通达，再加上先前为母亲治病时系统自学几年，因此学起来轻车熟路，医理医术大进。

几年后，朱丹溪亲手治愈了恩师、当时的东南理学名儒许谦的顽疾，从此声名鹊起。

72. 寡妇桥背后的故事

在朱丹溪的老家浙江，当时的婺州（今浙江金华一带）域内有条山涧叫怪溪。之所以叫溪，是因为周围都是高山峡谷，一般情况下，山涧水流不大，清澈见底。之所以前边加个“怪”字，是因为这条山涧来水快，去水也快——下大雨三天，原本清澈的溪流迅速变身，山涧的激流浑浊不堪，裹挟着上游的泥沙、石块汹涌澎湃而来，轰鸣作响，强劲地冲刷着两岸，如同猛虎下山、蛟龙入海，令人胆寒。但雨停后三天，原本的滔天巨浪又迅速变成温顺的山涧小溪，清澈见底，溪水潺潺，如同猛虎变成了温顺的绵羊、可爱的白兔。同一条山涧，形态、脾气变化之快，令人捉摸不定，所以当地人都叫它“怪溪”。

溪上有一座坚固的石桥，叫贯婺桥，意思是过去这座桥就可以到达山涧对面的婺州，但当地人却习惯称呼它为寡妇桥。这是为什么呢？原来，这座桥的来历和名医朱丹溪有关。

相传有一年春夏时节，当地气候变化无常，导致天花病大流行。这种病在当时是一种很致命的重疾，称得上是不治之症，得了病的人要么象征性地医治一下，要么在家硬抗，能不能挺过来，全靠造化。

怪溪岸边有个村子，村子里有个寡妇和儿子相依为命。都说麻绳专挑细处断，一点儿不假！寡妇先死了疼爱自己的丈夫，已经够可怜了，亏了有个聪明健康的儿子和她相依为命。儿子聪明孝顺，给她的后半生带来无限希望。但无常的命运再一次瞄准了可怜的寡妇——她的儿子不幸染上了天花，附近的郎中她都去求了个遍，可儿子的病情并未减轻。眼看着儿子奄奄一息，寡妇悲痛欲绝，跪在院子里以头抢地，质问老天爷为何如此不公，任凭雨水敲打在脸上、灌进脖子里，久久不肯起身。

看到这样悲惨的场景，邻居们也都很难过，都替她担忧。正当大家七嘴八舌地讨论该怎么安排后事时，村里见多识广的私塾先生听到自己的爱徒奄奄一息，也是心痛不已。他在外教书时听过义乌名医朱丹溪的美名，只是路途遥远，即便去了，也不一定能遇到丹溪先生在家。

但如此危急时刻，只要有一线希望，他也愿意去尝试，“万一丹溪先生在家，请来后又恰巧能救活了自己的学生呢？对寡妇一家不也是功德无量？”这样一想，私塾先生扶起泥水中悲痛欲绝的寡妇，跟她提起朱丹溪的医术。

一听世上还有如此名医，哪怕路途遥远，希望渺茫，有滔天的怪溪阻隔，寡妇还是立即去请了本家的兄弟子侄抬着轿，由私塾先生带队，涉水去请名医丹溪先生。

人命关天，私塾先生带着寡妇的本家兄弟子侄，涉洪沟、爬山路、走泥泞，风雨无阻、日夜兼程，终于在最短的时间内赶到了义乌朱丹溪家。

虽是深夜，外面暴雨如注，但朱丹溪听闻来意后，再看看面前浑身湿漉漉的一群泥人们，没有再说什么，抓起出诊的药箱便冒雨出诊，连夜动身前去救人。

等到他们回到怪溪的时候，连日的暴雨让山洪肆虐，原本清澈的小溪此刻已经变成了一条恶龙，汹涌澎湃的激流冲刷着山涧的一切，仿佛是在怒吼着要把这个世界撕碎。

发现轿子不再移动，朱丹溪掀起帘子，看着滚滚的山洪拦在前面，仰天长叹一声。他冒雨走下轿来，闭上眼睛，双手合十说：“我朱丹溪行医一世，不为名、不为利，专为守护天下受苦受难的黎民百姓。苍天在上，如若有灵，就让这暴雨停下，容我过去，救救孩子！”

暴雨可能下了有一段时间了，朱丹溪刚说完，雨势便越来越小了。雨虽然渐渐停了下来，但怪溪中的洪流却依旧汹涌。还没等洪水消退到腰部以下，救人心切的朱丹溪便带头淌着洪流过了怪溪。等他浑身湿漉漉赶到寡妇家门口时，还没等进门，就听到了寡妇撕心裂肺的哭声。

朱丹溪顾不得换下湿漉漉的衣服，就来到孩子的病床前，发现孩子已经不省人事了，但看到寡妇一家如此凄惨的景象，又不能轻易放弃。于是，他安慰了孩子的母亲，让众人安静后，仔细给孩子把了脉，又拿过油灯认真端详了孩子的面容，接着俯在孩子身上听了听气息……之后，他缓缓地抬起头，对周围人说：“这孩子命真大，还有一丝气息不肯离去，容我试试看。”

说罢，朱丹溪掏出随身携带的银针，朝着几个穴位扎去。说来也怪，这几针下去后没多久，孩子的喉咙部位便动了一下，眼皮也轻微蠕动了几下。见到这样一幅神奇场景，病床前的所有人都屏住了呼吸，瞪大了眼睛看着朱丹溪。

看到孩子真气已回，朱丹溪连忙开方抓药，并亲自给孩子熬好了药汁，又一勺一勺给孩子喂下去。等到快天亮时，孩子终于睁开了眼睛，算是真正脱离了险境。

这下，病床前的所有人都给丹溪先生跪下了，朱丹溪一一扶起。临行前，寡妇及其族人定要重礼酬谢丹溪先生对孩子的救命之恩，朱丹溪连连摇头摆手拒绝。见还是推辞不过，他便说："这次能救你的孩子，也不光是我的功劳，暴雨及时停了，让我过了溪也很关键，这是你们积德行善的福报。这样吧，如果你真的想感谢，那就将送我的酬金在怪溪上造一座桥吧。下次再遇到人命关天、山洪暴发的危急时刻，大家就能平安往来，也不至于耽误救人，这才是功德无量的好事。"

寡妇与乡亲们听到朱丹溪这样一番话，更加见识到丹溪先生胸怀之宽广，感动得热泪盈眶，连连称赞。

等山洪过去，寡妇的族人们就开始行动。没过多久，怪溪上就出现了一座坚固的石桥。临通行前，寡妇还专门叫人去请朱丹溪题名。朱丹溪想了想，过了石桥就是通往婺州去的大路，于是就提笔写下了"贯婺桥"三个字，意思是从这里贯通婺州。从此，怪溪两岸的百姓再也不用涉洪往来。人们为了纪念朱丹溪救助寡妇一家的恩情故事，就称呼这座桥为寡妇桥。

73. 蚂蟥巧治对口疮

长期的读书、治学与底层行医经历，让朱丹溪性格耿直，嫉恶如仇，爱憎分明——对待来求诊的底层穷苦百姓，他尽心尽力，送医赠药在所不辞；对待作恶多端的土豪劣绅，他不会轻易出诊，即使对方出再高的诊金，他也不为所动，搞不好，还会被他臭骂一顿。因此，当地的土豪劣绅都有些怕一身正气的朱丹溪，他们也基本清楚朱丹溪的脾气。

有一次，义乌赤岸镇上有个姓汪的大财主，脖子后面生了个大疮，因为和口相对，俗称对口。虽然已多方求治，但因汪财主平日作恶多端，正直的郎中并不肯卖力医治，结果越治疗疮面越大，脓血横流，苍蝇打转，臭不可闻。汪财主痛苦不堪。忌惮于朱丹溪的脾气性格，汪财主虽然在朱丹溪的门口转悠了多天，但也不敢轻易上门求医。

这天，汪财主看到一个叫花子倒在了朱丹溪家门口，朱丹溪和他的徒弟立刻跑出来，将叫花子抬进去用心诊治，没多久叫花子便恢复了，千恩万谢走了出来。看到这一幕，汪财主计上心头。

隔天一大早，朱丹溪在出诊的田埂上，便遇到一个倒在地上的“叫花子”。“叫花子”一边痛哭呻吟，一边喊着“朱先生救救我”。朱丹溪连忙停下脚步，趴在地上仔细为病人诊治，一看病人的“对口”已经鼓胀，里面充满了脓血，如果保守治疗，恐怕病人受不了罪；想用针挑破，又怕脓血排不干净，也难以用药治疗。左思右想之际，看到田埂两边的水田，朱丹溪二话没说，下田抓了几条粗壮的蚂蟥过来，放在“叫花子”的疮口上。饥渴的蚂蟥一闻到血腥味，立刻开足马力，使劲往肚子里吸脓血，不一会儿，肚子就鼓了起来，“叫花子”脖子上的对口也越来越干瘪，连痛苦的呻吟都停止了。

看到治疗小有成效，朱丹溪一边叮嘱他后续如何用药跟进治疗，一边开玩笑说：“亏了你是贫苦人家，这蚂蟥才会这么卖命帮你吮脓吸淤，治好你的病。要是你是个为富不仁、作恶多端的财主，治疗这么大的疮，少说要收你五十石稻谷，而且疮口愈合少说也得需要几个月。”

听到朱丹溪这样说，“叫花子”一边连连道谢，一边若有所思地点点头。

按照朱丹溪的治疗方法，没过十天，汪财主的“对口”彻底消失了。为了表达对朱丹溪的感谢，汪财主叫家里的长工赶着牛车，拉了五十石稻谷到朱丹溪家门口。

看到这些，朱丹溪才醒悟过来，笑着说：“我朱丹溪能让大财主装叫花子，也不错！为富不仁的大财主能主动送来五十石稻谷，又能救济更多贫苦百姓，也算他积德行善了！”

74. 千里求师养真阴

在广泛的临证实践中，朱丹溪一方面验证时人奉为圭臬的医学经典，另一方面又从病人的反馈中，明晰了大量弊端。例如，宋代官修医书《和剂局方》（全称《太平惠民和剂局方》）在收集汇总中药方剂方便后世学习传承方面，起到了不可忽视的作用；但外部环境不断变化，病因病机也产生了相应的变化，而很多庸医还是泥古不化，死守《和剂局方》不知变通，“集前人已效之方，应今人无穷之病”，来了病人，就去《和剂局方》中翻一翻，找到类似的病例病案和方剂，然后照着书中的经典方子生搬硬套，放弃了一人一策的辨证论治与辨病论治，其诊疗效果可想而知。

朱丹溪的至亲就饱受疾病之苦，他的父亲死于“内伤”，伯父死于“憋闷”，叔叔死于“鼻衄”，弟弟死于“腿疼”，妻子死于“痰积”……一想到这些至亲因为医疗水平限制、用药错误，先后离去，自己却无能为力，朱丹溪就心情沉重，感到十分悲痛。

“我一定要遍求天下名师，悉心钻研医学经典，纠正庸医诊治之弊，救治天下病人。绝对不能让发生在我身上的悲剧，在人世间反复上演！”深受儒家家国情怀浸润和医者仁心、救死扶伤思想指引的朱丹溪，再也无法平静，决定抛开现有的名和利，主动脱离舒适圈，再次外出拜师问道。

泰定二年（1325 年），已经 45 岁的朱丹溪肩背书箱，头戴斗笠，脚穿草鞋，再次出发！

他从家乡一路北上，先渡过钱塘江，来到吴中，又到宣城，再去建康（今江苏南京），但始终没有找到医术高明、医德高尚的导师。

“难道老天爷真的不肯垂怜天下病人？让我这样无功而返？”烈日炎炎中，朱丹溪已历经千里，身上衣衫褴褛，身体疲惫不堪，但比身体劳累更让他痛苦的是仍然没有找到合适的老师。

在路边大树下乘凉时，朱丹溪无意间和路过商人聊起来，得知杭州城的名医罗知悌医术高明、医德高尚，可能是他要找的人。

一听到心心念念的目标出现，朱丹溪不顾旅途饥渴与躯体劳累，日夜兼程、风雨不停，以最快的速度赶到了杭州——他怕罗知悌外出游医，怕与心心念念的老师失之交臂。

“我学医不为名、不为利，也不为我自己，而是为千千万万被医药所误的天下苍生百姓！”到达杭州城的时候，朱丹溪使劲攥了攥拳头，在心底发出了“为拯救天下苍生而学医”的呐喊。

这一次，朱丹溪的运气极佳，罗知悌没有外出。虽然二人初次见面，但短短几句话后，就彼此视为知己。

罗知悌是刘完素的二传弟子，深得刘完素真传，又精研张从正、李东垣的医术，加上长期实践，因此医术精湛，曾作为御用医师给宋理宗诊病。

朱丹溪格外珍惜跟随罗知悌学医的日子，废寝忘食、悉心学习。晚年的罗知悌对于这样一位饱读诗书，能不辞辛劳跨越浙、苏、皖三省，折返千里，不为私利而为天下苍生学医的中年大龄学生也甚为满意，不论是理论传授还是临证教诲，都是用心指点。在很短的时间内，有着深厚的文史素养、记忆领悟能力超强、原本就已经熟读医家经典的朱丹溪，医术有了质的飞跃。更为关键的是，在侍诊过程中，朱丹溪也为老师不为名利、不计报酬、随叫随到的高尚医德所感染，从而塑造出更为高尚纯粹的医道人格。

一年半以后，罗知悌去世，作为关门弟子的朱丹溪已尽得其学。他安葬了老师后返回了义乌老家。年老的罗知悌在将医理医技医道全部传授给朱丹溪后，虽然闭上了眼睛，却了无遗憾，因为他知道，虽然自己的肉体已殁，但精神风范已经迁移到了弟子身上，会代代传承下去。

在老师的指点启发下，朱丹溪将长期的实践经验总结为一句话——“阴易乏，阳易亢，攻击宜详审，正气须保护”，为后续创立并完善“养阴学说”奠定了坚实的基础。

75. 巧治花花公子

在朱丹溪行医的地方浙江金华有一人，名叫施王孙，仗着老爹的官员身份，欺男霸女，无恶不作。

金华城西有个姓方的土财主，家里很有钱，但是没有儿子。为此，方员外很是苦恼。但他有个如花似玉的闺女，人送外号“方姣仙”，意思是可以和仙女一较高下。

话说一次偶然的机会，方员外见了外表风流倜傥、一表人才的施王孙，又听说了他家的权势，便想把自己的闺女嫁给施王孙，将他收为乘龙快婿。于是，方员外便创造机会，让施王孙见了见自己的女儿。

这一看不要紧，看到方姣仙如此貌美如花，施王孙的魂儿都被勾走了。回家后，他很快就准备好了金银财宝、精美聘礼，准备迎娶方家女儿，这一下可把方员外乐得合不拢嘴。

方姣仙和母亲早就听说了施王孙的种种恶行，说什么都不同意。但在中国古代，婚姻大事往往由父母做主，哪里有儿女说话的份！

“还由得着你？你同不同意都得嫁！就是捆也得给我捆到施家去！”眼见心愿达成了一半，见钱眼开的方员外恨恨地说。

这年的中秋节，是约定的婚期，方员外不顾以泪洗面的夫人和女儿，强行让施家将五花大绑的女儿抬回了家。方姣仙宁死不肯拜堂，握着剪刀不让施王孙靠近半步。这一下可让豪横惯了的施家丢了颜面。大怒之下，施父让人将方姣仙锁在柴房中，派人严加看守，想着先挫一挫她的锐气，等找机会再劝她回心转意。

谁知第二天一早，新郎官施王孙就浑身浮肿，痒痛难忍，坐卧难安。施家人连忙请了郎中来诊治，但都不见效，反倒是浮肿越来越厉害，连气息都有些不匀了。看着儿子成了这般模样，施家连忙派人去义乌请名医朱丹溪诊治。

朱丹溪被请到施家后，查看了施王孙的病情，又详细了解了施家娶亲的经过，心中便有了数。于是他略一沉思，便转头对施母说：“令郎得的可是千古奇病，叫‘棺材病’！十分凶险，如果不及时治疗，很快就会一命呜呼。”

听到当世名医朱丹溪这么一说，本就疼儿心切的施母更加乱了分寸，直抚着胸口说："这可怎么办？这可怎么办？丹溪先生您一定要救救我的儿子！"说完便跪在地上行大礼。

朱丹溪一面扶起了施夫人，一面说："奇病需用奇法治！这个'棺材病'要治起来也不算难，做到两条即可，就看你们有没有决心。"

施夫人一听这话，连忙说："先生快讲！不要说两条，只要能救我儿子的命，二十条也答应！"

话已至此，朱丹溪更加不慌不忙，他说："其一，将没有拜堂成亲的儿媳妇送回去，婚事退掉；其二，到山上砍一些新鲜的杉木，钉成一口棺材，让令郎躺进去，在里面吃喝三天。三天过后，保令郎无恙！"

施夫人一听要让宝贝儿子躺到棺材里，立刻紧张起来："先生别吓唬我，好好的活人躺到棺材里干什么？"

朱丹溪笑着回答："夫人有所不知，奇病需要奇方治！令郎平日生活就不太检点，这次的婚事更是用强，这是天地人伦大忌！幸亏他还没有拜堂入洞房，如果强行入了洞房，令郎必定七窍流血、气绝而亡。治病除根，令郎这'棺材病'还需要他躺到新打的棺材里清心寡欲，才能调和阴阳，从此以后改邪归正，再不可风流成性、任意妄为，方可痊愈！"

施父施母听闻是天命难违，便咬牙一切照办。在棺材里反思了三天的施王孙，浑身的浮肿果然开始消退，食欲和精神也恢复了不少，从此以后为人处世也收敛了很多。

等到回了义乌之后，跟随朱丹溪侍诊的学生百思不得其解，便问老师这是怎么回事。朱丹溪笑着说："世上哪有什么'棺材病'，是我胡诌的！对待施王孙这样欺男霸女的恶人，还得用恶法治！先让他改邪归正了，我再给他治病。"

见学生还是不解，他接着说："我看新房里到处是新漆的嫁妆，我判断他得的是一种较为罕见的'漆疮'。这种罕见的漆疮用新鲜的杉树皮煎汤沐浴，浮肿很快就可以消退。我让他躺在新鲜杉木制成的棺材里，在里面吃喝拉撒，反思上三天，治一治他的恶行，同时一并治了他的漆疮。"

听闻事情原委，学生们无不对老师不媚权贵、惩恶扬善的智举深感赞叹。朱丹溪治疗恶少"棺材病"的神奇疗法故事也在当地广为流传，成为美谈。

76. 为何要在端午熏药渣

在我国大部分地区，每年农历的五月初五是一个重要的传统节日——端午节。在这一天，人们吃粽子、赛龙舟，用以纪念伟大的爱国主义诗人屈原。

但在浙江兰溪一带，除了这些传统习俗，当地百姓还保留着熏药渣的传统——把上一年煎药后剩下的药渣晒干贮存，在端午节这一天，和艾叶一起焚烧熏蒸，起到防蚊驱虫、祛疫、除晦的作用。

据说，这个传统习惯和元代名医朱丹溪有关。

话说有一年端午节前后，有个病人来找朱丹溪看病。在系统把脉问诊后，朱丹溪开出了药方，然后叮嘱病人煎煮方法并按时服药，就把这件事放在脑后，因为病人本身所患疾病并不严重，像这样的常见病、小毛病，对于朱丹溪这样的名医圣手来说，有手拿把掐、药到病除的充分自信。

但奇怪的是，病人三剂药后，没有任何好转，又来找朱丹溪复诊。通过一番更细致的望闻问切，朱丹溪确认病人病情确实没有好转。

“这就奇怪了！按理说像这样气喘类的小毛病，对症下药开出组方，最多三天就可以见效。难道是病人煎煮方法不对，没有按时服药，还是药量不够？”这样想着，朱丹溪和病人一起逐一复盘这三天的煎药、服药经过，发现并没有漏洞。带着不解和疑惑，朱丹溪又重新给病人开具了药方，这一次他特别加大了组方中重要的一味药麻黄的用量，特别叮嘱病人家属要换一家药房抓药，先喝三天试试。

“不好了！不好了！朱先生，服了您新开的药后，病人大汗不止，现在虚弱得很，您快去看看吧！”还没等天黑，病人家属就气喘吁吁地跑来找朱丹溪。朱丹溪二话没说，一路小跑跟着病人家属去家里出诊。

到了家，一看躺在床上的病人果然大汗不止，浑身湿漉漉的，将盖的薄被子都打湿了，病人也已近昏厥。这是典型的麻黄过量、发汗过度所致。朱丹溪随即拿出携带的石膏，让病人家属煎煮来解麻黄，然后亲自喂病人服下。不大一会儿，病人就停止了大量出汗。

看到病人的危急情况得到缓解，朱丹溪重新琢磨了一遍前后所开具的药方，又和病人家属从煎煮、服药等环节做了全面复盘，发现问题应该就出在前后两次所使用的麻黄上面。于是，朱丹溪赶忙来到灶房，找到前三天倒掉的药渣，逐一分拣辨认，发现药渣中的麻黄有些异样。他挑选出几根，放进嘴里嚼了嚼，随即吐在了地上。

“问题找到了！就出在第一次抓来的‘麻黄’身上。”说完，朱丹溪领着病人家属一起对比前后两次抓来的麻黄，辨识其中的差异，这才发现病人家属第一次抓的药中所谓“麻黄”是假的。

于是，朱丹溪带着病人家属一起去找第一家药房理论。原来是药房掌柜因为店里一时缺货，为了留住这单生意，竟然剪了和麻黄秆很相似的破灯草席子来替代，企图蒙混过关。朱丹溪义正词严地将无良药商教育一番后，重新调整了麻黄用量，亲自煎药，看着病人服下才回家。这次，不出三天，病人果然痊愈。

从此以后，朱丹溪通过辨认药渣识别假麻黄的故事就在当地百姓中流传开来。当地的百姓受到了启发，慢慢养成了煎药后留下药渣、晒干贮存的传统。直到来年的端午节，再焚烧药渣，这样既能在医疗纠纷发生后进行药材核对，又能熏虫驱疫，实现废物利用，可谓一举多得。

77. 踢上一脚也治病

朱丹溪一生行医，以弘扬医德、治病救人为己任，在那个昏暗动荡的年代，尽全力救助贫苦百姓。

话说有一天，朱丹溪外出行医路上，见到一群地痞正在围殴一位在城墙根卖菜的老农。原来老农挑着菜进城来卖，本希望能换回一些铜钱好买些油盐酱醋贴补家用，正碰上这群地痞在收取所谓的摊位费和高额保护费。老农连饭都舍不得吃，哪里有多余的钱给这些地痞流氓。因此，当地痞来抢钱时，老农一面使劲摁着自己装铜钱的竹筒不肯撒手，一面苦苦哀求那几个地痞“大人有大量”，放过自己。拉扯当中，一个地痞抱起老农装钱的竹筒就跑，另一个则抄起扁担，趁着老农不备，朝着他的后腰就是一扁担。

只听“啊”的一声惨叫，老农应声倒地，脸色蜡黄，冷汗直冒，很快只剩下在地上哀号的劲儿。即使这样，几个地痞还不算完，依旧朝着躺在地上的老农拳打脚踢，一边打一边叫嚣着：“再让你啰唆！见了大爷不赶紧把钱都给我吐出来！”

见此场景，远处的朱丹溪立刻赶了过来，一边分开围观的人群，一边拉着打人的地痞说：“好了！好了！”顺势还一脚踢在了老农的后腰脊处。

打人打得正起劲的地痞见有人拉住了自己，气不打一处来，正想扬起扁担痛打一顿“多管闲事”的人。一抬头，见是当地名医丹溪先生，扬起的扁担又缓缓地落了下去。

此刻，带头的地痞见已经拿到了“保护费”，不听话的老农也被狠狠地教训了一顿，打人立威的目的也达到了，正好遇到朱丹溪来拉架，于是便顺坡下驴，叫嚣着：“今天要不是看在朱先生的面子上，早晚得打死你！这次长长记性，就先饶了你！”说罢，朝着老农吐了一口唾沫便扬长而去。

倒在地上的老农听说刚才帮自己说了好话的人是大名鼎鼎、好打抱不平的名医朱丹溪，非但没有感谢，一咕噜从地上爬起来后，还开始责备朱丹溪不但不早点儿拦着他们，多帮帮自己，反倒是跟着地痞流氓踢了自己一脚。

朱丹溪见老农从地上自己爬了起来，便伸出手一边帮他拍拍身上的泥土，一边揉了揉老农的后腰，笑着问老农："我刚才远远看到你后腰处狠狠地挨了一扁担，是不是马上倒在了地上？"老农气呼呼地说："你都看到了，这还用问？"朱丹溪不慌不忙地又接着说："挨了一扁担，是不是听到身体里'咯嘣'一声，然后两耳里发出持续的嗡嗡声，还两腿麻木，瞬间无力？"老农翻了翻白眼说："是！又能怎样？"

朱丹溪此时才说："我刚才站在远处，要制止已经来不及了。看他们下手的位置和力道以及你的反应，估计是你的腰椎已经错位了，如果不及时进行复位治疗，病情迁延，恐怕你会瘫痪在床，再也站不起来了。"

"刚才我趁着拉架的功夫，在你错位的腰椎处踢了一脚，你是不是觉得疼痛瞬间减轻了，随后还能自己站起来了？"朱丹溪一边笑着跟老农解释，一边引导老农在石头上坐下，对老农进行更全面细致的系统检查。

老农一想："确实是这么回事！看似丹溪先生跟着踢了自己后腰一脚，原来是暗中给错位的腰椎复位呀！"弄明白了前后因果后，老农连连向朱丹溪作揖道歉，周围看热闹的人也为朱丹溪的善行义举叫好。

朱丹溪笑着挥了挥手，不但不计前嫌，反倒是给老农免费贴上自己配制的跌打损伤膏药，然后又对症下药开了汤药，嘱咐他饭后用黄酒吞服。按照朱丹溪的嘱托，未出七日，老农腰椎的伤便彻底痊愈。

78. 腰椎错位巧复位

朱丹溪生活的婺州，有位老先生姓郑，平日开馆授徒，因为为人正直，品行端正，学问深厚，所以深受当地百姓敬重和学生爱戴。

话说有一年，郑老先生在教书的过程中，弯腰替学生捡一张字条，突然觉得腰部一阵剧痛，便晕倒在地。等醒来后，他感觉后腰依旧疼痛难忍，就这样在床上静养了几个月。等能下地活动了，老先生的腰却再也直不起来了，成了佝偻的罗锅。

老先生的家人和学生都很着急，四处求医问诊。内服中药，外用膏药，针灸、按摩、推拿，只要有治好的希望，都试了个遍……但都是疼痛难忍，无济于事，生活质量大为下降，更别提继续开馆授徒了。

后来经人推荐，老先生的家人特地去义乌请了名医朱丹溪来诊治。

问了病因，切了脉，看了舌苔，问了老先生的饮食起居及前期治疗经过后，朱丹溪心中大致明白了是怎么回事。但具体怎么治疗，他思考良久，也是一筹莫展，不外乎跟以前的郎中一样嘱咐内服汤药，外贴膏药。

等回到住处，朱丹溪苦恼不已，他在房间里一边来回踱步，一边搓着手，一直在复盘今天的病例。走走停停，停停走走，一有思路和想法，就立刻坐到桌前写下来。结果来来回回几次后，一不小心，他坐偏了椅子，只听"咔嚓"一声，老旧的椅子散了架，要不是他反应敏捷、眼疾手快，用力扶住了桌子，非得重重地跌坐在地上不可。

经过这一惊吓，朱丹溪打了个激灵，脑子里顿时有了治疗郑老先生腰疾的好主意。

第二天一早，朱丹溪就来到了郑老先生家里，跟老先生的儿子交代一番，并叮嘱他一定要保守治疗秘密，告诫他若走漏了半点风声，治疗便不会有效果。

按照朱丹溪的叮嘱，儿子把腰疼得正厉害的老先生一步步搀扶到房间。老先生挪步到椅子旁，屁股还没完全坐下，椅子就"咔嚓"一声断裂了。

眼见老先生就要跌个四脚朝天，早已在一旁准备多时的朱丹溪及时用一只手牢牢抓住了老先生的肩膀，电光火石之间，另一只手在老先生后腰脊突处顺势一按。只听老先生受惊后喊出一声“哎哟”后，竟然腰板笔直地自己站了起来。

原来，这正是朱丹溪从断裂的椅子上跌落后想到的腰椎复位的妙计。郑老先生虽然被吓出了一身冷汗，但在跌落的那一瞬间，就被眼疾手快的朱丹溪治好了错位的腰椎，感激之情自然溢于言表，家人和学生也是连连称赞。

最难的腰椎复位过程完成后，朱丹溪又调制了几剂活血化瘀的汤剂和膏药，嘱咐老先生按时服用。没过多久，老先生的腰椎怪病便痊愈了。

79. 心病转到胳膊治

苏州城有位姓葛的名医，名可久，医术高明，医德高尚，深受当地百姓爱戴。因为仰慕葛可久的医德医术，已经颇有名气的朱丹溪决定隐姓埋名，拜师于葛可久门下。

经过一段时间的暗中考察，葛可久发现这个青年后生与众不同——品德高尚，待人宽厚，学识渊博，基础扎实，吃苦耐劳，还思维敏锐，有时候对于一些疑难杂症，这位学生的认识甚至超过自己。因此，他对朱丹溪格外器重，决定悉心培养。

葛可久有个女儿，生得眉清目秀，更聪慧过人、待人真诚。除做好女红外，她偶尔也跟着葛可久学点医药知识。葛可久对她也是格外疼爱。

但不曾想，这一年，葛可久的爱女得了一种非常罕见的心痈痛，而且有愈来愈重的发展趋势。幸亏爱女年幼，对自己的疾病还不甚了解，作为父亲，葛可久只能骗女儿说因为没休息好，好好听话，过段时间就好了。

看着爱女得了莫名的重病，将来还有可能一命呜呼，名医葛可久上下求索、翻遍医书，也没有找到确切的治则治法，这已经成为他的一块心病。诊病之余，一想到女儿的病，葛可久便暗自流泪，为自己的无能为力而深深自责。时间久了，他整个人也变得闷闷不乐。

一天，葛可久对学生们说，自己要出趟远门，去外地访友，少则十几天，多则数月，家里的一切事情都交代给人品厚道、医技高超、做事稳重的朱丹溪打理，并特别叮嘱女儿，一定要尊重师兄，一切听朱丹溪安排。

葛可久外出后不久的一天，朱丹溪看到正在忙活家务的小师妹脸色有些不太好看，于是叫住了她，认真给她切了脉，查看了舌苔，问了她近期的饮食起居。沉思良久后，他对小师妹说："师妹，你的胳膊有些问题，还比较严重呢！现在病在肌表，还算好治。如果延误治疗，等病入肌理，就会红肿发痒，继而化脓溃烂。如果不彻底治疗，这只手臂有可能会保不住，落下终身残疾。"

师妹一听朱丹溪的描述，样样都符合自己的真实情况，又想到父亲平日常夸师兄为人敦厚、医术高明，于是便对朱丹溪的诊断不再怀疑，让师兄放心大胆治疗。

经过三天的内服和外贴，师妹原本好端端的手臂开始红肿发痒。又过了几天，竟然疼痛不已，整条手臂变得青紫。再过了几天，有几处皮肤开始化脓流血，腥臭不已。

根据师妹身体状况的变化，朱丹溪每天都给她清理脓血，然后内服散药，外用膏药。这样经过近半个月的精心调理，师妹原先溃烂化脓处竟然慢慢结痂，手臂也由紫褐色变成正常的肤色，原先隐隐作痛的心痛病也慢慢好转。又经过一个月左右的系统治疗，师妹的手臂完全恢复，又变得光滑细嫩如初，就连心痛病也好了，连同病根一起拔除。

等一个多月后，外出访友的葛可久风尘仆仆地回到家里时，一见活泼可爱的女儿，被惊得目瞪口呆，连忙拉着女儿的手问："你这一个多月都经历了什么？是谁治好了你的病？"

于是，女儿将父亲走后，师兄朱丹溪如何为自己诊病、治病的经过详细地说了一遍。听完女儿的描述，又看看眼前活蹦乱跳的女儿，葛可久感动得半天说不出话。

葛可久把朱丹溪叫来，问道："你是怎么知道我女儿得了心痈痛的？又是从哪里学的治疗法则？"

听到师傅的问话，朱丹溪如实说道："通过系统问诊，我发现了小师妹的病症，并判断是心痈痛，而且病程发展很快，也很凶险，但这个病我也没有治疗过。我想如果把真相直接告诉小师妹，她可能会承受不住，因为害怕，反倒会延误治疗。所以，我故意说她的病在手臂，将她的全部注意力从心痈转到手臂上，让小师妹觉得这就是一个手臂上的疾病，最坏不过失去手臂成为残疾人。等她做好了充分的心理准备后，我一边让她内服散药，将毒往外逼，一边外用膏药，将毒往外拔，这样内外合治，最终将毒全部引出，也就治好了小师妹的心痈痛。"

虽然朱丹溪说得这么云淡风轻，但葛可久知道在他离家寻找药方的这一个多月里，朱丹溪心中经历了多大波折，又承受了多大的治疗压力，这么一想，眼泪便忍不住在眼眶里打转。

抹了把眼睛后，葛可久用力拍了拍朱丹溪的肩膀说：“时至今日，为师不再相瞒，你小师妹的确得了心痈痛这种怪病，我早已察觉，只是无力治好，只能借着外出访友的名头，去找可能的治疗方法和药物。但真没想到，你不仅能诊断出来，还有智慧和胆识给她治好，真是孺子可教！”

从此以后，师徒二人情感更加深厚，他们合力治好了很多疑难杂症，葛可久也将自己的毕生绝学毫无保留地传授给了朱丹溪。直到学成告别，朱丹溪才将自己的真名告诉老师。

谁知，葛可久笑着说：“根据你的综合表现和平日里流露出的家乡习俗、语言特征、饮食习惯等，我早就猜到了你是谁，只是没有点破而已。希望你日后无论走到哪里，一定要牢记医者仁心，将‘大医精诚’的精神发扬光大。”

80. 一盆冷水有妙用

婺州城外有个老农，因为肺病久拖不治，最后得了肺痈，咳血不止，生命垂危。经多方求医，虽服药无数，但都不见效。

后来经过朱丹溪学生管元德的推荐，老农请朱丹溪前来诊治。经过仔细一番望闻问切，朱丹溪对老农的病情有了明确诊断。

朱丹溪先把管元德叫到跟前，耳语了一番，然后面色凝重地对老农说："你的病在肺部，因为长期拖延，现在肺部已经有溃烂，充满了脓血。如果脓血不去，只靠服药，效果很差，很难除根。现在我琢磨着，用一根银针扎到你的肺部，将脓血先排出来，再进行后续治疗调理，你怕不怕？"

老农本就被疾病折磨得奄奄一息，听闻当世名医治疗方法后觉得很有道理，保守治疗也是回天乏术，还不如冒险一搏，说不定真能治好自己的病。想到这一点后，老农咬了咬牙，坚定地对朱丹溪说："俺信朱先生！都听您安排！"

说完，便脱下上衣，等着朱丹溪扎针。朱丹溪拿了一根长长的银针在病人背后又是比画又是试探，只见病人面不改色、泰然自若。这时，朱丹溪对学生管元德使了个眼色。接着，只见管元德从背后端起一盆冷水，趁其不备朝着老农头上浇了下去，冻得他打了个激灵。

说时迟，那时快，在冷水浇下的那一刻，只见朱丹溪拿好锋利的银针，朝着病人的病灶处迅速扎了下去。不一会儿，随着银针拔出，腥臭的黑红色脓血咕咕直往外冒，没多久，脓血就排干净了。

随后，朱丹溪给病人包扎了伤口并贴上了生肌愈腐的膏药，又为他开具了汤药，叮嘱老农按时服药、定期换药，就让老农回家休养。

没过多久，老农果然痊愈了，带着自家的农产品前来感谢朱丹溪的救命之恩。千恩万谢之余，老农不解地问道："寒冬腊月里给俺治病，为啥要在俺头上浇一盆冷水？"

朱丹溪笑着说："现在可以告诉你了。因为你肺痈的部位离心脏很近，稍有不慎，一针下去，很容易刺破心脏，那样你就危险了。当时直接告诉你吧，怕你害怕，影响治疗，因此我就想了这么一招，趁你不备，让学生往你头上浇一盆冷水。这样你的心脏因为突然的刺激就会剧烈收缩，位置往上提一下。这时我再朝着肺痈部位扎下去，就不会误伤到心脏了。”

老农听后恍然大悟，多日来的疑惑终于有了答案，对朱丹溪的医德医术也更佩服了。

81. 梧桐叶可不是万能的

朱丹溪家乡有一位产妇生产时，生了三天三夜，孩子还是没有生下来。产妇疼痛难忍，哀号不止。眼看着产妇气息奄奄，一人两命都不保了，接生婆不得不对产妇的丈夫说："我是没法子了，赶紧去请朱先生来吧！来晚了，大人小孩都有危险！"

一听这话，产妇的丈夫连忙去请名医朱丹溪。当朱丹溪迈进产妇家的院子，就听到产妇一声声"哎呦哎呦"的喊叫。他停住脚步，在院子里屏息谛听，然后又到产房一番辨识后，对于产妇的情况，心中基本有数了。

待出来产房，朱丹溪抬头看到院子中的一棵梧桐树长势正盛，郁郁葱葱。于是便采了几片叶子，对产妇的丈夫说："梧桐梧桐，无痛无痛！用这些叶子煎汤，产妇服下就可以顺利生产了！"街坊四邻们发现名医开的药居然是梧桐叶，都对疗效半信半疑。产妇丈夫将叶子接了过去，按照朱丹溪的叮嘱，将其熬了汤。神奇的是，服用梧桐叶汤后的产妇，果然没多久就顺利生下了个大胖小子。于是，梧桐叶能治难产在乡亲们中传开了。

第二年，这个村子又有一个产妇遇到了难产，家里人将梧桐叶煎汤给产妇喝了三天，却依旧生不下来。

见产妇情况不妙，接生婆对产妇家人说："情况不好，赶紧去请朱先生吧！"

经过一番仔细望闻问切后，朱丹溪很快开出了药方，嘱咐产妇丈夫抓紧去抓药煎药，按时服下，并预判道："服了这剂药，产妇腹痛就会减轻，估计下半夜就能生。"

产妇服下药后，腹痛减轻了很多，等到下半夜时，果然顺利生下了孩子。

产妇的丈夫很好奇，去答谢朱丹溪时不解地问道："上次邻居家难产，先生口里念着'梧桐，无痛'，用几片梧桐叶就让她顺利生下孩子，但这次俺媳妇喝了这么多梧桐叶汁，怎么还是不行？"

听闻此言，朱丹溪笑着说："梧桐叶本没有止痛催生的药效，你邻居本身没有多大问题，马上就能分娩了，就是初胎太害怕，痛得一直喊叫，我用几片梧桐叶让她安心，有了信心自然就能生下来了。你媳妇可就完全不同了，她是真正的难产，必须服用止痛催生的药物，否则就很危险。”

中医治病讲究辨证论治，看似相同的症状，但治法往往不同，朱丹溪用不同的方法帮助两位难产产妇顺利生产的案例，就生动诠释了什么是辨证论治。

82. 捡拾豆子复胎位

有一位勤快的孕妇，虽然月份已经很大了，但仍然坚持每日劳作，身体倒也保持得很灵活。

一日，孕妇在家人吃完饭后收拾饭桌，随后试图将盛干粮的篮子挂到厨房房梁下的挂钩上。因为挂钩位置相对比较高，孕妇便伸长了脖子踮起脚去挂。要在平时，这一踮脚肯定不要紧，但对月份很大的孕妇来说，这一踮脚一伸肚皮可就了不得了——孕妇的腹部突然收紧，紧接着一阵疼痛袭来，直疼得她在地上打滚儿。家人看到后，又是揉搓又是喂她红糖水，总算缓和了一些，但她依旧腹痛不止，不敢坐卧。

附近的郎中都请了个遍，安胎药吃了很多，但改善不大。这时，孕妇的丈夫想起名医朱丹溪来，决定去请他来看看，因为他曾经治好了困扰自己的忧思病。

原来，孕妇的丈夫是个秀才，知书达理、很重感情，秀才的前妻得了病去世后，秀才便忧思成疾，请遍了当地的名医都不见效，最后去义乌请了朱丹溪来才治好。

当时，朱丹溪给秀才一番望闻问切后，笑着对忧思难忘、形容枯槁的秀才说："恭喜啊！先生！您这不是别的病，是有喜啦！"见原本目光呆滞的秀才此时一脸疑惑地看着自己，他又摸了摸秀才干瘪瘦弱的肚皮说："你这段时间是不是觉得胃口差，不思饮食？没错，就是有喜啦！还是双胞胎呢！不要紧，我给你开个保胎方，吃了就好了！再过几个月就能生下一对大胖小子！"

听到朱丹溪这样一本正经地胡说八道，原本忧思过度的秀才脸上再也绷不住了，不禁哈哈大笑起来。

秀才笑得前仰后合，一边笑，一边揶揄道："哈哈哈！哈哈哈！高！实在是高！不愧是义乌神医朱先生！哈哈哈……"一边笑，一边向家里其他人讲，不等讲完，自己又哈哈大笑起来，直笑得肚子疼。

就这样，秀才连朱丹溪开的“保胎方”都没吃，逢人便讲朱丹溪“一本正经地胡说八道”，边讲边笑，没过多久，自己的忧思病竟然完全好了！

为此，秀才专门登门拜谢朱丹溪，并请教其治病之法。朱丹溪说：“你的病是忧思过度所致，属于情志病范畴。医书上讲，喜胜忧，解铃还须系铃人，你这病要想治愈，除吃点药辅助外，主要还是你自己要卸下思想包袱，让精神松弛下来。我的一剂‘保胎方’让你开怀大笑了多久？一天笑话我多少次？这么多天下来，这忧思病能不好吗？”

秀才听了，恍然大悟，连忙拱手感谢朱丹溪的良苦用心。

听了朱丹溪的治病往事，孕妇也信心大增，便同意丈夫去义乌请朱丹溪前来诊治。

朱丹溪到来后，经过系统的望闻问切，先让孕妇试着做出往前趴、往后仰、往左侧卧、往右侧卧等不同姿势，并仔细询问腹痛感受变化，这样他基本掌握了孕妇的实际情况。他沉思片刻，见厨房桌子上放着一些豆子，便有了主意。

朱丹溪先写下了一张调理药方，又让秀才冲了两大碗红糖水放着，随后将桌子上的半升豆子洒到了地上。然后，就让孕妇咕咚咕咚喝下两大碗红糖水，让孕妇忍着点痛，将地上的豆子一粒一粒地捡起来，再放回笸箩里，并说捡完这些豆子，保准肚子不再痛了。

虽然一弯腰肚子就很疼，但见名医朱丹溪说得这么坚定，孕妇只得咬牙坚持下来。刚开始，一弯腰，腹痛难忍，疼得头上直冒冷汗，但咬牙坚持了一会儿后，腹痛竟慢慢减轻了不少。等到地上的豆子都捡完了，孕妇已经浑身湿透，但奇怪的是，在不知不觉中，肚子竟然不疼了。

见此情景，朱丹溪又让秀才去煎药。孕妇按时服下几剂后，肚子再也不疼了。没过多久，她就顺利生产，母子平安。

事后，秀才又专门登门拜谢朱丹溪，再次请教道：“朱先生，这次您治疗拙荆腹痛是什么道理？”

朱丹溪微笑着说：“夫人腹痛属于身体妄动造成了胎位移动，光靠吃药治标不治本。关键还得靠自己的适当活动，慢慢扶正胎位，然后再适当服用少量安胎药物，便能事半功倍。我让夫人捡拾地上的豆子，这样一弯腰再一挺身，胎位不就慢慢扶正了吗？”

秀才听后，恍然大悟，忍不住连连赞叹。

83. 一抱定乾坤

话说有一天朱丹溪出诊，因为顺利化解了病人的病情，所以归来路上格外高兴，和同去侍诊的侄儿交谈甚欢。在路过村头的一处水塘时，朱丹溪瞥了一眼一位正在洗衣服的姑娘。谁知，正是这无意中的一眼，竟救了姑娘的性命，还成就了一段美好姻缘。

见伯父站在原处不肯挪步，眼睛盯着那位正在洗衣服的妙龄姑娘，朱丹溪的侄儿感到有些难堪，上前拉着他的胳膊说："伯父，咱们赶紧走吧！"见朱丹溪还是不肯走，他小声提醒道："这样盯着人家大姑娘看时间长了，不好！"

朱丹溪一脸严肃地说："侄儿，你想不想救这姑娘一命？"这下，侄儿是丈二和尚摸不着头脑了。"医者仁心，见到病患，我肯定不会不管。但现在人家姑娘好好的，长得眉清目秀不说，还这么勤劳能干，怎么可能有性命之忧？"侄儿不解地问道。

朱丹溪没有过多解释，说："你先别多问为什么，等事成之后我再告诉你。如果你觉得能行，现在就悄悄地走到姑娘身后，趁其不备一手蒙住姑娘的眼睛，一手抱起她，把姑娘抱到路边就放下，剩下的交给我。但行动一定要快！"

看到信心满满的伯父，想到之前治病救人的种种奇招，侄儿也没有再多问，便点了点头，按照朱丹溪的叮嘱，悄悄挪到洗衣姑娘的背后，一把将姑娘拦腰抱住。

正在专心洗衣的姑娘，根本没想到在自己的村子里会发生这样惊险的一幕，不禁连踢带打，高呼救命。

听到姑娘急促的求救声音，村子的乡亲们纷纷围了过来，准备动手痛揍朱丹溪的侄儿。

"大家都住手！是我让他这么干的！"听闻此言，准备动手的乡亲们都转过了头，见是人人尊重的名医朱丹溪，大家一时都想不明白朱先生为何偏袒一个流氓。

等到姑娘的父母循着呼救声来到面前，朱丹溪才说道：“老哥哥，刚才我出诊回来路上无意间看了你家姑娘一眼，从面相诊断出她有疾病在身，如果不赶快医治，恐怕有性命之忧。你问问你家姑娘近期是不是感觉身体不适，不思饮食，还有点儿发烧，但又说不出是哪儿出了问题？”

此时，受到这突然“一抱”惊吓的洗衣姑娘已经缓过神来，听闻面前的人是远近闻名的名医朱丹溪，便放松下来。没等父亲开口问，她连忙点头。

见此，朱丹溪接着说：“这种病是一种发病比较隐蔽、致死率较高的麻疹，从姑娘的面色我可以大体判断出疾病已经在体内积聚了三天以上，如果再不透发出来，可就麻烦了！刚才，我故意让我的侄儿从背后突然抱住她，姑娘受此惊吓，今夜麻疹必定能透出来！”

姑娘父亲见朱丹溪这样说，也是半信半疑，但出于对名医的尊重，他还是郑重邀请朱丹溪叔侄二人到家留宿一夜，一来验证真伪，二来也是防备女儿有突发状况。

到了这天半夜，洗衣姑娘果然发起高烧。朱丹溪叔侄连忙上前检查，发现麻疹基本透了出来。朱丹溪又根据实际情况开了一个调理身体的药方，嘱咐按时煎药服下。没过多久，姑娘就痊愈了。

这下，洗衣姑娘及其父母都对朱丹溪叔侄二人千恩万谢。后来，洗衣姑娘的父母还将她许配给了朱丹溪的侄儿。朱丹溪策划指导侄儿实施的这突然“一抱”，不光救了洗衣姑娘一命，更是成就了一段好姻缘，在当地传为美谈。

84. 出其不意治相思

有一痴情女子，婚后不久，丈夫就外出经商闯荡，一去几年没有回家，也没有捎回书信。女子朝思夜盼，长此以往，渐渐少言寡语、不思饮食，形体日渐消瘦，精神日益萎靡，以至于忧思成疾。父母见她生病，便从婆家把她接了回来。

看到女儿这样一幅愁容满面的样子，父母看在眼里急在心里，请了当地很多郎中来看，这个开健脾消食的药，那个开醒脑行智的药，但女子吃了很长一段时间，病情都没有大的好转。眼看着女子形容枯槁，精神倦怠，整天病恹恹地躺在床上，送进去的饭菜基本没动，父母也是愁得整日以泪洗面。

一日，女子的父母听一位亲戚说，有一位叫朱丹溪的名医，善于诊治各种疑难杂症。爱女心切的父母，便抱着试试看的态度去请了朱丹溪来。

朱丹溪听了女子几年来的经历与遭遇，了解了其饮食起居情况，又经过一番望闻问切，沉思片刻后，对女子的父亲说："令嫒属于思念成疾，思伤脾，导致脾气郁结，运化失常，出现食少纳呆、胸脘痞满等症状。长此以往，肝脾两伤，久则伤正。"

女子的父亲听后，不断地点头："对对对！朱先生说得很对！前面的先生也是这么说，但关键是先生们开的药，现在小女一口都吃不进去了，这可怎么办？"

朱丹溪听后抚了抚胡须，淡定地说道："我有办法！"说完，便在女子父亲的耳旁耳语了一番。只见女子父亲一会儿眉头紧锁、面色凝重，一会儿又眉头舒展、面露喜色，最终点头答应。

女子的父母听从安排，先后离开房间，朱丹溪便朝正靠在床头上闭目养神的女子走去。只见他走近之后，二话不说，朝女子脸上用力"啪啪"甩了两个大耳刮子。女子从小养在深闺里，娇生惯养惯了，大声呵斥都不曾有过，哪受过这种委屈。等反应过来怎么回事后，"哇"的一声号啕大哭起来，边哭边指着朱丹溪说："你……你……作为名医，竟然这么粗鲁无礼……"

朱丹溪一看女子哇哇大哭起来，上前接着又给了两巴掌。这次他一边打，一边骂女子："不仁不义，不忠不孝，红杏出墙，不守妇道，好好的还在这装病，我打的就是你这种不知廉耻的人!"听朱丹溪骂得这么难听，女子更难过了，一想这几年在家里苦守，等候丈夫归来，以至于思念成疾，如今竟然被人骂红杏出墙、不守妇道，这口气怎能咽得下？于是，她一气之下，跳下床来，扯着朱丹溪的衣袖，大骂道："你是什么狗屁名医，就是混蛋，根本就不会治病，抓紧给我滚!"并哭喊着让朱丹溪解释清楚她怎么不守妇道了。

女子畅快哭闹了大半个时辰，渐渐安静下来，最后累得瘫在床上睡了过去。

再看此刻的朱丹溪，衣袖被扯碎，身上也是多处伤痕累累。但看到女子疯癫一样的表现，他却笑着对女子的父母说："成了!"

面对女子父母的疑惑，朱丹溪围绕情志病"以情胜情"的疗法给他们解释了一番。

过了大半天，女子睡醒后，第一句话就是："我饿了，想吃东西。"看到女子在大哭大怒之后，多年的忧思情绪得到宣泄，能开口说话，愿意吃东西了，朱丹溪这才好言跟她解释治疗法则，提笔给她开了调理脾胃与精神的药方，并安慰女子道："你的丈夫来过书信了，但因为战乱，近几年家书难抵，近期很快就会回家。"听了这话，女子的精神大振。

过了几天，女子果然收到丈夫的家书（朱丹溪授意别人代写的），又加上朱丹溪的用心调理，她的气色日渐好转起来。

又过了几个月，战乱平息，女子的丈夫收到家书，得知家里的情况后，风尘仆仆赶了回来，女子的忧思病得以彻底治愈。

85. 断手明志以求医

兰茂（1397—1476），字廷秀，号止庵，云南嵩明人。兰茂有大才，通音韵，擅小学，熟军事，精医学，为明代滇南名士，在当时被誉为神医。

医学方面，著有我国最早的地方性本草专著《滇南本草》，比李时珍的《本草纲目》早了140多年；小学方面，著成《韵略易通》《声律发蒙》两部韵书，其中《声律发蒙》作为儿童声律启蒙读物，比我们耳熟能详的李渔的《笠翁对韵》早了大约200年；军事学方面，其智谋为朝廷平定麓川土司叛乱立下首功，著有《安边策条》这样的军事学著作。

这样一位在多个方面建树不凡的人，自然也是天赋异禀。兰茂从小聪明异常、兴趣广泛，传说读书一目十行、过目成诵，博通经史子集，旁及文艺、术数、医学、军事等，有着丰厚的中国古代文史知识储备、高超的文学造诣，还有危难时刻强烈的为民请愿、仁者爱人的士人担当精神和医者仁心爱心。

话说有一年，兰茂家乡昆明发生了瘟疫。该病传染性极强，致死率很高，加上当地医疗水平有限、老百姓医疗意识不强、巫蛊盛行，导致瘟疫传播更加迅速。缺医少药的老百姓死的死，跑的跑，十几天时间里，昆明城就少了一多半人口。一个家庭中，最先感染瘟疫的人还有家人照顾，最先去世的还有家人及亲戚朋友掩埋，但后面由于瘟疫传播太快，大量患者只能躺在家里无助呻吟，病死者也只能用草席一裹草草掩埋，或者曝尸荒野，无人问津。

“在这样的滔天瘟疫面前，读这么多书又有何用？不通医学还是不能够在家国危难时刻出手相助，在百姓需要的时候施以援手！”从小饱读诗书的兰茂具有强烈的社会责任感和士人担当精神，看到瘟疫来袭后的惨烈景象，想到身边的亲朋好友、邻里乡亲相继不明不白死去，心里非常难过。他决计向医学高峰发起冲锋！学好医学，为民众消除病患！

虽然学医起步晚，但由于自身聪颖、悟性极高、勤奋好学，再加上有着广博的文史知识储备和强烈的为民请命的学医愿望，没几年时间，兰茂便学得有模有样，掌握了不少医学知识，在家乡小有名气。

有一回，兰茂给一位赶马大哥免费看病，从这位大哥口中得知：距离昆明一千多里以外的大山里，有一位傣族的老人具有秘不外传的祖传医术，接骨非常有本事，只要老人出手，不说药到病除，那也是手起伤去。

有一次，这位大哥在赶马经过这个傣族村寨的时候，由于山高路险，不慎从马背跌落，又被马匹踩踏，身上多处严重骨折，生命垂危。恰好寨子里的农人看到，便背回家里，请老人出面诊治。老人对躺在地上哀号不止的赶马人仔细查看一番，只听几声“咔咔咔”骨头摩擦声，病人便安静了下来——原来是断骨已经复位了！老人又给病人敷上自己配制的膏药，并用一种特殊的青竹固定伤处，又放下几贴膏药，留下一句“明日便不疼了，七天后便可下地行走，半个月就能基本恢复”，在众人半信半疑中，飘然离去。没过半个月，赶马大哥的伤病果然都好了。

兰茂一听，立刻心动了。他立刻起身，央求赶马大哥陪自己前往千里之外的傣族大山里走一趟，去找那位傣族老人，学习接骨真本事。

赶马大哥也不含糊，经过一个多月翻山越岭、风餐露宿的艰难跋涉后，他们终于到达目的地，顺利找到老人。但当兰茂说出希望跟随老人学习接骨之术时，老人瞥了他两眼，跟他说：“你是从哪儿来的？为什么要教给你？我这接骨之术，是祖上传下来的，从来都是秘不外传，不教！”

“我从昆明来，对医术略知一二，听说您有接骨神术，想跟您学习后，回去给穷苦百姓治病。”兰茂一板一眼地回答。

“不教！”说完，老人便不再看兰茂，专心干自己的事情去了，完全忽视了兰茂的存在。

要说这兰茂也确实“脸皮厚”，为了学到真本事，就是赖着不走，老人去哪儿他就去哪儿，老人干什么他就在后面默默帮着干，老人回家睡觉，他就在寨子里找个地方窝一宿，第二天又来堵着门口。

“你这后生，第一天就跟你说明白了，看你也像知书达理的读书人，老是跟着我干什么？怎么如此无礼！”这样一连十几天后，这天当兰茂跟着老人去山里砍柴时，老人终于忍不住了。

“跟着您学接骨的真本事啊！”受了这样的奚落与指责，兰茂也不气馁。

“要学本事，你得拿出真金白银、美玉珠宝来！”老人没好气地说。

“我一没有真金白银，二没有美玉珠宝，只有一片赤诚之心给您。”兰茂回复道。

“人心隔肚皮，你有什么赤诚之心？又看不到摸不着，谁知道你学会了是不是自己出去坑蒙拐骗！”老人气呼呼地说。没等老人的话说完，兰茂迅速抽出柴刀，手起刀落，砍向自己的左手。

殷红的鲜血汩汩冒了出来，兰茂疼得脸色煞白，冷汗直出，但却咬紧牙关，一声痛苦呻吟都没有发出。

“小伙子，有话好好说，你这是何苦呢？我活了一辈子，也没见过你这么硬气的汉子！”傣族老人看傻了眼，连忙脱下自己的褂子撕成长条，先给兰茂止血。然后又从山上找来各种草药捣烂，敷在伤口处。经过老人的精心治疗与护理，过了一段时间，伤处竟奇迹般痊愈了。

就这样，傣族老人被兰茂的真诚打动，便收他为徒，将自己的所有本事都教给了他。

后来，兰茂还经常外出拜访各地名医及偏远大山中少数民族医生，医术大为精进。临床之余，他还博览前代医书，潜心研究各类药物，发现了云南地区的许多药用动植物，最终于 1436 年写就《滇南本草》。这是我国最早的地方性本草专著。书中不仅详细记载了云南当地可作药材的动植物，记录了民间治疗秘方、验方，还记载了很多民族医药应用的具体案例，对后世尤其是西南地区民族医药发展贡献巨大，兰茂本人也被称为“布衣科学家”。

86. 西瓜也是良药

有一天早上，昆明呈贡一位姓王的病人的女儿来请兰茂出诊。一见兰茂，女孩就声泪俱下地恳求道："兰先生，求您救救我爹吧，他快不行了！"

急病人所急，这是医生的职责和本分。兰茂一听病人有性命之忧，便放下饭碗，赶紧随女孩去了。一路车马劳顿，到了病人家中，只听哭声一片，病人躺在床上，瘦得皮包骨头不说，喘气也是呼哧呼哧响，听上去都让人难受。兰茂走上前仔细瞧了一下病人，心里有底了，便对病人家属说："无妨！无妨！赶了这么远的路，早饭也没来得及吃，我是又累又饿，先给我弄点儿吃的吧。"

病人一家人急得要命，都等着兰茂开出治病良药，却等来吃饭的要求。虽然内心很不高兴，但也只能强忍着匆匆准备了饭菜。兰茂不紧不慢吃了饭，还喝了一杯酒，这才站起来伸了个懒腰，对病人家属说道："领我到你们家菜园子。"

病人家属丈二和尚摸不着头脑，虽然心里着急，但又不得不强压怒火，领着兰茂去了菜园子。

兰茂到了菜园，东瞅瞅，西看看，四处转悠，仿佛在找什么东西。当看到黄瓜架上结了几根小嫩黄瓜后，他走上前，摘了一根便吃了起来，边吃便摇头，又继续低头找了起来。

病人的侄子性子急，忍不住大声问道："你到底要找什么？"

"西瓜。"兰茂一本正经地说道。

"西瓜？你到底是来看病的还是来蹭吃蹭喝的？我叔叔都病成那样了，你来了非但不给治疗，还挑着吃喝。酒足饭饱了，又想吃西瓜，你太过分了！"

"小伙子别冲动，谁说我要吃西瓜了？我找西瓜是给你叔叔治病的。抓紧跟我一起找。我进院时，明明看到有西瓜秧的，怎么就没有西瓜呢？"

"之前是结了几个西瓜，这几天热，我们摘了吃了……"

"没给病人吃？"

"没给，我叔叔生病那么重，怎么能吃这么凉的东西呢？"

“唉，好好的药让你们给吃了。现在哪里还能找到西瓜？”

“我家有西瓜，这就给送过去！”邻家院子里传来一个小伙子瓮声瓮气的声音。

听到声音，兰茂突然从菜园里赶了出来，边走边说：“不好了，他要死了！”

众人都以为兰茂说的是病人。邻家小伙子不一会儿就抱着两个大西瓜赶了过来。

一进门，小伙子就把西瓜往地上一放，大大咧咧地说道：“快拿去救人吧！”

“小伙子，病人没事，我刚才是说你要死了！”兰茂有些惋惜地说道。

“你喝醉了吧？开什么玩笑，他才二十出头，身体壮实得很，怎么可能死？”病人的侄子有些看不起兰茂。

“你这郎中，我跟你往日无冤，近日无仇，怎么咒我早死呢？”邻家小伙子也很恼火，说完便气冲冲地走了。

兰茂看着小伙子远去的背影，禁不住摇了摇头。

“兰先生，这西瓜咋处理？”病人的女儿着急地问道。

“直接吃就行，两个西瓜吃完，差不多就能好了。赶紧让你爹吃吧。”

因路途较远，病人家属对西瓜能治病也存疑，便一再挽留兰茂留宿一晚。晚饭时，兰茂又对众人惋惜地说道：“下午来送瓜的小伙子，怕是熬不过今晚了。”

众人不以为意，以为兰茂喝醉了，在那故弄玄虚。

第二天，天还没亮，就听哭声大作。这哭声不是从病人家，而是从病人邻居家传出的，半夜里小伙子果然猝死。而王姓病人在早饭时，居然呼吸正常且能下床自己走路了。

早饭时，王姓一家人对兰茂崇拜得五体投地，纷纷探问其中缘由。兰茂不紧不慢地解释道：“你家病人看着病入膏肓，但并不重，只是得了热病而已，所以我药都没开，只让他吃了两个西瓜，清了一下火，解了一下毒就好了。而那个小伙子看上去壮得像头牛，但病得不能治了，我单从他说话的声音就感觉没救了。他的声音一开始像敲铜钟，后来又像敲瓦盆，我就判断他的肺气已经绝了。人的肺气绝了，就意味着脉象绝，脉绝之人是熬不过多少时辰的。”

87. 因势利导育名医

汪机（1463—1539），字省之，号石山居士，安徽祁门人。汪机出身医学世家，祖父汪轮、父亲汪渭，均为当地名医。汪机因为母治病，潜心研究医学，并最终弃儒随父学医。行医数十年，活人数以万计。医学著作有《医学原理》等十余部。

汪机虽出身医学世家，但父亲汪渭深知从医之苦、医者社会地位之低，和历史上千千万万的父母一样，希望能够悉心培养自己的孩子，专攻儒业，将来能够通过科举考试进入仕途。

汪机从小跟随名师学习，虽然勤奋好学，但天资一般，考了几次好不容易才考中了秀才，再往后便屡试不第。有人说他天生愚笨，很难成器，但他的父亲汪渭却认为，自己的儿子虽看似愚憨，但秉性忠厚，为人处世虽不灵活，但耿介正直、意志坚定、执着有韧劲，只要因势利导、悉心培养，将来一定能够大有作为。

小小年纪的汪机不负父亲厚望，处处“不待扬鞭自奋蹄”，读书秉持“三更灯火五更鸡”的精神，在名师的指导下，专心攻读儒家经典十数年，打下了坚实的儒学基础，培育了勇于担当的士人精神，滋养出仁者爱人的宽广胸襟。虽然科举之业仅仅止步于秀才，但这些宝贵的精神财富却让汪机在日后的行医之路上受益匪浅。

科举连连失利，让一度陷入人生困境的汪机对自己的未来也深感迷茫——看看自己的同窗，在一个老师教导下，人家小小年纪便考取秀才，自己考了多次好不容易才考上秀才。这好不容易考上秀才后，又多年不第，也许自己真的不是科举考试这块料。

汪机的母亲患有脾胃疾病，经常恶心呕吐，身体已经被病痛折磨得十分羸弱。此前，母亲得过一次病，那时父亲汪渭本来可以治疗，但为了引导汪机，父亲故意匆匆出诊，让汪机在母亲身旁守着。看着母亲痛苦的样子，汪机很心疼，却又无能为力，恨自己不是医生，治不了母亲的病。后来，父亲出诊回来，很快就医好了母亲的病。这次经历，让汪机对医生这个职业充满了向往。但这一次母亲犯病，连父亲也束手无策了。母亲的痛苦，深深折磨着孝顺的汪机。

“儒家推崇孝道，如今我却连最疼爱自己的母亲都不能治愈，只能眼睁睁看着她一个人遭受病痛折磨，这样我算不算一个孝子？”在别人看来天性愚笨的汪机这一次被母亲的疾病击中要害，瞬间觉醒了，他决计弃儒学医，要亲手治愈母亲的疾病。

从儒生转到医生身份的汪机，爆发出了惊人的天赋。他每天沉浸在书房中，那里有祖父、父亲珍藏的医学书籍。在为母治病的目标指引下，汪机努力钻研各类医家经典，吸取各家之长，并融会贯通、学以致用，医术日益精进，很快便青出于蓝而胜于蓝了，不但治愈了困扰母亲多年的顽疾，而且令当地的医学前辈们刮目相看。

从治愈母亲的顽疾中，汪机体会到了巨大的职业成就感和医学的价值，从此决计以治病救人为业。汪机目标单纯，心无旁骛，且意志坚定，他认准的事情，不论经历多大困难、遭遇多大挫折，不达目标决不罢休。从此之后，汪机二十年如一日，白天临证诊病、上山采药，夜里潜心研究岐黄之学，对百家之言无不溯本求源、临床验证，并结合自己的实践经验反思总结，使自己的医学水平不断提升。

在医理方面，汪机受金元时期各家影响较大，承接朱丹溪的养阴学说和李东垣的脾胃学说，重视营卫辨证，但又不泥于书本教条，能够结合具体病例灵活化裁运用、不拘一格，创立“新感温病”理论。

汪机认为，人体阴阳不足，诸病则生，因此他对作为气血生化之源的脾胃非常重视，善用人参、黄芪来固本培元。许多疑难杂症病人经汪机诊治，药到病除，他在当地民众当中享有崇高声誉，以至于有重病的患者本来躺在床上，听到汪机在院子里说话的声音，病势顿时去了一半。

汪机不但医术高超，而且医德高尚，性格耿介，爱憎分明。他自身生活简朴，布衣蔬食，对物质、名利都没有太多追求，但对百姓的口碑、病人的评价却很在意。对于来求诊的病人，尤其是贫困底层百姓，他态度热情，常常废寝忘食，有求必应，一一悉心治疗，甚至送医送药；对于那些欺压百姓、态度傲慢的达官贵人，他会拒绝出诊，以示惩戒。

明嘉靖年间，有一次安徽祁门一带瘟疫流行，官府医疗救治能力有限，对于日益严重的疫情束手无策，很多贫困百姓在疫情中迅速死去，到了“家家有病人，处处有哭声”的境地。面对这种情况，饱读儒家经典、具有强烈社会责任感的汪机心忧如焚，他仔细把脉问诊，认真研读各家经典，终于找到了治疗这种瘟疫的有效方法，并倾尽所有，购买药品，动员全家老少齐上阵，将熬制好的药液装在大缸里，放在门前，供当地百姓免费饮用，活人无数。

汪机一生著述甚丰，完成《医学原理》等数十部医理著作，奠定了他一代名医和“新安医学”奠基人的地位。在针灸方面，汪机上本《素问》《难经》，认为针能治有余，不能治不足；灸能补不足，不能泄有余。在外科治疗中，强调“外科必本于内，知乎内以求乎外”，以补元气为主，以消为贵，以托为畏。《明史·李时珍传》记载：“吴县张颐、祁门汪机、杞县李可大、常熟缪希雍，皆精通医术。”

88. 本想装病真生病

万密斋（1499—1582），原名万全，号密斋，湖广罗田（今湖北罗田）人。万密斋是与李时珍齐名的明代著名医学家，擅长治疗儿科、妇科、痘疹病等，著有《万密斋医学全书》《养生四要》等，被称为“中华养生第一人”。

自古以来讳疾忌医者有之，对名医的医术怀疑者也大有人在。名医万密斋在行医过程中也遇到过对他医术怀疑，还专门装病来试探的人。

有个叫张胡的富家子弟，整天游手好闲不说，还经常搞些恶作剧。这天，他听说名医万密斋在附近村子行医，便叫来小跟班吩咐了一番。

小跟班去请万密斋后，张胡笑着对其他人说：“都说那姓万的是名医，看病很厉害，今天我们就亲自检验一下，看他是不是有真才实学!”

不一会儿，小跟班就把万密斋请了过来。进门后，他对万密斋说道：“先生，您先留步，我们家小姐不便露面，还请您悬线诊脉吧!”

万密斋听说张家小姐病得很重，一心想救人，便也不计较如何把脉了。

很快，两根红线从屏障后拉了出来。万密斋手摸悬线，屏气凝神，仔细把脉后说道：“病人的确病得厉害，已经到了病入膏肓的程度。现在开始吃药兴许还来得及。”

话还没说完，张胡就忍不住哈哈大笑着从帷帐后走了出来：“好一个神医!故弄玄虚而已，你睁大眼睛看看我是不是血气方刚，怎么会病入膏肓？我来妹妹房间装病试你，你还真经不住考验，露馅了吧？”

万密斋本来也试出来脉象不是女子的，听张胡如此一说，虽然很生气，但身为医生，治病救人的心理还是占据了上风。他忍住愤怒，语重心长地说道：“张公子，我从来都不会故弄玄虚来装神医，你的确病了，不尽快治疗真有性命之忧。还是听我的劝，去抓几剂药吃吧。”

“吃药？我没病，你让我吃药，这就是你糊弄人的把戏吧？我才不上你的当呢！别再丢人现眼了!”张胡为自己揭穿万密斋神医假象而得意，根本就不听劝。他的跟班们也附和着一起嘲笑万密斋。

万密斋叹了口气，便在他们的嘲笑声中离开了。

这天晚上，万密斋久久难以入眠。想到白天张胡的羞辱，很是愤懑，但想到张胡不听他的劝，却又痛心不已。想了一宿，他终于想通了：个人荣辱是小事，人命关天。一想到本来吃点药就能保命的人，若因没及时吃药而丧命，他就于心不忍。于是，第二天一早，万密斋便写好了药方来到了张胡家。

张胡还没起床，听说万密斋来给他送药方，就气不打一处来，觉得晦气，接过药方当着万密斋的面就撕了个粉碎。

又过了几天，一向身强体壮的张胡突然感觉不适，很快就卧床不起了。这时他才想起万密斋的劝告，有些后悔了，赶紧派人去请万密斋。

不幸的是，那段时间万密斋被外地病人家属请去出诊了。张胡躺在床上，一日不如一日，请了许多郎中来看也都没辙。十几天后，他便在深深的懊悔中去世了。

89. 误将救命药方当厕纸

万密斋跟乡绅何斌是好朋友，这年春天，万密斋到何斌所在的村子出诊，看完病人便来到好朋友家。何斌见万密斋前来，很是高兴，吩咐家人准备酒菜，要跟好朋友好好喝几杯，叙叙旧。

何斌的夫人在后厨招呼家人们忙活着，不一会儿，几样可口的下酒菜就陆续做好了。万密斋无意间发现前来送菜上桌的两个女子比较陌生，便忍不住多看了一眼。这一看不要紧，他觉得有必要跟好朋友好好交代一番，便问道："这两个年轻女子以前来时没见过，是你们家新招的丫鬟吗？"

"不是不是。这是我给双胞胎儿子娶的媳妇。长得周正吧？我盼着她们早点儿给生个胖小子。"何斌有点得意地说道。

"原来是两个侄媳妇，那我更要提醒老弟了。"万密斋有些沉重地说道。

"老哥但说无妨，咱兄弟有话别藏着掖着。"

"你这两个儿媳妇长得的确周正，但气色不对，不久可能都要犯病……"

"不至于吧？我看她们都很健康啊。"

"她们应该都还没出过痘，不信一会儿问一下。"

儿媳妇们再次进来上菜时，何斌问了一下，果然如万密斋所料，便问道："没出痘也不是大事吧？"

"出痘可不是小事，尤其是到了这个年龄还没出。我看她们中有一个的面相，很可能出痘后会出现逆症，那可就危险了，有性命之忧。"万密斋严肃地回道。

"老哥可有解救之方？我这俩儿媳妇虽然过门不久，但都贤惠孝顺，您可要救救她们！"

"自然！自然！我给她们各开一个方，给她们备着，到时让圆脸的侄媳妇用这个方，长脸的侄媳妇用另一个方。"万密斋边说，边开好了两张方，并在方上注了"圆"和"长"两个字以示区别。

何斌接过药方便慎重地揣到了兜里，两人又畅饮起来。酒逢知己千杯少，直到两人都醉倒，这场酒局才结束。

第二天一早，何斌醒来，便感觉内急，头也晕乎乎的，赶紧往厕所跑。畅快解了大便后，他发现厕所里没有手纸了，便在自己身上翻，从兜里还真翻出两张纸。何斌也没多想，直接用了，全然忘了头一天晚上万密斋开药方的事。

两个月后，何斌的两个儿媳妇果真都病了。这时，他才想起万密斋的嘱咐和药方，仔细一回想，懊悔不已，便赶紧派人去请万密斋。不幸的是，万密斋到外地出诊了，十天半个月回不来。请了其他郎中来看，用了药，但效果不好，结果那个长脸的儿媳妇高热一直不退，没几天便去世了。

90. 溺爱不是真爱

明朝嘉靖年间，罗田有个知县叫朱元阁，老来得子，他和夫人对这孩子百般宠爱，真是捧在手里怕摔了，含在嘴里怕化了。孩子的吃穿用度，一切都尽最大努力满足，尤其在吃上，绝对是有求必应，想吃什么就想方设法让孩子吃尽兴。小男孩长得白白胖胖，甚是惹人喜爱。朱县令看着白胖小子跑来跑去，每天都乐呵呵的，满心期待这小子快快长大，成就一番事业，光宗耀祖。

不幸的是，朱县令的爱子到了三岁时，突然得了一种怪病，经常不想吃饭，没有食欲不说，还时不时闹肚子。请了好几个郎中来看，开了药吃了却都效果不好。不到三个月，原本白胖的小男孩变得又黑又瘦，看着都让人心疼。眼看好端端的宝贝儿子不成人样，朱县令和夫人着急得要命，四处寻访名医。

这天，有人向朱县令推荐了名医万密斋。朱县令听完万密斋药到病除的几个成功事例后，当即决定派人去请。

万密斋在去的路上就向差人询问了县令小公子的病情，听完描述，感觉不像得了什么重病。他到朱县令家见到孩子，仔细把脉后进一步坚定了自己的判断，便说道："孩子的病并不重，但这病仅靠吃药却又治不好。"

"为什么？吃药之外，还需要做什么？万先生，您直说无妨！"朱县令疑惑地问道。

"需要您和夫人的绝对配合，要你们下得了狠心，严格控制孩子的吃喝，否则这病吃再多药也治不好！"

"为什么要控制他的吃喝呢？孩子现在很多东西都吃不下了，瘦成这样，再控制吃喝岂不是更坏了？"

"非也，孩子目前是胃口不好，挑食也很严重。我开点补脾健胃的药，孩子胃口很快就会好起来。但除正常一日三餐外，不能再让他随便吃零食和不好消化的食物，尤其是少吃肉类。坚持上一个月，估计就能好了。"

“只要孩子能好，我们全听先生的!”朱县令和夫人遵照万密斋嘱咐，严格控制了孩子的吃喝，又加上喝了汤药，结果还不到一个月，孩子果然好了，又变得白白胖胖了。

朱县令很是高兴，亲自将“妙手回春”的金匾送到了万密斋家。闲聊时，他跟万密斋请教育儿之方。万密斋告诫道：“切勿溺爱！此前小公子之病皆与您跟夫人过于宠爱有关。孩子脾胃本来就弱，饮食不加节制，乱吃一通，必然会导致脾胃失调，就会生病。之前郎中开的药基本对症，却没有明显效果，还是跟没有改变生活习惯，病根没去有关。今后，在孩子饮食上切勿再任意了！溺爱不是真爱!”

91. 心病还需心药治

名医用来治病的良药可谓五花八门，出其不意。古有扁鹊用小铜锤巧治太子“相思病”，后有万密斋用马鞭子治好了好友胡三溪小儿的“怪病”。

胡三溪跟万密斋是同乡，也是知己，一个为官，一个从医。两人经常相邀把酒言欢。这年七月初七，万密斋应胡三溪之邀到他家做客。两人边喝边聊，甚是畅快。

酒席刚开始时，胡三溪的夫人汪氏还在那上上菜，倒倒酒。后来，她出去半天后，才又匆匆返回，但坐下后，明显心神不宁，一副心事重重的样子。

万密斋发现汪氏心神不宁，便关切地问道：“弟妹是否有什么心事？”

“万先生，没什么大事，就是小儿老闹腾，可能是想找我抱着，要不我过去看看他，就先失陪了。”汪氏不好意思地回道。

“客气什么，你张罗了这么一桌子好菜，已让我们兄弟吃喝尽兴了，快去看孩子吧！”

“我这小子就是喜欢黏他妈，保准见了妈就不闹腾了！”胡三溪很自信地说道。

汪氏走后，万密斋跟胡三溪又连喝了两杯，越喝越高兴，越聊越兴奋。

这边一幅和谐画面，汪氏那边却是鸡飞狗跳了。哭闹的小儿仅在见到汪氏的一瞬间止住了哭闹，接着又哭闹不止。汪氏和孩子乳母一会儿给他喂奶，一会儿给他糖果，一会儿抱着，一会儿让他在摇篮里，都不管用，那小子只顾哭闹。汪氏摸了摸孩子额头，发现也不烫，问乳母，得知孩子一天吃喝也都正常。“难道是突然发病了？要不然怎么哭闹这么久？从天黑到现在都闹了快一个时辰了！”汪氏自言自语道。

“太太，要不我去请个郎中来看看？”乳母试探着问道。

“名医就在咱府上正跟老爷喝酒呢，我们去找万先生。”汪氏抱着哭闹不止的孩子匆匆赶了过去。

万密斋听完汪氏的叙述，赶紧上前给孩子把了把脉，又仔细用手摸了摸孩子全身，都没有发现孩子有什么异常。思忖一会儿，他问乳母："孩子最近最喜欢玩什么东西？"

"最近……我想想，今天他玩了一天的马鞭子，玩得可高兴了。"

"应该是它！快去把马鞭子拿来！"

汪氏一听，一头雾水，吃惊地问道："万先生，拿马鞭子干什么？"

"当然是用来治病啊！"

"用马鞭子怎么治？它也不能当药啊！"

"拿来试试便知。"

不一会儿，乳母把马鞭子拿了过来，哭闹正酣的小孩见到马鞭子的瞬间便停止了哭闹，高兴地伸手去拿。就这样，孩子哭闹的怪病让马鞭子给治好了。

胡三溪和汪氏见了，很是佩服万密斋，但又不解个中缘由。重新温酒又上了几个热菜后，他们忍不住问道："万先生是如何猜到孩子是因想要马鞭子才哭闹的？"

万密斋笑着解释道："心病很多时候只能用心药来治。好的医生都会揣摩人的心理，令郎才一岁多点儿，很多事自己心里明白，但还不能清晰明确地表达出来，只能用哭闹的方式来表达诉求。这么小的孩子，无非就是吃和玩，肚子饱了，肯定是念想自己喜欢的玩具了。马鞭子恰是他最近最喜欢的玩具，因此一拿来就治好了他的'相思病'。"

92. 医者父母心

罗田当地有个富商叫胡元溪，虽经商有道，却为富不仁，口碑极差，为当地人所不齿，这其中就包括为人正直的万密斋。他曾批评胡元溪为富不仁，这话经小人添油加醋传到了胡元溪的耳朵里，胡元溪因此对他怀恨在心。

话说有一年初春，大致在农历二月左右，胡元溪年仅四岁的宝贝儿子开始咳嗽。刚开始胡元溪夫妇没太当回事，请了罗田城里的郎中来给胡家这根独苗看病。仗着家里有钱，滋补药物用了一大堆，咳嗽却不见轻。于是走马观花样请遍了罗田附近的名医，这个说用这个治法，那个说用那个方法，今天滋补，明天疏泄，孩子的病非但没有治愈，反倒是脾胃越来越虚，身体越来越差。

看着宝贝心头肉愈发羸弱，胡元溪夫妻俩也是惆怅不已。这时有人推荐去请当地儿科名医万密斋。不提还好，一想到这个名字，胡元溪眼露凶光。

“这没了张屠夫，我还能吃带毛的猪？天下好郎中有的是！”心里这么想着的时候，胡元溪的嘴巴里不自觉地轻蔑地发出“哼”的一声，随后重重地拍了一下桌子，吓得仆人再也不敢提万密斋的名字。

到了这年农历九月，胡家请遍了方圆百里的名医，吃了不计其数的药，小少爷的病情却更为严重，已经到了骨瘦如柴、气若游丝、口鼻出血、危及生命的程度。跑了远路请回来的外地名医，经过一番望闻问切后，无不摇头离去，临走前都丢下一句话：“若要救此儿，只有万先生出马，方有起死回生的可能！”

胡夫人天天在家以泪洗面，胡元溪自己也没有心思再做生意，心想：“虽然胡家积攒下万亿家财，但人丁不旺有什么用！眼瞅着老来得了这么个宝贝儿子，却病成了这个样子。如果儿子没了，我这一辈子还活个什么劲儿！”

想通这一点后，为了挽救危在旦夕的儿子，更为了维系自己后半生的精神寄托，他重重地跺了一下脚，这才决定硬着头皮派人去请万密斋。

听到来人对胡家小儿的病症描述，万密斋心中已经知晓了大概。虽然他对胡元溪的所作所为非常反感，但他觉得在这样的危急时刻，应该以抢救小儿性命最为紧要。“莫说是去救胡元溪小儿的性命，就是胡元溪到了危急时刻，我该出手相救还是要救。”

万密斋急匆匆赶到了胡家，对胡家小儿进行了全面检查，又逐一分析了之前所请大夫开具的所有药方，确认胡家小儿出现今天的危重症是由于误诊和病情迁延。按照胡家小儿的最初症状，春季本应疏肝补脾、滋肺化源，但当时的大夫却用了泻肺的方子。四岁小儿本就脏腑娇嫩，这样吃上一段时间后，元气大伤。到了炎炎夏日，按小儿之症，应当用寒凉之药，以清心养肺，但当时的大夫只看到了小儿素体虚弱，就滥用了大量温热滋补类药物，导致郁而化热、迫血妄行，小儿素体被折腾得更加虚弱。

弄清了这半年的诊疗情况，万密斋心中有了把握。他感叹“庸医误事，无异于草菅人命”。

理清思路后，万密斋缓缓地对胡元溪说：“病情虽然已经十分危急，但令郎还有救！”一听这话，胡元溪夫妇按捺不住内心的激动，让万密斋快快讲来听。万密斋说：“要救令郎，接下来的治疗必须都听我的，因为令郎的病已经耽误了大半年，迁延日久，小病被治成了危重症，三五天不管用，要以一个月为期限，不可随意更换、停止药方药量。”

听到这话，胡元溪将信将疑，但事已至此，也只能是死马当活马医。见胡家夫妇点头答应了，万密斋略一沉思，挥手写就药方，并再三叮嘱煎煮方法，要按时服药，不要一有好转，就擅自停药、换药。

说来也怪，被其他郎中治了半年，差点要了胡家小儿小命的咳嗽病，按照万密斋开的方子，五剂后，小儿口鼻已经不再出血，咳嗽也减轻了六七分。

见宝贝儿子初步脱离险境，胡元溪多疑的本性又开始蠢蠢欲动——他觉得根本用不了一个月，定是万密斋对自己有意见，不肯出全力去救助。现在小儿既然已经脱离了险境，于是他又请了其他郎中来治疗。

谁知胡家小儿吃了其他郎中所开的药后，不但咳嗽复发，而且开始气促吐血，时有昏迷，病情瞬间又变得危急起来。偶尔清醒的时候，胡家小儿哭着说：“还是吃万先生的药好！吃了新郎中开的药，我浑身难受。”

看到心肝宝贝又陷入了生命危急状态，原本寡言少语、遵从妇道的胡夫人再也看不下去了，指着胡元溪的鼻子，大骂他愚蠢又固执。眼看着事态发展到了不可收拾的地步，胡元溪也是后悔不已，心想不该以小人之心度君子之腹。若此时再去请万密斋，还不让周围人更加笑话，自己还有什么脸面？

但为了宝贝儿子的性命，这次胡元溪决定硬着头皮，趁着夜色掩护，悄悄地从侧门溜出去，自己亲自去请。

不曾想，万密斋这晚和朋友聚餐，醉酒而睡，胡元溪只好坐在诊室里焦急等待。要说胡元溪也真是个人物——直等到半夜，万密斋口渴而醒，胡元溪连忙换了一副嘴脸，一边赔着笑脸做检讨，一边祈求万密斋大人不记小人过，再次出诊，救小儿一命。

一听原本已经好转的小儿再次陷入病危，万密斋顿时酒醒。他顾不上责备胡元溪，匆匆穿上衣服，抹了把脸，便跟随胡元溪复诊。

到了胡家，胡元溪的夫人已经摆出重金作为酬谢，并说等孩子痊愈后，还有重谢。万密斋听到这样一番话，仰天长叹一声，转过脸郑重地对胡元溪夫妇说："我救令郎，不为钱不为利，更不会牵扯大人之间的恩怨，只为让他活命。你们对我充分信任，我便能让令郎起死回生。我丑话先说在前面，如果这次再折腾一次，令郎就再也救不过来了！"

在万籁俱寂的深秋后半夜，在摇曳的烛光中，看到万密斋高大的身影，听到他这样一番真诚又凝重的话语，胡元溪夫妇都低下头，随即又用力地点了点头。

按照万密斋的加减化裁治法，胡家小儿果然再一次起死回生，很快，迁延半年之久的顽疾便被治愈。万密斋起死回生的高超医术、不计宿怨的宽广胸襟、以活人为要的高尚医德，也在当地广为流传，成为美谈。

93. 名医也是神探

李时珍（约1518—1593），字东璧，晚号濒湖山人，湖广蕲州（今湖北蕲春）人，明代著名医药学家。他历时27年，写成医学巨著《本草纲目》。该书系统总结了我国两千多年的药物相关知识和医疗经验，对后世影响巨大，被誉为“东方医学巨典”，达尔文盛赞它为“中国古代的百科全书”。

这日，李时珍出诊归来的路上，遇到一知县在办理一件棘手的案子：一青年男子的老爹来告状，而被告的是该青年的岳母。案由是青年男子在岳母家突然昏迷不醒，老爹认定是亲家母嫌弃自己的儿子，故意下毒害他。而男子的岳母却一个劲喊冤。知县问询了一众相关人等，了解到岳母对女婿一向很好，没有理由下毒，但女婿却又是在她家吃了东西就倒地不醒的。知县也是通情达理之人，深知此事不可随便定性，必须尽快搞明白青年男子昏迷不醒的原因。

知县正在为难之际，李时珍前来解困。众人一看是当地名医李时珍来了，便纷纷让开一条道，让他来到昏迷的青年男子身边。李时珍边把脉边听男子的亲属们诉说。原来，这天女婿女儿回来看望独居的老太太。老太太虽然家里很穷，但也竭尽全力招待，精心做了两碗鸡蛋面，女婿和女儿各一碗，她自己都没舍得吃。女婿觉得面太热，看到家里水不多了，勤快的他便先去挑水了。没成想，回来把面刚吃完，他就倒地昏迷了，而同样吃了面的女儿却没事。

李时珍把完脉心中一惊：男子果然是中毒了！但他又感觉这毒中得蹊跷。于是，他要求老太太再做一碗一模一样的鸡蛋面，并放在之前女婿放饭碗的地方。一切都布置好后，李时珍让别人都出去，他自己躲在小草屋的一个旮旯里仔细观察。不一会儿工夫，李时珍就听到了一阵响声，抬头一看，顿时明白了个中原因，便打开房门，吩咐众人上屋顶捉蛇。

村里几个胆大的后生很快就爬上屋顶抓下来一条大蛇。李时珍一边叮嘱他们别让蛇咬了，一边跟众人解释道：“都是这蛇惹的祸！刚才你们出去后，这蛇就出现在房梁上，对着下边这碗面直吐口水，小伙子估计是中蛇毒了。”

毒蛇很快被众人处理掉了，李时珍也搞清了男子中毒的原因，对症下药，青年男子很快就得救了。老太太也被洗清了嫌疑，告状的老爹很不好意思，一个劲地给亲家母道歉。靠着细心的观察，李时珍帮知县破了一桩奇案。从此，他的名声更大了。

94. 解铃还须系铃人

苏三，又名玉堂春，在我国是一个家喻户晓的人物。明代小说家冯梦龙以她的故事写成《玉堂春落难逢夫》，收入《警世通言》。冯梦龙在小说中将苏三塑造成一个美丽善良而又多情的女子。这个故事相传发生在正德年间，在成书之前已经在民间广为流传了。

话说明朝嘉靖年间，有个富顺王，他仅有一个儿子。这个王子从小就长在蜜罐里，但他跟其他官宦子弟不一样，喜欢奇闻轶事。当他了解了苏三的故事后，对这一形象越来越痴迷，朝思暮想，期待在现实生活中也遇到这样一位美丽而又多情的奇女子。

眼看王子到了婚娶的年纪，富顺王张罗着给他找媳妇。以他们的家境，想与之结亲的自然很多。媒婆领着一家又一家的小姐来到富顺王府，这些小姐都是大家闺秀，模样自然没得说，但王子一个也看不上，他总觉得她们跟苏三比差得太远。见得多了，王子也恼了，干脆不见了。在他眼中，这些世俗的女子根本无法与苏三相比。

王子不仅排斥相亲，还越陷越深，先是如痴如醉，后来发展到朝思慕想、走火入魔的程度。长期茶不思，饭不进，又加上夜夜春梦，导致王子逐渐精神萎靡，病入膏肓，竟卧床不起了。富顺王很是着急，先是请当地名医诊治，后又去请京城的太医来治，然而大家都束手无策。眼看王子一日不如一日，富顺王急得如热锅上的蚂蚁。这天，下人向他推荐了名医李时珍。

李时珍早就听闻王子因迷恋苏三而病，到了王府还是吃了一惊，没想到殿下会陷得那么深。把完脉后，他略一思忖，计上心来，对富顺王说道："殿下之病，我有一药，能药到病除，但需要王爷的大力配合。"

"只要能治好他，绝对没问题!"富顺王保证道。

"那好，我这就回去准备一番，明日会有一个老妪前来王府，治好殿下的灵丹妙药就在她身上。她来后，不管做什么，王爷都不要管，我保证殿下七天之内就能下床走路，两个月内根治此病!"

“好，全听先生的！”

第二天，富顺王府果然来了一位 70 岁左右的老妪，操着一口山西话。富顺王实在看不出这老妪有何过人之处，虽然心中存疑，但还是让下人听她的安排。

老妪进府后，要求先去丫鬟房间打扮一番后才能给王子治病。不一会儿，老妪就搽花抹粉、穿红戴绿出来了。众人见她如此打扮，都忍不住偷笑。老妪却一脸平静，很自信地让丫鬟带路去见王子。

到了王子的卧室，老妪一进门便坐到了床沿上，拉着王子的手就声泪俱下地哭了起来。正在梦中跟苏三幽会的王子一下子惊醒过来，吃惊地看着眼前的老妪，大声问道：“你是何人？”

“我是苏三啊！殿下对我一片痴情，远在千里之外，妾身都感受到了。听闻您生病了，我特地来陪您。从此以后，我与您长相厮守，永不分离！”

“你……你从哪里来？”

“山西洪洞县啊，坐了十多天马车才赶来的！”

“你不是苏三！她是倾国倾城的年轻女子，怎会像你这样苍老丑陋？”

“殿下，我真是苏三啊！难道您也嫌弃年老的苏三了？岁月不饶人啊！是人都有生老病死，那些事都过去 50 年了，妾身如今也 70 岁了。70 岁的人难道不是我这样吗？莫非殿下不是真心喜欢我？”老妪委屈地哭了起来。

王子盯着眼前的“苏三”愣了半天，终于醒悟过来，突然大叫道：“来人，快来人！把这老太婆给我赶走！”那一刻，苏三的美好形象在他心中摔了个粉碎。

从此，王子一想到苏三，脑海中就会出现老太婆丑陋的模样，于是不再迷恋苏三，也不期待在现实中遇到跟苏三一样的奇女子了。不胡思乱想后，饮食起居自然也就恢复正常了。几天后，王子就下床了；又过了一个多月，完全恢复如初了。李时珍开出的这剂“活人”奇药，果然药到病除，与众不同。

95. 皇妃的病也好治

李时珍用“活人”奇药治愈了富顺王爱子的相思病后，医名更盛，富顺王对他更加赏识。

这天，富顺王听闻嘉靖皇帝的宠妃张娘娘得了怪病，经多位太医治疗却越治越重后，便推荐李时珍进京为皇妃治病。

皇妃张娘娘是嘉靖皇帝最宠爱的妃子，她生病了，嘉靖皇帝很是心疼，传令太医院最厉害的太医李鹤年进宫治疗。李鹤年是太医院数一数二的名医，医术自然没得说，曾治好过很多疑难杂症。

且说李鹤年进了宫，却见不着张娘娘的面，只因张娘娘生病的部位太敏感——会阴处长了东西，只好由宫女代说病情。那宫女描述得倒挺形象。李鹤年很快就明确判断，张娘娘患的是会阴生痈病，于是很自信地开了内服和外用药，想双管齐下，早日治好娘娘的病。让他意外的是，张娘娘服了药后，下身的肿痛不见好转反而加重了。李鹤年又开出了第二剂药“仙方活命饮”，还是不奏效。于是第三剂重药“代刀散”也上了，结果张娘娘的痈疽就是不破。可怜娇滴滴的张娘娘，被这痈疽折磨得坐也坐不住，站也不得劲，躺着更难受。嘉靖皇帝心疼得要命，一气之下撤了李鹤年的职。

李时珍经富顺王推荐被嘉靖皇帝允准来治疗张娘娘的病后，先是仔细问询了张娘娘身边的几个宫女，又去拜访了李鹤年等参与过治疗的太医。李鹤年因救治张娘娘不力，被撤了职，很是窝火，见来个了名不见经传的李时珍，便有些幸灾乐祸地说道：“娘娘得的是会阴痈疽，要是能让我近身治疗早就治好了。你小子还是自求多福吧，弄不好会脑袋搬家!”

李时珍自然深知个中利害，回到住的地方苦思破解之法。在床上翻来覆去折腾了半夜也没想出万全之策，他只好起来到太师椅上坐会儿。刚坐定，李时珍突然心中一亮，有了！想好了计策，他便重新上床美美地睡了一觉。

第二天一早，李时珍便跟宫里要了一把两端都很锋利的半寸长小刀，并给了张娘娘贴身宫女一条带子，仔细交代了如何量法。不一会儿，那宫女便把带子送了出来，并把李时珍想要的数据都一一告知。

李时珍根据宫女提供的张娘娘身长等数据，让宫里的工匠做了一把交椅。李时珍对这把椅子除椅沿有严格要求外，还特地在椅面上设置了一道圈子。椅子很快按照李时珍的要求做好了。这时，他又跟厨房那边要来了一些白面，轻轻筛在了椅子上。一切布置妥当，跟宫女仔细吩咐如何让娘娘坐在椅子上后，椅子便被宫女们小心翼翼地抬了进去。

张娘娘正在难受，见抬进来一把椅子，便很好奇。贴身宫女走上前跟她描述了一番如何坐。张娘娘虽然有些为难，但也只好按照李时珍的要求脱去下衣，轻轻坐了上去。还别说，疼痛难忍的下身一接触冰凉的面粉，张娘娘感觉很是舒服。

按照李时珍的吩咐，宫女们又小心翼翼地把娘娘坐过的椅子抬了出来。李时珍仔细看了看面粉的印模，打发宫女们门外候着，便把锋利的小刀悄悄地放到了面粉凹陷之处，并重新用面粉铺平。这时，他叫宫女们进来说道："我已经在面粉里加了治病之药，你们小心抬着，千万别乱动，还是让娘娘按原法坐上去。"

椅子再次被抬进去没多久，只听里边传出凄惨的号叫声。李时珍听到叫声，高兴地想：这下终于解决了！

宫女们却被吓傻了，原来，张娘娘刚坐下去，便大叫着弹了起来，下身脓血一片，面粉上也血淋淋的。一个宫女跑出来大叫："不好了！不好了！"李时珍却很沉稳地说道："莫慌，快给娘娘冲洗干净，再抹上这些药就好了。"

里边又是一阵手忙脚乱。张娘娘洗干净下身脓血后，躺在床上，宫女们又轻轻给她抹上了李时珍给的药膏。这时，张娘娘才从惊愕中回过了神，下半身也倍感清爽，于是如释重负，感叹道："真是神医！长痛不如短痛，居然能想出如此妙招！"

张娘娘的痈疽被李时珍用计扎破，脓血一出，其他自然都不是事了，在李时珍的调理下，没几日便痊愈了。治好了张娘娘的隐疾，李时珍声名大振。

96. 唾沫也能治病

中医药博大精深，其治疗手段和用药方法主要来源于广大人民群众的生产生活实践。历代名医既注重向古医籍学习，又注重向群众和实践学习。李时珍就是一位注重向日常生活和身边群众学习的名医。

这天，李时珍上山采药归来，见路边有个小茶馆，因天气炎热，便进去喝茶歇脚。

当时，茶馆里客人不多，仅有一桌四个青年汉子在那打纸牌。李时珍便选了临近他们的一张桌子坐下，边喝茶边看他们打牌。

观察了一会儿，李时珍发现正对着自己的那个小伙子挺有意思，摸纸牌前总喜欢把手指放进嘴里沾点唾沫，生怕抓不起牌来，而且他还时不时用手指挠后背，仿佛挺痒的样子。李时珍心想：可能被蚊虫叮咬了，等过一会儿他们打完牌过去看看，若严重就给他点儿药，若不严重就算了，现在先不扫他们的兴，让他们畅快地玩吧。

大约又过了半个时辰，李时珍休息得差不多了，看看太阳也要落山了，就准备起身。小伙子们打牌正酣。那个喜欢用手指沾唾沫的小伙子抓挠后背似乎也更频繁了。李时珍觉得有点儿蹊跷，又不想打扰他们，便悄悄走了过去，装作近距离看他们打牌的样子。

当走到小伙子身边，看他后背时，李时珍发现小伙子后背上有个小包，不像一般的蚊虫叮咬。他又向周围观察，发现小伙子身后墙上有个洞，于是向洞里看去。这一看，把李时珍吓了一跳，原来洞里有一条蛇。于是，他提醒小伙子道："你被蛇咬了，先别打牌了！"

"蛇，哪里有蛇？"众人一听有蛇，便都停了下来，焦急地问道。

随着李时珍手指的方向看去，他们也都发现了洞里的那条蛇。有个胆大的青年找了根棍子上前把蛇从洞里掏了出来。奇怪的是，那条蛇已经半死不活了，仿佛僵了一般。

被咬的青年丈二和尚摸不着头脑，瓮声瓮气地说道：“怪不得我老感觉痒痒，原来是被它咬了。可为什么我感觉没事，它却要死的样子了？”

李时珍也很好奇，上前给青年仔细检查了一番，发现的确问题不大，便在被咬的地方给敷了点儿药。

看蛇已经快要死了，青年们也没再计较，又热火朝天地玩起了纸牌。李时珍却对那条蛇产生了好奇，他翻来覆去地研究了半天，感觉大有文章，但又一时找不到原因。

直到被咬的青年又习惯性地用手沾了唾沫去抓牌并挠后背时，李时珍恍然大悟，原来是唾沫！应该是唾沫对蛇毒产生了一定的抑制作用。

回到家里，李时珍查阅了大量古医籍，并做了动物实验。他捉来毒蛇，让毒蛇咬家里养的狗和鸡，并尝试用自己的唾沫给它们治疗，发现唾沫对蛇毒的确有一定的抑制作用。后来，遇到被蛇咬伤的病人，李时珍就把要用的药先在自己嘴里嚼上一会儿，然后敷在伤口上。还别说，这种中药加唾沫的治法效果还真明显。

97. 良医济世，功比良相

龚廷贤（1522—1619），字才人，号云林山人，又号悟真子，江西金溪人，明代著名医学家。其家族世代为医，家学积淀深厚。其父龚信，医术高超，曾任太医院医官。

龚廷贤自幼机敏聪慧，学习也十分刻苦，但屡试不中。痛定思痛，龚廷贤决定彻底与腐朽落后的科举决裂，专心随父学医，继承祖业，立志成为一名祛除人间疾苦、拯救天下苍生的大医，并时刻以“良医济世，功比良相”自勉。自此，龚廷贤白天跟随父亲诊治，晚上博览群书，上至《黄帝内经》，下至历代医籍及当世名医名家言论，无不涉猎。除了研习经典，他还特别重视学习民间偏方、验方、秘方，学习游览的足迹遍布今北京、河北、山东、河南、江苏、江西等地。长期的四方游历，既让他有了丰富的临床实践经验，博采百家之长，更让他有机会了解国情民意，体察底层百姓疾苦，激发良医之志。龚廷贤将医理和实践贯通融合，极大地提高了自己的医疗技术水平。

1586—1588 年，气候异常，水旱疾疫轮番上阵，河南等地赤地千里，庄稼歉收，瘟疫流行，加上贪官污吏横行，苛捐杂税多如牛毛，老百姓流离失所，苦不堪言。尤其是黄河流域一种叫作“大头瘟”的瘟疫大流行——得了这种病的人头身皆疼，浑身壮热憎寒，头面颈项肿大，咽喉肿痛，如果得不到及时救治，很快就神志昏迷甚至一命呜呼。发生疫情后，当地官府没有足够的社会组织动员能力来治疗和控制疫情，只能听任瘟疫肆虐，大批民众因此死去。

看到这样一幅惨景，龚廷贤没有跟很多达官显贵一样迅速逃亡他乡，反倒是下定决心不走了——坚定地留在疫情风暴中心，为老百姓免费治病。龚廷贤白天诊治大量病人，夜晚翻阅历代典籍，不断反思总结理论经验和实践得失，并根据当时的物候节气、当地民众的饮食生活习惯等，灵活化裁，最终开出了“二圣救苦丸”这样一剂良方，疗效甚佳，活人无数，医治好了大量生命垂危的病人，从而名烁中原，并因此被官方推荐到太医院任职。

有一次，鲁王的爱妃患上了“鼓胀病”，腹大如鼓，刺痛不已。经多方医治，都不见效。王妃不思饮食，每日昏沉，生命垂危。鲁王遍请天下名医，也都无能为力。这时，鲁王府的一个仆人向鲁王推荐龚廷贤，说他在老家时就听过“活菩萨”龚廷贤行医的美名。

鲁王立即派人千里迢迢去请龚廷贤前来诊治。龚廷贤到来后，对王妃一番望闻问切，很快开出了药方。服药没多久，王妃就排出了很多秽物，肚子小了很多，过了两天精神大济，竟然开始喊饿，要吃东西！鲁王欣喜不已，连忙请龚廷贤复诊。经过系统诊治，王妃终于痊愈，对龚廷贤感恩戴德。鲁王称龚廷贤为“天下医之魁首”，在王府悬挂龚廷贤画像以示恩情，并以千金酬谢。龚廷贤坚辞不受，于是鲁王便出资帮助他刊印《鲁府禁方》。

万历皇帝听说龚廷贤医治好鲁王爱妃顽疾后，特赐“医林状元”御匾一块，以示褒奖，龚廷贤由是名震天下，被称赞为“回天国手”。

龚廷贤医技高超，医德高尚，一生行医60余年，活人无数，且勤于总结，著书立说，笔耕不辍，特别重视延年养生之术。其著作以《万病回春》和《寿世保元》流传最广，《小儿推拿秘旨》是中国古代医学史上最早的一部儿科推拿专著。

98.《针灸大成》汇神针

杨继洲（1552—1620），名济时，浙江三衢（今浙江衢州）人，明代著名医学家。杨继洲医术高超，尤擅长针灸，又不偏废药物治疗，主张针、灸、药三者并用，取长补短，治病多有奇效。著有《针灸大成》，该书辑录或引用了之前的传世重要针灸学著作，成为明代以后中国流传最广、影响最大的针灸学著作之一。

杨继洲家族世代业医，家中保存了很多珍贵的医学著作善本、孤本，尤其是珍藏有很多验方、秘方。他的祖父、父亲医术都很高超，都曾在太医院任职，富有声望。祖父杨益著有《集验医方》，流传于世。

幼年时代的杨继洲聪慧过人，加上世代为医的家庭氛围熏陶，对从医也很感兴趣。但杨继洲的父亲希望儿子走科举仕途之路。杨继洲虽勤学苦读、博闻强识，但科举之路却没走通，历次参加科考都名落孙山。多次落榜后的杨继洲最终放弃了科举之路，选择继承祖业，潜心攻读家藏各类医学书籍，夜以继日，寒暑不辍。因有着良好的儒学功底、丰富的学识储备、勤奋自律的学习习惯，再加上父亲的悉心点拨，杨继洲的医术进步飞速。他尤其钟情于针灸研究及应用，治病的时候针药并重，倡导天人合一，重视辨证选经与循经取穴，多有奇效，很快便青出于蓝，后历任楚王府侍医、太医院御医。

有一次，山西监察御史赵文炳得了痿痹之证，痛苦不堪，虽经多方医治，但终不奏效。偶然一次听说杨继洲擅长针灸，治疗类似痹证有绝招，赵文炳抱着试试看的态度不远千里请来杨继洲诊治。在望闻问切一番后，杨继洲让赵文炳坐定放松，只见他取出随身携带的银针三根，信手朝着三个穴位扎下，一番搓捻摇拨后，一道暖流贯通赵文炳半边身子。赵文炳不由自主地伸了伸胳膊和腿，顿觉浑身舒畅；又起来走了几步，竟然感觉不到任何病痛了——困扰他多年的痿痹之证就这样被杨继洲三针治好了！在场的人都惊得目瞪口呆，纷纷称赞杨继洲为“神医”。

随后，杨继洲开具汤药让赵文炳按时服下，以巩固疗效。赵文炳照方服用，果然痊愈，不再复发。为了答谢杨继洲，赵文炳拿出重金厚礼酬谢，杨继洲坚辞不受，并说："我不远千里来看病，并不是为了钱财，而是仰慕大人您的厚重人品和良好官声，为您治好病也是为了更好地造福一方百姓。"

听闻此言，赵文炳不但佩服杨继洲的高超医术，更是钦佩他的道德人品，决定帮助他出版已经汇编好了的三卷本杨氏家传《玄机秘要》。在书本校正过程中，杨继洲继续博览群书，穷尽式搜索历代针灸专著及各家针灸理论，结合自身长期的临床实践经验，进行了辑录选编和引用，以求将天下所有的针灸方法留存于世，以供后人学习传承，造福黎民苍生。最后，终成十卷本的《针灸大成》。该书被清代《四库全书》存目，至今仍然被海内外针灸界尊为经典。

据统计，自从明朝万历年间刊行以来，《针灸大成》广为流传，影响巨大，至今已有各种版本几十种，并有日、法、德等多种译本。2014 年，"杨继洲针灸"已经被列入第四批国家级非物质文化遗产代表性项目名录扩展项目名录。

99. 张景岳补药治寒毒

张景岳（1563—1640），本名介宾，字会卿，号景岳，浙江山阴（今浙江绍兴）人，明代医学家，为中医温补学派代表人物，著有《类经》《景岳全书》等。

张景岳幼时就跟父亲学医，后师从名医金英，得其真传，医术不断精进。后来，他入伍从军，欲展才能。刚到军营时，他就发挥专长，热心地帮弟兄们治病疗伤，很快在营中便有了“小仲景”的名号。

铁打的营盘流水的兵，曾经的战友有的埋骨他乡，有的解甲归田。这天，好友吴参军中毒，遍访名医皆束手无策，后派人来请张景岳。

原来，几天前，吴参军误食毒蘑菇，上吐下泻。本来症状较轻，但几个大夫看过之后，开的都是黄连、黑豆、桔梗、甘草之类的寒凉药物。结果几剂药下去之后，病情加重，水米难进，气若游丝，面如金纸，眼见是救不活了。那些医生倒是识趣，脚底抹油一溜烟跑了。可怜吴参军一员猛将，就要栽倒在毒蘑菇上。

吴参军正有气无力地躺在床上，看到张景岳，虽口不能言，但面露欣喜之色。张景岳把过脉后，心里有底了。原来吴参军这几日虽药不对症，但好在行伍之人底子好，一直是在勉力维持。张景岳略一思忖，开出一药方，交给身旁的士兵。

士兵一看药方，傻眼了，心想照方抓药，吴参军今夜就得一命呜呼。原来参军帐下的这名士兵也粗通医理。中毒之后应用凉性药帮助身体快速排毒，张景岳开的方子里都是人参、白术、干姜、附子、茯苓等温补之药，这哪是治病，简直是要命啊！于是士兵擅作主张，将药方扔到一边，仍沿用原来的药方。

又是一夜。

第三天，张景岳起床后，发现士兵们三三两两地窃窃私语。一打听才知道，原来吴参军服药后病情再次加重，帐下士兵们已经在准备后事了。张景岳吓了一跳，他仔细回忆了吴参军的症状、脉象和自己的药方，确信即使药不对症也不会致人死命。到底是哪里出问题了？他百思不得其解，快步向参军帐内走去。

张景岳找到昨天帐内的士兵，仔细询问。士兵犹犹豫豫，说出了真相。原来病情加重不是自己的药方所致，张景岳松了一口气，又为吴参军把脉，虽然脉搏无力，但仍有救。这次他没有让士兵操办，而是自己抓药、熬药，喂吴参军喝下。没过多久，吴参军渐渐有还阳的迹象。晚上又喝了一剂药，吴参军已有明显好转，他这才放下心来。

病情稳定后，张景岳又对药方进行调整，加入大分量的熟地黄。吴参军服药一段时间后，身体终于完全康复了。

痊愈后，吴参军专程前来道谢，并向张景岳请教：自己误食蘑菇中毒，按照常理，应该是用寒凉药物帮助排毒，但不知为何病情却日渐加重。用了温补的药后，反倒是痊愈了，这是为何？

张景岳解释说："中医讲究辨证论治，一般情况下中毒用黄连等药是没问题的。但参军误食的毒蘑菇肥白鲜嫩，应该生长于阴凉环境中，属于阴寒之毒，此时再用寒凉药物就是药不对症，因此前期一直不见好。我仔细揣摩你的脉象，认真观察食用的蘑菇，决定用温补之药来解毒，所以见效很快。如果你中的是热毒，那就要用凉性药。所谓的辨证论治，就是这个道理。"

100. 葡萄架倒了怎么办

一天，张景岳闲来无事，正赶上朋友邀请，就欣然赴约。

宴会上的人有认识的，有不认识的。一开始大家挺拘谨，酒过三巡、菜过五味之后，大家渐渐熟络起来，慢慢放下戒备，席间的气氛开始活跃起来。其中有一个段子让大家印象最深：

有一名官员，模样、学问都很好，仕途也一帆风顺，就是家里有位悍妇，隔三差五就上演全武行，让他苦不堪言。有一天，他又被悍妇抓破了脸，上司发现后，问是怎么回事。官员编了个理由，说昨夜在葡萄架下乘凉，不料架子倒了，划伤了脸面。上司大怒，呵斥道："这定是你家泼妇做的，岂有此理，朝廷的颜面还要不要了？速传衙役去将你妻子索来，老子替你拔创。"

上司正慷慨陈词的时候，忽然感觉周边温度似乎急剧下降，空气中隐隐弥漫着一股杀气。回头一看，原来是自己家的"母老虎"正以气吞山河的气势，拔山倒树而来，想必是听到了刚才那番话，要杀过来施展一番河东狮吼的功夫。上司惊恐不已，赶紧对那位官员说："你先退下，我家的葡萄架也倒了……"

这天大家像久别重逢一般，喝了很多，也聊了很多，直到肴核既尽、杯盘狼藉方散。

第二天醒来时，张景岳还有点儿醉意，回味着昨天的段子，不禁哑然失笑。正巧这时有病人家属来请自己出诊，他整理下衣衫和药箱，一步三晃地朝病人家中走去。

到了患者家里一看，原来是一位妇女，此时正浑身抽搐、口吐白沫，跟鬼神上身差不多。问了问家属，患者最近饮食起居一切如常，此前也没有类似的病症，不知怎么突然就这样了。张景岳觉得有点儿奇怪，但又说不上是哪里有问题。看妇人面相，虽口鼻紧闭，但面色尚可，不像是急病。上手把脉，病人脉象洪数有力，从哪看都不像是一个病人该有的样子。到底是哪里出了问题？张景岳百思不得其解。

从屋里出来，张景岳详细询问了病人的发病过程。家属吞吞吐吐，不得已道出了实情：原来患者也是“母老虎”，丈夫虽不够强势，但也坚持有理有利有节，该忍则忍，该争则争，倒也打得有来有回。“母老虎”想通过情绪变幻无常达到控制丈夫的目的，没想到丈夫是个绵里藏针的主，几次三番下来都没有效果。刚才她又找茬跟丈夫吵了一架，发现自己实在没理，又不想认错，就倒栽葱一般躺在地上。家里人又是掐人中，又是晃脑袋，都没有效果，只好请来了张景岳。

听到这，再联系病人的脉象、表证，张景岳顿时明白了，慨叹一声：“又是葡萄架倒了。”

家属听得云里雾里，以为是什么疑难杂症，连忙问：“张大夫，您这是何意？”

张景岳连忙说：“无妨无妨，我已经知道尊夫人的病因病机，也知道如何医治了。”

顿了顿，张景岳故意大声对家属说：“尊夫人属于急症，得用猛药。不过这味猛药需要辅以艾灸。症状越急，越需要加大药量。看尊夫人的情形，更需加倍用量。我药箱里有艾粉，你们赶紧卷成药杵那么粗的艾柱，灸她的眉心、人中、小腹等处，别怕烫伤她，救命要紧。”

说话的时候，张景岳用眼角的余光瞟了一眼患者。说到要用药杵那么粗的艾柱时，患者不经意地抖了一下，显然是怕了，这更加坚定了他的猜测：大姐，这么精湛的演技，掐人中都没掐醒你。你要是去跳大神，那帮江湖骗子哪还有饭吃？

似乎是有意考考患者的演技，张景岳并没有拦着患者家属卷艾柱。艾柱卷好点上的时候，冒出的烟差点没把他熏个跟头，一般人肯定忍受不了。他看着家属小心翼翼地把艾柱靠近患者的眉心，觉得她的戏份差不多该结束了。没想到这位大姐挺能演，愣是忍着燎人的灸烤不起来。张景岳算是服了，心想，我来帮你吧。

就在艾柱快要烧着眉毛的时候，张景岳摇了摇头，伸手一拦：“我这个药虽然猛，但送不进去也不行。像尊夫人口舌紧闭这种情况，得先试试她能不能服药。正好我今天带了治晕厥的特效药，先给夫人服下看看情况吧。”

“好你个张景岳，真是看热闹不嫌事大，弄那么大的艾柱你想把我送走啊？装病这招他们不知道，你还不知道啊？”听说换特效药了，这位大姐立刻心领神会，在张景岳把药送到嘴边时，借坡下驴，装作很费劲的样子把药咽了下去，然后缓缓睁开眼睛，环视一周，看着丈夫关切的眼神，装模作样地来了句：“我这是怎么了？”然后在家人的搀扶下慢慢站起身来，没一会儿就一切如常了。

看着妇人这么快恢复，家属对张景岳佩服得五体投地，赶忙看座上茶，准备诊金。张景岳也没再说话，嘱咐一番后就离开了，家属自然是千恩万谢。不过只有他自己知道，给妇人服下的不过是开胃的药。回去的路上，他心中若有所思：自己家的葡萄架可千万不能倒啊！

101. 活用禁忌救幼童

中医用药讲究“君臣佐使”，除最大限度发挥药材的作用外，还要中和药物的毒性，有些特殊药物还不能混用。在长期的实践中，中医总结出了“十八反”“十九畏”，组方时尽量避免同时使用。但凡事总有例外，张景岳就曾活用禁忌救治了一名吞钉的幼童。

有户姓王的人家，一年前家里添了口男丁。王家算得上家境殷实，对这位小少爷自然是百般呵护，含在嘴里怕化了，捧在手里怕掉了。小孩虽然刚满周岁，但因为溺爱，威风小衙内的做派已开始显现。虽然话还说不利索，但精力旺盛，能跑能跳，作起妖来也是一点儿不让人省心。

小男孩好奇心强，什么都想尝试。这天不知从哪里拿到一枚铁钉，等家人发现时，钉子已经卡在喉咙里取不出来了。家里人慌了神，紧赶慢赶地去请张景岳。

等张景岳赶到王家时，正好赶上小男孩的母亲倒提着他的双脚，想把钉子倒出来，小孩的嘴里、鼻子里全是鲜血，情况十分危急。张景岳赶紧喝止住，哪有倒悬着孩子，钉子就能自己倒出来还能不伤害性命的呢？孩子母亲听到后，马上把孩子正着抱过来。

正过来后，听着孩子的啼哭声，张景岳判断钉子已经滑入肠胃。本来孩子母亲还抱有一线希望，听了张景岳的诊断，登时大哭起来。原来她虽然没看过几本书，但戏文是没少看。戏曲里的人物吞金而死是一个老桥段，虽然不知道原因是什么，但结果都差不多。想着刚满一岁的儿子马上不久于人世，当妈的号啕不止。

张景岳赶紧劝说，先别哭，还有救。孩子的父母知道张景岳的能耐，他说有救就一定有救，当即哭着求他想想办法，一定要救下这个孩子。张景岳虽然嘴上劝慰孩子家人，但心里也没底。他一面宽慰孩子的父母，一面思索着应对之策。医书里疑难杂症的记载确实不少，但误吞铁钉的病例可从没见过，这可怎么办？他脑海里快速回想着跟铁器有关的案例，忽然一个奇妙的想法涌上心头。

药用禁忌发展到明代已经比较健全，在“十八反”“十九畏”的基础上又衍生出很多新的规定，其中一条就是“铁畏朴硝”。既然如此，那小孩的救命之药还得着落在朴硝上。想到这里，张景岳的眼中闪过一丝光芒，急忙跑到书桌前，写下一剂药方：活磁石一钱，朴硝二钱，研为细末，调以熟猪油、蜂蜜，温水服下。

家人像抓住了救命稻草一样，也顾不得仔细看组方，飞也似地跑到药房抓药。小孩倒是听话，知道这是救命的药，忍着疼服下去。张景岳怕病情有反复，就在王家等着。不一会儿，小孩感觉有便意，排出像大红枣那么大的一坨，润滑无棱，药物附在表面。拨开一看，里面正好是被小孩误吞进腹中的那枚铁钉。铁钉排出以后，家里人悬着的心算是放了下来。

看着孩子转危为安，张景岳也长舒一口气，虽然有赌的成分在，但总算没埋没了几十年所学。家人赶紧奉上诊金，并向张景岳请教这其中的奥秘。张景岳解释道：“方子用药不多，起作用的主要还是芒硝、磁石。磁石吸附铁器，没有磁石就不能把钉子从身体里吸出来；芒硝泻下通便，没有芒硝就不能排出磁石和铁钉；猪油、蜂蜜主要功效是润滑肠道，一方面及时排便，另一方面包裹住铁钉、磁石，不至于划伤体内器官。小孩都喜欢吃甜，用蜂蜜调和便于小孩用药。这四味药各司其职又互相配合，才能将铁钉从体内排出。”

孩子父亲听了感叹说：“真是神乎其技，应该记下来广为传颂，后人再遇到这种事情就知道如何处理了。”

102. 山中遇奇书

程敬通，名衍道，字敬通，安徽歙县人，明清时期新安学派中影响较大的名医，著有《程敬通医案》等。

不知道经历了多少个不眠之夜后，终于发榜了。尽管穷秀才程敬通调低了预期，但看到榜上无名后，心里还是有些失落。他已经记不清这是多少次落榜了。他的自信、锐气、高傲在一次次失望中渐渐消逝。考了这么多次还不能在官场谋个前程，就得为生活另做打算了。

在那个年代，没有考取功名的读书人能够从事的职业并不多，无非是记账、经商、教书等。跟大多数落第秀才一样，程敬通在黄山脚下聚集了几个村童，当起了训蒙先生，一边教书，一边备考。

备考是一个人的苦难行军，不仅要付出艰辛的努力，还要时常与内心深处的恐惧作斗争：再考不上怎么办？自己也老大不小了，到现在还没混出个名堂，会不会惹人耻笑？

不如意事常八九，可与人言无二三。程敬通不愿让家人担心，因此心中的苦闷、彷徨，胸中压抑的情感不能跟父母、妻儿倾诉，只能在深夜的时候独自排解。感觉实在撑不住的时候，他就会一个人跑到黄山上，看天上自由自在的云、山中自由奔跑的动物和壮阔瑰丽的景色，虽说压抑的情绪不能一扫而空，但起码心里会好受一些。

这一天，程敬通照例来到山中“续命”，隐隐发现熟悉的景色有些不太一样，仔细一看，原来金沙岭对面的桃花峰下的深涧边，有两只白猿在动来动去。其中一只在松树下面手舞足蹈，另一只坐在岩石边静静地看它表演。远远望去好像是一位先生站着教书，一个学生跟着念书的模样。程敬通看到后吃了一惊，民间本来就有“狐黄白柳灰”的“五仙”之说，虽然日常受到的教育都是不语怪力乱神，但眼前就有俩白毛怪，看举止跟成精了差不多，怎能不让他害怕？抛去“五仙”不说，民间素传有些动物寿命较长，每过一段时间就会添一缕白毛，那全身都是白毛的得是什么样？程敬通不敢多想，看俩白猿没发现自己，赶紧跑回了家。

回家后，程敬通没跟别人提起白天的遭遇，但又对两只白猿的异常举动很感兴趣，于是第二天又跑到原来的地方偷偷观察，一连几天都是如此。在好奇心的驱使下，程敬通决定趁它们不在的时候到现场看一下。

看着离得不远，走起来可真是要命了。又是陡坡又是湍流。一番周折之后，好不容易爬到地方，天都快黑了。程敬通看到岩石上有两本书，一本是有字的，一本是没字的。就着夕阳一看，有字的书竟然是用汉字写的，这白猿还认字！程敬通略一思忖，这有字的书应该是先生的，没字的书嘛，自然是学生的。看来不光是人上课不认真，就是通灵的动物，也有走神开小差的时候。这时天色暗了下来，远处群鸟飞起，程敬通吓得打了个激灵，拿起那本有字之书赶紧往回跑。

到家后，没顾上吃饭，程敬通赶紧把书掏出来看看。结果翻了没几页就大摇其头，原来这是本医书——《天下名山药集》，自己又不懂药，要这本书何用？他忽然想起来还有一本无字的书，之前倒也听过“无字天书”的故事，于是第二天赶紧故地重游，结果那本书却不见了踪影，那对白猿也不见了。程敬通只得作罢，那本医书也被扔到了角落里。

日子一天天过去。第二年夏天，天气特别热，学堂附近的村民得了一种怪病，腹泻不止，有些学生也中招了。远近的医生都没有太好的办法。程敬通想到了角落里的医书，随手拿起来翻看，没想到还真有相关记载，说黄山上有一种药，治盛夏腹泻有奇效。程敬通就带上工具进山了，按照书中的记述找到这种药，采下来后熬成汤药分发给村民，没想到居然把怪病治好了。教书先生治好了医生都没办法的怪病，一时传为美谈。程敬通认识到这本医书不是俗物，于是教书之余认真研读，并反复实践，医术也日渐精进。许多疑难杂症到了他这里，居然药到病除。看到许多身患疾病的人恢复健康，病人和家人面露喜悦之色，程敬通意识到了自己的使命，于是弃文从医。庙堂上少了一位官员，江湖中却多了一位悬壶济世的医生。

后来，程敬通的身影遍布各地，既为采药，也便行医。他帮助了许多贫苦百姓，声誉渐隆，终成当时徽州第一名医。而他在山中遇奇书的故事，也代代流传下来。

103. 医书首载种人痘

喻昌（1585—1664），原名朱昌，明朝宗室宁王后代，江西新建人，明末清初著名医学家，与张路玉、吴谦齐名，号称清初三大医家，著有《寓意草》《医门法律》等。

明末，北京。苍山如海，残阳如血。

朝中党争激烈，各地民变不断，后金频频进犯，大明朝气数将尽，行将就木。

国家到了这个程度，很多皇室子弟依然声色犬马、夜夜笙歌。“商女不知亡国恨，隔江犹唱后庭花。”作为朱姓子弟，理应对这个王朝负有更大的责任，可眼前的这一切，让朱昌痛心不已。

明太祖朱元璋曾规定，皇室子弟吃穿用度由国家财政提供。这体现了一个穷苦出身的草根皇帝对儿孙的无限爱意。但时间一长，皇族后裔数量迅速增长，成为国家财政的负担。而且皇室子弟从小锦衣玉食，不事生产，承平年代还能生存，一旦发生变故，就是案板上的鱼肉。

年轻时的朱昌书生意气，挥斥方遒，看着国家凋敝至此，曾与诸生联名上书，怎奈底层的呼声影响不了大局，而且各种顽疾积重难返，除非杀伐果决、雷厉风行的英主在位，否则沉疴难起。朱昌不愿看见大好河山落入敌手，于是离开北京，回到江西老家。

不久后，江山易主。曾经生活在云端的皇族后裔要么丢了性命，要么隐姓埋名遁入底层，连吃饭都是问题。有感于此，朱昌教导子女无论身处何时何地都要有一技傍身。为避祸乱，他改朱为喻，以喻昌示人。

喻昌年轻时考中贡生，有一定的文化功底。除四书五经外，他也曾广泛涉猎阴阳五行及《黄帝内经》等中医经典，并逐渐培养起对中医的兴趣。回到江西后，他认真研读医书，医术大有精进，治愈大量疑难杂症，声名远扬。其中最为人所称道的当属接种人痘疫苗的故事。

天花是由天花病毒引起的一种烈性传染病，感染者在发病时全身都会布满红疹，然后结痂，最后会留下永久性的瘢痕，俗称麻子。早期人们没有太好的办法，只能靠自身免疫力硬抗。中医在与天花交手的过程中，思路从“以毒攻毒”转移到“种人痘”上：将天花患者皮疹上结的痂碾成粉末，吹入正常人的鼻孔里，这些人就不容易被传染。这在现代很容易理解，就是人体的免疫机制，也是疫苗的作用机理。可在当时，这却是突破性的创举。喻昌在《寓意草》中最早记录“种人痘”的案例并在实践中应用，为后世医家研究、战胜天花提供了有益参考。

喻昌有一位朋友顾明，他的儿子接种了人痘疫苗，之后产生一些不良反应，身上起了一些皮疹，“淡红磊落，中含水色……如晨星之丽天”。请大夫看过之后，认为这是一种顺证，说是“状元痘”，不必担忧。可是孩子高烧数日不退，头晕心烦，精神萎靡。喻昌看过之后，判定“因时气外感，兼带内虚”，叮嘱顾明不要大意，也不要按照一般的种痘不良反应处理。不知道为什么，顾明没太当回事。

喻昌知道顾明公务缠身，因此自己对孩子的治疗格外上心。平时见不到顾明，贸然到访也不合适，喻昌就跑到顾明的亲戚家，说明来意后，将自己的诊断、治疗方法详细说明，并委托其督促孩子照方吃药。这个亲戚也是个急性子，知道后马上去找顾明。

没过一会儿，亲戚就回来了。喻昌赶忙上前询问，亲戚的回话让他心里一紧，原来顾明还是没太上心。喻昌看不下去了，催促亲戚再去一趟。怕亲戚解释不清楚，喻昌还把自己诊断的缘由、结论完整地写下来，让亲戚也一定当面交给顾明。亲戚有些诧异地看着他，但是从喻昌关切的表情和一再的坚持当中，感觉到喻昌的善意，口称：“得得得，我再跑一趟吧。”

转眼间已经到了下午，喻昌不方便在别人家中久留，叮嘱仆人有消息及时告知，然后就回去了。傍晚时分，一名仆人敲开了喻昌家的门，送来一封回信，上书：“尊翁大人，必欲得方，始肯服药。”喻昌看到后觉得有转机，略一思忖后写下药方，并对药方作了解释，让仆人赶紧送去。仆人忍不住问道：“都说药罐子只能借不能还，这道理您肯定懂，哪有大夫上赶着让人家吃药的？知道的理解您是为了病人好，不知道的还以为您这是咒人家呢。”

喻昌无奈地说："道理我都懂，但就是不能眼睁睁看着小孩就这么被耽误了。万一有什么不测，不光是顾明难受，我心里也过不去。"喻昌也知道这么晚让别人跑这么远去送信不太合适，就自己赶了过去。到顾明家里的时候已经是掌灯时分，内院已经关了。喻昌只好把信交给门子，叮嘱天一亮就赶紧送进去。

送完信后，喻昌感觉如释重负，自己已经尽到了医者的本分，而且只要照方抓药，孩子的性命定然无虞。只是顾明仍然不在意，几天后，病人病情恶化，不治而亡；又过了几天，顾明的另一个儿子再次出现此类症状，也不幸离世。

喻昌听到这个消息时已过了许久，心中五味杂陈。为了避免类似的惨剧再次发生，他在医案里详细写明病症，给出救治方案，后来收入《寓意草》中，这是中医典籍当中最早的关于种人痘的记载。此后他耗尽心力，编写出《医门法律》一书，使医家有法可依，病家有律可究，害人庸医再也不能为自己脱罪。

104. 沧桑巨变与《医门法律》

“哼哼哈嘿，嘿嘿哼哈……”初冬的早晨，演武场上不时传来孩童练武的声音。

师父看着正在练功的朱昌，心里很是欣慰，铆足了劲要把毕生所学传给他。白天教习刀枪棍棒，晚上就给他讲历史典故、侠客故事、江湖恩怨，顺带着讲一些跌打骨伤等病的治疗和预防方法。朱昌天资聪颖，不光手上功夫见长，小脑袋瓜也像吸了水的海绵一样，把师父传授的招式、讲过的故事、疗伤的技巧都深深地印在脑海里。

寒来暑往，几度春秋匆匆而过，曾经的少年如今已经变成了壮实小伙。师父自觉没有再能传授他的东西了，便把他叫到身边，对他说：“得天下英才而教育之，君子三乐也。为师能收你这么聪颖的徒弟，实在是人生一大快事。为师已将一身武艺倾囊相授，再没有能教你的东西，是时候离开了。你我师徒一场，为师再嘱咐你几句。如今国事动荡，你虽为皇室后代，但终究有名无实。为师传你武艺，在乱世保命自然无虞，但切记不要逞强。须知是非只为多开口，烦恼皆因强出头。习武之人锄强扶弱、除暴安良乃是本分，但不可贸然行事，切记切记！”

朱昌似懂非懂地点点头，帮师父收拾好行囊，出城十里相送，师徒二人洒泪而别。

之后的形势不幸被师父言中。先是闯王入京，而后清军入关……朱昌本已心灰意冷，天下大势，分久必合，合久必分，他对改朝换代早已做好了心理准备，昔日的大好河山如今已是白骨露于野，千里无鸡鸣。师父的临别叮嘱言犹在耳，血性男儿怎能熟视无睹？

跟许多皇室子弟一样，他也给自己改了名字，改朱昌为喻昌，取“鱼肠”之义。相传鱼肠剑为铸剑大师欧冶子所制，专诸刺僚所用之剑即为此剑。他以此明志，希望自己像鱼肠剑一样，直击要害，扶助王师北定中原。

起先，他把希望寄托在南明朝廷上。但南明诸王，哪有心思复国？一腔热血，在谁是正统的反复拉锯中，凝结成冰。

失意的喻昌回到故乡，隐居山中。本以为看透人性，对众人不抱期望。没想到山中百姓虽目不识丁，但爱憎分明，颇有伯夷叔齐的遗风，他心中的火焰又开始燃烧起来。山里不比城市，山民一般以打柴采药为生，伤筋动骨是家常便饭，但苦于没有好大夫，只能硬抗。喻昌从行医入手，帮助山民解除病痛，虽然没法改变世界，但能让自己身边的人变好。喻昌找到了生活的意义，也找到了救赎民众的道路。

人之所病，病疾多；医之所病，病道少。有童子功打底，喻昌治骨伤没费太多功夫，但对别的疾病往往束手无策。于是他潜心研究医术，学用结合，几年下来颇有精进。这一方面是因为喻昌有天分、有功底，另一方面则得益于规范。北宋曾设立校正医书局，对经典、医案、方书等医学文献进行收集、校勘、印行，只要有成套的、规范的经典、医案在手，认真研学、勤于实践，不断总结反思，经年累月就可成为良医。但往往有些庸医，还没入门就敢治病开方，更有江湖骗子从中搅局，使民众颇受其害。喻昌觉得，医道传承，除了技艺，更要有规范，特别是针对医生的规范。这么做，相当于给自己套枷锁，也会砸了很多同行的饭碗。但为天下安康计，喻昌还是选择了这条自我约束的道路。

历经数载增删批阅，喻昌写出了《医门法律》一书。全书共六卷：卷一为基本理论，卷二至卷四为外感病，卷五、卷六为内科杂病。每门之下先论病因、病机及证治，次立法，后列律，最后附方。法为正确诊治之法则，讨论辨证施治的原则和灵活性。律为防治失误之禁例，指出医疗差错的原因和医生所负的责任。纲目清楚，论理透彻。该书问世后，医生有了更为完备的参考书目，病人也可据此作为评判医生的依据，医生不敢胡乱开药，庸医也不能逃脱罪责。《医门法律》是一部为民众造福的奇书、伟书。

105.“老兽”的悲哀

“�枝，我走了。你自己，多保重。”

“智玲！智玲！”

年过七旬的�枝一个激灵从床上坐起来，缓了一阵，才发现自己做了个梦。

梦中的智玲是与自己青梅竹马的玩伴。两人本来情投意合，奈何社会地位相差悬殊，一个是千金小姐，一个是底层青年。年轻时的筴枝也曾为爱奋不顾身，换来的却是一顿毒打。光是挨打还好说，小伙子身体好，只要不是伤筋动骨，躺一两天也就好了。让筴枝永远忘不了的是打手们那轻蔑、不屑的眼神，和那句一边挨打一边在耳边重复的“你也配！”

打那以后，筴枝再也没见过智玲，只是从身边人的只言片语中慢慢拼接出智玲以后的生活：风光婚礼、生儿育女、家庭不幸、染病离世……说起来也得感谢那顿毒打，把还在做梦的筴枝打醒了，认识到了这个世界的残酷。筴枝没读过什么书，走不了仕途，就一头扎进商海。如今的筴枝已是富甲一方。几十年的尔虞我诈、钩心斗角，让筴枝的心比钢铁还要坚硬。可每当听到有关她的事情时，像刀锋一样划过的回忆还是会让他意识到，自己从未将她放下，即使她已经故去。

筴枝发达之后，身边莺莺燕燕不断。他也曾以为会碰到真爱，可到头来却发现是自己太天真，那是除爱情之外所有物欲的集合。慢慢地，筴枝从惊喜、沉醉到怀疑、平静，看透之后收起真情、紧闭心门、沉溺欢场。说来也怪，一般人这样的话早就被酒色掏空了身子，筴枝却依然精神抖擞、精力充沛，都七十多了还是夜夜笙歌。

人红是非多，富商天然具有话题属性，更何况是为老不尊的富商。筴枝的几个儿子虽然也是花天酒地，但本着宽以律己、严以待人的原则，数落起自己的老爹来那叫一个义正辞严、慷慨激昂，还送他一个外号“老兽”。当然只能是背着他说，毕竟他还是这个大家族的当家人。

都说酒是穿肠毒药，色是刮骨钢刀。纵然是钢筋铁骨，也扛不住经年累月的侵蚀。一向自诩身体过硬的筠枝倒下了，这天下午稍微吹了点风，到晚上就烧起来了。家人放着那么多名医不请，请来个“二把刀”。来人寒热不分，简单看后说是中暑，开了很多名贵的凉性退热药。服药之后，症状不仅没减轻，反倒加重了。筠枝又吩咐家人去请喻昌。

喻昌跟筠枝也算故友。整天混迹勾栏瓦肆的富商身体竟然还很好，喻昌还以为他有什么养生秘方，就找筠枝喝酒，顺带着想打听一下。本来喻昌只拿他当暴发户，喝了几场之后发现好像不是那么回事，筠枝只是用酒色把自己的精明、机敏遮起来了。熟络了之后，喻昌知道了他年轻时候的故事，当然也知道他身体好，更多是先天因素，没什么秘方。一来二去，俩人就成了朋友。

喻昌赶到时，筠枝有些神志不清，身体僵硬、四肢冰冷、口不能言。把过脉后，喻昌判断这是真寒假热，而且从症状看，已经是阳气将尽的先兆。于是赶紧开出药方：附子、干姜、人参、白术各五钱，甘草三钱。嘱咐家人赶紧照方抓药，煎好送服，不然人就要没了。家人拿着药方面面相觑，不知道该怎么办。虽然名义上是一家人，但看着老头行将就木，这会儿各自都在盘算着怎么抢宅子分家产。喻昌救人心切，没想这么多，自己亲自把药煎好。大家一看拦不住，只好采取折中的办法，先喂服四分之一，看有没有用再说。

过了大约半炷香的时间，本来已经昏迷的老头竟然悠悠转醒，能开口说话了。家里人赶紧装出一副欣喜的模样，实际上心里早把喻昌恨透了。筠枝说有点儿冷，把被子裹紧些。大家虽然有些不情愿，但还是佩服喻昌的医术，果然如他所说，是真寒假热。几个儿子跟家眷言语几句，赶忙冲上前给老爹掖被子。家眷借着关门窗的工夫都出去了，不一会儿外面来了一大帮人，嘴上说着来给老太爷道喜，实际上却把喻昌往门外挤。

来人当中也有粗通医术的，一开始给筠枝看病的“二把刀”不知为何也在其中，当着众人的面唱起了双簧：“大热天的怎么吃附子、干姜，怕不是个庸医吧？”“可不敢这么说，喻神医的本事也是你能胡言乱语的？”喻昌觉得话风不对，也没跟他们计较，拽着筠枝的儿子，叮嘱他们一定要把剩下的药给筠枝服下去。结果话还没说完，他就被人连拉带扯地“请了出去”。至于剩下的那些药，一时间也不见了踪影。

没过几天，喻昌就听到了筠枝去世的消息。筠枝的葬礼备极哀荣，原来喻昌走后，家人又请了别的医生，结果筠枝不治而亡。可惜喻昌的一再坚持，还是没能救下好友的性命。

喻昌又听人说起筠枝弥留之际口中呢喃：“玲……玲……玲……”家人不解其意，以为是有笔银子还没交代，赶紧摇晃着让他清醒过来，只是筠枝已没有力气向众人说明，此事也成了一桩悬案。只有喻昌听出了筠枝的呼唤，心中叹道：“好你个‘老兽’，还真是万花丛中过，片叶不沾身，偏偏对那位念念不忘。”

106. 牛粪治秃疮

傅青主（1607—1684），名山，字青竹，后改字青主，山西阳曲（今山西太原）人，与顾炎武、黄宗羲、王夫之、李颙、颜元一起被梁启超称为“清初六大师”。医学方面，傅青主在内外妇儿各科均有建树，以妇科为最，所著《傅青主女科》《青囊秘诀》等流传至今，影响颇大。

古代社会生产力水平较低，物资不太丰富。为了更好地生存，古人充分发挥自己的聪明才智，将身边各种东西的作用发挥到极致。全世界可能没有哪个民族跟我们一样，会在医疗方面打动物粪便的主意。比如蝙蝠的粪便又叫“夜明砂”，是一味比较罕见的中药；牛粪晒干了可以当柴火，也可以当中药用，医书中有“牛粪散”的记载：湿热诸疮，毒水淋漓，久不收口，并小儿痘疮破烂，百药不效者，用此如神。相传傅青主就用牛粪治好了小孩的秃疮。

一天，傅青主到山上游玩，快到晌午时分，在山上的一座庙里歇脚。他是这里的常客，平时经常布施，也会与庙里的和尚讨论佛法，庙里大大小小的和尚都认识他，偶尔有个头疼脑热也找他看看。远远地看见傅青主过来，早有知客僧打扫好凉亭，沏上一壶茶。与知客僧打过招呼后，傅青主坐下来，一边品茶，一边欣赏盛夏的湖光山景。

没一会儿，从山下跑过来一个男孩，一边跑一边挠头，好生怪异。只见这小孩气喘吁吁地跑到傅青主跟前跪下，求傅青主给他看病。傅青主一看，这孩子长了一头的秃疮，头发也掉了一大片，旁边还有苍蝇围着转。怪不得刚才一边跑一边挠头，原来是痒的。

傅青主倒是不觉得突然，他经常到这附近遛弯，有些人患了疑难杂症，就会在这里等他。只是他活动时间不固定，能不能遇见要看运气。

傅青主看着男孩说：“你头上的秃疮得很长时间了吧？头发都掉得差不多了，怎么不早看大夫？”

男孩边拍苍蝇边说：“傅老爷，我爹去世早，家里只有母亲，实在是没钱看病。要不是痒得受不了，也不会到这来麻烦您。”

傅青主叹了一口气："可怜的娃，小小年纪遭这个罪。还好现在碰到我，还有得治，要是再晚几天我也没办法了。你的病不难治，就是现在没有药。你先坐下，喝口茶，等过一阵你的药就来了。"

男孩听话地坐下，不过心里也直打鼓："什么药现在没有，非得过一会儿才有，难道是飞禽走兽？可也没听说过哪种飞禽走兽能治秃疮啊。"好在男孩知道傅青主医术高明，他说能治好就一定能治好。于是坐在凉亭里，静静地等着自己的药。

过了大半个时辰，远处传来"哞哞"的叫声，牛倌赶着一群牛往山上走。傅青主眼里放光，让男孩盯着牛群，他的药就出在这里。牛群经过他们的时候，"扑通扑通"拉了一地的牛粪。

"快！"傅青主用不容置疑又有些兴奋的语气说："赶紧把牛粪糊在头上，涂厚点，抹匀了，别漏气。"

男孩惊得下巴都要掉了，他猜到自己的药跟飞禽走兽有关，但没想到是飞禽走兽的粪便。他诧异地看着傅青主，傅青主却一个劲地催他。没办法，只得忍着恶心、恶臭把牛粪糊到头上。糊的时候自己都要吐了。本来得秃疮就招苍蝇，把牛粪糊脑袋上，这下更受苍蝇欢迎了。傅青主一副看热闹不嫌事大的劲头，只觉得小孩糊得不严实，又让小孩把衣服脱下来，里三层外三层地裹成粽子才罢休。

"回去吧！千万别弄下来，包严实了，明天就能好。"

男孩一溜烟就跑没影了，不知是高兴的还是怕让小伙伴看见。

回到家后，男孩的妈妈闻着一股臭味，还以为是孩子淘气掉粪坑里了，刚要发作。结果小孩说这是傅青主老先生让他这么干的。虽然方法有些怪异，但她也知道傅青主治病常常出人意料，就安慰他说："既然是傅先生安排的，那就听他的，明天秃疮就好了。"然后又用手仔仔细细地摁实了，赶走屋里的苍蝇，让小孩别太在意，安心睡觉。小孩也挺听话，吃过晚饭后就乖乖睡觉了，也没觉得有什么异样。

第二天起床后，小孩突然觉得奇痒无比，本来想再捂一会儿，实在忍不住了，衣服都没来得及解开，双手一拽，昨天糊在脑袋上的牛粪跟头盔一样揭下来了。

男孩的妈妈刚开始还担心，这么早揭下来会不会不起作用，看到小孩的光头之后放下心来。昨天还满是秃疮的脑袋，今天已经锃明瓦亮，跟刚剥壳的鸡蛋一样。奇怪的是，男孩揭下“牛粪盔”之后，除了有点儿凉飕飕的，已经感觉不到痒了，折磨他很多天的秃疮不到一天就治好了，还是用牛粪治好的。自此之后，傅青主的名气更大了。

107. 一杯毒酒促姻缘

古代的风尘女子，一直被主流社会歧视。虽然文学史上也出现了玉堂春、王美娘、杜十娘等形象，但那只是人们寄寓的美好愿望。尽管如此，当两个人真诚、努力地想要冲破世俗羁绊时，理解他们的人有时也会释放善意、提供帮助。傅青主就曾用一杯毒酒，促成了一段姻缘。

明末太原有座行院叫紫云院，院里有个姑娘唤作芙蓉。相貌清丽、楚楚动人，吹拉弹唱、琴棋书画样样精通。有这么一棵摇钱树，紫云院当然是日进斗金。太原府里的一众土豪、衙内争相光顾，真可谓“五陵年少争缠头，一曲红绡不知数”。

傅青主有位同学叫薛宗周，为人豪爽，模样周正，是个风流雅致的人物。第一次见到芙蓉就呆住了，芙蓉也被薛宗周吸引，两个人从诗词歌赋谈到人生哲学，你赞叹我的学识渊博，我欣赏你的才艺双馨，彼此都有相见恨晚的感觉。薛宗周想给芙蓉赎身，但行院就是销金窟，老鸨子也是敲骨吸髓之人，就是不入流的姑娘要赎身，那也是三倍以上的价钱，更何况芙蓉又是行院里的台柱子。老鸨子放出话来：“没五千两纹银，甭提这事。就这你还得谢咱，要是有别人看上芙蓉，还得加钱。”

不巧的是，晋王听闻芙蓉的美名，也要给芙蓉赎身。一边是王爷，一边是穷酸书生，老鸨子倒是拎得清，也没敢提五千两的事，收起之前的做派，半卖半送地将芙蓉许给了王爷。听到这事，薛宗周急了，赶紧找傅青主帮忙。傅青主一开始以为薛宗周拿自己寻开心，还调侃了几句，但看薛宗周的样子不像是开玩笑，在反复确认了他的心意后，告诉他不用担心，山人自有妙计。

在晋王迎娶芙蓉的前一天下午，傅青主带着书童来到紫云院。刚到门口，就有眼尖嘴快的仆人迎进来，并赶忙通报给老鸨子。傅青主虽然没有官职，但也称得上是名流。老鸨子见到傅青主，心想大买卖来了，赶紧叫丫头看茶。

“傅老爷，不知道您大驾光临，有失远迎，您别见怪。我们这里是简陋了些，但这儿的姑娘，模样、才气都没得说，整个太原府都找不着第二家，您看上哪个，我给您安排。”

“有劳，今天不打猎，想借宝地喝杯酒，听芙蓉姑娘唱个曲。”

“呦，可真不巧，明天晋王纳妾，娶的就是芙蓉，今天不方便。”

“无妨，就是唱个曲，听完就走，银子不少你的。”

“哪敢收傅老爷的银子。”老鸨子嘴上客气，手里可没闲着。拿过来后觉得手上斤两不轻，细看还是头等细丝，脸上表情更丰富了，这会儿也顾不得明天出嫁的事，赶忙让芙蓉下来接客。

芙蓉知道薛宗周和傅青主的关系，刚想问两句，碍于身边人多眼杂，没敢开口。傅青主倒是爽利，让书童打开随身携带的食盒，斟满一杯，递给芙蓉：“薛公子听闻姑娘出嫁的消息，深感欣慰，本应到场贺喜，不料亲人染疾，托在下转达敬意，祝晋王与芙蓉姑娘永结百年之好。”

听完傅青主的话，芙蓉心里一冷，虽有千言万语，但还没到嘴边就已经烟消云散。芙蓉强忍悲痛，接过酒杯一饮而尽，对傅青主说：“请先生代小女子致谢，愿薛公子鹏程万里，得遇良人，共度余生。”

听到这里，傅青主轻叹一声，心想两人果真是情根深种，如此也不枉自己的一番心思。芙蓉双眼含泪弹了一曲。一曲终了，傅青主道一声珍重，起身离去。

紫云院装点得喜气洋洋，芙蓉却是愁容不展，好在有蒙头红遮挡，旁人也看不出来。虽然就要离开这个牢笼，但自己依然是个囚徒。上轿前，芙蓉突然手脚无力，呼吸急促，双眼发白，身体不受控制地倒了下去。这可急坏了众人，等老鸨子来看时，早已没了气息。此时早有腿快的通报了晋王，晋王脸上挂不住，让老鸨子仔细交代清楚。

别看老鸨子平时精明得紧，但喜事变丧事，大把的银子刚过手就要退回，而且发生了命案，还牵涉王爷，惹恼了他自己可能小命不保，此刻也没了主意。正好傅青主经过此地，老鸨子赶紧抓住这根救命稻草，看看能不能治好。傅青主验过之后说：“芙蓉姑娘是悲伤过度、气冲心头而死，与你无关，你这么回复晋王就行。”老鸨子如蒙大赦，将傅青主的话告知王府的管家，总算是洗脱了自己的嫌疑。傅青主提出要替芙蓉收尸，老鸨子也赶忙答应。毕竟刚出自己的门就送命，别人指不定会怎么说这事，自己的生意肯定会受影响，要是再查出别的就更不划算了。傅青主替芙蓉收尸，简直就是天降冤大头。老鸨子假模假式地哭了两嗓子，就让傅青主把人拉走了。

傅青主把人拉到乡下的一个僻静小院，停灵七天后，厚葬芙蓉。但大家都不知道的是，这其实是一具空棺。原来那天傅青主给芙蓉喝的酒是自己精心调配的，外观、气味与正常的酒无异，时辰一到立刻毒发，症状跟真断气一样。这一招瞒天过海，瞒过了所有人。将芙蓉拉回来之后，傅青主立刻给芙蓉服下解药，乔装打扮后走小道送到薛宗周家里。傅青主苦心孤诣做的局，成就了一对苦命鸳鸯。

108. 一块石头治怪病

对武林高手而言，出招时无须武器在手，随心所欲、不滞于物，草木竹石均可为剑，最后进入无剑胜有剑之境。对高明的医生来说，治病也不是非得针药并用，有时一句话、一个动作也能治好疑难杂症。相传傅青主曾用一块石头治好了一位奇怪的病人。

有一对新婚夫妇李小牛和粉莲，两人感情不错，日子过得也挺舒服。但有个心结一直横亘在两人中间：李小牛是倒插门。这种情况在古代很容易遭人非议。

李小牛心里很在意这件事，出门总觉得背后有人在议论自己，时间长了难免动作就会走样。有些人可能随口那么一说，在李小牛看来就夹枪带棒、阴阳怪气。好在他脾气比较好，性格也偏内向。内向的人一般都是跟自己较劲，不会当场跟人发作，总是回家以后慢慢自愈，但时间长了人肯定会崩溃。直到有一天，有人当街奚落他。饶是李小牛脾气好，也差点儿跟对方掐起来。

回家后李小牛总觉得有股窝囊气，看着家里这也不对，那也碍眼。正好粉莲进门来，他就拿个错训斥了妻子两句。两口子过日子磕磕绊绊不奇怪，一直相敬如宾才奇怪。李小牛觉得说两句没什么，过一阵就好了，但粉莲却委屈得不得了：知道丈夫是上门女婿，自己平日里能忍则忍，很多事都包圆了，没让丈夫伸手。虽然偶尔会有口角，在爹妈面前也都是和和气气的样子，从不跟别人说丈夫一句坏话。按说做到这份上已经很不错了，现在丈夫找个茬就难为自己，这日子还怎么过？粉莲想到这里，眼泪扑簌而下。忽然觉得一阵天旋地转、浑身无力，躺在床上起不来了。

刚开始李小牛还觉得粉莲在装病，可躺了一天还是病恹恹的，水米不进，这才开始着急。其实李小牛本质上不坏，只是一时气不过拿粉莲撒气，没想到把妻子气病了，赶紧请郎中来瞧病。请来的郎中也是个“二把刀”，对治病一知半解，偏还敢开药。结果药不对症，粉莲病得更重了。

请了好几个郎中都不见效果之后，李小牛来到了傅青主的家。听明白来龙去脉后，傅青主心里有了主意，对他说道：“你妻子的病，说难也难，说容易也容易。用到的药挺多，一时凑不齐。这样，你先找药引子，回家的路上会经过一条石沟，你走到石沟中间，往右走七步，找一块鸡蛋大小的黑石头。回家后清洗干净，先用猛火炖煮，再用文火煨烤，每隔半个时辰换一次。注意不能烧干了水，也不能停了火。什么时候石头软了，到我这里来取药。”

李小牛半信半疑地回了家，心想这傅青主真没溜，连水煮石头这种招都想得出来。不过名医一般都不走寻常路，还是回去试试吧。回到家已经是傍晚了。本来想明天再烧，但看到床上的妻子，咬了咬牙就烧上了。这一烧就是一个通宵，可把李小牛给折腾坏了。虽然他是个粗壮汉子，但烧水做饭这活属实没干过几次，而且每半个时辰就得文火、猛火互换，还不能熄火，一晚上下来，自己变成了大花脸不说，石头还是那么硬。

粉莲晚上醒过几次，看着丈夫不眠不休地给自己熬药，早先的气已经消了大半。这个怪病因气而生，气消了，人也精神了许多。听丈夫说了傅青主奇怪的药方以后，她也是十分诧异，让丈夫歇一会儿，自己来煮。过了大半天石头还是没有变化，她就让丈夫再去问问是不是落了什么步骤。

看到满腹狐疑的李小牛，傅青主已经猜到了七八分：“还没软就不用煮了，这会儿你媳妇的病已经好了。”

“那你让我费这么大劲煮一个蒸不烂、煮不熟、硬邦邦的石头蛋干什么？”李小牛问。

“你媳妇的病因你而生，自然也得因你而解。没来由地在你这受了气，归根结底还是觉得你不关心她、不理解她、不珍惜她，当她看到你没白没黑地煮石头，心里的气也就消得差不多了，病自然也就好了。看病不是非得吃药，对你媳妇来说，最好的药就是你的诚意、你的关爱。心意到了，病就好了。”

李小牛忙不迭跑回家，果然媳妇已经好了。自此二人恩爱相伴，虽然偶尔也会拌嘴，但再也没有出现过病倒的情况。

109. 药食两用八珍汤

母亲高烧已经八天了。傅青主虽然是远近闻名的名医，但望着病榻上的母亲，此刻却没有办法，想为母亲开药，思前想后还是下不了决心。

朋友们来了好几茬，其中也有大夫，而且有些人的医术不在自己之下，他们各自也都有独门秘方，不说起死回生，至少也能还阳续命。只是看过之后，都摇摇头、摆摆手。他们的判断也大致相近：五脏皆虚、神气皆去，形容枯槁、寿限将至。

傅青主自己也是名医，母亲的身体自己又岂能不知？只是他一直不愿接受。

自己与结发妻子琴瑟和鸣、伉俪情深，可惜情深不寿，婚后没几年，妻子故去。

自己与兄长一起长大、亲密无间，侄子也是自己看着长大的，没想到先后离世。

亲人一个一个离自己远去，他却只能眼睁睁地看着，被巨大的无力感包围。每当午夜梦回时，他都会感慨命运的无常：先是一次次给自己慷慨的馈赠，然后再一件件无情地收回。他再也不想经历这种痛苦，于是苦读医书。几十年来，也算窥得其中之道，成为当世名医。只是如今看着被病痛折磨的母亲，几度淹没自己的那种无力感再次袭来。以前不懂医是这样，难道现在懂医术了，还要再经历亲人别离的痛苦吗？

虽然众人都表示无能为力，但作为儿子，总要为病危的母亲做些什么，哪怕是再喂上一口热饭。可惜此时的母亲已是风中残烛，纵是玉盘珍馐，只怕也无福享用了。

傅青主无力地走进厨房，想着让母亲临终前吃上自己做的一碗饭。拥有一身世人皆知的医术，却救不回自己的母亲，真是莫大的讽刺。

傅青主是医生，家里常用的药材倒是也不缺，厨房里也有很多可供食用的中药。想着母亲元气已失、无力咀嚼，那就煮碗汤吧。几十年的从医经历，让他已经不需要过多思考药物的性味归经便知道如何搭配才符合君臣佐使之理。只是今天他太累了，随意抓了几把，就放在锅里煮。倒不是身体疲惫，而是心累。望着袅袅升起的炊烟，他似乎又回到了小时候，哥哥领着自己，牵着黄狗到野外追逐野兔；饭做熟了以后，母亲到处找兄弟俩回家吃饭，那熟悉的呼喊，仿佛还在耳畔……

“咕嘟咕嘟……”饭煮开的声音，把他从遥远的回忆拉回了现实。擦干眼角的泪水，傅青主把锅里的汤舀进碗里，送到母亲床头，一勺一勺喂母亲喝下去。这场景，像极了儿时的母子，只是两人互换了位置，昔日喂饭的躺在了床上，而满院子被追着喂饭的小孩，如今却掩着巨大的悲伤，重复着此前的动作。

行医多年，见惯了回光返照的场景。虽然无限留恋，但傅青主却不希望母亲清醒过来，那只会让她更清晰、更深切地感受痛苦。喝完汤后，母亲便沉沉睡去。傅青主像下定了巨大的决心一样，走到一间许久不曾打开的屋里，望着满是灰尘的木箱发呆。

那里面，是穿了不知道多少次的素服。傅青主不愿走进这间屋子，每次从这里经过都会勾起沉重的回忆。事已至此，不得不准备后事了。

就在傅青主还沉浸在悲伤当中时，家人说母亲好像不烧了，呼吸也很平稳，面色似乎也在渐渐转好。傅青主有些不相信自己的耳朵，赶紧跑到母亲床前，果然如此。难道是刚才的那碗汤起了作用？傅青主赶紧到厨房里，揭开锅盖一看，锅里面还炖着羊肉、莲藕、山药、黄芪、良姜。傅青主仔细回忆熬汤的过程，终于记起了还有煨面、黄酒、酒糟三种原料。趁着锅里的汤还没烧干，赶紧又给母亲盛了一碗。连续喝了几天之后，母亲的病竟然好了。

事后傅青主分析，羊肉味甘性热，补虚开胃；藕根清热化痰；山药补脾除湿；黄芪味甘性温，补脾健肺；良姜味辛性热，温中下气，暖胃消食。寓药于食，药食并用，组成温补而不腻，清淡可口的滋补药膳。母亲喝了以后元气得到补充，阳气生发，挺过了这次急病。

从此以后，傅青主每天都为母亲煮一碗汤，并把它命名为“八珍汤”。母亲喝了以后，身体逐渐好转，又过了许多年才无疾而终。

傅青主后来将此方传授给一家饭馆，并给饭馆起名“清和元”。“八珍汤”几经修改，后定名为“头脑”，如今是山西地道的风味小吃。经常食用，还有益气调元、滋补虚损的功效。因为药食并用，所以深受大众喜爱。

110. 相思病不分老少

傅青主行医出名后，想见他的达官贵人越来越多，有些压根就没病或只是小病而已，却非要请他出诊，只为显摆自己的身份。一开始，他还抹不开面子，本着治病救人的初衷，只要来请便去。后来，他不堪其扰，既看不惯达官贵人的嘴脸，又觉得着实耽误时间，影响给普通老百姓治病。于是再有人来请，他必先问清病人身份才决定是否前往。

有一次，山西巡抚 80 多岁的老母亲突然生病了，茶不思饭不想，还精神恍惚。巡抚早就听闻自己治下的阳曲县有个名医叫傅青主，便想请他给老母亲诊治，于是便派阳曲县令出面去请。县令领了差事，面上很高兴的样子，内心却很痛苦，不得不硬着头皮去请傅青主。傅青主什么脾气，县令是深有体会，他为自己接了这个烫手山芋而暗自叫苦。

傅青主可以不给其他达官贵人面子，但当地的父母官来访又不好推辞，便请县令进了屋。

县令进门后，试探着问道："傅先生能否出个诊？有位老人病了，行动不便，不方便登门求诊。"

"真生病了，我去看没问题；若是达官贵人招呼，那就算了，别耽误我时间。"傅青主先把丑话说在了前边。

"您放心！绝不是达官贵人，今日比较晚了，请您明日一早到我那可否？老人就在我那里。"

"那好，您先回去，我这边把手头的病人都安排好，明日一早赶到。"

县令出了门，赶紧向巡抚复命："大人，下官把傅青主请动了，但不能让他知道老夫人的身份，还得委屈一下老夫人到我那……"

巡抚是个孝子，对傅青主的脾气也有所耳闻，一心想着治好母亲的病，便也没计较，命令下人赶快准备轿子。

第二天上午，傅青主如约来到县令家。巡抚怕留在母亲身边露出破绽，便躲在了帷帐后边。傅青主来到床前，给老人把了一下脉，又仔细打量了一下病人，见她虽然年逾八旬，却保养得挺好，肯定不是普通人家，便有些没好气地说道：“都这么大年纪了，居然还得这种病!”说完，方也不开，就起身离开。

县令赶紧追了上去，一边好言相劝，一边试探着问道：“老夫人得了什么病？”

“什么病？80 多岁的人了，还得相思病，这病是这两天刚得的。”说完，傅青主就头也不回地气呼呼走了。

县令在原地呆呆地立了一会儿后，不得不回屋跟巡抚如实相告。巡抚以为老母亲得了不治之症，听闻是相思病后也愣在了那，他疑惑地盯着病床上的老母亲。

老夫人却叹了口气说道：“这郎中真厉害，我的确得了相思病。前日中午，我翻箱子时，无意间翻出了你父亲生前穿过的一双靴子，都 30 多年了，靴子还是完好无损。睹物思人啊，我一宿没睡着觉，就病成这样了。你们要把这情况跟人家郎中说清楚，别让他误会，也便于人家开方。”

县令征得巡抚同意后，便追到了傅青主家，先是一番致歉，又把老夫人发病的缘由告知。傅青主也是孝子，对尽孝之人很敬佩，听闻巡抚为治好母亲的病能如此这般，便很快开出了药方。县令如获至宝，拿着药方就赶了回去。巡抚的老母亲按方服药，果然药到病除。

111. 跑了一趟病好了

有个小伙子感觉自己不舒服，一开始没当回事，但熬了几天依旧不见好后，便赶了二里地来找傅青主诊治。

傅青主也认识小伙子，跟他爹比较熟悉，一见面先端详了小伙子一会儿，才给他把了脉。但却没有急着开方，而是有些着急地问小伙子：“你怎么来看病呢？你家里出大事了！”

小伙子不解地问道：“出什么大事了？俺出来时家里好好的啊！”

“你家房子刚刚着火了！刚才把脉时，我掐指一算算出来了，不信你跑回去看看！”

小伙子看傅青主一脸严肃的样子，不像跟自己开玩笑，又想到父亲跟傅青主熟识，便对他的话深信不疑，于是拔腿就往回跑，急着回去救火。

二里地说远也不远，但也不算近，小伙子呼哧呼哧跑回村后，已是大汗淋漓，却见家里一点儿火星没有，房子都完好无损，便有些恼火，跟他爹抱怨道：“您那朋友咋不靠谱？俺找他看病，他却跟俺开玩笑，说咱家着火了。不行，俺得去问问他！”

于是，小伙子又气呼呼地来到傅青主家，一进门便没好气地质问道：“傅先生，您咋骗俺？大冷天的，害得俺跑了一身冷汗！俺是来找您看病的，您不给俺开药，还折腾俺！”

傅青主却不慌不忙地笑着说道：“你的病已经好了，怎么又回来了？”

“好了？俺药也没吃，针也没扎，您什么也没给俺弄，俺的病咋好的？”小伙子一头雾水地问道。

“你自己没感觉到？跑完出了一身汗后，是不是浑身都轻松多了？没那么难受了吧？”

“这倒是，是轻松了不少……”

“这就对了，你小子身强体壮，也没得什么大病，就是伤风感冒而已，虽然感觉很难受，但我吓一吓你，让你跑出一身汗，这病就基本治好了。”

“原来是为了让俺出汗!”

“好了，抓紧回去吧。路上别再跑了，把身上的汗擦干了。回去后再好好休息两天，多喝点儿热水就能完全好了。”傅青主一味药没开，就把小伙子打发走了。

小伙子虽然感觉身上轻松了许多，但对傅青主的话多少还有些不大相信。回家后，一度琢磨着：“不扎针也不吃药，病就能好？”结果，休息了两天后，果真好了。这下，他对傅青主发自内心地佩服了，逢人便夸：“傅先生真厉害，不扎针不开药也能治好病!”

112. 七天治好眼疾

叶天士（约 1667—1745），名桂，字天士，号香岩，别号南阳先生，江苏吴县（今江苏苏州）人，清代著名医学家，创立了中国医学温热病学派，是我国最早发现猩红热的人，著有《温热论》《临证指南医案》等。

“叶天士真会整幺蛾子，我堂堂举人，因为劳累过度伤到了眼，请他治病，他非得让我搓脚心，让下人搓还不行，还说要坚持七天，传出去丢死人了。要是不见效，非得要他好看！”

撂狠话的，是一位小衙内。看上去风度翩翩，气度不凡，只是眼睛肿得老高，活像一只变色龙。这么一个风流倜傥的公子哥，为什么变成了这副模样？事情还得从几天前说起。

这位小衙内出身官宦人家，自小养尊处优，锦衣玉食自不必说，身边更是没人敢说个不字。在这种环境下长大，若非悉心教导，很难说有多大的志向。虽说是吃过见过的主，但本事全长在吃喝玩乐上了，经义策论全无长进。他的父亲也是整天焦虑，四处求爷爷告奶奶，终于在乡试的时候，花了大价钱，给儿子捐了个粟监。

看到儿子也算是有了官身，当爹的松了口气，请几位知己好友摆酒庆贺。官场上没有秘密，摆酒的当天，当地的官员悉数到场，只不过有些人放下贺仪就走，留下的都是有头有脸的人物。席间觥筹交错，大家口中都是“天纵奇才”“前程似锦”“出将入相”等恭维之词，让老爹喜不自胜。

小衙内作为宴会的主角，自然也是红光满面、意气风发。可多喝了几杯之后，小衙内觉得看东西有些模糊，心里也没太当回事。等把客人都送走以后，小衙内感觉眼睛快睁不开了。家人还以为是高兴多喝了几杯，就让他早早休息。

第二天一早，伺候小衙内的下人起来一看，吓得大叫一声。原来小衙内的眼睛肿得跟核桃一样。昨天睡下的时候感觉还没什么，让下人这么一叫，小衙内也吓醒了，感觉眼睛跟针扎一样疼，连忙派人去请叶天士。

叶天士把过脉后，又询问了一下病人的生活习惯，跟家人解释说，公子平素玉盘珍馐、无肉不欢，吃的都是一些热性的食物。如果平时多运动或者荤素搭配，倒也没什么大碍，但公子吃得过多，又不注重养生，体内积累了过多的热毒。昨天有些饮酒过量，热毒上扰，因此眼睛红肿疼痛。不过不必着急用药，先想办法把热毒排出来再用药也不晚。否则热毒发作，就要头顶生疮、脚底流脓，非常痛苦地死去。

叶天士的医术大家都是知道的。听到这话，当爹的坐不住了，连忙离席请叶天士支招，无论如何也要救儿子一命。叶天士略一思忖，告诉公子：“现下不要着急，每天睡前交替按压左右脚脚底，按到微微发热为止。七天之后看效果如何再给你开药。注意必须是自己按，不能让别人代劳。切记切记！”

自此小衙内开始每天按脚。这对普通人来说稀松平常，但对一个少爷秧子来说可真是遭了罪了，从来都是衣来伸手、饭来张口，吃饭的时候菜离得远都不愿吃，洗脚水稍微烫一点儿就要冲下人发脾气，还要自己按脚？还要按到微微发热？不过一想到大好年华就要不久于人世，心里还是很畏惧，只能老老实实按照叶天士说的办。

七天后，小衙内的眼睛果然好了。其父请叶天士来复诊。叶天士到时，正值茶香氤氲，盈盈升腾。品过茶后，开始说病情。其父紧张地问下一步的治疗方案，叶天士却说：“不用开药了，令郎的眼疾已愈，无须吃药。”

“先生不是说七天后视情况开药吗？怎么到了今天又不用开药了？”

叶天士哈哈一笑：“我那是吓唬令郎的，令郎集万千宠爱于一身，我说什么他可能都不会听，只有用死亡才能吓住他，让他配合治疗。”接着叶天士讲起了按脚治病的原因：整体观是中医的重要思想之一，这是中医“左病右治”“上病下治”的理论依据。《灵枢》有云：“病在上者下取之，病在下者高取之；病在头者取之足，病在腰者取之腘。”体内有热毒，作用于眼睛，心情烦躁则心火上行，加剧病情。人脚底穴位密集，按压脚底至微微发热，可引心火下行，排出热毒。坚持七天后，热毒排得差不多了，眼睛自然也就好了。

113. 王牌对王牌

都说“同行是冤家”，传统社会延续下来的诸如“传内不传外、传男不传女”等奇奇怪怪的规矩，现在看来都是为了保持优势、避免竞争。

医药界也存在这个现象。游方医生走街串巷，手里一般会摇着虎撑，也叫串铃。跟卖豆腐的敲梆子一样，大家一听见铃响就知道医生来了。但有个讲究，不能在药店门前摇铃。要是有人在药店门前摇铃，店里的伙计就会冲出来饱以老拳，还要押到店里去给孙思邈的牌位磕头。原因也好理解，在药店门口摇铃，摆明了是要戗行砸场子。千百年来大家都心照不宣地遵循这个规矩，可要是两个医生，还是名中医掐起来该怎么办？历史上还真发生过这种事，闹得也挺大，不过机缘巧合，倒是成就了医史上的一段佳话。

薛雪、叶天士同为江苏吴县（今江苏苏州）人，而且都是远近闻名的名医。两个人面子上和和气气，背地里互相有些瞧不上。有一天，一名更夫来找薛雪看病，他患有严重的水肿病。受限于当时的医疗条件，薛雪简单诊断后，判断此人已病入膏肓、药石难救，就推辞不治。病人求医的时候会特别明白医生的话，要是医生很着急，“怎么现在才来？”一般来说还有得救。要是说让家人进来，或是推辞不治，或是“想吃点什么就吃点什么吧”，简直天都要塌了。更夫知道，薛雪是当世名医，他都治不好的病，那真的是没办法了，叹了口气，喃喃地说“生死有命，富贵在天”，颓唐地走了。

本来病情就很严重，再加上薛雪这个态度，更夫认定大去之期不远了。回家的路虽然不长，但仿佛耗尽了生命所有的力量，更夫渐渐觉得眼前白茫茫一片，一头栽倒在地上。

也是更夫命不该绝，他晕倒的时候，正巧叶天士从边上经过。看见有人倒下，叶天士赶紧跑过来，又是掐人中又是摁穴位，总算是救醒了。听完更夫的讲述后，再结合脉象，叶天士觉得更夫还远不至于无药可救，思忖一会儿后对更夫说：“你的病是常年吸入有毒的蚊香导致的，病情也很严重，不过不要灰心，我给你开个方，只要按时吃，很快就会痊愈。”更夫有点儿不相信自己的耳朵，不过就像溺水之人不会放过任何机会一样，回家后赶紧按方抓药，过了一阵果然好了。更夫喜出望外，见人就说叶天士医术高明，当然暗中贬损薛雪两句也是少不了的。这下整个吴县都知道这个故事了。

这一阵薛雪走在街上，总感觉背后有人议论自己，让家人出去打听后才知道其中的缘故，于是在家里气得牙痒痒。一方面羞愧于自己看病的时候不认真，给人落下口实；另一方面懊恼于叶天士太不讲究，给自己难堪。薛雪一连几天没出门，憋着要找回场子，为此连门前的牌匾都换了，龙飞凤舞写下“扫叶庄”三个大字，吩咐下人高高挂起。

叶天士知道后也是针锋相对，都在一个圈里混，还能让你比下去？当即挥毫泼墨，写就新的牌匾，上书“踏雪斋”，热热闹闹地挂在门前。

吴县人民也是看热闹不嫌事大，每天都有人在两家门口盯着，一有病人出来，都是第一时间冲上去问，这个说疗效好，那个说见效快。两人也知道此时不能怯战，尽显生平所学，誓要把对方打得心服口服。

就在这场比赛进入白热化阶段的时候，叶天士的母亲突然病倒了。在医药行里，医生不给自家人看病是通行的惯例。但非常时刻只能行非常之法，叶天士抖擞精神，给老母亲精心施治，但几剂药下去仍不见好转。叶天士开始慌了，知道自己做不了决断，得请外援，而且必须是高水平外援。整个吴县能数得上的除了自己就是薛雪了，但碍于面子不好开口，只好通过七拐八拐的关系跟薛雪搭上了线。薛雪倒也聪明，但他看破不说破，结合病人的身体情况，认为眼下必须重用白虎汤才能奏效。来人问：“重用到什么程度？”“先来二斤生石膏。”来人回去将药方告知叶天士。叶天士恍然大悟，家人患病果然得是外人才行，自己根本下不了手。赶忙让人煎好白虎汤，送与母亲服下。没几天，母亲就痊愈了。

母亲病好后，俩人斗得也差不多了，都知道谁也没法压倒谁。叶天士感念薛雪的仗义援助，主动登门拜访。但两人见面后，多少有些尴尬，挺长时间里都不先开口。不知过了多久，俩人你看看我，我看看你，忽然哈哈大笑起来，看得仆人一愣一愣的。俩人就像没事人一样，说着过往种种，约定今后互相学习，互相借鉴。回去后，俩人都把牌匾摘了，换上了原来的牌匾。高手过招、王牌对战，就以这种方式结束了。

114. 成名后又背三年药箱

“这个庸医浪得虚名、害人不浅，咱们砸了他的匾，再把他抓去见官。”

眼见绳索向自己脖子上套过来，叶天士赶紧往外跑，可腿脚却不听使唤，僵在原地。愤怒的人群手拿绳索、棍棒向他扑来，马上就要招呼到身上了。

“不要啊……”叶天士大喊着醒来，眼前恐怖的情景突然消失。原来是个梦。他擦擦头上的汗珠，颓然躺倒，想继续入睡，可此时却清醒得不得了，再也睡不着了。

他已经数不清这是多少次做类似的梦了。

此时的叶天士化名石铁竹，到金山寺打杂，白天干着火工的活，闲下来时偷师学艺，看庙里的老和尚怎么治病救人。老和尚看这个后生有心学医，倒也不藏私，把他带在身边，问诊开方多有提点。奇怪！一个已经声名远扬的名医，为什么要求教于名不见经传的老和尚？这事还得从一年前说起。

一年前的一天，有一名江西籍的木头商人找叶天士看病。此时叶天士已经是远近闻名的医生了。商人还没来得及开口，他就说道：“不用看了，您请回吧！走得快的话，还能在生前见家人一面；若是走得慢，那就得客死异乡了。”

商人一开始以为是叶天士想多要诊金，于是赶紧掏出一大锭纹银，小心地赔着笑脸说：“叶大夫，您请仔细看看，莫拿小老儿寻开心。您治好了病，我还有一份心意相送。”结果叶天士却用力推开他的手：“实不相瞒，您的病我也无能为力，除非华佗再世，否则您的病无药可治。”商人恨得有些牙痒痒，心想这医生是不见兔子不撒鹰，看来今天得下血本了。一咬牙又掏出一锭银子，双手捧到叶天士面前：“小老儿身上再无别的银两，都说叶大夫有起死回生的本事，又兼悲天悯人之心，还望叶大夫施以援手，小老儿感激不尽。”

叶天士也看出商人的疑虑，诚恳地说：“不是我贪图你的银两，实在是病入膏肓无药可救。这样，今天的诊金我分文不取，如果哪天有人治好了你的病，你回来砸我的医馆，砸我的招牌，我绝无二话。”

商人听到这里，眼光黯淡了下来。虽然知道病情很重，但总还抱有一丝希望，直到叶天士说出这些话，他才心灰意冷地离开。

想到时日无多，商人干什么都觉得没兴致，往日那股斗志昂扬的劲头没有了，蔫头耷拉脑，一步步地挪回家。到了镇江地界，商人看到眼前有座庙，想到自己膝下无子，空有万贯家财却无人继承，有几个远亲整天惦记他，伙计们巴结他，行院里的歌伎忽悠他，生意伙伴算计他，唯独没有人真正关心他。他觉得可能是自己这辈子没积下阴德，导致没有子嗣，就想布施点香火，希望下辈子子孙满堂。

商人进到庙里，也没闲聊，直奔功德箱去。早有小和尚捧着化缘簿来。商人提起笔来想都没想，大笔一挥，写下了一千两，把边上的小和尚都看愣了。放下笔的时候，他一声长叹。正是这一声长叹吸引了老和尚的注意。一般人布施完都是如释重负，怎么眼前这个人反而一筹莫展、悲戚满面？

老和尚近前一看，明白了大概："佛家讲究缘分，缘分到了，鹅毛也胜似万两黄金。施主若是还有顾虑，可以少写一些，不影响您的功德。"

商人说："我悲戚不是因为写多了，而是我即将离世，我不甘，我不愿啊！"

老和尚忙把商人请到禅房细细询问，听了叶天士的结论，又搭脉诊断，摇摇头说："施主确实沉疴难起，叶天士的判断没错。"商人的脸色更加阴郁了。老和尚顿了顿："贫僧倒是还有一策，不知施主可愿一试？"商人连忙说愿意。老和尚问："施主是乘船来的还是坐车来的？"商人答乘船。老和尚点了点头，说："也是施主有缘。施主速去请个船家，买上一船的梨。返程时坐卧都在梨上，饿了吃蒸梨，渴了吃生梨，等回到江西后，施主的病自然就好了。"

商人一脸诧异地看着老和尚，虽说有些怀疑，但此时也顾不得许多了，赶紧按老和尚说的办。

一年后，叶天士的门前聚起一大帮人，为首的大喊："叶天士你个欺世盗名的庸医，我要砸了你的店，再抓你去见官。"叶天士赶忙出来阻挡，来人问："好好睁开你的眼看看，认得我吗？一年前你说我无药可医，走慢了还会客死异乡，还说要是有人治好我的病，就来砸你的招牌，我今天就来还愿了。"叶天士忽然间想起这个病人，赶忙问他的病是怎么好的。商人将来龙去脉说清楚后，叶天士傻眼了。这位病人得的是肺病，梨有润肺通气之效，虽说单个的梨作用不大，但架不住量大。曾经被认为是绝症的肺病，就这么被扔进梨里泡好了。

事已至此，叶天士赶紧赔不是。商人此番前来是为了出去年的一口恶气，看叶天士诚心道歉，也就没有过分为难。好不容易将这些人送走，在众人的目光中，叶天士缓缓关上了医馆的门，几天没出来。

叶天士花了几天的时间反思，为什么当初没试试别的办法。几天后，他深感山外有山，天外有天，于是背起药箱，改名换姓到金山寺学艺。一年多来，见识了许多新奇的治法，跟老和尚也越聊越投机。老和尚看得出他手上有功夫，也不计较是不是来偷师学艺，一些不太难治的病号都交给他诊治。

有一次，有位病人肚子疼，正巧老和尚不在。附近的人也知道老和尚收了个弟子，虽然不显山不露水，但医术十分过硬，于是向他推荐了叶天士。叶天士简单问过几句，得知病人是吃了蜈蚣才发病后，就开出药方：两钱砒霜。病人也没犹豫，就回去了。叶天士心想："是个狠人，怪不得敢吃蜈蚣，我开砒霜连问都不问。"

病人回去的路上碰到老和尚，就把药方给老和尚看，说到底还是有点儿不太放心。老和尚问明病因，想了想，在方子上改了一下就还给他了。

老和尚回到庙里，找到叶天士问："你是苏州叶天士吧？"

叶天士自忖没露马脚，附近也没熟人，按说不该被认出来。不过老和尚待自己向来不错，就承认了。

老和尚说："我看方子上的药是两钱砒霜，就知道是你，除了叶天士，天底下没人敢这么治病。不过你为什么屈尊到我这里来呢？"叶天士就把自己来的前因后果说了一遍。奇怪，当初感觉了不得的事，今天从自己的嘴里说出来，好像也没那么夸张、那么难受了。

老和尚点点头："施主有心学医，当是为了治病救人；我佛慈悲，普度众生，我们可谓是同道中人。从今往后，贫僧定将平生所学传授于你，只希望叶居士能救助更多的人。"叶天士赶紧谢过。

"不过叶居士还是有些保守，开的药量太轻。病人吃的蜈蚣太多，得让他疼个一两天才行。"

叶天士一听，觉得有道理，赶紧追出去要改药方。老和尚说：“不必了，我已经改成三钱了。”

叶天士在老和尚身边学了三年，尽得老和尚真传。老和尚虽然没读多少医书，却收集了大量的民间验方，临证多有奇效。三年后，叶天士回到苏州行医，他的医术更好了。民间盛传“叶天士也要背三年药箱”，就是出自这个典故。

115. 暴怒治失明

在中国古代，州县的大老爷们走到哪都是前呼后拥，底下人得小心伺候着，唯长官马首是瞻。但凡事总有例外，叶天士就曾“以下犯上”，出其不意地治好了知府的病。

官员一般分为京官和地方官。京官虽然调动的机会多一些，但毕竟在天子脚下，受的约束也多。地方官就不一样了，握有地方实权，妥妥的土皇帝。因此京官到了一定级别，对外放一事格外上心。

有位叫潘宪的京官，在运作了多年之后终于等到苏州知府的实缺，这可真是天大的好消息。同僚们都来道贺，潘宪毕竟是多年的老油条，虽然此刻心中乐开了花，但还是装出一副谦虚谨慎的样子，“都是大家帮忙”“以后仰仗各位多多关照”云云。虽然此刻人还在京城，但是心已经飞到了遥远的苏州。

潘知府上任心切，原本一个月的路程，半个月不到他就到苏州了。屁股还没坐热，他就已经完成了从客人到主人的转变，摆酒招待陪同上任的吏部官员。席间觥筹交错，宾主尽欢。

可能是太兴奋的原因，潘知府虽然喝了很多酒，但依然神志清醒，晚上也没怎么睡觉。第二天一大早，他就精神抖擞地来到府衙。路上，他感觉略微有些头晕，也没太在意。到偏厅一看，大家已经到齐了。潘知府刚想讲两句，忽然眼前一黑，什么都看不见了。他揉了揉眼睛，依然如此。早有机灵人发现不对劲，赶忙上前询问，这才知道知府失明了，于是大家赶紧请大夫来瞧病。

大夫们一听是给知府看病，都异口同声地表示自己医术浅狭，还是另请高明。差人们一开始没想请叶天士，可远近的大夫都闭门不出，只能去找他了。

叶天士仔细听了发病过程，又问了问知府的情况，心里有了计较，对来人说：“我怎么着也算是个名医，怎能召之即来挥之即去，回去安排好全副仪仗来接我。”差人们有些犯难，好话说尽，叶天士不见仪仗就是不动。差人们不能自作主张，只好快马回去报信。

听了差人的回话，潘知府气不打一处来。“叶天士这是跟我摆谱啊！本府刚到苏州，火都没放，抓来砍了他，看谁还敢跟本府叫板！”

差人伶俐得紧，赶紧劝下来。“叶天士脾气是大了些，但治病确实是一绝，整个苏州城能治这病的也就他一人。况且有本事的人一般都有点儿脾气，您别跟那样的人一般见识。您刚到任，就跟名医过不去，难免留下口舌。您就是再生气，这会儿也得礼贤下士，等瞧好了病再慢慢跟他算账。”

知府一想也是，还是身体要紧，不能因小失大，于是安排仪仗去了医馆。

叶天士本来以为这一激，知府的病就好了，没想到仪仗吹吹打打地到了医馆门前，不由得一声长叹，看来知府病得不轻啊。

叶天士决定再添把火，对领头的说：“回去告诉你们老爷，刚才我是名医，现在我已经是神医了，全副仪仗配不上我，得知府亲自来接才行。”

差人们这下明白了，不是自己办事不力，纯粹就是叶天士没事找事，怪不到自己头上，闹大了还有好戏看。于是再一次快马加鞭回去复命。

潘知府满心期待地等叶天士上门，没想到等来这么一句话，一巴掌拍在桌子上，咬牙切齿地说：“叶天士，非得跟本府过不去是吧，我今番让你知道厉害。来人呐，点齐人手，去把叶天士的医馆砸了！”

潘太守还没咆哮完，忽然觉得自己好像能看见东西了。又过了一阵，自己的视力已经完全恢复了。他大概知道叶天士跟自己摆谱是在给自己治病，但又放不下知府的架子，也知道叶天士肯定会找机会解释，就没再当回事，砸医馆的事自然也就叫停了。

不久后，叶天士果然来拜会，并向知府说明了原由：“心者，神之舍也。过喜则神散，目故失明。唯怒则阳气逆上，故必得大怒，方可抑阴而伸阳。”意思是说，心中藏神，暴喜将心神涣散，可致失明。怒为阳胜，喜为阴胜，阴胜制阳，阳胜制阴。只有大怒一场，以阳制阴，才能阴阳平衡。知府听后，对叶天士的医术赞不绝口。

116. 狗撵也治病

医生行医固然需要高超的医术，但是也要辅以必要的心理疏导。人体是一个非常精密的系统，具有强大的自我调节能力。医生治病，既要针药并用，又要调动病人身体的各项机能。在某些特定的案例中，甚至不用针药，恰当的情绪治疗就可以治愈疾病。瞅准了病因病机，喜怒哀乐等情绪都可以为治病服务。叶天士就是用情绪治病的高手。

有位富商，财富不可胜数，膝下却只有一根独苗，打小娇生惯养，衣食住行、教育医疗，什么都要最好的。自小顺风顺水，小少爷难免有些飘飘然，想怎么着就怎么着。

有一天，小少爷忽然得了一种怪病，好几个月卧床不起。这可把富商急坏了，远近的医生请了多少，却始终不见起色。最后他请到叶天士。经叶天士精心治疗，小少爷的病情确实大有好转。虽然不用卧床了，但左腿自膝盖以下全无知觉，不得已借助拐杖走路。好好的美少年，突然就变成了跛子，搁谁身上也受不了，更何况是这位养尊处优的少爷。自此之后，小少爷整天阴阳怪气、指桑骂槐，话里话外都在怪叶天士没尽全力。叶天士也不吱声，整天琢磨着怎么治好他的腿。

这天，叶天士在山上摆酒，请小少爷散散心。自从腿瘸以后，小少爷阴郁了许多，酒就没断过。富商几次想说几句，但看到孩子难过的样子，还是没能开口。好在叶天士一包到底，承诺治好小少爷的腿疾，富商也就没再管。

听到是叶天士摆酒，小少爷气不打一处来，抬手就把眼前的桌案掀翻，叫嚣着要把叶天士的腿打断。但一个人喝酒也没意思，富商也说过叶天士的承诺，自己健步如飞的希望就落在叶天士身上了。小少爷换一身衣服，安排下人跟自己去赴宴。

到山上后，小少爷也不谦让，在首席的位置坐好，也不等叶天士，自顾自地喝起来。叶天士也不计较，来之前就猜到这个场景，于是把自己的座位换成了一个木箱。可能是酒精的作用，也可能是这几天一个人太闷了，小少爷一边喝酒，一边说个不停，叶天士随口答应着，竟然还很融洽，不知道内情的人还以为这俩人感情有多深呢。

席间，不知从哪突然传来一声狗叫。小少爷自小遛鹰逗狗，听这叫声就知道是烈犬，发起狠来几个人降不住，就问叶天士是怎么回事。叶天士说知道小少爷对驯犬颇有心得，这几天遍寻名犬，找到一只通人性还很机灵的，送给小少爷解解闷。只是怕这犬认生，伤着小少爷，因此关在箱子里，等喝完酒再让小少爷牵回去。小少爷一听乐了，心想叶天士还是很懂自己的嘛，心中的厌恶顿时消失了不少。

喝着喝着，叶天士推说不胜酒力，要离开一会儿，小少爷也没在意，就随他去了。突然，从箱子中窜出一只身高齿利、双眼血红的烈犬，把小少爷吓了个趔趄。他一屁股坐到地上，看那烈犬正狠狠盯着自己，身体微微下蹲，尾巴像刀鞘一样。多年的玩犬经验告诉他，这犬是要准备扑上来了。这一刻，酒都作冷汗出来了，求生的本能一下子被激发出来。烈犬“汪”的一声，小少爷吓得抬腿就往外跑，把旁边的下人都看愣了，这还是腿脚不利索的小少爷吗，怎么跑得比我们都快？

小少爷跑出几十步后，气喘吁吁地停下来，回头一看，还好狗没追上来。突然，他的身后传来哈哈的笑声。小少爷回过头一看，只见那条狗被牢牢拴在柱子上，脚下划出道道痕迹。叶天士说：“你看你看，这不是好了吗？”小少爷刚才还没注意，低头一看，果然已能正常走路了。

叶天士给小少爷讲了用进废退的道理：“你的腿没毛病，只是前几个月卧病在床，身体有些退化，再加上心灰意冷，你的意识骗过了你的身体，让你以为自己瘸了。刚才让狗这么一撵，身体来不及反应，于是不由自主地跑起来。”小少爷一听也是，哈哈大笑起来，之前的阴郁一扫而空，跟叶天士喝到天黑才告辞而去。

117. 南瓜蒂也是安胎良药

中医有许多独特的思维方式，“取象比类”就是其中一种。简单来说就是通过观察等方式，运用类比推理的方法，找出外在事物与人体的相似性，由外在事物的功能、结构等特征，根据病人的病情来用药。早些年如果有人嗓子不舒服，中医经常会用到“蝉蜕”这味药，因为蝉的叫声大，正好治嗓子。如果有孕妇难产，有些中医也会用秋天的落叶来治疗。中医认为，孕妇难产可能是气血不足、胎气不降，秋天的落叶应时而降，有下降之性，用落叶来助气，可治难产。叶天士在行医过程中，就曾运用“取象比类”的思路，用南瓜蒂帮助一位孕妇安胎。

有一次，叶天士从友人家中返回，中间经过一段山路，远远地看见有人倒在路边，走近了发现是一位孕妇，旁边还散落着一堆柴火。只见孕妇面色苍白、汗如雨下，双手捂着肚子。虽然没有说话，但从扭曲的表情中可以看出此时正承受着巨大的痛苦。

叶天士看着一地的柴火，大概猜到孕妇倒地的原因，叹了一口气，真不容易，月份大了还出来干这么重的体力活，也不知道她的家人在哪。叶天士表明了自己的身份。孕妇顿时眼前一亮，自己住在山里，县大老爷的名号可能没听过，但对叶天士的名字却是熟悉得很，这可是远近闻名的神医，有他在，孩子就不会有什么大碍。孕妇刚想挣扎着坐起来，就被叶天士赶忙拦住，让她躺好，不能再动了胎气。

从孕妇的口中，叶天士知道了大概。原来这位孕妇住在山下，离得还不远。丈夫进山砍柴，挑到城里去卖。自打媳妇怀了孩子以后，男人干得格外卖力，孕妇心疼丈夫，想来帮忙，没想到挑到一半突然腹痛如绞、全身无力，在倒下去之前，她用尽全身的力气支撑着自己，没直挺挺地倒下，但腹中疼痛不止，应该是过劳动了胎气。孕妇又惊又累，躺倒在路边，只能寄希望于过路的人搭把手，没想到碰到的人竟然是叶天士。

叶天士安慰她说：“不要担心，我刚才把过脉了，孩子没事，只是稍微动了胎气，一会儿吃点安胎的药就好了。”

“可是在这深山老林里，上哪去找安胎的药呢？”孕妇问。

叶天士也有这个顾虑，在野外想配齐安胎的药确实不容易，只能从身边的动植物入手了。他打量了一下周围的环境，忽然发现不远处有一大堆南瓜。眼下正好是成熟的季节，一个个南瓜跟灯笼似的，通过顶部的藤蔓连接在一起。

叶天士暗想，这些南瓜通过细细的藤蔓连接在一起，将地里的养分输送到每个南瓜上，还能结得这么大、这么结实，作用肯定小不了，这些藤蔓不就是现成的保胎良药吗？真是“踏破铁鞋无觅处，得来全不费工夫”。

想到这里，叶天士赶紧挑了几个最大的南瓜，剜下瓜蒂包好，跑到一户人家，借来蒜臼子，将南瓜蒂捣成糊状，熬成汤剂。同时，他请户主赶紧到孕妇家里找人帮忙。山脚下的村里没几户人家，叶天士大概一说，户主就知道是谁了。等汤药熬好后，孕妇的家人也到了。孕妇的婆婆还带着被褥，怕儿媳在地上躺时间久了着凉。

大家一块赶到事发地，慢慢喂孕妇喝下汤药。果然没过一会儿，孕妇的疼痛感就减轻了，她也能站起来走动了。看到母子平安，大家悬着的心也就放下来了。叶天士又结合孕妇的身体情况，开了一个安胎的方，叮嘱家人按时用药。孕妇家人千恩万谢，忙不迭请叶天士回家吃饭。叶天士摆摆手说：“照顾病人最重要，现在天色也不早了，早点儿回家歇息吧。以后再有什么问题可以到城里找我。”

用了叶天士的药之后，果然没再出问题。几个月后，孕妇顺利生下婴儿，孩子很健康。大家知道叶天士在野外用南瓜蒂保住了孕妇腹中的胎儿后，对他的医术更加认可了。

受到古代科技、生产力水平和认知的限制，古人只能用类比、推理的方法来理解这个世界。“取象比类法”是众多医家在行医过程中不断试错、总结出来的，有些观念、案例在今天看来经不起推敲，甚至荒谬，但确实是经实践检验认证有效的，需要用现代科技对它的作用机理进行深入阐释，从而让中医药为更多的人服务。

118. 糯米治怪病

糯米在古代不仅是一种食物，还是道士、土夫子随身必备的保命道具。在科技不发达的古代，人们认为糯米能克制僵尸、拔除尸毒，真碰上僵尸，就得糯米、黑驴蹄子、黑狗血一块招呼。到医生手里，糯米还是治病良药，内服外用均可。叶天士就曾用糯米治好了一位小衙内的怪病。

南京有位吕大人，家境殷实，就是人比较抠门。他膝下只有一位小少爷，那自然是集万千宠爱于一身，含在嘴里怕化了，捧在手里怕摔了。连伺候小少爷的仆人都得千挑万选，光干活麻利不行，还得模样周正、无不良嗜好。即使这样小心，小少爷还是得了一种怪病。

一天，小少爷午睡起来后，忽然浑身又疼又痒，但从外面看没有任何伤痕，也没有很明显的红肿，偏又碰不得、摸不得，穿上衣服就疼得吱哇乱叫，只能让他穿一件丝质内衣，外衣根本穿不住。南京城有名的医生不知道请了多少个，个个都没有办法，吕大人只好请叶天士来看病。

经过一番望闻问切，叶天士有些纳闷：真是奇了怪了，行医这么多年，还真没碰到这种情况。叶天士转身细问仆人，小少爷是什么时候发病，之前是什么情况。仆人略一思考，就把当天的情况说了出来。原来几天前天气很热，小少爷脱光衣服在院子里的池塘边午睡，醒了之后就得了这种怪病。

叶天士让仆人带路到池塘边看一看。到池塘边转了一圈后，看到附近的柳树，叶天士心里明白了。转身回到屋内，他让仆人准备好笔墨纸砚，写下一张药方。

远近的医生都束手无策，只有叶天士敢开方，大家都很好奇这个方子是什么，纷纷凑上前去。看到具体内容后，一个个心里都犯嘀咕：这哪是治病的药方？吕大人拿过药方一看，上书几行大字：糯米三石，掏净蒸熟，搓成饭团，连做三天，病即可愈。

吕大人多少明点医理，拿着药方问叶天士：“叶大夫，这是怎么个说法？我虽然不是郎中，但也粗读过几本医书，好像没见过这么治病的。瞧您这手笔，犬子莫不是中邪了？”叶天士说：“还真让您给说中了，令郎身上有邪祟，除了糯米真没有太好的办法。”

“什么样的厉鬼，得用九石糯米？再说这么厉害的鬼，只用糯米能行吗？”

“要是换了别人，可能不行。只不过今天病人是吕大人的公子，而且是我来驱邪，叶某定当竭尽全力，护小公子周全。这样，待饭团备好后，您打发仆人端出府衙往城外走，沿途之上但见有乞讨之人就分发给他们，不许回头，发完为止。”

听到这，吕大人有些不乐意了：“我儿子得病，好不容易熬的药，却要分给乞丐，这是什么道理？”

“邪祟虽然在公子身上，但驱鬼却要着落在外人身上。吕大人您放心，山人自有妙计，三天之后，保证还您一个健康的小公子。”

吕大人虽然有些不明所以，但看着叶天士胸有成竹的样子，想想他名气这么大，应该不会胡言乱语。为了自己的宝贝儿子，他只好吩咐仆人照叶天士说的做。一天过去了，小公子没什么变化；两天过去了，小公子还是没什么变化。吕大人的脸色随着时间的推移越来越难看，心想还有一天，要是到时候孩子还不见好，非活扒了叶天士不可。

到了第三天，叶天士估摸着差不多了，晃晃悠悠来到吕府。吕大人铁青着脸，把叶天士让进小少爷房中。叶天士随手拿起两个饭团，上手试试温度差不多，就拿着在小少爷身上搓动，口中还念念有词。之前碰不得、摸不得的小少爷没有疼得嗷嗷叫，反倒是一副很舒服的样子。这一幕把边上的吕大人看得一愣一愣的。没想到叶天士还有这一手，难道真是孩子身上有邪祟？不至于啊，买这个宅子的时候专门找阴阳先生看过，绝对的风水宝地，还买了很多奇石镇宅，就这还压不住邪祟？

等叶天士换了个饭团在小公子身上搓完一遍后，小公子竟然真的好了。这下可把吕大人激动坏了，之前的阴霾一扫而空，忙不迭备好诊金，顺带想问个仔细，看是哪路妖邪作祟，好让叶天士改改风水格局。没想到叶天士三缄其口，收下诊金没说几句话就走了，剩下吕大人一人独自呆立客厅之中。

没多久，叶天士客串除妖师的事迹就传遍了南京城。一众好事者纷纷打探，终于在一个酒局上揭开了谜团：原来根本就没有什么作祟，小公子那天睡觉的地方，正好在一棵柳树之下。柳树上有很多毛毛虫，烈日一晒，毛毛虫身上掉下许多毛。这种毛落在皮肤上，肉眼是看不见的，患者身上也没有很明显的症状，需要借助糯米的黏性把它们拔出来。至于为什么两个饭团能治好的病，偏偏要用九石米，那就是叶天士劫富济贫，顺带给吕大人放放血了。

119. 梧桐叶也能致富

“不好，那小子又来了，赶紧把家里值钱的东西藏起来，把这几盘肉也端下去，快点儿。”

等叶青林进门的时候，三叔家的餐桌上只剩两盘青菜和一点儿咸菜，锅里的米也不多了。一边的小孩还拽着妈妈的衣袖说没吃饱，妈妈叹了口气说：“家里就这么点儿粮食，也没钱买，实在是不够吃的。”

这话一说出来，把叶青林一路上想好的说辞生生憋了回去。

叶青林祖上也曾经阔过，到他爹这一辈开始家道中落，传到他这就更不行了。虽说财富跟祖上不能比，但怎么着也算是小地主了。几头水牛、好几十亩良田，家里的粮食堆满仓，早就实现了千百年来广大农民的梦想：二十亩地一头牛，老婆孩子热炕头。只是这孩子不学好，还有一帮闲汉整天忽悠他，吃喝嫖赌抽是样样不落。没几年就把家给败光了。

有钱的时候，一帮闲汉捧着他；一旦身无分文，这些人就翻脸不认人。过惯了舒坦日子，突然间跌落底层，叶青林有些受不了，就向身边的亲戚族人下手，坑蒙拐骗、哭穷卖惨。刚开始亲戚念旧情，多少也给一些。只是他恶习难改，钱拿到手之后不想着干正事，又去逍遥自在。世上没有不透风的墙，事情败露后，亲戚族人唯恐避之不及，这条道算是走不通了。

从三叔家出来，叶青林忿忿地想：真是人心不古啊，以前我们家有钱的时候，你们上门巴结，现在遇到难处了，你们不想着知恩图报，还拿话刺挠人，真可恶。将近中午，饥渴难忍，到哪里去找饭吃呢？想着叶天士一向待自己不错，虽然这几年没少坑他钱，但叶天士一不缺钱，二也有自掏腰包纾难解困的先例，于是就想着去他家碰碰运气。

看见这个又懒又不努力、占便宜还没够的后辈在门口徘徊，叶天士有些哭笑不得，但也不能让他饿着，连忙把他让进来。好几天没吃顿饱饭了，叶青林也顾不得吃相了，一顿风卷残云，把桌上的饭菜吃了个精光。叶天士几次劝他慢些也不济事，只好由他，并吩咐仆人准备好几袋米面，开了点儿消食的药，等他吃完了带走。

酒足饭饱后，叶天士把叶青林叫到书房，想好好跟他聊一聊。叶青林大概也知道是怎么回事，还没等叶天士开口，就开始哭诉一众亲戚族人如何势利，自己如何凄惨。叶天士不好说什么，就引导他思考：为什么会沦落到现在这个境地？为什么不能自食其力？为什么不能安心过日子？面对这三个灵魂拷问，叶青林有些招架不住，此前的他一直是严以律人、宽以待己，觉得现在这样都是祖上不争气、亲戚不仗义，从没想过是不是自己不努力。

无奈之下，他只能说："叔，你也知道我从小体弱多病，手不能提、肩不能挑，干活是不可能的。"其实他哪是体弱多病，纯粹就是懒。叶天士说："这样吧，我给你指条路，从今天起，每天到街上扫梧桐叶，晒干了归整起来，放在家里，我保你一年之内必有一场富贵。"

"就……就这么简单？"

"就这么简单！"

"那行，我今天就去。"

从此，苏州城里多了一个到处捡梧桐叶的人。刚开始大家还以为叶青林想钱想疯了，但除了每天捡树叶，他的言行举止好像与常人并无二致。时间久了，大家也就见怪不怪了。

其实一开始不光大家在奇怪，叶青林心里也在犯嘀咕："指望收梧桐叶发家致富，莫不是叔会点石成金之术？可也没听过树叶变黄金的，这玩意儿论斤称也卖不了几个钱，真不知道叔这葫芦里卖的什么药。"不过想到眼前还有一桩富贵，他也就没多想。

在捡树叶的过程中，叶青林才真正体会到生活的艰难：卖油郎起早贪黑，也挣不了几个钱，可还是干劲十足，因为不干明天就没吃的；说书人从早讲到晚，即使有人砸场子，也得笑脸相迎，就为了路人那一点儿赏钱；即使是耍猴的，也会为了争场地打得头破血流。想想自己以前的日子，真是身在福中不知福。想到这里，叶青林多多少少有些悔意，每天干得更起劲了。

对叶青林来说，生活就是不断地捡树叶、晾晒、归整。对四季的更替、景色的变换，他已经没有太真切的感触，好像就是从单衣到长袖、从长袖到棉衣，再周而复始地轮转。渐渐地，他的梧桐叶越攒越多，堆满了好几间屋。他也不再去想为什么，因为这可能是他现在唯一能把控的一件事。看着这些树叶，就好像看到了满箱的金银。

冬去春来，苏州城里突然发生了一场瘟疫，来势迅猛，病情凶险，好多人都中招了。苏州城的医馆里人满为患，叶天士的医馆格外忙碌。虽说有不同的流派，但大家开的方子都是大差不差，唯有叶天士开的方子中有一味药别家都没有：梧桐叶。可现在刚刚开春，药店里也没有备梧桐叶的，上哪去找这味药呢？叶天士对大家说，叶青林那里有梧桐叶。大家这才回过味来，怪不得之前他在街上捡梧桐叶呢，原来在这等着。

大批的病人到叶青林家里买药。叶青林倒也实在，没有哄抬物价，卖得比药方里最便宜的药还要便宜。即使是这样，等疫情过去、梧桐叶卖完以后，他还是着实大赚了一笔。叶青林就靠着这笔钱赎回了之前卖掉的良田，开始安生过日子。

又过了几个月，叶青林带着地里刚打出来的粮食和几样时鲜瓜果到叶天士家里致谢。看到这个后辈终于安稳下来，叶天士颇感欣慰，叔侄二人坐下来聊了许久。叶青林问道："又快到秋季了，要不要接着捡梧桐叶？"

叶天士说："你还真把这事当成生意来干啊？今年就不必了，去年我按照五运六气，推算出今年可能会有大疫。秋后的梧桐叶有肃降之气，可以帮助治疗疾病，顺带帮你发点儿小财。明年不会有大疫，也就不用去捡树叶了。去年几个月的锻炼，看来你收获不小，须知勤恳才是本分。如今看着你家道中兴，我比自己家赚钱还要高兴。以后不许再跟那些狐朋狗友来往了，好好过日子才是正理。"

叶青林拿着赚来的钱做起了生意，后来富甲一方。而他靠梧桐叶发家的故事也一直流传至今。

120. 小村里的治疫良方

古代社会医学不发达，人们对疾病的认识也不透彻，面对霍乱等急性传染病往往束手无策。历代医家从不同的角度寻找治病良方，总结出行之有效的策略。叶天士行医途中在乡村的一个独特发现就扑灭了一场浩大的瘟疫。

乾隆年间，宜兴、江阴地区暴发霍乱，患者上吐下泻，四肢冰凉，浑身无力，严重者痉挛或抽搐，在极度痛苦中死去。霍乱具有极强的传染性，一人得病，整个村子都跟着遭殃。疫情越发严重，朝廷不得不组织医生到疫区救治百姓。

医生们也没有太好的办法，只能带着此前的验方分发给患者。有些症状轻的、抵抗力强的患者服药后能缓解或康复，但重症患者、上了岁数的患者还是逃不过疫情的收割。大家都在苦苦思索：为什么此前的验方没有明显的效果，怎样才能结束这场瘟疫？

一天，叶天士和徒弟们着急赶路，错过了宿头。正着急的时候，忽然看见不远处一片灯光闪耀。疫情之下哪个村子还有这么多户人家？看来是个大村子。众人赶紧走上前去，却发现原来只是一个小村落。大家有些奇怪，附近的村子投亲的投亲，逃难的逃难，十室九空，怎么这个村子好像没受什么影响？仔细一打听，才知道这个村不光生病的人少，而且极少有症状很严重的患者。更奇怪的是，在外面干活感染了霍乱的村民回来，不光没造成大范围的传播，反而慢慢都恢复了。一众人等都是丈二和尚摸不着头脑，不过大家都隐隐有些兴奋，知道扑灭这场疫情的希望就着落在眼前这个村子里了。

村子里的人虽然不富裕，但民风淳朴、热情好客，厨房里外忙坏了主家大嫂。没一会儿，冒着热气的粗粮锅贴就端上来了，还有一碗小咸菜，是咸菜缸里腌的豆子。村里人大都以制陶为生，这粗粮锅贴就是在窑井口的内壁上烤熟的，做法有点儿类似于烤馕。豆子虽然是腌的，但也经过发酵，捂出一层菌丝，与其他咸菜混合腌制，倒是有一股别样的风味。当地人挺喜欢这个味，外地人有些接受不了。

大家都是走南闯北，在吃上没有太多讲究，况且赶了一天的路，又饿又困，拿起锅贴就啃。跟主家聊天时，大家才知道原来村里的人都吃这个，病人也是如此。虽然染上霍乱，但一没钱，二没郎中，就只能硬抗，没想到过几天竟然痊愈了。

看着锅贴上的黄土，一位徒弟眼前一亮，说自己老家如果有人腹泻不止，郎中就会让家人去挖生有蚯蚓的黄土，晾干后水冲服，症状就会缓解。听到这里，叶天士突然想到，《伤寒杂病论》里就有类似的记载，蚯蚓是一味中药，名叫“地龙”。生有蚯蚓的黄土，被称为“伏龙土”，经晾晒或烘干后也叫“灶心土”或“伏龙肝”。此外，土灶灶心经过长年煅烧，逐渐凝结，中间部分的红黄色土块，也叫灶心土，具有温中止呕、健脾止泻的功效。腌豆子则跟陈芥菜卤的功效相似。陈芥菜卤即腌芥菜的陈年卤汁，能够下痰、清热、定嗽。叶天士终于明白为什么这个村庄疫情能够有效控制了。锅贴附在陶窑上，面上的黄土就是灶心土，配的腌豆子其实就相当于陈芥菜卤。村民们就在日常的饮食起居中，不知不觉地服用了少量的灶心土和陈芥菜卤，因此与别的地方相比，这个村子几乎没受到霍乱的影响。

弄清原委的叶天士，天一亮就带着徒弟们大量配制医书中提到的黄土散和腌豆子，分发给疫区的百姓，果然收获奇效，宜兴、江阴地区的霍乱终于平息。

121. 小黑屋治病的秘密

《黄帝内经·素问》中有一篇《异法方宜论》，里面提到砭石从东方来，毒药从西方来，灸焫从北方来，九针从南方来，导引按蹻从中央出，这充分体现了中医“辨证论治”的基本思路：同一种病，不同地区的人要用不同的方法。同时也说明了中医在漫长的发展过程中形成了外治、内治等不同的治法，其中放血疗法算是比较奇特的一种。

放血疗法最早见于《黄帝内经》，如《灵枢·官针篇》提到“络刺者，刺小络之血脉也”，《灵枢·针解篇》提到“菀陈则除之者，出恶血也”。扁鹊救治虢国太子用的就是放血疗法。放血疗法不见得非得是针刺，叶天士就曾在小黑屋里给外孙放血，治好了外孙的天花。

有一年夏天，叶天士正在堂前坐诊，忽然看见女儿抱着孩子慌慌张张跑过来，连忙问：“孩子这是怎么了？”

女儿带着哭腔说：“不知道怎么回事染上天花了，一直不出痘，高烧不退，这可怎么办啊？孩子才刚满一岁就遭这个罪，爹爹你快救救他。”

古人在治疗天花的过程中发现出痘后的患者一般存活率比较高，而没出痘的很难活下来，因此得了天花后，能不能出痘是判断能否救治的重要标志。外孙身上似炭炙火烧、呼吸短促，明显属于热闭之证，体内的热排不出来以致高烧不退，同时导致闭痘不出。叶天士脑海中闪过数种治疗方法，但因为病人是自己的外孙，利弊一时难以权衡，再加上天花是一种急性病，按往常的经验来判断，外孙恐怕是凶多吉少了。

此刻叶天士心如刀绞，他不想让女儿感受到自己的悲楚，只是淡淡地说一声：“来不及了。”

女儿急得直跺脚：“爹爹常说痘无死症，爹爹手底下救活的孩童，没有一千，也有八百，怎么到了自家孩子身上就不灵了？”叶天士默默地承受着女儿的怨气。

“苏州城里哪个不知道爹爹是天医星下凡，连自己的外孙都治不好，这算哪门子天医星，还开什么医馆？干脆关门得了。”

天医星？我儿时说过自己是天医星？叶天士心想，我何德何能称得上是天医星？世上真的有天医星的话，还会有这么多人遭难吗？

“孩儿，你的命好苦啊，你要是走了，我也不活了。”女儿爱子心切，抓起一把剪刀就捅向自己。

“不可！”

叶天士大叫一声，劈手夺下闺女手里的剪刀。

奇怪的是，在碰到剪刀的一刹那，叶天士突然灵光一闪，一个奇怪但可行的办法涌上心头。

“闺女，爹爹想到一个办法。你要是信爹爹，就什么都别管，照我说的办。要是做不到，就趁早给孩子准备后事吧。”

“信！信！信！爹爹说的我都信！”

叶天士打开一扇门，把外孙的衣服脱光了抱进去，放在门板上。这么一间小黑屋，阴暗潮湿，简直就是蚊子的乐园。饶是女儿从小在叶天士身边长大，见过许多稀奇古怪的疗法，也不知道爹爹这是要干什么，不过只要能治好自己的孩子，也顾不得那么多了。

叶天士还觉得不放心，找来锁把门锁好就出门了。临行前交代女儿：“我回来之前，万万不可打开房门，否则孩子必死无疑。”

女儿将信将疑地点点头。

刚开始，女儿还能淡定地翻翻父亲的藏书。不一会儿，屋里传来孩子的哭声。女儿安慰自己，父亲应该是在屋里藏了什么灵丹妙药，这会儿可能是药起作用了。她一边安慰自己，一边暗暗祈祷。结果孩子的哭声越来越响亮，是饿了吗？是父亲下的药太重了吗？父亲不会在里面养了什么毒蛇猛兽，这会正在咬孩子吧？虽说以毒攻毒的道理自己也懂，但孩子还那么小，能承受得住吗？虽然时间过去没多久，但女儿心里的小剧场已经上演过上百幕恐怖的场景了。

渐渐地，孩子的声音开始沙哑，女儿的心理防线也渐渐崩溃，她把家里所有的仆人、杂役都派出去，满苏州城找叶天士。

到了晚上，叶天士才满身酒气地回到家中。这会儿已经听不到孩子的声音了。女儿一天没吃没喝，叶天士回来她也板着脸没动静，看这架势，像暴风雨前的宁静。

叶天士似乎早就料到了这一切，也不说什么，吩咐仆人开房门，掌灯。女儿第一个冲进房去。进屋后定睛一看，没有毒蛇猛兽，孩子也好好地，身上已经出痘，烧也退下去了。看到这一切后，原本蓄势待发的女儿没了脾气，一场狂风骤雨就这么悄无声息地散去了。

女儿有些不解地看向叶天士，叶天士解释说："不用看我，你儿子能治好，功劳都在你。"这话说得女儿更不明白了。"外孙症状属于'闭'，闭成必有邪阻，所以闭痘不出、高热不退，理当祛邪开闭。我想过针刺放血等不同的方法，想到孩子还小，没敢用。你刚才要自裁的时候，我看到手里的剪刀，不知道为什么突然想到了蚊子。蚊子吸血，相当于开窍散热、给邪出路，一方面是散热，另一方面也是帮助出痘，既退热，又治天花。不过我把外孙关在小黑屋里，你不会怪我吧？"

"哪能？爹爹说能治好就一定能治好，只是这小黑屋也忒诡异了些，还以为爹爹在里面养了什么毒蛇猛兽呢，让女儿担惊受怕，谁能想到爹爹竟然在用蚊子治病。"

122. 压箱底的药粉

“酒是穿肠毒药，色是刮骨钢刀”，很多人深陷其中，难以自拔，有的直接命丧温柔乡。叶天士就曾凭一抹药粉救过一位失足少年。

苏州城有位富商姓杨，老来得子，还是独苗，十分宠溺。杨老板对儿子十分上心，衣食住行都是最好的，还特意叮嘱儿子让他远离那些风月场所。可杨公子也有自己的交际圈，整天跟一帮纨绔子弟厮混，一来二去，就流连于风月场所。这种地方可是销金窟，没多久杨老板就知道了宝贝儿子的劣迹，一怒之下要打断他的腿。杨公子吓得赶紧藏了起来，过了好一阵才敢回来，但免不了老爹的一顿痛骂。当时他下决心痛改前非，但架不住朋友的引诱，没多久就故态复萌。

这天，他花光了带去的银子，看夜幕降临，就蹑手蹑脚地准备溜回自己的房间。家里出乎意料的安静，本来他还心存侥幸，想着老爹这会儿已经睡着了。没想到刚到门厅，就看见老爹阴沉着脸，坐在堂上，手中紧掐着白蜡齐眉棍。他吓得一屁股坐在地上，想求饶，嘴里却说不出话。哆哆嗦嗦看着老爹慢慢走向自己，没一会儿，院子里就响起了撕心裂肺的号叫声。

杨老板怒上心头，手中的棍子雨点般砸向小少爷。直到棍子应声而断，杨少爷出气多、进气少，杨老板才忿忿地扔掉半截断棍，恨铁不成钢地喝道：“不孝子，这顿是爹教训你，明天到祠堂，当着列祖列宗，有什么事爹一笔一笔跟你算!”

直到杨老板走远了，一众看热闹的仆人才悄悄从角落里溜出来，把小少爷扶回房中休息。

小少爷自小娇生惯养，细皮嫩肉，哪受过这种罪，况且早就被酒色掏空了身体，听说明天还要接着上刑，在担惊受怕中过了一夜。第二天早上醒来，竟然病了。

杨老板一开始以为儿子装病，但仆人回禀说是真病了。昨天杨老板真想教训一下这个不孝子，但左右就这么一个大宝贝，教训起来手底下也收着劲，就这还把白蜡棍子给打断了。要是有个三长两短，自己这么大一份家业托付给谁呢？这时杨老板也顾不上家法，到儿子房中一看，儿子正发着高烧，说着胡话，确实不是装病，于是赶紧吩咐仆人请郎中。

郎中来把了把脉，问了问小少爷的饮食起居、生活习惯，认为这是气虚之证，每日用独参汤治疗。其实小少爷是痰热上扰，用了郎中开的方子之后，症状越来越严重。郎中一开始以为药量不够，又加大药量，但全无作用。最后，小少爷的身体竟像枯枝一般僵硬，不能活动，口齿紧闭，浑身长满了痰核。远近有名的郎中看过后都摆摆手说治不了。家人都觉得孩子没救了，只好准备后事。可怜杨老板拼搏半生，最后就要落个白发人送黑发人的下场，终日唉声叹气。这时有位朋友告诉他："叶天士就在附近行医，要不要请他来看看？"杨老板像抓住了救命稻草一样，亲自跑到叶天士住处去请。

叶天士到杨府，仔细看过病人后，看到家人悲戚的样子，突然放声大笑。大家都被叶天士吓了一跳。只见叶天士中气十足地说："你们是不是以为小少爷不行了？要我看，小少爷此时还活得好好的，就是再挨上四十大板，也绝无性命之忧。"

杨老板听说孩子还有救，立刻凑上前问："多少有名的郎中看过了，都说没救。我儿自打生病以来，野山参至少吃了一千两银子的，依然是沉疴难起。如果先生有救命良药，杨某愿出一千两诊金。这个药您随便出价，杨某绝无二话。只求先生救我儿子一命。"

叶天士说道："这次算你走运，叶某还真带了压箱底的宝物。不过银钱事小，救命事大，还是先救小公子的命吧。"

说完叶天士开出一张清火安神的药方，然后从衣袖中拿出一袋用纸包好的粉末，嘱咐家人用药送服。

说来也怪，本来气息奄奄的小少爷，吃了叶天士的药后，一天强似一天，没几天竟能下床走路了。一个月后就一切如常了。

杨公子重获新生，可把杨老板高兴坏了，赶紧把叶天士请过来摆酒庆贺。"感谢叶大夫救回犬子的性命，杨某无以为报，这里是一千两银票，还请叶大夫笑纳。杨某还有一事不解，那么多医生都没办法，怎么您就能药到病除呢？"

"我倒真想起来了，杨老板之前说要买我那压箱底的药，今番不会不认账吧？"

“哪里哪里，就为您救回犬子这条命，多少钱您随便说。”

“那这么着吧，一千两的野山参没效果，我这个压箱底的神药让令郎康复，要是别人那得按原价。不过你我也算有缘，就给你打个折，两千两吧。”

听到这话，大家立刻安静下来。杨老板脸上的笑容顿时僵住了，但当着大家的面，也不好发作，只好讪讪地赔笑：“那是自然，那是自然。”

叶天士哈哈大笑道：“别当真，别当真。我那药粉就是八文钱买来的萝卜籽（莱菔子）研磨而成的。”听到这里，大家才知道原来是在开玩笑，都哈哈大笑起来。

“小公子的病原本并不严重，只是痰热上扰。只不过后来一直喝参汤，没有给邪出路。痰邪在体内积聚，导致身上出了很多痰核。我用清火安神剂佐以莱菔子，排出痰邪，公子的病就好了大半。至于痰核，半年后就可褪去。”

果然，杨公子身上的痰核半年后痊愈。

123. 一个不寻常的病人

《黄帝内经·灵枢·顺气一日分为四时》中说：“夫百病者，多以旦慧昼安，夕加夜甚。”对很多患者来说，大多是早晨病情减轻，白天病情较为稳定，傍晚病情逐渐加剧，夜间病情最严重。中医认为，白天人的阳气盛，能压制住体内的邪气；晚上阳气弱，邪气就会表现出来。但凡事总有例外，叶天士在行医过程中就遇到过一个白天发病、晚上稳定的病人。

夏日的午后，人们都有点昏昏欲睡，街边的树在烈日的炙烤下蔫头耷拉脑，只有知了还在一个劲地叫个不停。

这天，医馆里来了一位有气无力的病人，当值的小伙计赶忙招呼病人坐下，请叶天士出诊。病人自述最近食欲不振，四肢疼痛。食欲不振是小事，浑身疼痛，按说不应该啊，叶天士心想。现在应该是一天中阳气最盛的时候，病情应该不是特别严重才对。但看病人的表情，分明是疼痛难忍，这是怎么回事？

叶天士在病人身上摸了摸，发现都正常，没有骨折等问题，就问他，发病多长时间了？是不是晚上疼得更严重？结果出乎他的意料，病人是从中午开始疼，而且是剧烈的疼，一直持续到傍晚。但晚上症状有所缓解，而且中午之前虽然也疼，但痛感没那么明显。叶天士有点儿纳闷：“这个病人的症状怎么跟书上写的不一样？”

病人脸色蜡黄，显然被疼痛折磨了许久。给患者把脉后，叶天士感觉脉象偏涩。他思虑良久，提笔写下一张方子：“茯苓、萆薢、木防己、晚蚕砂、泽泻、金毛狗脊。”

都说久病成良医。这位患者找不少郎中看过，他们开出的药方也是千奇百怪，但共同的特点就是不管用。看着眼前的药方，患者内心充满疑惑。

叶天士看出病人的心思，于是跟他解释：“你身体很好，只是体内的阳气受阻，没生发出来，制不住体内的邪气，才会有浑身疼痛的症状。此前那么多郎中开出的药方，大多药不对症。今天我就给你讲讲，好让你知晓其中的道理。”

“现在是盛夏，正好是一年中湿气最重、天气最热的时候，也就是我们所说的苦夏。人生活于其中，自然也会受到湿邪的影响。湿邪一重，困在脾胃，影响人的饮食，因此你会感觉食欲不振。”

病人似懂非懂地点点头。

看来这几句还不足以消除病人的疑惑，叶天士接着说：“你这病跟别人还不太一样，就是你白天疼得厉害，晚上症状轻一些。按说白天阳气盛，夜晚阳气弱，一般人都是白天症状缓解，晚上严重，你正好相反。这是因为刚才说的湿邪，把经络都堵住了，一身的阳气发不出来，没法到达全身，起不到扶正祛邪的作用，所以你的脉象偏涩，而且白天痛感尤为严重。”

看病人已经有些信服了，叶天士继续解释。

“我给你开的方子里，茯苓、萆薢、木防己、晚蚕砂、泽泻这五味药的功效都以除湿为主。茯苓，健脾利湿；萆薢，利湿祛浊；木防己，降泄利水；泽泻，利水除湿；晚蚕砂，化湿舒筋。所谓给邪出路，我用这几味药是想让你多排便，把体内的湿邪排出去。湿邪去除了，阳气在全身运行的障碍就消失了，它才能顺利布散在四肢，帮你恢复健康。”

“在去湿邪的时候，我没有用川乌、草乌、独活等常用的辛温发散类药物，是因为它们的温燥之性太盛，和湿邪结合在一起，形成了湿热之邪，到时候更难治。我一直说，通阳不在温而在利小便，就是这个道理。”

病人的眼睛已经开始发亮了。

“阳气在你体内被困了那么久，不能指望湿邪排出去之后就迅速在你体内游走，还得给它加把劲，所以我用了一味金毛狗脊。狗脊，性偏温，祛风湿、养肝肾、强筋骨、利腰膝，不仅有祛湿的功效，还能增补体内的阳气，帮助你快速康复。”

病人此时对叶天士心服口服，赶紧抓药，回家煎服。用药后果然如叶天士所言，胃口好了很多，四肢疼痛的症状也没有了。

124. 困在圈中的男孩

盛夏七月，溽暑蒸人。

出诊归来的叶天士坐在轿中，无精打采。

都以为医生看病是个轻省活，那是外行人的看法。导引按跷、推拿理疗，哪个都需要体力；给人看病开药，也是费心劳神。今天出诊的病人是个上了年纪的大胖子，睡不好、不消化、腰膝酸软、四肢疼痛等症都齐了，单纯吃中药不管用。内服外敷、按摩针灸一起上，忙活了大半天，一个疗程才算结束。做这些在寒冬腊月都要出一身汗，更不用说是炎炎盛夏了。

坐在轿子里还能好一点，多少有些阴凉，外面的轿夫可就惨了。因此，夏天的轿夫腿脚特别利索，都想着赶紧到地方歇歇。前半段叶天士被轿夫颠得七荤八素，但想想大家都不容易，也就没往心里去。可越往后轿子越慢，差不多都快停下了。外面骄阳似火，谁愿意在太阳底下待这么长时间？难道是轿夫中暑了？不对，临行前大家都喝了一大碗解暑汤，两人都戴着草帽，路程也不算远，不至于这么快中暑。

叶天士掀开帘子一看，发现不远处的绸缎庄里三层外三层围了一大群人。两个轿夫很有默契地放慢脚步，伸长脖子向那里望去。叶天士明白了，原来是有热闹看了。

知道轿夫不想错过这场热闹，自己回去也没事，叶天士就冲他们摆摆手，示意他们找个阴凉地把自己放下，去看看赶紧回来。

轿夫们都喜欢这种主顾，钱给得足，不挑理，还通人情。他们二人找了个树荫，把叶天士放下就蹿没影了。

过了一会儿，俩人回来了。叶天士从他们的交谈中大概知道了事情的经过：原来是绸缎庄的小伙计，店里无人时将阴茎放进货柜门的铜环里，没想到勃起后拿不出来了，疼得他哭号起来，一时围观者甚众，却没什么好办法，只能干等着。

叶天士也当过小伙计，知道事情的起因不像他们说的这么简单。小伙计除了看店、打杂，还要给掌柜的、年长的伙计铺床暖脚、劈柴烧水、洗衣做饭。如果仅仅是这样那还好说，更惨的是还要受欺负。绸缎庄的小伙计多半是被其他伙计欺负了，只是他们没想到闹大了收不住，只好编这么个理由推脱责任。

可怜的娃，有钱人家的小孩还在家里肆意玩耍的时候，他就要遭此劫难，希望以后能好点吧。叶天士心里想着，缓缓走下轿子，示意轿夫跟着自己。叶天士从侧门走进绸缎庄，跟绸缎庄的掌柜表明来意。遇到这种事，掌柜的有些恼火，在边上发狠，要开除小伙计。叶天士赶忙劝下来，说这种事在所难免，训斥几句即可。掌柜的对伙计之间的事也很清楚，只是睁一只眼闭一只眼罢了。听叶天士这么一说，知道有解救之法，也就就坡下驴，请叶天士出手。

叶天士跟掌柜要来一个木盆，盛满刚打上来的井水，悄悄绕到小伙计的身后。小伙计又羞又急，想藏起来却又动弹不得，脸上已经分不清是泪水还是汗水了。突然间，一盆凉水兜头浇下，小伙计被冷水一激，阴茎果然惊缩而脱。

看着兴奋围观的众人散去，叶天士把小伙计拉到一边悄悄说道："我也当过小伙计，也被其他人欺负过。刚从有形的圈里出来了，你身边还有无形的圈围绕着你。记住，不管多难，都要撑下去，认真学本事、长见识，等你学成了，就没人欺负你了。"小伙计点点头，只是没说话，感激地望着叶天士。

125. 百天治好情志病

情志病是中医各种疾病划分中一个较为独特的门类，在漫长的发展历程中逐渐演变出自己的理论体系，有代表性的是“七情致病学说”。七情，即“喜、怒、忧、思、悲、恐、惊”这几种常见的情绪。一旦情绪波动过大，就会导致机体阴阳失调、气血不和，从而引发各种疾病，“怒伤肝，喜伤心，思伤脾，（悲）忧伤肺，（惊）恐伤肾”。既然情志病是由极端情绪所生，那么治疗之法也应从安神定志入手。叶天士在行医过程中就曾不用针药治好了一位情志病人。

中国古代能把人折腾疯的，除了天灾人祸，就要数科举制了。叶天士遇到的这位病人也是如此。年纪轻轻就通过院试，考中了秀才，可谓前程似锦。可接下来的乡试，他却屡试不中，灰头土脸，吃尽了苦头。曾经让李世民骄傲地喊出“天下英雄入吾彀中矣”的科举制，发展到明清时代，结结实实成为套在士子头上的枷锁，让他们耗尽一生最珍贵、最美好的年华。

年少成名者，多自视甚高，抗打击能力相对较弱。秀才之前可谓顺风顺水，但几次不中，锐气就没了。渐渐地，他变得沉默寡言，闭门不出。一开始，父母以为他伤心难过，也不知怎么去安慰，就把希望寄托在时间上，希望他过一阵能重整旗鼓，再接再厉。没想到孩子逐渐变得表情呆滞、嘴角流涎、言语不畅，秀才的父母这才察觉不对，赶紧找郎中来看。

说起来，情志病在中医里算是罕见病。一般的郎中看个头疼脑热、跌打肿痛没问题，但要说治疗情志病，一来病号少，没什么经验可循，二来医书中记载较少，治疗手法更少提及，碰到这种病人不知从何处入手。

秀才的父母就这么一个宝贝儿子，他们省吃俭用，好不容易培养出一个秀才，以为改变命运指日可待，没想到儿子突然就变成了疯子。这可把他们给愁坏了，几年下来远近的郎中都看过了，没什么好办法。本来家里就不富裕，这几年看病花了不少钱，好端端的家眼瞅着就要破败了。

几年下来，村里人也都知道了秀才的事。他们可能不知道情志病，但知道秀才变成了疯子。在他们眼里，疯子跟疯子也有不同，那种精神癫狂、胡言乱语的是武疯子，而那种神志不清、闷闷不乐的是文疯子，秀才无疑是文疯子。大人顾及情面，不会当面说，只会私下议论；小孩没有这种意识，经常“文疯子”“文疯子”地叫。秀才的父母听了虽然很生气，但也不好发作，只能暗自伤心。

说来也巧，这天叶天士行医经过此地，正好与秀才的母亲相对而过。叶天士隐隐觉得秀才的母亲面容倦怠，定是有什么难事，跟人闲聊的时候才知道秀才的病情。可怜天下父母心，叶天士有感于秀才父母的坚持，正好自己对情志病也有些心得，就想着到秀才家里看看。

到病床前把过脉，又向秀才的父母问了发病过程后，叶天士心里有底了，轻松地说：“这病不难治，若是相信我，百日就能治好！”

围观的人中正好有认识叶天士的，赶紧对秀才的父母说：“这是名医叶天士，他说能治好就一定能治好，你们还不赶紧谢谢叶先生？”

听到这里，秀才的父母早已老泪纵横，激动得说不出话来。大家听了却有所怀疑，别人好几年都治不好，叶天士来了，百日就能治好？叶天士说自己需要一间空房，只放两张床，秀才在里面躺上一百天就能好。秀才的父母和一众人等赶紧打扫出来，让两人住进去。

叶天士让人帮忙在房梁上系上一根绳，绳上拴着一枚药丸，正好悬在秀才的头顶上，张口就能够得着。大家都知道一般的治法肯定治不好情志病，但就这么一个药丸就能治好？这是要模仿卧薪尝胆？大家有些怀疑，但更多的是期待。准备好后，叶天士把众人请出房子，开始了为期一百天的治疗。

大家一开始还兴致勃勃地来观摩，但一连十几天都是如此，新鲜劲儿一过，就渐渐不再感兴趣。其实叶天士的底气在于，除了自己对情志病有一些研究，还有就是秀才本人虽然患病，但远没有到丧失意识的程度，而是时好时坏。好的时候跟正常人差不多，只是情绪低落；坏的时候就孤独发呆，对什么都没兴趣。趁着秀才清醒的时候，叶天士说明来意，需要他配合，什么时候药丸舔没了，他的病就能好。秀才漠然地点点头，看的郎中多了，他不太确定眼前这位是否靠谱，不过左右无事，就按他说的来。

自此，秀才每日安安静静地躺在屋里，没事就舔药丸，累了就歇一会儿，日复一日。没想到药丸舔了很久也不见变小。要不是真的有药味，秀才简直怀疑自己舔的是块石头。就这么过了一百天，药丸还跟最开始差不多。秀才有些灰心，心想：肯定碰上庸医了，看来自己的病是好不了了！

没想到叶天士对他说：“行了，你的病已经好了。”

秀才有些不相信自己的耳朵。

“从你决定枯坐一百天的时候，你的病就已经开始好了，这说明你能耐得住寂寞。你之前犯病是因为思虑过多、心神不宁，所以需要安静的环境让你重归平静。这百日当中，你每天舔食药丸，心无旁骛，这个目的已经达到。你每日舔的药丸，是我自己配置的安神丸，有一定的镇静功效，但发挥主要作用的不是它，而是你自己。这百日当中你心静神安，饮食如常，没有再发作，证明你已经好了。”

果然，秀才自此之后再也没犯过病。

叶天士在医案当中曾有记载：“药乃片时之效，欲得久安，以怡悦心志为要旨耳。”关于秀才的这则医案就是最有效的证明。

126. 忠厚诚实立根基

徐灵胎（1693—1771），名大椿，字灵胎，江苏吴江人，清代著名医学家，著有《兰台轨范》《神农本草经百种录》《伤寒论类方》等。

徐灵胎出身书香世家，他的祖父徐釚饱读诗书，曾任职翰林院，参与修撰《明史》，家中有大量藏书，对孩子教育十分重视。徐灵胎的父亲徐养浩也品行端正，从小博览群书，见多识广，对子女教育尤其注重。

据传，徐灵胎身长额宽，声如洪钟，从小就天赋异禀，聪慧过人，因此徐养浩为其取字"灵胎"，对这个孩子也是寄予厚望。

小时候的徐灵胎，聪慧又调皮，常常带着附近的一群孩子玩耍做游戏。他们最喜欢玩的游戏就是模仿当朝的文武百官。他总是让别的小朋友当臣子、当衙役，自己则当大官、扮首领。每当其他小朋友提出异议，调皮的徐灵胎要么跟小朋友说"下回下回！下回我一定当罪犯，你们来当大官！"要么就是哄小朋友说家里有好吃的好玩的，等玩完了，分给他们一些。小朋友都信以为真，结果好多次都没有兑现，搞得徐灵胎在当地"小朋友圈"名声不佳。

徐养浩了解到这一情况后，认为虽然是小朋友之间做游戏，但也要讲诚信，他教导儿子说："人生在世，应当以忠厚诚实为本，走大道，行正路，不能贪图功名利禄，要说话算数、真诚待人，将聪明才智用到砥砺自身品行、厚养自身才学之上，如此才能养浩然正气，造福天下苍生。"

在父亲的悉心教导下，小小年纪的徐灵胎渐渐认识到了自己在小朋友间耍小聪明的种种不是，慢慢收起玩心，找到了自己的志趣和用力方向——清晨舞刀弄枪，提升武技，强壮身体；夜晚读书，天文历史、诸子百家、医学历法，无所不读。如此持续数年文武兼修，徐灵胎养成了品行端正、大气洒脱、不拘小节的个性。

由于父母体弱多病，聪慧的徐灵胎在读书时尤其注意苦读医学书籍，日常更虚心向当地名医请教，精研医技。他不但治好了父母的疾病，还热心为贫苦百姓免费看病，渐渐在当地有了不错的名声。

由于自小聪慧，加上徐养浩教子有方，徐灵胎很早就中了秀才，不少人劝他好好用功读经，专心于科举考试，将来能在仕途上有所精进，也好光宗耀祖。

但品行端正、家风清明的徐灵胎已经看穿了官场腐败，不愿与贪官污吏同流合污，因此在一次乡试时，在考卷上写下遒劲有力的两行大字：徐郎不是池中物，肯共凡鳞逐水游？遂绝意仕途。回家后，徐灵胎专门研究经济水利、医学医技，决心用自己的点滴力量为百姓多谋点实实在在的福利。

徐灵胎科举考场上的“离经叛道”之举，让周围人诧异不已。但已洞察世事、垂垂老矣的徐养浩，非但没有责怪儿子的“莽撞”，反倒是夸奖他有骨气，勉励他潜心研究医学，为解除贫苦百姓的疾苦做出些贡献。

聪慧过人又有一身正气的徐灵胎牢记父亲的教诲，专心研究医学。没用几年，他就成为医术精湛、不为名利、关心底层、敢讲真话、勇于担当的一方名医。

127. 耐心治顽疾

生活，真美好！可她再也不想多活一天了。莫秀东太累了。后背疼痛难忍、反复发作，连年的治疗耗尽了家里的财产，也让她在希望和绝望之间反复煎熬。她受够了，望了望身后的家乡，想了想自己的子女，狠狠心，朝水中走去。

一步，两步，三步……常年的疼痛使得莫秀东的神经有些许麻木。河水已经漫过了她的眼睛，可能是觉得自己就要解脱了，与疼痛相比，无法呼吸的感觉反倒没那么难受。

莫秀东的意识渐渐模糊。恍惚中，她仿佛回到了无忧无虑的童年，再次依偎在父母的身边；仿佛又走进了儿时的庭院，仰头数着南飞的鸿雁……不知为何，眼前的鸿雁化作腾飞的骏马，将自己缓缓托起，又猛然坠落，耳边一片嘈杂。这是怎么了？难道这么快就到了阴间？

莫秀东缓缓睁开双眼，看到的不是牛头马面，而是熟悉的邻居。原来邻居们看到有人投河，赶忙七手八脚把她救上来。还好及时发现，不然就要化作一缕孤魂，随风飘散了。

看到是她，邻居们纷纷叹息：苦命的人，为什么会想不开呢？都说好死不如赖活着，你走了，你的孩子怎么办？原来莫秀东几年前得了怪病，白天没什么事，一到夜里后背就疼痛难忍，后来蔓延到前胸，辗转反侧、难以入睡。一开始莫秀东咬牙强忍着，后来疼得越来越厉害，只能靠哭喊来缓解疼痛。郎中不知请了多少，药不知吃了多少，但都没有效果。几年下来，家产花光了，自己也折腾得不成人样。她实在是忍不了了，不想让家人跟着自己受累，就选择一个人悄悄地离开。

救上来以后，大家觉得老拖着也不是个事，就把她送到徐灵胎那里。徐灵胎把过脉后，感觉颇为奇怪：行医这么多年，这种怪病倒是头一次见，得好好想想如何诊治。徐灵胎把儿子叫过来说道："为父自认学医有些心得，眼前这位病人还真有点怪，把能想到的办法都用上也不一定能治好。不过行医之人当有悬壶济世之心，治好了她，既是积德行善，对我们来说也能长本事、长见识。

我想把她留下来细细诊治，你觉得怎么样？”儿子自小跟在父亲身边，虽然医术还差点火候，却继承了父亲的医者仁心，回答道：“理当如此。”

徐灵胎父子结合病人主诉和脉象症候，判断应该是体内有瘀血，停留在经络当中，由此导致长时间、反复性的疼痛。因为发病时间较长，单靠药物、针灸等某一种治疗手段难以治疗，必须是内治外治结合才有可能根治。

徐灵胎父子向莫秀东说了自己的想法。对莫秀东来说，生活中最熟悉的除了家人，可能就是大夫了。虽然看过那么多的大夫，但像他们这么用心、这么认真的还真没遇到过，心想不妨就试试吧，再差还能差到哪去。由此开始了漫长的治疗，针刺、艾灸、理疗、药浴、汤剂、丸剂等方法都用上了，从最初的活血化瘀，到后面的推拿按摩、运动康复，徐氏父子都尽心尽力、亲力亲为。因为病因准确、用药合理、方法得当，别的医生五年没治好的病，徐灵胎父子历时一个月终于给祛根了。

看到自己的闺女重获健康，老母亲又高兴又心酸，泪流满面，大哭不止。虽说家里没什么值钱的东西，老母亲还是把家里仅剩的几个鸡蛋、院里枣树上的枣和地里的瓜果装了一箩筐，和闺女、外孙一起到徐灵胎家里道谢。

没想到到了徐灵胎的医馆后，徐灵胎反倒向他们道谢，把老太太给整懵了。徐灵胎说：“治病救人是我们的本分，不管是什么样的病人，我们都会倾尽全力去救治。只是有些病人恨不得吃了药马上就能好，一两次不见效就要再去看别的医生。您女儿一直很配合我们的治疗，也非常相信我们，换了好几种治法也没说什么，所以才能治好。况且治好了您的女儿，我们的经验也更丰富了，医术也更进一层，以后再遇到类似的病人会更加游刃有余，您说我是不是该谢谢你们。”

自此，徐灵胎仁心仁术、勤学善思的声名广为流传，很多人慕名而来，他也成为远近闻名的良医。

128. 一丸治天下

袁枚，清代著名文学家，在官方、民间都有很高的声誉，当时想跟他聊两句诗词歌赋的文学青年如过江之鲫。有一天，他左臂突然不由自主地蜷缩，没法伸直。看过很多医生，针灸、推拿都试过了，没有太好的疗效。听说徐灵胎医术过人，袁枚就坐船赶往洄溪治病。

因为没有中间人介绍，拜上名帖之后，袁枚还担心徐灵胎不肯出诊。没想到名帖刚送进去，徐灵胎鞋还没穿好就出门迎接。两人像老朋友一样把酒言欢，畅谈许久，真是应了那句话，“白头如新，倾盖如故”。酒倒是喝得挺痛快，但自己是来治病的，不是来赶场的。袁枚几次想提起自己的病情，又怕搅了徐灵胎的兴致，只好苦笑着陪酒。俩人从诗词歌赋谈到人生哲学，不知不觉间日已西斜，袁枚觉得这趟白来了，刚准备走，就见徐灵胎从怀里取出一枚药丸，郑重其事地送给他。袁枚一时有点发懵，心想这名医还真是不走寻常路，也没有望闻问切，光是扯了一天闲篇，就敢随便给人开药，也不管这药对不对症。不过碍于情面，袁枚还是接下了这枚药丸。

回家之后，袁枚瞪着这枚药丸苦思冥想，不知道要不要吃。朋友们来喝酒，听说这事之后，大概觉得这药吃不死人，都怂恿他吃。有位朋友说：“知道多少王公贵族花多少钱都排不上号。你倒好，一张名帖就让人家倒履相迎。你赶紧吃了吧。”袁枚也是耳根子软，没多想就吞下去了。虽然左胳膊不太舒服，倒也不耽误喝酒。神奇的是，吃了药之后，胳膊竟然好了。不把脉不问诊，随手掏出一粒药丸，竟然把病给治好了。袁枚的朋友们也是开了眼，一传十、十传百，添油加醋，那粒药丸被描绘成起死回生的灵丹妙药，就差把徐灵胎包装成当世扁鹊了。

远在洄溪的徐灵胎还不知道自己已经名声在外。有一天他经过县衙大门，就看见一个身影以极快的速度闪到自己身前，口中大呼救命。徐灵胎吓了一跳，回过神来之后对来人说：“您是不是找错人了，我不是县大老爷。您有什么冤情可以到县衙里说。”

来人说："没认错，我找的就是您。我不是来递状纸的，就是来找您要仙丹的。"

看来真是来看病的。徐灵胎松了一口气，跟来人说："病人在哪？前面带路吧。"

"离这不远，几步就到。您赶紧去吧，已经死了三天了，再晚了就得进棺材了。"

什么？死了三天了才来找我？徐灵胎行医，知道来人没有开玩笑，神情也不似作伪，就问他到底怎么回事。

原来有位病人，不知怎么突发急症晕倒，多方急救无果，家人就开始准备后事。没想到寿衣寿材都备好了，要入殓的时候，病人的眼睛和嘴突然动了一下。家人觉得可能还有救，正好听人说见到徐灵胎了，就赶忙到这里来找他。

听完病人家属的叙述，出于医生的直觉，徐灵胎认为这位病人可能还有救，就跟着病人家属来到家里。一听是徐灵胎来了，众人赶紧让开一条道。徐灵胎走上前，在病人胸前摸了一下，感觉还有余温，知道还有救。把了脉之后，心里更有底了。于是他从怀里掏出一粒药丸，吩咐家属用水化开后给病人服下。众人争相围观这灵丹妙药，黑黢黢、圆滚滚的，原来神丹长这样。家属遵照医嘱给病人服下，一起静静地等待。没过一会儿，病人还真就醒了。

"死了三天的人都能救活，真是灵丹妙药。徐大夫您真是活神仙啊！"众人纷纷夸奖起来。经过这件事，徐灵胎的名气更大了，大家还送他"一丸治天下"的外号。

其实那天徐灵胎给袁枚吃的就是普通的通气血的药，所谓通则不痛、痛则不通，让左胳膊的气血流通起来就无大碍，再加上喝了一天的酒，帮助气血运行，所以袁枚的病慢慢好了。这位病人也是，经过诊脉，徐灵胎判断患者是瘀血冲心导致昏迷。他给病人服用的是一味叫作黑神丸的成药，主要功效是活血化瘀，结果正好对症，成就了他"一丸治天下"的美名。

129. 都是大风惹的祸

“当年我在口外当大头兵的时候，白天要防备敌人，晚上也不能睡太沉，一是怕夜袭，二是得时刻提防着狼群。晚上起夜的时候，远远地能看到好几对发亮的眼睛，多的时候十几对，就这么一动不动地盯着你。这个时候不能怂，你怂了狼能闻出来。狼怕铁器，得赶紧抄家伙。”

大厅里，一位年过半百的军人正眉飞色舞地说着塞外的见闻，身边围了一圈人，都听得津津有味。只是这位军汉稍微有些口齿不清，有的时候发音不太准，不过这并不影响大家的理解。

聊到在野外打到黄羊，就地支摊烤肉的时候，军汉说得更起劲了：野生的黄羊肉质鲜美，没有一丝赘肉。烤的时候不用加佐料，撒上一抹盐，不一会儿就烤得外焦里嫩，山羊肉比起来就差远了。就着马奶酒，那叫一个痛快。听的人馋得口水都快下来了。

“一说吃的又饿了。徐大夫，您看我这病是怎么回事？”

说话的是湖州副总兵穆延弼，虽然年过半百，依然是弓马娴熟，精力旺盛，当然饭量也不小，有时候一顿饭两三斤肉、一斤酒。这么结实的一个军汉，这几天不知道怎么的，突然就生病了，远近的医生都没有办法。

原来几天前，穆总兵中午小憩一会儿后，忽然感觉脸上的肌肉越来越紧，嘴也渐渐张不开了。开始他还以为是侧躺时间太长，压麻了，就翻个身继续睡。没想到过了一会儿醒了之后，嘴张不开了，急得他一下就蹦起来，赶紧找人。因为是刚刚发病，有点儿紧张，表达也不太利索。连比画带说，仆人总算是听明白了，立刻出去找郎中。

因为这个病比较罕见，所以请来的郎中没人敢打包票，用的大都是一些活血化瘀的药，药量也比较轻，当然也就没什么效果。好在这个病不是急性病，没有性命之虞，也没有明显的疼痛，只是吃饭有些困难。

接连换了好几个郎中都没有效果，穆总兵想到了徐灵胎，就派人请他来诊治。徐灵胎到了之后，发现穆总兵除了说话有些口齿不清，言行举止都没有太大的问题。徐灵胎让总兵尽量张口，结果上下牙之间仅能张开一道很小的缝。另外，总兵面部肌肉僵硬。

简单问过几句后，徐灵胎把了把脉，就问总兵："您这个病是被风吹出来的，您这几天受凉了吗？"

"没有啊，这一阵一直和风细雨的，得多大风才能吹出这毛病?"

徐灵胎想想也是，最近天一直挺好，而且总兵身体也不错，一般的风也奈何不了他，可脉象、病症明明就是因风而起，问题到底出在哪呢?

"哎，不会是二十多年前差点被风刮跑那次吧？"

一听这话，大家来了兴致，赶紧让总兵讲讲。

"岁月如刀，神鬼难逃啊！二十多年前，我还很年轻，不过大小是个头目了。那会儿我们驻扎在关外。有天晚上阴风怒号、北风呼啸，人都能让风给刮跑喽。我们弟兄三个挤在一个帐篷里。下午扎寨的时候天就不好，我们下桩子的时候多下了几寸，又搬来好几块大石头，边边角角都压好了，心想这下可睡个安稳觉了。结果到了下半夜，风更大了，呼啦一下就把帐篷给刮跑了。"

"要不怎么说小伙睡凉炕，全凭火力壮呢。风那么大，外面那么冷，我们愣是没醒，可能也是冻迷糊了。结果第二天弟兄们起来一看，我们仨跟冰坨子似的，怎么叫都没反应。大家赶紧烧上热水，扒开嘴就往里灌。我和一个哥们命大，捡回来一条命，另外一个哥们就没这么好命了，当时就不行了，费了好大劲都没救过来。那次也是这样，醒过来后腮帮子跟冻住了一样，两三天不能说话、不能吃饭，缓过劲来以后就好了，再也没犯过类似的毛病。这都过去二十多年了，难道是又复发了？"

徐灵胎说："对，应该是那时候落下的病根。只不过你身体一直很好，压着这股邪气。现在稍微上点儿岁数，体力精力开始下降，压不住这股邪气了，就出现这个病症。"

解释完病因病机，徐灵胎给穆总兵开了张方子：蜈蚣头、蝎子尾、芒硝、硼砂、冰片、麝香等磨成粉，均匀撒在口腔里面，若有痰就吐出来；大黄、牙皂、川乌、桂心等药物磨粉涂在脸上。看到这张方子，一帮人面面相觑。

徐灵胎看出他们的疑惑，解释说："总兵这样的病，单靠汤剂是治不好的，必须内服外敷一块上。而且总兵的面颊僵硬，一般的药不起作用，所以我用的尽是一些毒烈的药。你们尽管放心，用了我的方子，保证很快就能好。"

底下人怕用药后出问题，就请徐灵胎留宿，有问题随时诊治。到了第二天，徐灵胎还没起床，总兵就来敲门，进门就说：“徐大夫真是神医，现在已经没什么感觉了，今天早上我都喝了好几碗粥了。”徐灵胎又根据他的身体情况，调配了祛风养血膏，总兵很快就痊愈了。

130. 难产原是试产

吴江城外有位农妇，有孕在身，月份比较大了却依旧坚持干农活，导致胎儿早产。接生婆接生了两日，孩子还是没生下来。眼看着母子都要保不住了，接生婆这才让农妇的丈夫去城里请当地名医徐灵胎来抢救。

等徐灵胎急急忙忙赶到农妇家时，还没进产房，接生婆就迎了出来，一脸无奈地对徐灵胎说："我看着是没救了，还得劳驾先生看一眼。"

徐灵胎二话没说，连忙进入卧室。他先试探着问农妇怀孕以来的一些情况。结果由于接生婆催促农妇用力生产，已两日有余，她已疲乏至极，此时已经不能出声。

徐灵胎试了试脉搏，又仔细摸了摸产妇的肚子，转过头来对她的丈夫说道："不要怕！依我看，你家大姐这是试产，还不到生产的月份，只是因为劳累，加上助产过度，导致身体疲劳，气息微弱。只要调养得当，好好休养，待一个来月后，定能顺利生产，还得生个大胖小子！"

农妇的丈夫一听，喜极而泣，跪在地上要行大礼。徐灵胎连忙将他从地上拉起来。接生婆见此，努努嘴，很不以为然地对她的帮手说："徐先生口气这么大！我接生了一辈子，见过的难产不计其数，像她这种情况的，还没见能救过来的。"

听了接生婆这么一说，农妇的丈夫对徐灵胎的话也是将信将疑。徐灵胎见此，也没有过多解释，他拿出随身携带的针灸器具，朝着农妇几个安胎穴位扎了下去。不一会儿，农妇就苏醒了过来，慢慢能开口说话了。徐灵胎又给她量身开了一个养血益气安胎的方子，叮嘱农妇的丈夫立刻去抓药。

由于方中有价格较为昂贵的人参，徐灵胎考虑到农妇家中的实际情况，便从怀中掏出一些钱给了农妇的丈夫。农妇的丈夫见老婆已经醒来，推辞不肯要，不好意思地说道："让徐先生跑这么老远来看病，已经是感激不尽，哪里能再要您的钱？"

徐灵胎笑着劝道："这钱算作我借你的！再说了，人命关天，大姐一身二命，能帮大姐顺利生产，是一件功德无量的好事，万望不要再推辞！"

农妇的丈夫感激不尽，接了钱便赶紧去抓药。

农妇服药后不久，果然胎气慢慢变得和顺，再无要生产的意思，徐灵胎这才放心回家。

一个多月后，农妇的丈夫专门来报喜，说老婆已经顺利生产，而且果真如徐先生所言，生了个男孩。

"当时接生婆说已经没有救了，先生是怎么判断她还不到时候？又怎么知道是个男孩的？"一番真诚的感谢过后，农妇的丈夫不解地问道。

"凡是身强体壮、胎气很旺的孕妇，在受了风寒或者劳碌过度后，就很容易产生胎儿下坠感，造成要生产的假象。这时候适当用点儿安胎药，再好好调养休息就好了。我了解到你家大姐月份未到，由于劳累导致有了生产的感觉，又通过把脉得知她的胎气还很旺盛，因此判断还不到时候。至于推断是男孩，这也是根据她的脉象，靠着足够多的经验积累罢了！"徐灵胎笑着回答。

农妇的丈夫听后，对徐灵胎高超的医术和高尚的医德感到由衷的敬佩。

131. 被庸医治出的神医

黄元御（1705—1758），名玉璐，字元御，号研农，山东昌邑人，清代著名医学家，尊经派代表人物。

黄元御把自己关在房里好几天了。

父亲想进去劝劝他，有几次到了门口，叹了口气，又回去了。

黄元御二十岁的时候考中秀才，虽然算不上神童，但也是锦绣前程不可限量。这几年废寝忘食、目不窥园，准备一鼓作气拿下举人。就在这时，因为用眼过度，他突发眼疾，左眼不能视物。请医生来看病，结果是个庸医，对医学知识一知半解，寒热温凉、升降浮沉都没弄明白，却又异常自信，连用大黄、黄连等，用药过猛，导致黄元御病情加重，最后左目失明。

不知从何时起，科举选官出现了这么一条不成文的规矩：五官不正，不许入仕。大好的前程就这么被葬送了，黄元御的懊恼、颓唐可想而知。父母也是满脸忧愁，以后乡邻会怎么看他？那些人在背后窃窃私语的时候，儿子能不能承受得住？每每念及，母亲都暗自垂泪。

父亲终于鼓起勇气，推开房门。看着满屋的狼藉，他没说什么，而是走到儿子身边。父子二人一站一坐，许久没有说话。

过了一会儿，还是父亲打破了沉默："为父知道你心里苦，不过还得向前看，老在这自怨自艾也不是办法。车到山前必有路，仕途走不通，可以试试别的路。刘太吉这几日经常到家里来，咱们跟他关系还不错，可以试试行医这条路。想做事不一定要有个官身，当个好郎中，也是积德行善的事。你现在承受的痛苦，是别人学艺不精造成的，那你就要认真、细心、钻研，不要把你所承受的痛苦传给别人。"

虽然黄元御心里不痛快，但他也在认真思考今后的路。他想不明白为什么科举非得要求五官端正？但埋怨完了，还是得踏实过日子。听到父亲的话，黄元御掂量了一下，古文没什么问题，以前也看过几本医书，有名医刘太吉帮衬着，想来也不会太难。他收拾了一下，走出房间，从此开始跟着刘太吉学医。

有之前的功底，再加上天资聪颖，黄元御很快就崭露头角。在继承前人研究的基础上，黄元御又发展了六气学说，使其成为他一生治病救人的基本思路。在掌握基本的医理后，他还遍览古书，深入研究那些奇怪的治法，虽说有点儿剑走偏锋，但确实开阔了视野，丰富了技艺，不拘泥于一时一技，往往能见微知著，药到病除。

乾隆十五年（1750 年），黄元御来到京城，正赶上乾隆生病，太医们轮流上阵都没治好，这时有人举荐了黄元御。他入宫仔细望闻问切后，很快给乾隆开出了药方，药到病除，被恩赐御医。从此，黄元御名声大振，求医问药的络绎不绝。

乾隆二十二年（1757 年），盛京有位王爷的儿子病重，请了好几位大夫都治不好，就恳请皇帝派御医诊治。皇帝就安排黄元御去盛京走一趟。

那时黄元御年纪有些大了，骑不了马，只能坐车前往。一路上夜不住驿，食不下车，星夜赶往盛京。

到盛京之后，没有歇脚，一路直奔王府而去。黄元御虽然没动腿，但也没少遭罪。一路上，黄元御颠得七荤八素，下车的时候腿都软了，让王府的下人扶着才进了内院。

到了府中，王爷出门相迎。也没有过多寒暄，简单说了说儿子的病情。刚要请黄元御把脉，就听黄元御说："我进院的时候，听到一间房里有咳嗽的声音，不知是不是？"

王爷诧异地看了他一眼，说："正是！"

黄元御思忖了一会儿，决定如实相告："这病恐怕是医不好了。"

王爷愣了一下，有些不悦地说："还没见到病人，就说无药可医，黄太医是不是有些托大了？"

黄元御解释道："中医有'五脏相音''五音五声'之说，病人发出的各种声音，医生通过其高低、清浊、强弱、缓急可以判断病情发展到了哪一步，通过'司外揣内'，实现'闻而定病位''闻而辨病性''闻而预测后'。我听他语声重浊、声音嘶哑，咳声急迫、声低息短，想必已是久病入里，肺早已腐烂。若是早几个月，说不定还有办法。病情拖到现在，就是华佗再世，估计也医不好了。"

说完这话，底下人面面相觑，不敢出声。王爷的脸上青一阵紫一阵，好久没说话，突然间站起来说："先生少安毋躁，本王去去就回。"

没过多久，众人听到"啊"的一声，声音不大，但每个人都大概猜到发生了什么。一会儿，仆人端着托盘走了进来，里面是一个腐烂的肺。王爷仍手持利刃，血流盈袖，对众人说："黄太医果然高明，犬子染病已久，听了黄太医一番话，本王不愿他再受罪，就给他个痛快了。掏出他的肺一看，果然如黄太医所说。"

黄元御哪见过这架势，一个没坐稳就跌倒在地上，茶碗都打翻了。众人面如土色，纷纷告退。黄元御不便久留，告退离开。

返回京城后，黄元御向皇帝仔细说明了整件事的前因后果，乞老还乡。皇帝念其年事已高，就准其所请。黄元御连夜安排车马，收拾细软，返回山东老家。

儿子问他，刚从盛京回来，为什么走得这么急？黄元御把盛京之行复述了一遍，对儿子说："为父当时就觉得快不行了，我是大夫，知道自己去日无多了，还是赶紧跟亲朋好友道个别，落叶归根吧。"百日后果然离世，时年 54 岁。

132. 乾隆三请黄元御

“黄大夫，您这是图什么呢？就算是做戏，这戏份也做足了吧？”前来宣旨的太监很不客气地对跪在地上的人说。

“咱家伺候皇上这么些年，从来没见过皇上对谁这么忍耐过。您这次要是再不接旨，下次来的时候可就不是五品顶戴，那就是尚方宝剑了。”

“您在怕什么？之前那么多大夫给皇上瞧病没瞧好，皇上不也没拿他们怎么着吗？要是您给瞧好了，那就是一桩泼天的富贵。宫里的王公公跟您是同乡，知道您的名声，殿前那是用人头担保，举荐的您。这您要是不去，不光自己掉脑袋，王公公也是欺君之罪，也得砍脑壳。这中间的利害，您自己琢磨去吧。”

黄元御长叹一声，领旨谢恩。

不久前，乾隆皇帝染疾。一开始没什么问题，经太医院一众名医调理后仍不见起色，病情加重。不得已遍访京中名医，可京中名气大的医生都试过了，仍然不见好，乾隆皇帝渐渐病入膏肓，沉疴难起。京中的医馆纷纷摘牌关门，谁要是敢称他们一声神医他们得恨死，都知道治不好就要掉脑袋了，这不是把人往火坑里推吗？

乾隆身边有一位太监姓王，跟黄元御是老乡，入宫前就听说黄元御医术高明，心想这么多年过去，医术应该臻于化境，于是就向乾隆举荐了黄元御。乾隆每日被病痛折磨，看着身边的庸医就来气，王公公又是信得过的人，就安排黄元御进宫治病。

第一次宣召时，黄元御推辞说不懂规矩，怕冲撞了皇帝。乾隆没太计较，让人带着绫罗绸缎再去请。没想到黄元御推辞说无功不受禄，升斗小民不敢奉召。听到这话，乾隆有些愤怒：“这是跟朕摆谱啊，朕倒要看看他有多大本事！宣他进宫，赐五品顶戴，治好了另有赏赐。”太监第三次来找黄元御，软硬兼施，总算是把他给请到了。

自己的病，那么多太医都没办法，请这么个泥腿子进来，治好了皆大欢喜，治不好就得让人笑话。乾隆决定先摆个局，试试他的斤两。他让一名跟自己年龄差不多的宫女躺在床上，把帘子都拉下来，只露出一只手，让黄元御诊治。黄元御把过脉后，早有太监准备好笔墨纸砚，请他开方。黄元御摆摆手说："不用开了，皇上龙体欠安，已经是女性脉象了，只怕药石难救。"听了这话，乾隆才放下心来，让黄元御瞧病。

把过脉后，乾隆问："朕得的是什么病？为什么那么多名医都看不好？"黄元御说："皇上只是偶染风寒，并无大碍。只是前面开的方子药不对症。是药三分毒，这么多药下去，病没治好，反倒是体内积累了大量的毒素，所以才久治不愈，逐渐加重。皇上不必心急，草民先开一个祛毒的方子，照方喝两剂；然后再开治风寒的方子，到时皇上的病自然就好了。"

乾隆按照黄元御的药方，吃了没几天果然就痊愈了。乾隆非常高兴，要赏赐黄元御，没想到黄元御却推辞不受，只想归乡。乾隆哪肯放他走，亲书"妙悟岐黄"作为褒奖，并恩赐御医，让他留在太医院任职，出入常让其相伴左右。乾隆得知黄元御喜欢下棋，就送他楸木棋盘、玉石棋子一副，赐他"玉楸子"的雅号。在黄元御所著的医书中就有《玉楸药解》和《玉楸子堂稿》。

133. 疾风骤雨也治病

有一年仲夏，黄元御由京城返回山东老家探亲，找他看病的人整日络绎不绝，把家门口围得水泄不通。

在门口候诊的人群中，还有一位身份特殊的病人——黄元御远嫁他乡的闺女，带着生病的小外孙来让姥爷看病。

闺女一看到自己多年未见的父亲，立刻跪在地上号啕大哭，求父亲救救自己奄奄一息的孩子。黄元御来不及安慰女儿，他仔细查看女儿怀中已经昏迷的小外孙后，发现是一种较为罕见的痘症。此时小儿高烧不退，小脸滚烫，烧得通红。只是小儿体弱，想凭借自身正气、药物的偏性与这样顽固的疾病相搏，恐怕疹子不能顺利透出来，到时候就真的危险了。

正当他一筹莫展的时候，抬头看了看窗外，只见原本的炎炎烈日已经不见了踪迹。由于全身心投入诊病，他都不知道何时，窗外的天空已经变得昏黑起来，凉风骤起，看样子一场瓢泼大雨不可避免。

"有了!"正当众人也跟着回头看窗外瞬息万变的天气时，黄元御心里已经有了救助自己外孙的办法。

"你这孩儿好生糊涂！小外孙得的这是烈性传染病，已经到了不治之症的程度，你还带来让爹爹诊治，这不是想害了爹爹一家吗？赶紧回家！再也不要出来!"一听这话，黄元御的女儿更是惊恐万分，抱着孩子在黄元御的脚下长跪不起，求父亲不要撵自己走。这下连黄元御的老婆都看不下去了，也在一旁跟着流泪求情。但黄元御决心已定，让家中仆人以最快的速度套好车马，速速送女儿和外甥回家。

没有办法，见父亲态度如此坚决，女儿只能带着无限的哀怨，抱着昏迷的孩子上了马车。随着马鞭响亮的一抽，马车便如离弦之箭一样很快消失在了阴沉的天幕下。

没过多久，天色便完全黑了下来。接着便是黑云压城、电闪雷鸣，瓢泼大雨从天而降，家门外的路上很快就涌起了洪流。

这下爱女心切的黄夫人更加难过，一边擦着眼泪，一边埋怨黄元御："就是再厉害的传染病，也不能在这样的天气撵走自己的亲生骨肉！要是有个三长两短，我跟你没完！"

黄元御听到夫人的抱怨，却笑呵呵地说："我自有安排！你们快去烧些热水姜茶，准备好雨伞，一会儿有大用！"黄夫人一看，黄元御不但不难过，还在笑话自己，看看门外的瓢泼大雨，想想路上被淋成落汤鸡的女儿和小外孙，更加难过。但丈夫发话，她又不得不听，生气地吩咐仆人赶紧准备。

等姜茶备好，黄元御便提着灯笼，打着雨伞，带着全家人到门口站着，说是迎接女儿回家。正在大家诧异时候，马车夫真带着淋成落汤鸡的女儿和外孙回来了，说是刚出城没走多远，就遇到滂沱大雨，冰凉的雨水把人车马全都浇透了，这时候天色也已经暗了下来，地上黄汤滚滚，根本辨不清哪是路哪是河道，执意走下去恐怕有危险，便只能硬着头皮折返了回来。

黄元御点了点头，连忙接过女儿怀抱中已被浇得水淋淋的小外孙，高兴地对女儿说："经过这一场疾风骤雨猛地一浇，孩子今夜必能透出疹子，算是有救啦！"见众人不解，他又接着说："孩子得的这种病是一种罕见的痘症，来时内热已达极点，人也昏迷不醒，非借助天意不能挽救其性命。我观天气，傍晚必有疾风骤雨，所以想出了这样一个方法，不然你们哪舍得让孩子经历如此疾风骤雨的'洗礼'。"

说完这些，黄元御便遣方用药，并亲自煎药，然后一点点给小外孙服下。到了后半夜，疹子果然全部透了出来。后来，经过黄元御的系统调理，小外孙很快便痊愈了。

134. 中医迷的奋迅

赵学敏（约 1719—1805），浙江钱塘（今浙江杭州）人，清代著名医学家，著有《本草纲目拾遗》《串雅》等。

“你为什么要看这些东西？你以后真的想过那种走街串巷、风吹日晒的生活吗？你知道为父在你身上花了多大的心血吗？你看这些东西，对得起我吗？你自己好好想想吧！”

父亲咆哮着离开，屋里剩下弱小、可怜又无助的赵学敏，被恐惧、委屈与不解包围。

不就是想学医吗？凭自己本事吃饭，有什么不好？为什么那么在意别人的眼光？父亲都做到知县了，多少人求着他、捧着他，他在怕什么？为什么走自己想走的路就这么难？

望着父亲气冲冲的背影，赵学敏实在是想不明白，为什么自己只是看医书，会让父亲突然爆发，父亲是跟大夫有仇吗？

他现在还太年轻，不知道父亲从一个草根到县大老爷都经历了什么、失去过什么。父亲希望给子女更好的条件，更希望子女能百尺竿头、更进一步，以后有更广阔的舞台。父亲明白富不过三代的道理，更明白“君子之泽，五世而斩”的古训，他希望保住家族的地位和财富，将光大门楣的希望寄托在孩子身上。当他看到儿子不是研究四书五经，而是在翻阅医书的时候，那种失望、愤怒、暴躁的情绪可想而知。

赵学敏不是没想过走科举这条道路，也曾为此埋头苦读。父亲还以知县的身份，让他近距离观察一个县是怎么运作的。往好了说，是为以后走入仕途积攒经验；往坏了说，就是把各种陋规、潜规则直接演给他看。书上的仁义道德，到现实中就变通打折。在有些人看来，这完全不是问题，甚至还乐此不疲。可在赵学敏看来，这简直是莫大的讽刺。人人把四书五经奉为圭臬，可真要是照此行事，就是“恃才侮上”“擅篡礼仪”。父亲看似众星捧月、呼风唤雨，处理政事、待人接物却也是处处掣肘，妥协退让，哪有别人想象的那么风光？久而久之，他渐渐对仕途失去兴趣，转身沉醉于药草的世界。

一条是自己想走的路，一条是不得不走的路，赵学敏每天都要挣扎一番。父亲从身边经过时，看到他读的是四书五经，欣慰地点点头。可他哪里知道儿子的想法？尽管赵学敏经常安慰自己：只有走了不得不走的路，才能走自己想走的路。可他终究说服不了自己，每天都生活在内耗之中，筋疲力尽，感觉自己要被撕裂了。

赵学敏有位族人叫赵柏云，是位走方郎中。赵学敏有时会向他请教医学方面的问题，两人志趣相投，无话不谈。赵柏云对他的境遇比较了解，鼓励他主动跟父亲谈一谈，男怕入错行，女怕嫁错郎，如果把自己的一生都浪费在不擅长、不喜欢的行业，那才是真正的悲剧。

在苦苦思索了好多天后，看父亲心情不错、事也不多，赵学敏敲开了父亲的房门。父亲看着他，没说什么。其实知子莫若父，儿子无心仕途不是一天两天了，当爹的心里也清楚。自己久居其间，尚且整日提心吊胆、战战兢兢，把没有准备的儿子扔到官场上，他连自保的能力都没有，还能指望有什么大作为吗？只是他心里尚存一丝幻想，希望哪一天儿子能幡然悔悟。

看到儿子在门外犹犹豫豫不敢进来，父亲知道儿子有话要说，但心里还是有意抻练他：你敢进来说出自己的想法，我尊重你的选择；你要是吞吞吐吐、唯唯诺诺，有话不敢直说，那就再回去想想。赵学敏没有过多的铺垫，而是条分缕析地将自己的想法表述出来。

"孔子说：'己所不欲，勿施于人。'自己喜欢的，也不一定非要强加给别人。'汝之蜜糖，吾之砒霜'之类的话父亲应该也听过。您有您的打算，我有自己的人生想要经历。我以后可能还会再回到这条路，但我现在想尝试另一种可能。如果现在不能按照自己想的方式去活，那以后就只能按照自己活的方式去想。如果我做的事有悖于自己的信念，每天被折磨得痛苦不堪，那我就算做再大的官又有什么用呢？不过是徒增烦恼而已。"

看着怯生生、眼神却无比坚定的儿子，不知为何，父亲突然笑了起来。比起咆哮、暴怒，这突如其来的笑让赵学敏难以琢磨，感觉更加恐怖。

父亲走到他身边，轻声说："说得好，想干什么就去干吧！"

赵学敏有些不太相信自己的耳朵，父亲重复了一遍：“去追寻内心的声音吧！”

从此，赵学敏每天泡在医书里，往日的阴郁一扫而空，他就像是蛟龙入海、虎归山林。有兴趣的加持、赵柏云的提点，再加上天分，赵学敏的医术突飞猛进，很快就享誉乡里，尤其在药学研究方面颇有建树。在李时珍等前辈的基础上，赵学敏将自己在行医过程中发现的新药以及书中的错讹之处进行了整理归纳，编写成《本草纲目拾遗》一书，大大推进了中医药学的发展。他还将从民间收集到的很多秘方、验方汇编成《串雅》，为研究民间医学提供了不可多得的材料。

135. 为走方医立传

各行各业大都存在学院派和实践派两个派别。以中医为例，学院派重经典、重门派、重理论基础，实践派重临床、重手感、重经验积累。两派各有所长，又都有自己的短板。很多人尝试着博采众家之长，赵学敏就是其中的优秀代表，成为学院派和实践派的集大成者。

说起来，赵学敏也算是学院派出身，他自小阅读大量医学经典，理论基础扎实，开方问诊也是中规中矩、有板有眼。不过很快，走方医就给一向自信的赵学敏上了一课。

一天，赵学敏到西溪办事，住在朋友家中。这位朋友姓吴，家里有个十几岁的男孩。按说这个岁数的孩子早就过了淘气的年龄，但这个男孩却一天到晚上蹿下跳的。虽然家里人不胜其烦，但有这么个活宝家里也挺热闹。

赵学敏来的这一天，一向喜欢作妖的男孩却出奇得老实，家里人还以为他是怕生，没太在意。结果到了晚上才隐隐约约察觉到不对，一整天没出幺蛾子，是不是不舒服？浑身上下检查了一遍才发现，原来是身上长了红色的水疱，孩子也说自己身上疼。家里人很多，看到孩子身上的红斑，有说这是丹毒的，有说这是蛇缠疮的，众说纷纭，莫衷一是。刚想出去请郎中，忽然想到家里不就有一位吗？赶紧请赵学敏看看。赵学敏之前其实不动声色地观察了一阵，看大家齐刷刷地望向自己，走上前仔细端详了一番，对众人说无妨无妨，这就是不小心被虫咬的，抹上自己调配的药膏，几天就好。

赵学敏当下就写下配方，让人找全药物，将药碾磨成粉状，兑成药膏，抹在患处。赵学敏此时也是小有名气，大家看他如此自信，也没太担心。结果过了两三天，症状非但没有缓解，反而逐渐加重。赵学敏虽然有些诧异，但也不至于慌神，当下又换了另一种拔毒药膏。这次没让别人掺和，亲自选药、亲自研磨、亲自配比，满心期待地把药膏抹上，心想这下肯定没问题了。

又过了两三天，男孩的病情更重了，这下赵学敏傻眼了，两次用药都没效果，这是为什么？自己的药膏，无论是配伍还是用量，都是严格按照书中记载来的，即使无效，也不应该加重病情啊！就在他百思不得其解的时候，一位老大娘说可以试试“翠羽草”这种药，自己的亲人之前得过这种病，正好有个走方医从门前经过，就是用这种药治好的。赵学敏只好试一试。他将找来的翠羽草捣成汁均匀地抹在男孩身上。没想到，过了一晚上，男孩身上的红斑就退了。

几十年苦读医书，行医经验也不少的学院派，就这么败给了一个土郎中，赵学敏心里这个憋屈就别提了。不过经此一事，他也不再执着于哪一派，转而向民间学习，搜集民间验方和治病技巧。这一学不要紧，简直是打开了新世界的大门，各种新奇的治法层出不穷，虽然没什么理论依据，但确实有效。但为什么医书上没有记载这些方法呢？学院派与实践派相互之间的成见固然是主要原因，但实践派也有传承，也会有个人撰写的医案集成等书，不过一方面，与医学经典相比，这些方法不容易被人广泛接受，另一方面出于保密需要，不会广泛流传，千辛万苦积攒下来的经验很容易失传。

为了更好地治病救人，赵学敏决心搜集民间实践派的防病、治病经验以及民间验方，让千百年来被视为旁门左道的民间医学登上大雅之堂。自此，赵学敏遍访名医，为民间医生著书立说。他的行为得到了很多同道中人的认可，其中有些人将自己的行医经验倾囊相授。后来，赵学敏将自己多年搜集的资料分门别类地整理出来，完成医学著作《串雅》。

《串雅》分为《串雅内编》《串雅外编》，总结了走方医常见的治疗方法，如针、灸、熏、贴、蒸、洗、熨、吸等外治法，记载了很多民间验方，具有简单、廉价、有效等突出特点，其中有些方法至今沿用。赵学敏认为，他们“操技最神，而奏效甚捷”。总体来说，《串雅》是一部体量丰富、展现民间医学成就的不可多得的医书。

136. 四钱黄连治顽疾

陈修园（1753—1823），名念祖，字修园，号慎修，福建长乐人，清代著名医学家，著有《南雅堂医书全集》等。

“夫人，这几年你可是受苦了。眼下你的病算是好了，不如就趁现在，咱们到风光秀美的地方去转转，你意下如何？”

“那自然是极好的。”

“咕噜——”王爷隐约听到一阵沉闷的声音由远及近，让他一时摸不着头脑。

“奇怪，好好的天，哪来的雷声？”

“王爷，不是打雷，是妾身的肚子，好像又不舒服。”

“什么？这都一个月没犯了，眼下又要发作？”

夫人忍不住了，快步向茅厕跑去，剩下王爷自己一个人呆立当场。

夫人的腹泻有四五年了，健脾胃的药不知道用了多少，统统没有效果。前一阵有人介绍了一位名医，诊治过后开出一剂补中益气汤，加人参三钱，连服一个月，没有再腹泻。王爷刚才还在想终于遇到一位靠谱的大夫，没想到瞬间又跌落谷底，出行计划再次搁浅了。

刚开始王爷还以为只是腹泻，但这次夫人的病十分厉害，直接昏了过去，手脚冰凉，身上却大汗如雨。大夫来看过之后，急命人熬制人参汤灌入口中，连续几次后夫人才幽幽醒转，自述体感寒冷，恶心反胃。大夫以为是之前出汗过多，阳气损耗、元气虚弱，于是在药方中加入人参三钱，酸枣仁、大附子、薄桂各一钱。满以为这次会跟上次一样药到病除，结果喝下去之后直接晕厥，身上摸上去跟冰雕似的，即使是伏天也丝毫不觉得热，还想盖被子。

好在症状还只是浑身冰凉，没有性命之虞。这位名医也没招了，只能每日以参汤养着，不至于登时毙命。两年下来，用过的名贵补品不计其数。

就这么挨到了冬天，夫人身上越来越凉，更要命的是让腹泻折腾得骨瘦如柴，不成人样。虽说腹中饥饿，但吃一点点东西马上就腹泻，经常一天几次。病情越来越严重。有一次，王爷听说有一位名医叫陈修园，于是马上托人去请。

陈修园在来的路上就详细询问了夫人的病情和前面几位医生的诊断、药方，对病情有了大概的了解，心里也草拟了几个应对之法。切过脉，又问了丫鬟几句后，陈修园说："夫人的病是大郁火证，倒也不用太担心，我开个平胃散，加入四钱黄连，你们照方抓药就行。"

王府里也有医生，看到陈修园开的药，百思不得其解，上前问道："夫人这病好几年了，吃点东西就泻，先生您不用温补的药，反而要用黄连这种寒苦的药来治腹泻，这是为何？"

陈修园说："这就是亢极之病，火过多了就像水。如果此时还认为是病人虚弱要用补药，那就是抱薪救火，夫人的病也就没指望了。"

医生又问："既然是火，火能化物，为什么夫人吃了东西不消化呢？"

陈修园道："这就像是火炮，炮膛里有火药，只有点上引信炮弹才会发射出去。胃中有热难停食，正好跟夫人的病相似。如果夫人真的是虚弱之证，为什么前面服过人参、附子、大枣还没有效果？我用黄连四钱，来泻火热；又因为夫人身体太虚弱，而且体内火势太盛，不能仅用黄连这种苦寒的药，所以用上了平胃散，兼用苍、朴等药的温性，徐徐图之，以缓治疾。"

夫人服药后，睡了两个时辰，没有喊饿，没说吃东西，也没有腹泻，众人这才放下心来，向陈修园投以信服的目光。服药五天后，夫人才能品尝出药物的味道。陈修园又用上了通元二八丹，配合着汤药使用，一个月后夫人便可以正常饮食，不再腹泻，没过多久就痊愈了。

137. 热血将军也积血

“啪!”内堂传来杯子碎裂的声音。

将军府里的仆人都不吱声，只有将军叫人的时候才敢进去。

将军的腹痛又犯了。这几年发作得越来越频繁，疼起来将军就不管不顾地摔东西。宋元时期的物件都摔了好几件了。虽然事后将军心疼不已，但犯起病来哪还顾得上这个。

“瑞昌府上上下下的医生，有一个算一个，都是庸医，我早晚把他们都砍了!”

这几年将军身边的人换来换去，只有腹痛形影不离。远近闻名的医生不知道看了多少，都说不出个所以然来，虽然也开了一些方子，但都没什么效果。以前没有有效的止痛药，疼痛发作的时候，有时只能靠自己硬撑。

与腹痛斗争的这些年，将军也总结出一些经验：要是疼得轻，忍忍也就过去了；要是疼得受不了，就喝上二斤烧酒，迷迷糊糊睡一觉。

这年夏天，将军遇到了陈修园。将军倒是听说过陈修园的名气：刑部侍郎伊朝栋突发疾病，京中医家皆束手无策，陈修园以大剂起之，名震京畿。陈修园为将军把过脉后，问了问饮食起居，对他说：“将军左手寸脉沉大有力，关脉弦大而坚，快慢不一，尺脉沉弱无力，这是积血的症状。”

听到这话，将军认为自己是习武之人，怎会有积血？打发走陈修园后，对他的诊断很不服气，也没有按方吃药。

到了冬天，腹痛又一次发作。这次病情非常严重，将军满眼血丝，眼睛肿得跟桃子一样，甚至开始胡言乱语，灌了两三斤酒也不济事。仆人们赶紧分头去请大夫，附近的医生知道他的怪病，也知道他的急脾气，都不敢来，只有陈修园接到信后立刻赶到。简单诊治过后，陈修园开了一张方子。他判断将军可能要呕吐，但一时吐不出来，就吩咐仆人煮了一碗盐汤催吐，等将军吐完以后再照方抓药。果然没一会儿，将军就大吐不止。呕吐物里面，有像大枣或板栗那么大的血块，还夹杂着未消化的食物。

吐完以后，将军感觉病情稍好一些，但还是没有拿陈修园的嘱咐当回事。结果到了第二天早上，眉目紧闭，四肢冰凉，跟个僵尸一样，只剩前胸还有一点热乎气，眼瞅着就要不行了。陈修园赶紧让人用烛火烤他的曲池、虎口、中脘、气海等穴。将军嘟囔了两句，看上去能略微感觉到疼痛。

还有救！陈修园一边让人把将军扶起来坐好，不让他昏睡过去，一边让人快速熬制人参汤。服下去后，手脚开始回暖。然后用人参五钱、附子二钱熬制理中汤，每天喂服；七天过后，将军才能睁开双眼，症状有所减轻。陈修园又开具补中益气汤、六味地黄丸。这下将军学乖了，陈修园让吃什么就吃什么。半月之后，将军元气充盈，腹痛的老毛病也祛根了。

将军病好后，彻底服了陈修园的医术，带着礼物到陈修园家中致谢。聊起治病的事，将军问道："我这病前前后后这么些年，请的医生那么多，怎么他们都没看好，就您看好了？您是怎么诊断的？"

"先前脉诊的时候，将军左关脉弦大而坚，说明血多；快慢不一，说明有血在体内积聚，影响脉搏和血液流动，同时还有气弱、气结的问题。之前有的医生可能没看出来，有的看出来了可能也没把握；看不出来的药不对症，看出来的没能排出积血也是无益。发病那天晚上吐出血块和未消化的食物，说明气虚，脾胃不好；第二天发病是因为血多气少，气血运行不畅，经络不通，因此浑身冰凉。如果不用人参助气、白术健脾、附子助阳、干姜暖血、甘草和中，经络还是不通，气血还是不畅，那就很难治愈了。"

将军虽然没大听懂，但自己的病总归是好了，而且听他说得头头是道，于是就说："先生给伊侍郎、和中堂治病那些事起初我还不太相信，觉得言过其实，现在真是开眼了，您不光治好了我的病，还给我讲了这么多医理，真是受益匪浅！"

138. 放下包袱病好医

吴鞠通（1758—1836），名塘，字鞠通，江苏淮安人，清代著名医学家。他对温病学有较深研究，被后世誉为清代中医“温病四大家”之一，著有《温病条辨》《吴鞠通医案》等。

柳先生是远近闻名的乡贤，年轻时也是有名的青年才俊，怎奈造化弄人，一直没能考个功名。随着年岁见长，只好做了个教书先生。没想到自己科举不顺，教的学生却接二连三中榜，因此附近的人都把孩子送到他这里读书。看到自己的学生一个个鲤鱼跃龙门，柳先生心里也是得意得很。

每到放榜的时候，总是几家欢喜几家愁。中榜的自然高兴，没中的生活也得继续，颓唐几天后接着上路。每隔三年就会有人离开，有新人进来。这么多人中，柳先生非常关注一名叫鲍友瑞的学生。他天资聪颖，思维活跃，两人在很多问题上的见解非常一致，可以说是忘年交。鲍友瑞的经历跟自己很像，一身才气却屡试不中。鲍友瑞就像一面镜子，照出来的是他挣扎彷徨的岁月，是锐气一点点被磨去的痛苦。鲍友瑞就像自己的影子，或者说自己的孩子，他不希望自己的影子、自己的孩子重复自己的弯路，遭受曾经的痛苦，所以总是想不着痕迹地拉他一把。

又是一年科考时，鲍友瑞还是没发挥好，已经几天没来学堂了。柳先生这天在集市上买到几本新书，首先想到的就是鲍友瑞。

“友瑞在家吗？”

闻声出来一位妇人，是友瑞的母亲鲍谢氏，看来友瑞不在家。往常自己来时，鲍谢氏都是笑脸相迎，这次却不太高兴。柳先生托鲍谢氏将书转交给他，顺带问起友瑞的现状，没想到鲍谢氏的话让他大吃一惊。

“谢谢柳先生，不过您以后不用再费心送书了。” 鲍谢氏说罢就痛哭起来。

“这是为何？”

“友瑞他……他……他疯了。”

“啊？”

因为担心鲍友瑞，自己平时才对他那么上心，没想到最后还是出问题了。

柳先生来到鲍友瑞的房间，以前那个意气风发、豪情万丈的少年不见了，眼前是一个蓬头垢面、口齿不清的乞丐模样的人，胡言乱语，不知身在何处。看到心爱的学生变成这个样子，柳先生心中悲痛不已，安慰了鲍谢氏几句后，表示一定会竭尽所能帮助鲍友瑞。鲍谢氏千恩万谢，目送他离去。

回到家后，柳先生给自己走入仕途的学生挨个写信，请他们遍寻天下名医，一定要治好自己的同门。这些学生感念老师的恩德，又念及同门之情，自然是尽心去办。数年间，徽州、杭州、苏州、湖北、两广、直隶等地的名医都来看过，只是开出的方子五花八门。有的医生确实有水平，可只能治标，不能治本。病情就这么反反复复，一直持续了七年。

七年里，鲍谢氏可以说是心力交瘁。病情好一些，就重新燃起希望；病情一反复，又重新坠入深渊。鲍谢氏也曾想过要放弃，但柳先生坚信自己的学生能治好，一边鼓励鲍谢氏，一边继续寻医问药，直到他遇到吴鞠通。

七年里请了那么多医生，有真才实学的不少，坑蒙拐骗的也遇到过。所以刚碰到吴鞠通的时候，柳先生也曾有过怀疑，不过后面吴鞠通的举动让他放下心来。

吴鞠通刚进门时，有些惊讶。他听说过柳先生的名号，心想柳先生费那么大工夫找到我，病号不说是名门显贵，怎么着也得是富甲一方，怎么这个病人家里如此破败？门窗歪七扭八，没一扇是完整的，家里也没什么值钱的东西。见到病人时，更是差点惊掉下巴：病人被好几根铁链锁在大石头上，说话前言不搭后语，身上也脏兮兮的。病人他见到过不少，这样的还是头一次见。

坐下来跟病人家属聊的时候才知道，原来这几年鲍友瑞的病情反反复复，发起病来见东西就砸，经常是刚修好了又被砸坏了，时间一长，家里人多少有些破罐子破摔，所以一片破败景象；他经常不穿衣服就往外跑，几个人都按不住，只好用铁链锁着他，现在只是伺候他吃饱穿暖，至于形象，那就顾不上了。

吴鞠通到的时候，鲍友瑞已经很久没洗澡了，身上臭气熏天，他的生存环境可想而知。吴鞠通跟家属了解了情况后，就走到鲍友瑞跟前给他把脉。鲍友瑞倒也挺配合，任由他把脉、看舌象。

把过脉后，吴鞠通说："心胆火旺，是实证，不是虚证。以前看了那么多医生还没看好，应该是补虚者多，攻实者少，需用苦药祛火。我开个方子，你们先喝上几剂看看效果。"

家人这几年见过的方子不少，一看吴鞠通开的方子都是胡黄连、天门冬、大麦冬、丹皮这样的常见药，分量也都是两三钱，心想这医生靠不靠谱，这样的方子能治这种大病吗？他们看向柳先生，柳先生倒是没说什么，催他们尽快去办。没想到喝了两剂，病人的病情大为好转，不再胡言乱语，也没摔东西，以前最好的时候也没这么安静过。第三日后，吴鞠通前来复诊，看到病人的恢复情况后，在原方中减少苦药的分量，加入补阴的药物。这下大家都信服了，赶紧去抓药。

等到第五天吴鞠通再来复诊的时候，家属却说喝了药后病情更严重了，以前只是胡言乱语，现在是狂暴咆哮，见到什么摔什么，见到人又扑又咬，一时一刻也不安宁。吴鞠通想了一下说：“还是祛火的药用少了，一开始用两三钱正好能压制住，药量轻了以后制不住火，又有反复，需重用苦药。”

吴鞠通在原方的基础上加入洋芦荟、秋石、乌梅肉等几味药，分量也都加到了五六钱。果然服下之后一天强似一天，到第十几天的时候已经跟正常人差不多了。虽然从外表上看不出症状，但吴鞠通知道心病还须心药医，现在只能暂时压制，要是考试再受刺激还得发作。于是，他就把柳先生、鲍友瑞及其家人叫一块聊天，让鲍友瑞多说，大家少说，既是检验治疗的效果，也是听听他的心声。鲍友瑞虽有才气，做得一手锦绣文章，但这些同时也是一把双刃剑，老师看好他、同学羡慕他，好像不考中就是罪过一样，背负了太多的压力，结果越到考试越发挥不出来，自己空有才名却无功名，每日郁郁寡欢，以至今日。

长久以来压在心里的话说出来后，鲍友瑞轻松了不少。柳先生也现身说法：自己一辈子没功名，照样活得很好。人的一生不是只有仕途这一条路，人的价值、本领也不能仅仅用官职高低来评判。投身仕途、出将入相是本事，把家人照顾好也是本事。投身仕途，一辈子郁郁不得志，在迷茫、痛苦中燃烧殆尽的也大有人在。

虽然心结还没有完全打开，但鲍友瑞的精神面貌肉眼可见地改善。吴鞠通适时调整药方，去苦药加补阴，半个月后鲍友瑞已经跟正常人一样了。吴鞠通又开具专翕大生膏让他服用。到了下一次考试的时候，鲍友瑞卸下包袱、轻装上阵，果然榜上有名。

139. 竹鸡秒变“尖叫鸡”

“不好啦！不好啦！”富商正盘算着怎么低价买下县衙旁边的一个院子，听到喊声后循声望去，发现是伺候少爷的小厮。

小厮慌慌张张跑到跟前，气还没喘匀。富商一背手：“慌什么，天又没塌下来，怎么回事？”

“小少爷在街上晕倒了。”

“什么？”听到这话，富商手里的湖笔被捏做两截，“那还等什么？赶紧把小少爷抱回来，去请郎中啊！”富商咆哮着。儿子就是他的命根子，要是有什么好歹，可如何是好。

“老爷，小的已经安排人去做了，这会儿小少爷差不多该回来了，大夫也在来的路上，小的只是先来禀报一声。”

说话间，只见一个小厮背着少爷回到府中，两个小厮在后面扶着。

不一会儿，大夫也让仆人背来了。原来大夫上了岁数，走不快。仆人着急，就把老先生背过来了。大夫一看，小少爷倒是没什么大碍，掐人中、灌参汤，没一会儿就醒了，只是脉象中隐隐有中毒的迹象。跟富商说了以后，富商大发雷霆，以为有人要害自己的孩子，家里的仆人除了信得过的，其他都被赶走了。看到富商雷厉风行的做派，大夫也有些慌乱，开了点儿解毒的药就告辞了。

自此，在照顾孩子这件事上，富商都是亲力亲为。本来就疑神疑鬼，这下更弄得府中人人自危。诡异的是，吃药之后，孩子中毒晕眩的毛病依然没好。请了好几个大夫也没诊断出病因，但比较一致的结论是从食物入手排查。富商因此定了个规矩：孩子吃的东西，大家一起吃。心想这下应该可以了吧。可奇怪的是，从富商到少爷，再到仆人，吃的都一样，大家都没什么事，少爷还是经常晕厥。于是小道消息满天飞，说这是富商创业时手太黑，现在这样是报应着落在他儿子身上了。别看富商平时蛮不讲理，心中对怪力乱神还是有些畏惧的。只能一边求医问药，一边暗地里烧香拜佛，希望神明能放儿子一马。

富商听说吴鞠通医术超群，就托人找到他，希望他能来给看看。吴鞠通听到这种事也觉得奇怪，怎么别人都没事，就小孩自己发病？正巧他来诊病的时候，小少爷再次发病。吴鞠通切过脉后，认为很明显就是中毒的脉象，但一直找不到源头在哪里。家人在介绍小少爷日常起居的时候，一个细节引起了吴鞠通的注意：小少爷喜欢吃鲜竹鸡，恨不得一天一只。不过家里人也都是尝过后没问题才给他吃的，但大家吃得少，小少爷吃得多。问题会不会出在这里？

吴鞠通到鸡舍里看了看，心里有了主意。他吩咐仆人找来两斤生姜，捣成糊，滤出姜汁，用一勺白矾搅拌均匀后给小少爷服下。仆人很是不解：先生怎么不开解毒的药，反而喂小少爷喝姜汁？那么多解毒的药都不管用，这能管用吗？没想到过了一会儿，小少爷就醒了，还真是效如桴鼓、覆杯而愈。

富商大喜过望，赶紧摆酒庆贺。酒过三巡、菜过五味之后，他向吴鞠通请教："请了那么多医生，他们的结论跟您一样，也是中毒，怎么您用姜汁就治好了，他们用了那么多药反而治不好？"

吴鞠通解释说："不是我比他们高明，他们的诊断没错，只是他们知其然不知其所以然。刚才家人说小少爷喜欢吃鲜竹鸡，我觉得这里面可能有文章，就去鸡舍看了看。竹鸡喜欢吃半夏，这是一味中药，很多药方中都会用到。只是凡药三分毒，吃过量了也会出问题。竹鸡吃半夏，体内积累了一些毒素，但不致病，不然竹鸡早就死了。小少爷又喜欢吃竹鸡，时间一长，体内毒素过量，间接导致半夏中毒。先前大夫开的解毒药不能说错，只能说药不对症。半夏之毒用生姜来解效果最好，所以小少爷很快就醒了过来。只是小少爷体内毒素过多，以后还得继续服用姜汁。我再开几剂药，他的病很快就能好。"

听到这话，富商松了一口气。但转念一想，觉得气不过，就提刀进了鸡舍，一时间满院子鸡飞狗跳。

140. 中医解剖第一人

王清任（1768—1831），字勋臣，直隶玉田（今河北玉田）人，是清代一位很有革新精神的医学家和解剖学家，著有《医林改错》等，被后人称为“中医解剖第一人”。

很多人认为中医没有解剖学，实则不然，中医学关于解剖的知识最早可追溯到《难经》，该书对五脏六腑的形态等都做了描述。到了清代，名医王清任更是对人体解剖进行了专题研究，通过大量实践，获得了许多发现和成果。

王清任自幼习武，年纪轻轻就考取了武秀才，但一身武艺的他最终不得不靠捐资才当了个千总衔的下级军官。那时候官场腐败，为人耿直、性情磊落的王清任，与官场格格不入，很不得志。深思熟虑之后，他毅然辞去了官职，转而攻读医学，立志在岐黄之路上取得一番成就。从此，王清任如鱼得水，他如饥似渴地阅读医学经典，并积极进行临床实践，还遍访名医，拜师学艺。功夫不负有心人，经过系统学习和实践后，王清任不仅对许多药物的性味、功用了然于心，而且对疾病的病因、病理等也有了不少独到的见解。

在临床实践中，王清任从不人云亦云，他发现古医书说的也不完全正确，有些甚至是错误的，尤其是关于人体脏腑方面的相关记载就有许多自相矛盾或错误之处。王清任认为，弄清脏腑是看好病的基础和前提，如果连最基本的脏腑位置和形状都搞不清楚，又怎么能看好病呢？于是，他决定亲自观察研究人体的结构。

有一年，王清任在河北行医，正赶上那里瘟疫流行。因病去世的人很多，很多幼儿死后，家人也只是草草掩埋。幼儿的尸体经常被野狗拖出，导致内脏外露。王清任路过这些墓地时，都会上前仔细观察。虽然现场臭不可闻，但他一连十多天每天一早就去观察，前后观察并记录了 30 多具尸体，掌握了比较直观的一手材料。

为了更好地了解人体脏腑的结构，王清任还经常去刑场观察记录。有一次，他听说有一名罪犯将被处以凌迟，便提前来到刑场，早早占了一个便于近距离观察的位置。行刑时，刽子手每割一刀，犯人就会惨叫不断。围观的人都不敢直视，纷纷低头。王清任却一直目不转睛地盯着犯人。其实，听到犯人的惨叫，他心里也很难受，但为了仔细观察，又不得不强逼着自己坚持。行刑结束后，围观的人都走了，王清任却对着血淋淋的现场又看了许久，并时不时记下观察到的细节。

后来，为了了解有关横膈膜的形态和位置，王清任还专程拜访了绥定知府恒敬，只因此人经常带兵打仗，亲眼见过许多尸体。

就这样，王清任经过系统研究和实践，终于搞清楚了人体脏腑的结构，写出了著名的《医林改错》一书，该书绘有 25 幅脏腑图并配有详细的文字说明。

王清任用独创的“补阳还五汤”成功治愈了军机大臣卢荫溥的中风后遗症，此方后来成为治疗中风后遗症的经典名方沿用至今。王清任还独创“血府逐瘀汤”“通窍活血汤”等方剂，总结出 60 种气虚症状和 50 种血瘀症状，修改订正古方 33 个，广泛应用于临床且疗效显著。因此，他也被认为是活血化瘀派的代表人物。

141. 谁能解老案牍的痛

林珮琴（1771—1839），字云和，号羲桐，江苏丹阳人，清代著名医学家，以擅长治疗温病而闻名，著有《类证治裁》等。

更深月色半人家，北斗阑干南斗斜。
今夜偏知春气暖，虫声新透绿窗纱。

多好的诗，但此刻张师爷却恨透了这首诗。

他又失眠了。

失眠的时候，人的听觉总是特别敏锐。窗外虫子的叫声让他烦躁不已，他能数出来外面有多少种不同的叫声，同一种叫声又有多少只虫子，甚至能听到十几丈外皂吏的鼾声。尽管鼾声传到这里已经十分微弱，但在他听来，简直比打雷的动静还要大。

张师爷和知府识于微时，两人志趣相投，无话不谈。论年齿，知府稍长；论才华，师爷更胜一筹。只是天不遂人愿，师爷几次科举考试都不中，知府却是后来者居上，仕途更是一帆风顺，从县丞干起，一路平步青云。

知府几次邀请他跟随自己，都被张师爷婉拒了。他虽不是什么国士无双，胸中却也有安邦定国之志。又几次名落孙山之后，张师爷有些心灰意冷。知府这时候再次发出邀请，张师爷答应了。

知府开始和师爷搭班子共事。两人年轻时一块读书，对彼此都很了解。知府的想法，师爷很快就能体现在行文中，有时想得比知府还要全面到位、切合实际；遇到不好处理的事，自己为难不好表态，师爷也能从条文中找出依据，按照政策处理好各种难题。有这么一名得力干将，再加上知府的执行力、领导力，没几年知府就成为炙手可热的明星。

自己发达了，知府也没忘了师爷，待遇自不必说，出入也都让师爷随行左右，知府治下的官商人等，都知道二人的关系非同一般，对师爷自然是毕恭毕敬。然而众人只看到烈火烹油般的繁华，却没看到显贵背后的痛苦。

师爷虽然做得锦绣文章，但那也是冥思苦想、焚膏继晷写出来的，中间的曲折自然是不足为外人道也，完全不像别人说的那样下笔千言、倚马可待；几年下来，师爷落下个失眠的毛病，白天昏昏沉沉，晚上难以入眠，其痛苦可想而知。

知府也知道师爷失眠的毛病，找了好几个郎中，开出的药方也没有明显的效果。最近格外厉害，整夜睡不着，而且咳嗽不止、头晕目眩。知府辗转找到林珮琴，请他来医治。林珮琴望闻问切、四诊合参后，发现张师爷喉痛声哑、舌如煤熏，两寸脉洪大，思忖了一会儿，缓缓地说："师爷这是上盛下虚，案牍劳神，最近偶染风寒，表里煽动，伤到了肺，且炎阳独亢，以致怔忡不寐。师爷平时可吃过什么燥热的东西？"

"以前脚不舒服，知府请了个知名的郎中给看了看，用祛风的药搭配肉桂、附子，挺管用。郎中嘱咐我常吃着，到现在吃了快三年了。"

"祛风的药多燥热，更何况是桂、附。依据您的脉象，结合当下的时令，应该用辛凉的药物。先平息药物的燥热，再加上滋阴安神的药辅助才行。失眠一般是用脑过度造成的，思虑劳神，以后就是再忙，师爷也得保重身体，多注意休息。"

林珮琴思考了一会儿，写下一张方子，里面都是鲜生地、沙参、麦冬、淡竹叶、山栀等清凉滋润的药，组合起来能清除上焦的邪气，同时祛除燥热、清音平嗽。一剂药下去后，张师爷当天晚上就安然入眠。喝了第二剂药，咳嗽、眩晕等症状也消失了。

过了几天，林珮琴来复诊，在先前方子的基础上加上天冬、玉竹、百合等。此后原先各种不适的症状都已经消除，只有舌苔还像以前一样，于是改用膏方。以核桃、牛膝、茯神、枣仁、柏子仁、白芍等几味药制成药膏，这些药能交心肾，安神志，利腰膝，理顺阴阳。自此，张师爷的睡眠质量大为改善，上盛下虚的状况也好了很多。

142. 学医的初衷

清代名医林珮琴出身书香世家，自幼随父读书，受益颇多。有了孩子后，林珮琴也非常注重对儿女的教育。

林珮琴有个儿子叫林芝本，为人正直厚道，勤奋好学，是个学医的好苗子。林珮琴有心培养他成为自己医术的传承人，便严加管教，悉心指导。

林芝本九岁时，林珮琴问他："你长大后想考取功名还是当郎中？"

"当然是当郎中了！"小芝本一本正经地回答道。

"为什么要当郎中？"

"当郎中受人尊敬啊！来咱家的人对爹爹都恭恭敬敬的，我也想跟爹爹一样。"

"病人对我尊敬，那是因为爹爹能看好他们的病。但当郎中尤其是当一名能给病人看好病的郎中很不容易，需要吃很多苦，你怕不怕？"

"不怕！能学到治病救人的本事，孩儿不怕吃苦！"

林珮琴见儿子学医之心比较坚决，很是欣慰，便语重心长地说道："好孩子，你想学医，为父就好好教你。但你切记学医的初衷是治病救人，万不可图名好利。一旦对名利看得重了，就当不成好医生了。"

林芝本把父亲的话牢牢记在了心里。从此，他一门心思专心跟父亲学医。

但学习了一年后，林芝本的医术却并没有明显长进。原来，他很注重治疗方法和技术的学习，却对读书不重视，看的书很少。

这天，林珮琴看完病人后，跟小芝本又进行了一次深入交流。他先是问了几个相对浅显的医学理论问题，林芝本支支吾吾半天也没回答上来，站在那里不好意思地搓着小手。

林珮琴借机说道："学医要厚积薄发，只有广泛阅读各类书籍，搞明白其中的道理，才能为治病打下坚实的基础。你这一年多来没读几本书，许多理论知识都不了解或一知半解，怎么能看好病呢？"

“孩儿也很苦恼，一年多来虽然起早贪黑，但总觉得浑浑噩噩的，不得要领。”

“还是书读得太少了，这样，我给你列个书单，你认真来读……”

林芝本于是认真阅读父亲推荐的医书，遇到不明白的地方就及时请父亲予以讲解。

林珮琴见孺子可教，不仅在阅读方面对林芝本悉心指导，而且在看病过程中也时不时考一下他，引导他养成勤于思考和总结的好习惯。

一晃几年过去了，林芝本博览群书，并专研医道，理论素养和实践水平都有了很大提升，他不仅学到了父亲的好医术，也继承了父亲的许多优良品质，很快便成了当地青年名医。

后来，林珮琴去世，林芝本为了不辜负父亲济世救人之心，将父亲精心撰写的《类证治裁》一书捐了出来，以造福更多百姓。

143. 一指回春

黄石屏（1850—1917），名灿，号石屏，祖籍清江（今江西樟树）清末民初著名针灸医师，曾治愈慈禧太后的腰病、袁世凯的头疼以及著名实业家张謇的腿疾，被誉为“神针”，著有《针灸铨述》等。

“生子当如孙仲谋，刘景升儿子，若豚犬耳！”年幼的黄石屏其实挺喜欢读书，但就是不愿读《三国演义》，尤其是看到这一句的时候，他的心就好像被人狠狠扎了一刀。

黄石屏出生在官宦家庭，又是家里的老幺，按说最受宠爱才对。黄家却不是这样。黄家祖祖辈辈都是农民，到黄石屏父亲黄良楷，因为武艺高强，考取武举人，后因平捻有功做到了道台一级。按说已经挺不错了，但黄良楷武官出身，在一众文官面前抬不起头来。大家面上和和气气，但科举出身的同行们都瞧不上这位武举人，觉得他一身匪气。文官系统内部尚且有一套体系完备、层级分明的歧视链条，对一个不入流的武举人，他们就更看不上了。黄良楷久居其间，对这种不成文的规矩自然是一清二楚，所以对孩子们的教育格外上心，希望哪天能出一个名正言顺的文官。因此在黄家，谁聪明谁就受待见。黄家四个孩子，前三个都是个顶个聪明，到黄石屏这就差点儿意思。底下人来办事，都是夸赞这几个孩子聪明伶俐，黄老爷当然要谦虚几句，老大老二老三还凑合，到老四这，就成了“豚犬之类，不堪造就”。

也许有人会说，这都是客套话，当不得真。但对一个孩子来说，父母的评价就是他的全部。其实黄石屏资质不差，只是三个哥哥的光芒太刺眼，遮盖了他的优点。久而久之，大家都知道老四不讨喜，连家里的仆人对他也爱答不理的。

这年夏天，黄老爷在任上突发中风，多方诊治依然没有效果，只好回老家休养。这时，一名僧人千里迢迢来为黄老爷治病。这名僧人法号圆觉，黄老爷在山东任职的时候，圆觉长老的寺院被一帮土豪劣绅强占，黄老爷秉公执法，将寺院判给了圆觉长老，自此二人结下深厚的友谊。圆觉听说黄老爷中风的消息后，不辞劳苦赶到江西为黄老爷治病。圆觉长老诊过脉后，对他说："您的病得用针灸来治，汤药可能不起作用。"许多名医治不好的病，圆觉长老用针灸治疗，不到20天，黄老爷就能下床走动，而后慢慢恢复如常。

治病的时候两人交流比较多，以前黄老爷以为圆觉只是个会敲钟的和尚，深入一聊才知道他武艺不在自己之下，又兼通佛法、医术，对易理也有一定的研究，就动了让儿子拜他为师的心思。圆觉在黄府的这几天，倒是也跟四位公子交流过。官宦子弟，礼数自然是没得说，而且学识也算渊博，只是老大老二老三均以科举为正途，不愿在别的事情上浪费精力。老四倒是对佛法表现出浓厚的兴趣。因此，当黄老爷说想让儿子拜他为师时，圆觉点名要了老四。黄老爷还有些诧异，当然原因还是那句"豚犬之类，不堪造就"。圆觉却另有一番道理："人生一世，各有缘法，几位公子天赋异禀，未来定当不可限量。只是四公子颇有慧根，与佛有缘，贫僧愿收他为徒，既讲佛法，也传本事，不知黄施主意下如何？"

黄老爷于是让黄石屏拜圆觉长老为师。黄石屏前三年并没有学习针灸、易理等，而是一直在修行内家功法。三年后，黄石屏的内家功法学有小成，圆觉觉得他适合行医，就侧重传授医术，教他以气运针。圆觉在墙上用朱笔画出一个圈，让他离墙一丈站定，用铁针扎向圆圈，就跟现在的扔飞镖差不多。只不过飞镖更好控制，铁针就不一样了。黄石屏光是控制铁针直飞就用了挺长时间，要把铁针扎到墙里面就更费劲了。这是练习内家功法的另一种形式，让修行者更精准地控制力道。黄石屏稍微适应之后，圆觉就开始给他加大难度，圆圈越来越小，离墙也越来越远，手里的铁针换成了更小、更不易控制的毫针。等毫针也能插入墙内的时候，圆觉觉得时候已到，就开始讲授经脉理论、人体穴位，以及药物的升降浮沉、寒热温凉等医学知识。

寒来暑往，又是几年过去了，黄石屏已尽得圆觉真传。后虽因父荫做过一段时间的官，但终弃官行医。黄石屏在上海、扬州一带以"江右金针黄石屏"的名号行医。因针法精湛，又有内家功法打底，对风劳、耳聋、霍乱等症都能迅速治愈，黄石屏的名气越来越大。有一次，袁世凯头痛病发，久治不愈，经张謇推荐，黄石屏进京为他治病。

袁世凯其实身体一直挺好，大冬天穿得挺少也不怕冷，在天津小站练兵时，风再大、天再冷也是光着头出去。后来因为时常受风，染上头疼的毛病，每当用脑过度或者遇到烦心事的时候就会发作。这一次，袁世凯头痛欲裂，三十多天不止。张謇知道后，极力推荐黄石屏进京诊治。结合疼痛部位和病人自述，黄石屏判断这是多年受风在体内积聚，上热下寒导致的，随即取出身上的毫针，在太阳、合谷、百会、风池等穴位用针，选穴都是以泄风泄热为主。

“第一针扎进去的时候，我好像听到了发大水把墙冲倒的声音，之后感觉体内有气自上而下流动，慢慢就不疼了。”袁世凯说。

“这是头部积聚的寒气在往外走，上半身的热气正在下行，因此才会有这种感觉。这几天我再扎几针，配合着汤药，您这病很快就能好。”黄石屏解释道。

果然没过几天，袁世凯的头疼就好了，酬谢黄石屏大洋两万，并赠送“一指回春”的牌匾。黄石屏给袁大头治头疼，还净赚两万 “袁大头”，一时传为笑谈。

144. 治好西医治不了的病

黄石屏在官场浮沉十余年，虽说有一定的社会地位，但这毕竟不是自己想要的生活，这期间有太多的身不由己、言不由衷，反倒不如行医来得自在。思虑良久，他最终弃官行医。江湖盛传，黄石屏的针法出神入化。他手里有一套金针，虽然施针的穴位、针法与毫针一样，但因为金针的质地不同，所以效果也更好。再加上他有气功傍身，独特的针法加上气功，据说已经达到了“以气御针”的境界，各种疑难杂症应手奏效，素有“神针”之称。

一天，黄石屏到上海一家医院为病人治病。这位病人病入膏肓，医院已经准备放弃治疗。病人的朋友跟黄石屏有旧，知道他“神针”的名号，就请他来治病。黄石屏也很仗义，隔一天来一次，针灸推拿、药浴熏蒸都用上了。在他的精心治疗下，病人的病情已经有了很大起色，再过一阵就能痊愈出院了。

这天，黄石屏照例来到医院，病人已经恢复得差不多了，按说不需要他这么勤快地治疗了。可是他有些不太放心，还是根据病人的体质调整治疗方案。黄石屏在治疗的时候隐约听到有女人的哭声，就问朋友怎么回事。朋友叹了口气，说也是个苦命的女人，不知道怎么脚面红肿，一开始没当回事，后来疼痛难忍，只得住院治疗。结果住了六个月的院，家里能卖的都卖了，钱已经花完了，病还没治好，如今闹到要截肢的地步。以后的日子可怎么过呀?

朋友也是个热心肠，说老黄你本事这么大，我这朋友医院都不治了，入土大半截了你还能救回来，这位女病号比之前的病人症状轻多了，你想想办法，帮人一把，也是救了一家人。

在朋友的陪同下，黄石屏到女病号的病房里探视，顺带着问起了病人的病情。原来病人早先血瘀气滞，化为郁热，又正好染上风寒，气机闭塞，邪无出路，堵塞经络。如果仅仅是这样，还不是很严重，只是这六个月以来，中医西医都看过，得出的结论也是五花八门，药没少吃，钱没少花，但是不对症。有的中医大夫开出温补的药方，体内的邪气排不出来，往下走导致脚面红肿疼痛，出行不便；往上走影响脾胃、心肝，导致夜不能寐、食欲不振，寝食难安的症状持续了好几个月。住院住了六个月，什么办法都试过了，还是不行。前几天医生说，要想保命只能截肢了。

说到这，病人又开始小声啜泣。黄石屏的朋友照顾病人很长时间，跟女病号和家属也都很熟络了。“我那位朋友你们也知道，住院住了很长时间，医院也说治不好，家里连棺材板都备好了，结果来了位神医，没几下给治好了。我身边这位就是那位神医，袁大总统亲赠‘一指回春’，江湖人称‘神针’的‘江右金针黄石屏’。有他在，你的病肯定能治好!”

虽然黄石屏一手针灸确实神乎其技，但朋友这么一说，反而让他有些不好意思。听完朋友的话，女病号和家属眼里都开始放光。之前那位病人的情况他们多少也都了解，差不多已经被医院宣判死刑了，结果愣是让人给救回来了。如果黄石屏肯搭救，那病人也不用截肢了，以后的生活也有希望了。家属赶紧求黄石屏医治，言辞恳切、情感真挚，就差给黄石屏跪下了。

黄石屏本来还在犹豫，正巧医院大夫来查房。医院大夫对黄石屏也多有耳闻，对他的医术虽然佩服，但毕竟不了解中医，于是满怀疑惑地问他：“你能治好她的病吗？我们西医各种办法都试过了还治不好，你们中医能行吗？”这话一出，激起黄石屏的斗志，这个病号还非治不可了。

黄石屏先用提毒散瘀外治之法，将脚面红肿处刺破，放出其中的瘀血。刚开始是颜色很深的浓稠血液，后面慢慢是脓水，最后才是鲜红的血液。放血后又拿出看家本领，针刺足三里、悬钟、三阴交等穴，提拉捻转，金针颤动不止，近一刻方停。第二天，病人的症状明显好转，黄石屏又延续之前的治法，辅以药石，不久病人就痊愈了。这一手把医院众医生看得目瞪口呆，再也不敢轻视中医了。

145. 壮小伙过劳致病

张锡纯（1860—1933），字寿甫，河北盐山人，祖籍山东诸城，中西医汇通学派代表人物之一，清末民初名医，曾创办近代中国第一家中医院——立达中医院，所著《医学衷中参西录》影响巨大。

“张大夫来了，快请进！”中年妇人一边说一边把张锡纯请进屋。

“劳烦您给我儿子看看他这是怎么了，他还这么年轻，就得了这个怪病，这么长时间也不见好。”话还没说完，妇人就开始抹眼泪。

“大嫂，您先别急，小伙子这么年轻，没什么大问题，我先看看。”

床上躺着一个年轻的小伙子，皮肤黝黑，一身腱子肉，一看就是个庄户把式。小伙子自述胸闷气短，经常咳嗽，晚上能咳醒好几次。咳嗽的时候，肋下疼得厉害。张锡纯往脉上这么一搭，感觉脉象平和，应该没什么大问题。重按几下，感觉病人的脉跟琴弦一样，微弱无力。胸闷气短，且咳嗽时肋下疼痛，张锡纯一开始诊断为肝气不舒，就开了个理气的方子。但因为病人脉象比较弱，正气略微不足，就在药方中加了一味黄芪，嘱咐了几句就离开了。

到了第二天，天刚蒙蒙亮，就有人来敲张锡纯家的门。打开门一看，原来是昨天那位小伙子的父亲，说是儿子服药之后病情更严重了，咳嗽、胸闷更厉害了，说话也开始颤抖，所以赶紧又来请张锡纯出诊。

张锡纯很诧异，自己的药都是对症而下的，即使诊断有误，也万万没有加剧病情的道理。张锡纯就多问了两句，病人的饮食起居有无异常等。仔细一聊才知道，跟自己的药没多大关系。原来这个小伙子很勤快，里里外外的活都是他来干。昨天本来就有点儿伤风感冒，恶心反胃，没怎么吃饭，但是看着地里有活他就闲不住，也不想让爹妈干，就饿着肚子出去干活，结果病情加重，说话也开始颤抖。

听到这里，张锡纯心里明白了个大概，开始跟家里人解释小伙子的病因病机：小伙子的病属于大气下陷。人体内有五脏之气，主理身上的脏器运行。人胸中也有一团气，叫大气，主理人的呼吸和气机升降等。如果饿着肚子干活，就会消耗体内的气，严重的话会消耗身上的正气。正气削弱，各种邪气就会上升，身上的五脏之气也会受到影响，导致人出现各种各样的疾病。大气下陷就好比是釜底抽薪，导致灶火不旺，主理呼吸的气弱了，呼吸无力，就会导致胸闷、咳嗽等症状。张锡纯针对大气下陷的症状开出一剂升陷汤交给病人家属。

谁知小伙子父亲拿到药方之后没有着急去抓药，而是盯着药方，欲言又止。张锡纯问："有什么问题吗？"老人说："大夫，我们不懂医药，但是为什么昨天我儿的病情不重，您药方里的药挺多；今天病情严重了，用的药反而少了呢？这个方子能治好他的病吗？"

张锡纯拿着药方对他说："用药如用兵，兵不贵多而贵精。别看方子里只有黄芪、知母、柴胡、桔梗等几味药，对你儿子的病来说正合适。黄芪补中益气，功效跟人参差不多，但稍微有些热性，所以用知母这种凉性药来中和它的热性，同时知母还能清肺热，也可以治疗咳嗽；柴胡、桔梗的药性都是往上升的，能帮助气往上走，让药力到达患处，取得更好的治疗效果。"听完张锡纯的解释，老人赶忙去药房抓药。果然四剂药喝下去后，小伙子的病就好了。张锡纯叮嘱小伙子好好养病，别着急干活，先养好身子，平时多吃山药等健脾胃的食物。又跟家属强调了好几遍才离开。

虽然治好了小伙的病，张锡纯在医案中还是反思自己的错漏：一开始病人自述胸闷、肋下疼痛，如果不加甄别、刨根问底，很容易理解为肝气不舒，所以一开始开出理气的方子。虽然后来小伙子病情加剧是饿着肚子干活引起的，但总归是自己药不对症。幸好后来多问了几句，才没有坚持原来的判断，按照大气下陷的症状来治疗，果然很快就好了。以后看病的时候还是要细细甄别，病人的饮食起居、生活习惯还是要多问几句，切不可托大。

146. 来复汤能起沉疴

张锡纯有个朋友叫毛仙阁，他的儿子 20 多岁了，有一次染上风寒，反反复复折腾十几天，好不容易把外邪搓下去。结果由于跟疾病战斗太长时间，体内正气不足，出现新的病症：忽冷忽热。热的时候一顿饭的工夫就大汗淋漓，跟刚从河里捞上来似的；过一阵就开始冷，浑身颤抖，口不能言，跟掉到了冰窖里一样。如此循环往复，一直持续了两天两夜，病情十分危急。这时候毛仙阁坐不住了，赶紧把张锡纯请了过来。

张锡纯来的时候，正好赶上毛公子发热，大汗淋漓，像是刚洗过澡一样。这会儿他已经非常虚弱了，面如金纸、气若游丝，“眼睛目上窜，不露黑睛”。能看到的全是眼白，黑眼珠已经翻到眼窝里面去了，脉象微细模糊、若有若无。张锡纯心里一紧，这是肝胆虚极、元气欲脱之证。肝胆主纳气，肝气非常虚弱，已经收不住体内的元气，正在往体外发散。一旦元气脱离殆尽，人也就不行了。中医认为，肝胆之经有问题，就会寒热往来，忽冷忽热。病人身上冷热交替，说明病灶在肝胆，而且已经到了非常严重的地步，肝胆之气欲绝。

张锡纯没把自己的分析告诉毛仙阁，一是怕朋友担心，二是对自己的医术有一定的信心。他没说什么，而是赶紧让家里人去买净萸肉。所谓净萸肉，就是把山萸的籽挑干净之后剩下的果肉。山萸药性主收敛，而山萸籽正相反，药性主滑脱。此刻要救命，必须用净萸肉。

张锡纯取二两净萸肉猛火煮水。病人喝下去之后，冷热交替的症状大有缓解。

家属有些奇怪，一般的大夫望闻问切之后就是要开方，怎么到了张锡纯这还没开方先给灌水的？要说喝水，之前也没少喝，不然这每天冒的汗水都是打哪来的？不过说来也怪，就是这么一碗水下去，毛公子冷热交替的症状就好了很多，看来治病还真得找明白人。

看到毛公子的病情有所缓解，张锡纯心里更有底了，当下就开出药方：净萸肉、生龙骨、生牡蛎、杭白芍、野台参、赤甘草。不多不少，一共六味药。

家人看着药方，拿不准是不是现在去抓药。按照以往的经验，这么重的病情，怎么着不得十几二十味药拼一块送将下去，就这么六味药能行吗？张锡纯看出家属的疑惑，吩咐家人赶紧去抓，迟些就晚了。家人这才忙不迭去抓药。这六味药凑齐了，张锡纯就招呼着用砂锅煎药，煎好之后给毛公子服下。没过一会儿，病人就安稳了。

这时，家人悬着的心才算放了下来，都想找张锡纯问问明白。张锡纯一五一十地把自己对病因病机的分析告诉家属，说明自己用药的原因：一开始没着急用药，也没用针灸、推拿等外治法，而是用净萸肉煮水送服，是考虑病人病情严重，元气欲脱，此时必须先固住根本，借山萸收敛之性把元气稳定住，再徐图治疗。病人服下后，冷热交替的症状缓解了，说明自己的分析是正确的，这才开出下一步的药方。

药方虽然只有六味药，但每味药都是精挑细选。山萸肉主收敛，"气血将散者，皆能敛之。故救脱之药，当以萸肉为第一"，"萸肉既能敛汗，又善补肝，是以肝虚极而元气将脱者服之最效"。龙骨入肝以安魂，牡蛎入肺以定魄。魂魄安强，精神自足，虚弱自愈。生龙骨、生牡蛎滋阴收涩，经常与山萸肉配伍，这三味药主要还是起收敛固涩的作用。山萸肉补肾固精，杭白芍柔肝养血，配合使用，既能滋补肝肾，又能止血止汗。野台参补中益气、生津益肺，病人正气不足、气血两亏、体倦无力，需要用其来补气。赤甘草补脾益气，清热解毒，缓急止痛，调和诸药。病人生病十几天，已是命悬一线，脾胃虚弱，需要用赤甘草调和脾胃，缓解前面几味药的毒性、烈性。

之后，毛公子又按照这个药方连服两剂，各种症状都消失了。这六味药合起来其实是张锡纯自创的一个药方——来复汤。来复汤主治大病后不能自愈，冷热交替，肝胆虚极、元气欲脱以及喘逆、怔忡、气虚等证。张锡纯还作有歌诀一首：来复汤能起沉疴，二两萸肉敛汗脱；龙牡参芍炙甘草，急服此方莫蹉跎。

147. 老中医得病怎么办

中医界里一直有个说法：医生不给自家人看病。道理也好懂：给别人用药的时候，按照君臣佐使的思路排兵布阵，往往没有太多的顾虑。但是一涉及自己的家人，用药的时候就会反复思量、举棋不定，担心一剂药下去之后会不会产生不良后果，越纠结越难下决断，所以一般都是找同行给自家人看病。如果老中医自己病了呢？是不是也像理发师一样要找别人给自己理发？张锡纯医案里记录了一则自己给自己治病的案例，让我们对老中医的生活有了更深入的认识。

张锡纯有午睡的习惯，一来早上起得早，二来这让他有更充足的精力行医。有一年盛夏，天气特别炎热，张锡纯午睡时没有关窗户，隐隐约约觉得凉风拂面，吹得他还挺舒服。结果到下午觉出来不对劲了，右边腮帮子肿得老高，还能感觉到疼痛。张锡纯知道这是被风吹到了，赶紧吃了点儿西药阿司匹林发汗。服药之后，汗是出来了，但肿痛的症状依然存在。到了第二天早上，肿痛的症状更厉害了，手轻轻一按就疼，连牙床都肿了，而且张锡纯感觉体内燥热，于是赶紧熬了清火散风、活血化瘀的汤药，一天里喝了好几次。看来给自己用药好像没那么纠结。几剂药下去之后，体内的燥热消下去了，但是肿痛的症状还是没有好转。

这时候张锡纯脸上的皮肤跟炭火似的，喝了几剂药也没有明显好转。既然内服不管用，那就试试外敷。脸上发烫，那就来点儿寒凉的药。张锡纯找来研成粉末的大黄，用醋调和后抹到脸上。还真别说，抹上之后痛感明显减轻。但没过一会儿又开始疼了。而且这会儿脸上不觉得烫了，反而有点儿畏冷。那就上热敷。奇怪的是，刚敷上的时候疼得轻一些，过一阵之后又开始疼了。寒凉不行，热敷也不行，真是奇了怪了。

反复治疗无效后，张锡纯就在琢磨：没吹风的时候，体内应该就有燥热；突然被凉风激着了，体内又有寒气。寒热之气在体内凝结不散，导致肿痛。而且跟一般的病还不一样，寒中有热、热中有寒。因此，抹上大黄粉末的时候，抑制住了体内的热气，痛感稍微轻一些；同样，热敷的时候抑制了体内的寒气，痛感也能减轻。但不管压制其中哪一种气，另一种气都会发作，这就是为什么没过一会儿就会又感觉到疼痛。寒热之气在体内凝结，气血不畅就会淤血，久治不愈就会化脓。现下还没有化脓，反复疼痛的原因应该是淤血，当务之急应该是通气血。

张锡纯找来穿山甲、皂刺、乳香、没药、粉草、连翘等药。穿山甲活血散结，祛风通络；皂刺搜风拔毒，消肿排脓，引诸药上行，是治疗上焦疾病比较理想的药物；乳香、没药等活血止痛，常用于治疗血瘀气滞所致的疼痛。张锡纯满以为这下应该差不多了，没想到两剂药下去，不但没什么用，病情反而恶化了。原来只是皮肉疼，现在已经是骨头疼了，折腾得他一晚上都没睡着。

张锡纯能想到的办法都试过了，内服、外敷都没什么很好的效果。药效不明显倒在其次，疼痛已经让张锡纯开始怀疑人生了：自己好歹算是个知名的大夫，治好的疑难杂症也是数不胜数，怎么到了自己身上就不灵了？按说自己的治法挑不出什么毛病，都是对症下药，换成别人，治疗方法也是大同小异，怎么就是不起作用呢？难道医生不光不能给自家人看病，给自己看病也不行？

疼痛折腾得张锡纯辗转反侧，同时把睡意也赶得远远的，这倒是给了他冷静思考的机会。他脑海里把所有疏散风热、清热解毒、消肿散结的药物都过了一遍，突然间想到，三七粉一般用于外敷，治疗外伤疼痛非常有效，因为三七不但活血散瘀的效果非常好，而且对经络受损导致的瘀血也有很好的疗效。如果把外敷换成内服，应该也能通经化瘀，加速气血的流通。想到这，张锡纯一骨碌爬起来，找来二钱三七粉冲水服下，果然没过几分钟，疼痛就减轻了，而且没再复发。几个小时后，已经感觉不到明显的疼痛了。于是当天，他又服用了两次，到第二天早上已经没有痛感了，脸上的肿块也消失了。张锡纯又按照每日三次的频率喝了两天，肿痛的症状就完全消失了。

以前张锡纯只知道三七可以活血化瘀，但是没想到疗效这么好。有了亲身体验，在以后的行医过程中碰到淤血导致的疼痛，张锡纯都会在开药时加上三七粉，往往能取得非常好的疗效。

148. 山药也能“起死回生”

山药是国人餐桌上比较常见的一种食物。中医素有“药食同源”的说法，据《中国药典》记载，山药具有补脾养胃、生津益肺、补肾涩精等功效，用于脾虚食少、久泻不止、肺虚喘咳等症。这些症状都属于慢性病，并不致命，可到了张锡纯手里，山药也能用来治疗危重症。

张锡纯同村有一位女子嫁到了邻村。结果怀孕五个月的时候，忽然得了伤寒，病情很重，也就三四天的工夫，不幸小产。可能是悲伤过度，也可能是照顾不周，上焦燥渴，口干舌燥，咳喘痰多，经常呕吐。家里人就请郎中诊治，结果不但之前的症状没有缓解，还添上了腹泻的毛病。这时候再去找大夫，人家就推辞不来了，说这人眼瞅着就快不行了，还是赶紧准备后事吧。

好好的一个活人，怎能说死就死了？家人还不想放弃，就请到了张锡纯来诊治。见到病人，搭脉诊断后，张锡纯觉得病人的脉象很有力，但有点儿滑腻，重按之下感觉很空，回弹的力不强，两手的尺脉尤其严重，这说明体内正气不足。这时候得赶紧想救急的办法，但是病人刚刚小产，不敢用急峻的药，怕适得其反。而且病人身上好几种病，只能分而治之，不能指望一剂药下去消灭所有的病症。张锡纯略一思忖，告诉病人家属准备二两山药片，一个大酸石榴，连皮捣烂，熬成汤汁让病人服下。

家属听后，心想还没听说过山药、石榴一起乱炖能治病的。张锡纯看出他们的疑惑，就把自己分而治之的思路告诉他们：病人刚刚小产，现在很虚弱，用大补的药身体会受不了，只能用温和的药去滋养，山药就是眼下调理脾胃、固本培元的首选。酸石榴是一种比较特殊的止泻药，一般的止泻药起作用之后，没有给邪气出路，邪气滞于体内，还会有其他的症状；有的药扑灭邪气，却没有止泻的作用。酸石榴能固涩收敛，止渴涩肠，还能稍微制衡一下风寒导致的外邪。病人家属听了以后很赞同，连忙准备。病人一天喝了三次药后，腹泻止住了，但是其他的症状依然存在，不过这也正好符合分而治之的思路。

第二天张锡纯来复诊，感觉病人的脉象洪滑之力较实，心想病人虽然此刻身体虚弱，忌用寒凉之类的药物，但是确实受到风寒刺激，体内有实热，如果不用寒凉类的药物中和体内的热性，身上的病症怎么能治愈呢？补虚的药和清理外邪内热的药先用哪一类？还是一起用？时间到了下午三点左右，病人说每天下午到这个时候，自己的身体就潮热，精神很差，身上没力气，特别困倦，但是晚上又睡不着。反复折腾，逐渐成了现在这样。

张锡纯考虑外邪、内虚、内热同时存在，思来想去，拟定一个药方：山药片一两半，滑石一两，生杭芍四钱，甘草三钱。山药还是用来补气，滑石清热祛湿，生杭芍具有养血敛阴、柔肝止痛、平抑肝阳的功效，甘草补脾益气、清热解毒、祛痰止咳。药煎好以后，张锡纯叮嘱一次只能喝一口，不能多喝，因为病人小产后身体虚弱，且上焦燥热，只喝一口是想让药力停留在上部，同时不能让药的寒凉之性侵袭下焦。当夜，病人安然入睡，第二天口干舌燥、潮热、咳喘的症状明显好转，说明体内实热开始往外走，而且寒凉药物也没有损害病人的身体。张锡纯在前方的基础上将山药、滑石各减五钱，同时加入生龙骨、生牡蛎各八钱。病人服用后，没过几天就痊愈了。

在行医过程中，张锡纯多次用山药熬汤治好了危重症病人。很多中医在看病的时候，判断一个病人是否还有救，要看脉象中是否还有胃气。胃气尚存，就还有存活的可能。而山药的作用就是激发脾胃之气，补脾养胃，生津益肺。很多病危的患者服下山药汤以后，脾胃功能有所恢复，能够吸收营养物质，体内的正气得到加强。所谓“正气内存，邪不可干”，正气恢复了，病人往往能够转危为安，这也是山药能起死回生的原因所在。

149. 生气也能致残

张锡纯有个朋友姓周，名字不详，30 多岁，暂且叫周详吧。周详性情温和，很少与人起争执。但脾气好也不代表没有，有一次不知道因为什么事和别人大吵了一架。估计对方以为他是个软柿子，一直欺负他，没想到看似怯懦的周详这次却爆发出洪荒之力，据理力争、寸步不让。估计是由于周详一反常态，气势十足，对方因此准备不足，很快败下阵来。

其实，周详吵架的时候也有些害怕，但火一上来就管不了那么多了。回家的时候他还在想，终于不用事事闷在心里了，今天可算是扬眉吐气了。结果当天晚上，周详就开始不舒服，双腿一直在疼。他也没太在意，以为是干活累了，烫烫脚、睡一觉就好了。没想到第二天还是这样，而且越来越疼。他只好让家人请郎中来看病。郎中问了问情况，知道是暴怒之后双腿开始患病，就给开了疏肝理气的药。结果吃了以后非但没用，病情还越来越严重了，一直到了躺在床上不能翻身的地步。家人慌了神，赶紧找人到邻村把张锡纯请来。

张锡纯了解大致情况后开始把脉。哎，有点儿怪，总体感觉非常弱，不像是一个壮年男性的脉象。左手寸、关、尺对应心、肝、肾，脉搏整体微弱说明肝经的气血不足。张锡纯又问有没有其他的症状，周详说还能感觉到热，又热又疼，别提多难受了。

张锡纯在想，七情会伤五脏，过喜伤心，过怒伤肝，悲忧伤肺，忧思伤脾，恐伤肾，惊伤胆。过怒伤肝不一定都会导致肝气郁结，分为两种情况：一种是郁怒，就是生闷气，会导致气血郁结；另一种是暴怒，平时安静而突然兴奋，就会伤到气血。张锡纯认为脉象弱是气血受伤的缘故。而患处感觉热，则是因为肝主疏泄，使身体气血通畅，现在因为暴怒伤到肝经的气血，身体气血失去了动力，运行不畅，就会形成郁滞，引起疼痛；再加上肝中有相火，相火不能流通，瘀滞在经络，所以会感到发热。

张锡纯略一思忖，写下一张药方：净萸肉一两，知母六钱，当归三钱，丹参三钱，乳香三钱，没药三钱。拿到药方后，家人赶紧照方抓药。连服十剂后，周详热消疼止，步履如常。

又过了几天，张锡纯出去看病回来，路过周详的村子，顺带过来复诊。一家人急忙把他让到屋里坐下，周详还特意在他面前走了两步，惹得一家人哈哈大笑。周详问自己为什么会得这个怪病。张锡纯把自己的分析如实相告，劝诫他少生闷气，少动肝火。周详又问，为什么那么多郎中开了那么多药都没用，而你只是开了六味药，除净萸肉外分量还很轻，就能药到病除呢？

张锡纯简单说了说郁怒和暴怒的区别。前面几位郎中的药方只是疏肝理气，没有养护肝经的气血，所以一直没有效果。自己重用山萸肉，是因为山萸肉味酸性温，能大敛元气，振作精神，固涩滑脱。而且山萸肉得木气最厚，酸敛之中也具有木的条达舒畅之性，因此山萸肉在收敛的同时，又可通利九窍，流通血脉。肝经气血受伤，体内气血流通不畅，用山萸肉来补肝，增加肝的疏泄能力，气血一通，疼痛就消止了。知母滋阴降火，润燥滑肠，有清热泻火除烦的作用。

剩下的四味药，乳香偏于理气，没药善于理血，二者搭配使用可以起到宣通脏腑、疏通经络的作用，“凡心胃、胸腑、肢体、关节之疼痛，皆能治之”。当归和丹参也是固定搭配，主要用于补血活血。当归是血科圣药，专业补血，治疗瘀血、血虚等证都会用到。至于丹参，一方面行气活血，辅佐乳香、没药化瘀止痛，另一方面也有一定的补血作用。“一味丹参饮，功同四物汤”，这四味药通力协作，一通，一补，就能让全身的血液运行起来；气血活了，各种疾病也就治愈了。这就是张锡纯的名方“活络效灵丹”。只要是气血瘀堵导致的疼痛，都可以用活络效灵丹一试。

150. “看瓜”致痧三七治

有一天，张锡纯家里来了一个小伙子，一进门他就大叫道：“张先生，不好了，俺叔家弟弟快不行了，您快去看看吧！”

来的小伙子是张寡妇的侄子。前些年丈夫因病去世后，张寡妇便跟年幼的儿子阿毛相依为命。张寡妇家的情况，张锡纯也有所耳闻，听闻她家孩子出了问题，便赶紧随小伙子去了。

张锡纯一边疾走，一边问阿毛的病情。

“早上出去放牛时还好好的，被发现时就快不行了！”小伙子说道。

“以前他生没生过大病？”张锡纯也觉得纳闷，便追问道。

“没有听说，看着挺壮实的。听发现他的邻居说，可能被别的熊孩子欺负了。”

“被别的孩子欺负了？”张锡纯一边琢磨着孩子受了怎样的欺负，一边加快了步伐。

很快，他们便到了张寡妇家，还没进门就听院里传出张寡妇的哭声。丈夫去世后，阿毛是她唯一的希望了，也难怪她如此伤心。

张锡纯一进门，围着的众人便为他让开了道。最先发现阿毛的邻居上前说道：“张先生，孩子是我们先发现的，当时我们正在地里干活，听到一阵吵闹声，远远看到阿毛被一群孩子欺负，便赶紧赶了过去。没想到赶到时，阿毛的头被塞进了裤裆里，两只胳膊也被倒背着绑了起来。我们救下孩子时，已断了气……”

“你们做过别的处理了吗？”张锡纯问道。

“做了，我们把阿毛扶了起来，把腿盘起来，捶打他的腰背大半天，孩子的气息才缓过来。但他依旧呼吸不利索，看着憋得厉害，时不时翻白眼。”

张锡纯上前仔细检查了一下孩子，发现孩子虽抢救及时，暂时没有生命危险了，但依旧有东西堵在胸口，便猜测孩子受欺负时努力挣扎加上生气，使热血上溢至膈，从而产生了瘀血。于是，他赶紧开出了三七，让张寡妇将药研成细末，每次三钱，开水冲服。

交代妥当后，那帮欺负阿毛的熊孩子也被他们的父母一一揪着耳朵带到了院子里给张寡妇认错。原来，这帮孩子经常欺负阿毛，这天见阿毛一个人在山上放牛，便想戏弄他。他们打着跟阿毛玩游戏的幌子，将阿毛骗了过去。阿毛刚走近，他们便一拥而上，按住了他的头，强行将头塞进了阿毛的裤裆里，还把阿毛的胳膊倒背着绑了起来。他们给这个所谓的游戏起了个名字叫“看瓜”。一开始，他们只觉得好玩，及至听说阿毛要不行了时才纷纷害怕了。

张锡纯教育他们道：“孩子们，这游戏太危险了！幸亏阿毛被发现及时，获得了救治，否则就没命了。以后千万别再玩这种危险游戏了！”

孩子们全都惭愧地低下了头，并诚恳地跟张寡妇道了歉。

张寡妇用张锡纯开的三七，按法给阿毛连服两天，果然奏效，阿毛呼吸顺畅了，感觉堵在胸口的东西也没有了。

151. 嗑瓜子治寒疾

范文虎（1870—1936），名赓治，字文甫，后改文虎，浙江鄞县（今浙江宁波）人，近代著名医学家。

“第一泡略微发涩，但苦味悠长；第二泡茶的香气就出来了，缭绕不散，而且这香味当中好似不单单只有茶香，还有另外一股香气，只是这香气是什么，我就说不上来了。”

“这么多人来品我的茶，你是第一个尝出来还有另一种香味的。不错，这茶是今年新采的黄山银钩，不过不是普通的银钩，制作工艺有些讲究。晚上将茶叶与荷花放在一起，吸收天地日月之精华，早上露珠未散时收起，如此循环往复七七四十九天。等它们自然阴干后，放到瓦罐中密封贮藏，有客时再启封。你是不知道，开封的时候，真的是坛启茶香飘四邻，茶香夹杂着花香，又有露水的芳冽之气，盛夏的时候饮用最佳。这个茶还有个别名，是我自己取的，叫露香茶。你觉得怎么样？”

“这茶里的学问，比经义策论也少不了多少。兄台为露香茶倾注这么多心血，只怕曹公再世时，红楼梦里没了茄鲞，多了这露香茶了。”

文人相交，柴米油盐酱醋谈得少，琴棋书画诗酒茶谈得多。这露香茶，一直是方老爷的得意之作，轻易不肯拿出来招待客人。今天来了个爱茶、懂茶、能一起谈茶的朋友，方老爷居然将自己多年的经验倾囊相告，那真是碰到知己了。

方家是慈溪的名门望族，家业丰厚，子女也很争气，政商两界都很吃得开，家里大大小小的事也基本上用不着方老爷操心，于是他大胆放权，整日游山玩水、侍弄花草，是人人艳羡的富家翁。只是富家翁也有自己的烦恼，不知道是岁数渐长还是阳气不足，浑身乏力，终日畏冷，即使是炎炎夏日也要裹得严严实实。儿孙倒是孝顺，从关外买来几张上好的狼皮，保暖效果比狐皮要好。虽然狼皮确实管用，方老爷每次刚穿上那会儿出汗，但是架不住内冷，时间一长还是打寒战。

家里人也请大夫来看过，有的说是脾胃不好，有的说是体内有寒气，开的方子也不少，只是没有很明显的效果。方老爷倒是很看得开，家大业大，儿孙也很有出息，自己除了畏冷也没别的毛病，不疼不痒的。人嘛，哪有十全十美的？现在日子过得也挺舒服，而且看了那么多名医也治不好，心想这可能是上天的意思吧，就这么又过了好几年。

虽然方老爷不太在意，但家里人却一直没放弃治疗。有一次，家里有人听说鄞县范文虎名气很大，治愈过很多疑难杂症，就把他请到家中为老爷子看病。范文虎跟老爷子倒是一见如故，挺聊得来。为老爷子把过脉后，范文虎的结论跟之前的医生差不多，体内有寒气，寒湿滞留，因此畏冷。看了之前医生开的药方之后，范文虎觉得挺奇怪，按说这都是对症下药，方老爷服药之后也没什么副作用，说明开方应该没什么问题，为什么就是不见好呢？

范文虎正在苦苦思索的时候，方府来了几位贵客，方老爷拿出珍藏的露香茶招待客人。初尝一口，范文虎也觉得茶香袅袅，是不可多得的珍品。听到这露香茶的故事后，范文虎心里有了答案，觉得问题可能出在这上面。等客人走后，药方就拟好了。

方老爷是文人，多少懂些医理。而且自己得病这么多年，都说久病成良医，医生的诊断、对自己病因病机的解释也听了不少。他一开始以为范文虎会开驱风散寒的药，没想到药方简简单单两行字：香瓜子数斤，常嚼勿怠。停饮露香茶。范文虎也知道自己的方子看上去有些不靠谱，就对方老爷说："您按照我的方子先吃上一阵，要紧的是停饮露香茶。至于效果如何，到时候便知。这次出诊不收您的钱，您先试试看。"

方老爷将信将疑地吃了一阵，没想到半个月后，精神好了很多，也不再跟以前一样那么怕冷了。他赶忙到范文虎那里致谢："先生真是神了，那么多医生开了那么多药都治不好，您只是让我嗑瓜子就治好了，这是怎么回事？"

范文虎说："您的病是喝露香茶喝出来的。这露香茶确实是人间罕有，夏天喝这个的确很舒服。只是物极必反，露香茶在制作过程中汇集了大量露水，寒气非常重，偶尔喝一两次还行，经常喝就会导致寒气在体内积聚。葵花向阳而开，瓜子得太阳之精华，符合阳克阴之道，所以效如桴鼓，药到病除。"

152. 单味中药也治病

中医开方一般遵循“君臣佐使”的配伍原则。“君”指方剂中针对主证起主要治疗作用的药物；“臣”指辅助君药治疗主证，或治疗兼证的药物；“佐”指配合君臣药治疗兼证，或抑制君臣药的毒性，或起反佐作用的药物；“使”指引导诸药直达病变部位，或调和诸药的药物。常见的药方一般有七八味药或更多，较少的三四味药。但很多人不知道，其实一味药也能治很多疾病，而且往往有很好的疗效。

有一位孕妇生了个大胖小子，可把家里人高兴坏了。不说什么海参鲍鱼、鱼翅燕窝，那也是鸡鸭鱼肉、瓜果梨桃变着花样地伺候着，月子里照顾挺好，产妇身体恢复得不错，孩子体重也是快速上涨，一家人乐得合不拢嘴。但不知道为什么，产妇染上了肚子疼的毛病。虽说是间歇性的疼，但持续时间很长，而且痛感明显。一开始大家没把它当成病来看待，但越到后来产妇疼得越厉害，实在忍不住了，就请大夫来给看看。

最先请来的大夫说，这是血瘀气滞，生孩子之后体内元气不足，气血运行不畅，血的流动受到阻碍，停在腹内；再加上经常进补，消化不良，脾胃受到影响，就容易肚子疼。放心吧，没什么大碍，吃几剂药就好。

听大夫说得头头是道，家人这才放下心来，赶紧照方抓药。产妇担心吃了药对孩子不好，每次都是喝一半的量，满以为会药到病除，结果还是那样，没有丝毫缓解。家人还以为是药量不够，于是加大药量，每次喝一剂药，没想到依然如故，该疼还是疼。家人又把大夫请来复诊，这次大夫知道多半是之前药不对症，所以很耐心仔细地问诊、切脉，得出的结论却跟上次一样：血瘀气滞。不过这次换了个方子，组方用量都是仔细思考过后才敲定。大夫觉得这次应该会有效果，约定七天后来复诊。

七天过去了，产妇还是老样子。因为长期腹泻，产妇已经瘦得有些脱相，精神也不好，孩子也跟着受罪。本来约好来复诊的大夫可能听说药不对症的消息，没敢再来。家人急得不知该如何是好，这时候有人给他们出主意：赶紧去请范文虎啊！这病除了他，估计没人能治好。家人于是赶紧去请。

范文虎到家里一看，病人脸色泛黄，显然受疾病折磨许久。又看了看病人的舌苔，舌淡红；把了把脉，脉搏无力。范文虎心里大概有数了，随手写下药方，让病人家属尽快置办齐全，给病人服下。

病人家属拿到药方一看，有些诧异，开的怎么是精羊肉、当归、生姜？他们委婉地问范文虎，产妇肚子疼这么长时间了，吃了很多药也不见好，药不对症是没跑了。我们都知道您医道高深、医术过人，不过您开的这个方子确实有些奇怪。这又不是开饭店要去菜市场买菜，为什么要用生姜和羊肉？况且之前吃了那么多药不见好，您药方里只有一味当归，这个方子能治病吗？

范文虎早就知道家属会有此一问，慢条斯理地说，这是张仲景的名方当归生姜羊肉汤啊，有补气养血、温中暖肾的作用。产妇腹痛是气血虚弱，阳虚失温所致。前面那位同行药不对症，延误病情，如今血虚乳少，孩子也遭罪。所谓用药如用兵，兵不在多而在精，药不在多而在效。此汤益气补血、温中祛寒，正好适合产妇。羊肉肉嫩味美，是滋补之佳品，能养肝补虚；当归补血调经、活血行滞，以强羊肉补虚温肝之力，使该汤既补血活血，又能止痛；生姜温散，以助羊肉散寒暖胃，又可辟除羊肉之膻味。合而为汤，温补肝血，散寒调经止痛，正合“君臣佐使”之理，又何须纠结药物数量多少呢？

病人家属一听，也是这个道理，赶紧去置办。孕妇服下后，果然当天就止住了腹泻。连着吃了几天后，再也没有犯过这个毛病。

如今，当归生姜羊肉汤已成了有名的药膳，上了老百姓的餐桌，深受大众的喜爱。

153. 驱虫药怎么失灵了

不管中医还是西医，对症下药是对一个医生最基本的要求。很多庸医对病因病机把握不准，凭感觉随手开药，组方、用量都不符合规范。这样的药方，轻则耽误病情，重则危及生命。但有的时候，对症下药也可能起不到效果。范文虎的医案里就记载了这么一个案例。

该医案没有写出具体人名，这里就以医案记载的名字为准。范文虎有个朋友叫松馆，松馆的女儿出嫁已经好几年了，有一天忽然胸痛，治了很长时间也不见好，就回娘家调理。但不知道为什么，回娘家后，此女的病越治疗越严重，甚至到了昏迷的程度，还伴有严重的四肢逆冷，手冷过肘，足冷过膝。虽然还没到寒冬腊月，已经是里三层外三层地裹着，就这还没法缓解袭来的阵阵寒意。如果只是冷还好说，主要是胸痛太厉害，严重的时候只能咬住床边橱门上的铜环。时间一长，铜环竟让病人咬成了扁的。

松馆之前也找大夫看过，大夫诊断后说是肚子里有蛔虫，于是开了乌梅安蛔丸。但前后加起来吃了好几两驱虫药了，女儿的病情依旧，还有加重的趋势。换了个医生看，也是这个结论，气得松馆把医生赶出了家门。

这时，松馆想起了自己的朋友范文虎。一开始没找他，是因为此人名气太大，一般的病请不动他。本想找个大夫看看得了，没想到越拖越严重，最后只好请范文虎来诊治。之前的医生被松馆扫地出门的事已经传遍了大街小巷，范文虎也听说了此事。正好松馆派人来请，他当即前往出诊。

范文虎问过病症后，给病人切脉，病人的脉象忽大忽小，舌象偏红。与前面几个医生一样，范文虎也认为这是体内的蛔虫所致。他转身跟松馆说："令爱不是什么大病，吃点儿乌梅安蛔丸就没事了。"因为两人私交不错，松馆没有当场发作，而是对范文虎冷冷地说："多了不说，我闺女吃过的安蛔丸够我当顿饭吃了，吃下去就吐。前面几个医生也说我闺女肚子里有蛔虫，让我给赶出去了。他们是庸医也就算了，怎么你范大爷也犯糊涂？"

范文虎仔细回顾了病人的脉象和舌象，确是体内有蛔虫无疑，前面的同行没有误诊。为什么驱虫药不起作用呢？看着松馆铁青着脸，范文虎也不好多言，谦让两句，说回去翻翻医书，改日再来，于是转身离开。

松馆家的院子挺大，院落布局符合传统士大夫的审美品位，轩榭廊舫应有尽有。经过湖边的时候，范文虎看到一群锦鲤游来游去，把岸上的几只小奶猫急得不行，在岸边喵喵地叫个不停。范文虎不由得哈哈一笑。结果笑容还没收住，脑中突然一道灵光闪过，范文虎拔腿就往回跑，把院里的仆人看得一愣。

范文虎跑到刚才的房间里，看桌上的茶还没撤，拿起来猛灌了一口，大声说道："我知道为什么驱虫药不管用了。"

看到范文虎去而复返，还是跑着回来的，松馆倒没怎么太在意，跟他相处这么长时间，知道他向来如此。松馆就静静地看着他，等着他大发奇谈。

"令爱的病确实是体内有蛔虫，如果不是这样，那么多医书都可以当柴烧了。"

"那为什么吃了那么多驱虫药都没用呢？"

"驱虫药都是丸剂，那么大一个丸子，人咽下去都费劲，何况是小小的虫子，虫子根本吃不了，所以驱虫药没有效果。而且考虑到长时间保存、保持药效等因素，丸剂一般质地都比较坚硬，药性不易挥发。吃到肚子里后一时不能融化，即使化开，药量也有限。你刚才还说，令爱吃下去就吐，这样当然没效果了。因此，问题不是出在药不对症上，而是出在这药上。"

"那应该怎么办？"

"拿出一粒安蛔丸，用药杵捣碎，研成粉末，用蜂蜜兑成糊状，再加清水冲淡服下去。"

"把药捣碎了我明白，为什么还要用蜂蜜呢？"

"之前吃了太多的安蛔丸，蛔虫都学精了，不给它们点甜头，它们怎么上钩呢？"

话说到这，松馆听明白，赶紧安排备药给闺女喝下。刚喝下去没多久，疼痛就减轻了。又按照这个剂量喝了好几次，疼痛已经完全止住了。不久就排出多条蛔虫，又长又大。松馆赶紧命人拿出去烧了。病人又坚持喝了几天，病就去根了。

154. 一头猪救回两条人命

都说生孩子就是在鬼门关走一遭，即使是医学发达的今天，生孩子还有很多未知的风险，古代就更不用说了，稍有不慎很可能就是一尸两命。经过长期的实践，人们总结出药物、针灸、按摩等很多行之有效的催产方法。名医范文虎还曾用肉汤帮助孕妇催产。

镇海有一位富商，白手起家，从身无分文到腰缠万贯，每一个铜板都是自己拼出来的。这几十年吃过的苦可能比别人一辈子吃的苦还要多。正是因为吃过那么多苦，非常清楚挣下这份家业有多不容易，所以他对金钱看得格外重，是个把灯芯挑太亮都要急得跳脚的主。

其实也难怪，商海浮沉，他见过了太多大富大贵却晚景凄凉的例子。于是他把自己武装成一个“刺猬”，把吝啬当成武器，不给那些觊觎之人一丝机会。

富商虽然在钱上抠搜得紧，但对自己的结发妻子倒是挺好。两人识于微时，岳父岳母当年也是看中了他的进取心，才把女儿许配给他。这么多年风风雨雨，在外人看来可算是熬到头了。

两人的感情挺好，只是一直没孩子。不知道看了多少大夫，拜了多少神仙，总算是怀上了。富商整日小心谨慎地伺候着。

很快到了临盆的时候，富商妻子难产，两天两夜都没生下来，又疼又累，已经开始翻白眼了。富商一开始不想花钱请大夫，眼见妻子孩子快保不住了，这才让仆人赶紧去请，但是没明确说请谁。仆人平日里被富商的吝啬折磨，于是决定：去请范大爷。

范大爷就是有名的范文虎。这个人是出了名的择肥而噬：穷人看病分文不取；一般人看病收费很低，远低于当地医生的诊金；但是富人嘛，那就得好好宰一笔了。此前从宁波到慈溪出诊，收费四十八块大洋；到上海出诊，起价两百大洋，耽搁一天加一百大洋。

富商见请来的是范文虎，气得差点晕过去。不过妻子孩子命悬一线，只得忍着。范文虎看过病人后，笑着对富商说：“无妨无妨，我这有个验方，正好尊夫人适用。”说罢走到案前，挥毫写下：用猪百斤（需急宰），取四蹄，大火收汁，顿服一大碗。富商有些奇怪，这是要吃席还是要治病？猪肉也能治病？而且还是这要命的急病？不过范文虎的大名他也听过，素有“医林怪杰”之称，治病用药向来剑走偏锋，更兼性命攸关，也没想太多就让仆人赶紧去办。

一通忙活，好容易把肉汤熬好端上来。说来也怪，原本气若游丝的夫人喝下肉汤后有了些精神，没过一会儿就顺利产下一名婴儿。富商长舒一口气，虽然诊金和几百斤的大肥猪让他非常心疼，但看到母子平安，也就忍痛挥手让账房先生报账。为表谢意，临了还摆了一桌宴请范文虎和一众人等，吃的就是刚买的肥猪。

后来有人问起来，现宰的肥猪和市场上卖的猪肉有什么不一样吗？为什么非得是现宰的呢？范文虎答道：“没什么不一样，我这也是从《王孟英医案》中得到的启示，用肉汤催产。至于现宰的肥猪，当然是要让这守财奴出出血，也好顺带着开开荤、享享口福。”

155. 不畏权贵有底气

近代名医范文虎，为人豪爽，不拘小节，不畏权贵，自号“古狂生”，老百姓则戏称其为“范大糊”（宁波一带称狂人为“大糊”）。他在行医过程中面对权贵不仅不畏不媚，反而经常让权贵下不了台，却又拿他没办法。

军阀张宗昌曾拥兵数十万，占据山东。有一年夏天，张宗昌生病，找了当地名医都没看好。那时范文虎的医名很盛，张宗昌便邀范文虎到山东专程为他治病，既想炫耀一番，也期待范文虎给他解除病痛。

范文虎到了济南，对张宗昌一番望闻问切后，很快就开出了药方。张宗昌接过药方一看，上边只有天麻、苍术、荷叶等几味普通中药。他虽然不懂医术，但感觉这个方太普通，于是便很不客气地问道：“范先生，您的方中药这么少不说，而且都是价格便宜的，能治病吗？”

看张宗昌对自己持怀疑态度，范文虎直言回道：“治病用药就跟带兵打仗一样，好的将领不在于勇猛，而在于智谋，士兵也在精不在多。兵将再多，若是一群乌合之众，又有什么用处呢？治病也是这个道理，主要在于是否对症，药对症了，自然就会药到病除。”

范文虎的这番话表面上是说遣方用药，实则暗讽张宗昌带了一群乌合之众。照以往，谁这样嘲讽他，很可能被立刻枪毙。因此，听闻范文虎的一番话，在座的其他人都吓得大气不敢出一口。

张宗昌当时的确很恼火，恨不得亲手毙了范文虎，但人家毕竟是自己请来看病的座上宾，岂能因为一番话毙了人家？于是，他不得不选择了忍。

服了范文虎开的药，困扰张宗昌多日的病果然好了，他不得不由衷佩服道：“范大糊果然有两下子！”

还有一次，有个大富豪请范文虎去诊病。本来，他的病只是风寒感冒而已，并不重。但他却觉得自己很难受，一见面，就对范文虎说道：“先生开方时尽管开贵重的药，好让我早点儿好起来，还有许多生意等着我去谈！”

范文虎见富豪如此说，便嘴上答应下来，但在真开处方时，故意在开好的中药后加了黄马褂一件、石狮子一对。富豪派人按方取药，方上其他药很快就抓全了，唯独黄马褂和石狮子药店里没有。于是，富豪不得不再次请教范文虎："这两味药是不是其他中药的别名？"

"不是其他中药的别名，就是真物!"范文虎一本正经地回答道。

"这个也能治病？怎么用？"富豪不解地问道。

"刚见面时，你不是就对我提出了要求吗？要用贵重的药材。我只好往贵重里开啊！黄马褂千金难买，肯定贵；石狮子有万斤重，自然重。"范文虎揶揄道。

闻听此言，富豪很是羞愧，为了治好病，于是诚恳地给范文虎道了歉。范文虎也没再跟他计较，而是让他照此前方上的药吃，果然药到病除。

范文虎还有很多不畏权贵的行医故事。据说，他的诊金也是贫富有别。他经常大宰为富不仁者；对一般患者，他收的诊金很低；对贫困的病人，他非但不收诊费，还常常自掏腰包为其抓药。但无论贫富，范文虎开出的药方大都药到病除，其确切的疗效才是他不畏权贵的底气所在。

156. 大粪水也治病

范文虎治病用药不拘一格，常常出其不意，既开过肥猪一头，也开过一碗大粪水。那么，大粪水到底能不能治病呢？

且说宁波有一商人姓戴，虽然做生意赚钱很在行，但是个出了名的“妻管严”。戴老板年近五十了，闺女有三个，却没有儿子。偌大的一份家产，没有儿子来继承，成了他们夫妻的一大心病。戴老板有纳妾之心却无纳妾之胆，平日里鸡毛蒜皮的小事，母老虎就能把家里闹得鸡犬不宁，更别说纳妾了。

戴夫人生来就心胸狭窄，而且多疑，一连生了三个女儿后，她就开始看谁也不顺眼，动不动就借事闹一场。这天，戴老板饭后跟正在收拾桌子的丫鬟聊了两句家常，被夫人发现了，她一口咬定丈夫要纳丫鬟为妾。戴老板只是聊了几句，便被如此冤枉，很是恼火，又联想到夫人日常的种种无理取闹的行为，忍不住说了句：“简直不可理喻！”这下可捅了大娄子，戴夫人见一向不敢顶嘴的丈夫竟然如此顶撞自己，更感危机来临，想想自己年老色衰，一度认定丈夫要休她，大闹一番后，干脆躺在了床上。一连三天，在戴老板面前不吃不喝也不说话。

一开始，戴老板没当回事，但三天后，他开始担心了，夫人虽然脾气坏了些，但毕竟跟自己风风雨雨这么多年，也不忍心眼睁睁看着她病下去，于是便派人请范文虎来诊治。

范文虎对戴夫人的“事迹”早有耳闻。一进门，他先瞄了一眼躺在床上的戴夫人，见她眼神有所躲闪，便明白了大半。及至上前一番望闻问切后，范文虎叹了口气，对戴老板说道：“情况不妙啊，夫人病得厉害，已经到了病入膏肓的地步！”

“这么严重？那怎么治啊？”戴老板吃惊地问道。

“夫人目前情况比较难办！汤药估计是喝不下去了，针灸等也不管用，需要先救急，观察一下效果。”

“如何救急？”

“煎一碗大粪水，让她趁热服下。若她不配合，就按住强行灌下去。”范文虎一边大声吩咐，一边继续观察躺在床上的戴夫人，只见她听完方法后眉宇间怒气更甚。

“按我说的先试试效果，若此法不管用，我也就没辙了，你们另请高明。”范文虎见时机也差不多了，说完便告辞了。

戴老板一边送范文虎，一边思忖：“大粪水也能治病？”回到院里，正准备吩咐仆人去准备大粪水来试试，却发现夫人从床上骂骂咧咧坐了起来：“范大糊，让我喝大粪水？老娘好得很，根本就没病！”此时，戴老板才恍然大悟，内心对范文虎佩服不已。

范文虎给戴夫人治病开出了大粪水一事很快就在当地传为笑谈。有人问他怎么想出如此妙招？

“治病用药就跟带兵打仗一样。都说兵不厌诈，我们用药治病同样如此。要辨证论治，真生病的就开对症的药；如果是心病，就用心药来治。像戴夫人这种装病的，我就用大粪水这种‘猛药’来吓唬，保准药到病除。”

157. 云南白药的由来

曲焕章（1882—1938），民国时期中医外伤科著名医家，驰名中外的“云南白药”创始人。

正在睡午觉的曲焕章被一阵急促的狗叫声惊醒。

山里的猛兽又下来抢食吃了。

曲焕章所住的村子正好在山脚下。山高林密，是天然的猎场。林子里小动物很多，猛兽只要有吃的，一般不下来骚扰村民。今年年景不好，庄稼收成不怎么样，村民们拿起弓箭猎枪，到山里打些野味充饥。这下山里的猛兽就没什么吃的了，它们也挺聪明，专挑猎手们进山的时候出来扫荡，村里的家禽、家畜可就遭殃了。好在村里家家户户都养狗，听到动静就狂吠不止。猎人出去打猎时除了带上猎犬，都会把家里的狗撒开，在一些体格强壮、高大威猛的狗的带领下，村里的狗群也成了制衡猛兽的力量，及时发现猛兽的动向，牵制猛兽，为村民争取时间。

曲焕章家里的大白就是一条很机警的犬，长得虎头虎脑的，吃得多，长得也快，比同龄的犬足足大上一圈。这次也是它最先发现猛兽的行踪，村里的狗听到叫声都吼叫着冲过来，一时间陷入混战。等到村民带着家伙赶过来的时候，猛兽见占不着便宜就跑了。

类似的场景几乎每天都在上演，猛兽撤了，村民虽然没什么损失，但每次都有狗受伤，毕竟体格、力量差异悬殊，只有聪明、敏捷的狗才能在一次次战斗中历练出来，成为狗群的中坚力量。幸存的狗互相舔舐伤口。这次大白不走运，被猛兽咬伤。伤口很深，血流不止，一瘸一拐地向村外走去。

曲焕章和村民们忙着整修被野兽毁坏的院落、田地，没顾上大白。等忙完了发现到处都找不着大白。各地都有类似的、未经证实的传言，说家养的狗临终前会离开家，到一个没人找到的地方自生自灭。也有村民说看见大白朝村外走去，那大概就是要离开了。可毕竟跟自己生活了这么多年，曲焕章对大白有很深厚的感情。于是，他就顺着血迹一路寻找大白。出乎意料的是，大白并没有认命，而是在啃食一些药草，然后舔舐伤口，伤口的血竟然渐渐止住了。曲焕章对中草药有些研究，但是大白嚼过的药草还真说不上名字，而且嚼的不止一种。看来不光人会采摘药草治病，动物也有自己的经验。曲焕章把大白抱回家，又采摘了一些大白嚼过的药草，回家后研磨成糊状敷在它的伤口处，果然没过几天大白的外伤就好了。

这个发现让曲焕章欣喜不已，他又到山上找到那几种药草，回来对照《本草纲目》一一比对，发现书上也没有相应的介绍，这应该是还没有被人发现的新药。曲焕章将采摘回的药草分类记录，按照不同的比例研磨成糊状，此后再有狗受伤他都会把药抹在狗的伤口处，观察是否有效以及药效的快慢。时间长了，大家都把他当成兽医，曲焕章倒也不在乎，整日沉迷在新药的调制中。在加减了很多药草、调配了很多次比例之后，他终于调配出见效快、效果好的外伤用药。战斗中受伤的狗除非伤势很重，一般都能救过来。

曲焕章研制出新药后并不藏私，每逢乡亲们有跌打损伤，他都会拿出来。一开始乡亲们还有些怀疑，给牲畜用的药能直接给人用吗？但伤情严重的时候也顾不得那么许多，先敷上再说。没想到这种药在人身上也有很好的效果。渐渐地，曲焕章善治跌打创伤的名气传开了。一开始，曲焕章不知道怎么称呼自己的药，想到自己采摘多种药草，又反复调配，暂且称其为“百药”。时间一长，大家以讹传讹，称其为“曲氏白药”。

在早期白药的基础上，曲焕章多次上山采药，把注意力放在药典中没记载过的药物上，反复调配，经过多次临床试验，制作出百宝丹、虎力散、撑骨散等多种伤科中药，“曲氏白药”发展成一个系列，声名益显。

一日，有几名壮汉到曲焕章家里请他出诊。曲焕章见过的病人很多，这些人一看就是练家子，腰间鼓鼓的，不是行伍之人就是土匪流寇。他知道这些人不能得罪，就跟着他们到了一处宅子里。病人胸部中弹，贯穿伤，虽然避过了重要的器官，但伤势也很严重。医护人员已经对病人做过急救处理，但他们显然应付不了这种伤势。曲焕章让人拆开绷带，先用自创止血药清洗伤口，又将糊状的白药敷在伤口上，出血一会儿就止住了，再用干净的绷带包好，最后将百宝丹煎成汤药让病人服下。因为处理及时、用药得当，病人没有发炎、发烧之类的症状，躺了一段时间后就痊愈了。

十几天后的下午，曲焕章刚要关门，突然从门外闪进来三个人。曲焕章一看，正是那天请自己出诊的那些人。不过这次这些人是专程来道谢的。经他们介绍，曲焕章才知道自己诊治的病人是云南土匪魁首吴学显。后来，吴学显接受时任云南督军唐继尧的招安，从土匪摇身一变成了军长。吴学显倒是还记得曲焕章，于是把他从乡下请到昆明，还专门为他置办场地，开了一家“曲焕章药房”。曲氏白药药效独特，加上吴军长的大力推荐，百宝丹一时成为抢手货。

民国时期政治形势风云变幻，有一次，吴军长在内战中失败，虽然从乱军当中捡回一条命，乔装易容跑回昆明，但右腿挨了一枪，因为救治不及时，伤口腐烂、发炎。饶是吴学显体格健壮，也开始发烧。在昆明最好的法国医院以及陆军医院诊治，西医的判断非常一致——截肢，声称再不截肢将有生命危险。这时候吴军长想起了曲焕章，赶紧命人去请。

西医一看你不听我们的也就算了，还请来个江湖郎中，中医治疗外伤能比西医还好？既然你坚持，那就请便吧。结果曲焕章到了以后，不开刀、不住院，跟之前的方法差不多，先去掉腐肉，用药膏清理患处，再将中草药捣成糊状敷在伤口，最后用夹板固定。随后开出药方，配合百宝丹内服。这些在西医眼中不起眼的操作，还真把吴军长治好了。吴军长痊愈后，赠以“效验如神”的匾额。唐督军也送来“药冠南滇”的牌匾。

七七事变爆发后，曲焕章无偿捐出三万瓶百宝丹，为抗战做出重要贡献。1938 年 8 月，曲焕章逝世，其妻缪兰瑛继续主持系列曲氏白药的生产。1955 年，缪兰瑛将白药秘方交给新中国，由昆明制药厂生产制作。自此，“曲氏白药”更名为“云南白药”，并随着时间的演变不断调整，产品不断更新。云南白药以其独特的疗效被誉为“中华瑰宝，伤科圣药”。

158. 砒霜用好是良药

张骧云（1855—1925），上海人，人称“张聋”，以善治伤寒闻名，当代名医张镜人是其侄孙。

药王孙思邈早年行医，其妻误将一包砒霜给了病人家属，却意外治好了得大肚子病的病人，一时传为佳话。砒霜是剧毒之药，但剂量运用恰当，对大肚子病却有奇效。

有一次，有位病人得了大肚子病，肚子大得出奇，但身体其他部位却骨瘦如柴。病人老感觉吃不饱，一不吃东西就难受得要命，尤其是肚里会翻江倒海。而且四肢乏力，体重也越来越轻。

听闻张骧云看病厉害，病人慕名前往求诊。张骧云仔细为他切了脉，问了发病前后的一些情况，并摸了摸病人肚皮后，很自信地开出了药方，并一再叮嘱病人先坚持一天不吃东西，然后再按方按量用药，保准药到病除。

病人见名医张骧云如此说，对治好自己的病也有了信心，很高兴地拿着药方就走了。回家路上，他顺便去了药店，将药方交给伙计。伙计接过后，迟疑地问道：“四两砒霜？这么多？干什么用？”

“治病用啊！名医张骧云给我开的。”病人回答道。

“砒霜可是有剧毒的，四两的量我还是第一次见！”伙计还是不大敢相信，但还是按量给抓了。

病人拿着抓好的砒霜，一边走，一边把自己的病往坏里想。到家后，他跟妻子说道：“莫非我这是绝症？人家看我一副穷样，就让我来个痛快？”

“不应该吧？人家都说张骧云医德医术都好，可能这东西真能治病。”妻子安慰道。

但病人自己却对砒霜很害怕，毕竟他曾亲眼见过村里有个寡妇服了砒霜自杀时口鼻流血的惨状。犹豫再三，病人在强忍着饥饿感坚持了一天没吃东西后，颤巍巍地打开了那包砒霜，咬了咬牙服用了一半。他暗自忖度：先吃一半试试效果，按说名医不会乱开药。

服药后，病人便腹痛如绞，他以为自己会跟村里寡妇一样一命呜呼了。没想到，去了趟厕所，解出来许多白色长虫。自此，他的肚子小了很多，饭量也明显减少，身上也感觉有劲多了。于是，他很高兴，为自己只吃一半砒霜而沾沾自喜。

状态是好转了不少，但病似乎并未根除，病人时不时还会感觉不舒服。于是在服药十多天后，他再次来到张骧云处复诊。

张骧云把完脉，很沉重地问道："你是不是没按我开的量服用？"

"服用了一半，效果很明显，但似乎没好利索。"病人不好意思地回答道。

"唉，没办法了！"

"俺把剩下的那二两再吃了不行？"

"肯定不行！你此前肚子里虫子太多，四两砒霜能打干净。可你只吃了一半，虫子只毒死了一半多，剩下的那些虫子对砒霜已经有防备了。再吃下砒霜，它们就不会吃了，毒便会被你自己吸收，会把自己毒死的！"张骧云无奈地摇了摇头说道。

病人对自己此前未按量服药懊悔不已，回到家后肚子又难受起来，想起以前痛苦的滋味，心想：既然没有良方可用，与其等死，还不如再赌一把。于是，他心一横，便把剩下的砒霜吃了。结果，不到一刻钟，病人便口鼻流血，中毒而亡。

159. 运去桂枝丧命

金慎之（1887—1975），原名志康，浙江瑞安人，浙南著名中医，绰号“金癫”，精于内、妇科，擅长治疗伤寒杂病，是经方派代表人物。

金慎之为什么会有“金癫”的绰号呢？据说，这个绰号是这样得来的。金慎之跟其他名医一样，对为富不仁或家富却吝啬者常常予以惩戒。有一次，有个财主的独生子病了，但这财主是远近闻名的吝啬鬼，虽然家有万贯，却吝啬得很，不仅对佣人抠门，即使自己家人生病也舍不得花钱请郎中。实在拖不下去了，这才派人去请金慎之。

金慎之对财主的吝啬早有耳闻，便对来请的人说道：“我出诊费很高，三百银元，若能出，便去！”这么多钱，仆人可做不了主，于是赶紧跑回去请示。财主一听要这么多，心疼得要命，便决定先不请了，观察两天再说。

可仅过了一天，财主儿子的病情就急转直下，眼看要不行了。财主不得不亲自去请金慎之。金慎之有心去救孩子，但还是想顺便治一下财主，便提出诊费加价到六百银元。财主虽然心疼，但为了独根儿子的小命，还是答应了下来。

金慎之到后，一番望闻问切，很快便对症开出了药方。病人服用后，效果立竿见影。财主也咬了咬牙，兑现了六百银元的诊金。

金慎之拿着沉甸甸的六百银元乘船回家，见船夫一家贫寒得很，有心帮他们，又怕伤了他们的自尊，便在船上故意将大洋一块接着一块扔进了河里，边扔边摇头：“这阿堵物有什么好？可世人却偏偏喜欢！”等到了对岸，六百银元也全扔完了，直惊得船夫睁大了双眼，半天说不出话。好在河水并不深，船夫返回的途中赶紧潜下水捞出了大部分银元，从此一家人的生活大大改善。金慎之也因此得了“金癫”的绰号。

金慎之治病时时以谨慎自勉，为此，他把志康的原名改为慎之，意在提醒自己慎之又慎。但即使如此，他还是因为治病惹上了官司，为什么呢？原来是病人服药后出了问题。

这天，有个患头疼病的人来请金慎之诊治。病人患病多日，多方求医却没能治愈，只好来求名医金慎之。金慎之认真为他把了脉，并仔细查看了舌苔，诊断其为外感伤寒证，便对症开了经典名方“麻黄汤”。病人拿着药方去药店抓了药，当晚便服用了，本以为会立竿见影，没料到非但没有药到病除，反而服药后流汗不止，浑身乏力，没熬到天亮竟断了气。

本来不是什么大病，病人却因服用了金慎之开的麻黄汤后病情加重，一命呜呼，家属自然气不过，当天就把金慎之告到了官府。

金慎之被传到官府时也是一头雾水，得知是因为病人喝了他开的“麻黄汤”后死亡才吃上的官司，更觉奇怪，便要求当面验证自己所开的药方。

药方拿出后，金慎之仔细看了每一味药，觉得没有问题，便怀疑是不是药出了问题，于是申诉道：“方子绝对是对症开的，是个经典名方，以前从来都没有出过问题。会不会是药店抓错了药？我想看看昨天的药渣。”

药渣拿来，金慎之上前一一比对，当看到桂枝这味药时，他很是吃惊，问道：“此药我只开了一钱，怎么药渣中如此多？看这架势，不下五钱。”

为了弄清缘由，官府便将卖药的三益堂药店老板叫来问话。老板接过药方，对着药渣一一查验后，却很自信地说道：“我们店里抓的肯定没错，你这药方上明明写着桂枝六钱，这药渣中的桂枝恰好就是六钱！”

“六钱？方上明明写着桂枝尖一钱，怎么会是六钱？你们是不是把‘尖’看成‘六’了？再说这麻黄汤是经典名方，桂枝都是一钱的用量，当医生、开药店的都知道，这个方中桂枝用量太多会出问题。这都是常识，你们抓药的难道不知？”金慎之生气地质问道。

药店老板自知理亏，也不敢再申辩，只得认罚，不仅承担了病人全部丧葬费用，赔偿了病人家属，还被勒令在病人墓旁边建了一座亭子，将之命名为“桂枝亭”，以示警诫。

金慎之虽然打赢了官司，但事后心里很不好受，既对药店的马虎不满，又对自己开药方时将“尖”写得潦草而懊恼。“唉，当初写周正了或不写‘尖’该多好！”为此，他多天难以释怀。

后来，为了吸取教训，并警示自己慎之又慎，金慎之写下了这样两副对联挂在自己的书房：

时来砒霜救人，运去桂枝丧命。

慎之不慎，三益无益。

金慎之后来看病开方前常以此自警，开出的药方也更加谨慎且字迹工整。

160. 施惠于民

刘惠民（1898—1977），山东沂水人，著名中医临床家、教育家。曾任山东省卫生厅副厅长、山东省立中医院（现山东中医药大学附属医院、山东省中医院）院长、山东中医学院（现山东中医药大学）院长、山东省中医药研究所（现山东省中医药研究院）所长等职。曾担任毛泽东主席的保健医生。

1957 年 11 月，毛主席赴苏联参加十月革命胜利四十周年庆典。随访人员中就有刘惠民大夫。

代表团带上刘惠民大夫，除看病保健之外，还有两个重要的原因：一是要向国外展示一下中医的神奇，二是向国内外表达一个态度——中国政府提倡中医。新中国成立初期，医疗卫生领域曾经出现过一阵反对中医、压制中医的倾向，而且许多国家对中医也不认可。因此，这次带上刘惠民，意义非同寻常。

访问苏联期间，苏联领导人布尔加宁、米高扬等跟刘惠民等谈论中医，其间特别询问了针灸方面的问题。在苏联的那段时间，刘惠民为许多苏联领导人诊过脉、看过病，对于宣扬中医药文化发挥了相当重要的作用。

1961 年，组织部门找刘惠民谈话，想让他到中央保健局任职。刘惠民问："是组织决定还是征求意见？如果是组织决定，我无条件服从；若是征求意见，我还是希望留在山东为人民看病。"就这样，他没有去北京。1962 年，在杭州为毛主席诊病时，他向主席解释此事，毛主席听了很高兴，对他的做法予以肯定。

刘惠民研读了大量经典医籍，在临床上又做了大胆的探索，并善于从实践中总结经验，因而对内、外、妇、儿各科许多疑难杂症的诊治，都有较高的造诣，在国内享有较高的威望。

刘惠民在临床实践中，依托自身丰富的实践经验，创拟出肺得宁、首乌桑葚补脑汁、益智丹、降压膏、偏瘫复健丸、芳香健胃片、十珍益母膏、保母荣、保胎丸、消积健脾丸、福幼丹、鲫（鲤）鱼利水方、苹果止泻方、鼻通膏、生发药酒等行之有效的方剂，颇受患者欢迎和好评。许多方剂目前仍为山东中医药大学附属医院畅销的院内制剂。

张锡纯在《医学衷中参西录》中曾写道：“人生有大愿力，而后有大建树。”“学医者，为身家温饱计则愿力小，为济世活人计则愿力大。”这些话语给刘惠民留下深刻的印象，更让他懂得要成良医，只有心系患者，以济世为良，以愈疾为善。

刘惠民早年在家乡创办诊所行医时，因医术精湛，求诊病人非常多。当地人大多生活贫困，常出现赊欠药费的情况，导致诊所两次还不起购药款而陷于困境，他只能通过典卖土地借债还账。他宁肯让自己为难，也决不耽误病人的治疗。

新中国成立后，刘惠民虽事务繁忙，但仍坚持临床接诊。他生活简朴，平易近人，对患者一视同仁，有求必应。如遇有病家购买困难的必需药材，他总是义不容辞地帮助解决，有时甚至无偿提供自己珍藏的贵重药材为病人解除疾苦。有一次，他诊治的一位患儿高热不退，时时惊厥，急需羚羊角磨汁服用。但此药稀有，药店少备有成块者，且价格十分昂贵，病家难以承受。在此危急之时，他毅然拿出自己珍藏的一块羚羊角交给患儿家属，并详细说明使用方法。很快，患儿热退病愈，家属对此感激万分。像这样感人的事例，在刘惠民一生的诊疗活动中屡见不鲜。

刘惠民晚年患病，在家休息和治疗期间，登门求诊的病人仍络绎不绝。刘惠民不分尊卑贵贱，坚持接待，认真诊治。他时刻把病人放在第一位，“急病人之所急，想病人之所想，帮病人之所需”。有一次，一位 20 多岁的年轻人患急性视网膜炎，深夜上门求治。当时刘惠民正发高烧，刚刚服下药物盖被发汗。他不顾家人劝阻，立即起床，拖着病体为患者诊治。他对家人说：“我不要紧，已是 70 多岁的人了，而他才 20 多岁，如不分秒必争地治疗，就会失明的。”因救治及时，患者的病情很快得以好转。

刘惠民医德高尚，曾多次解囊帮助和接济贫困病人；他为人朴实厚道，深得同事及患者的敬重和喜爱。时任山东省委书记舒同是著名书法家、画家，当他离开山东时，将其从不示人的一帧松鹰图赠予了刘惠民，足见刘惠民在舒同心中的地位。